Der Staatsbankrott kommt!

1. Auflage März 2010
2. Auflage Mai 2010
3. Auflage Mai 2010
4. Auflage Juni 2010
5. Auflage Juni 2010

Copyright © 2010 bei
Kopp Verlag, Pfeiferstraße 52, D-72108 Rottenburg

Lektorat: Dr. Renate Oettinger und Thomas Mehner
Umschlaggestaltung: Anke Brunn
Satz: Agentur Pegasus, Zella-Mehlis
Druck und Bindung: CPI – Clausen & Bosse, Leck

ISBN: 978-3-942016-25-4

Mix
Produktgruppe aus vorbildlich bewirtschafteten
Wäldern und anderen kontrollierten Herkünften
www.fsc.org Zert.-Nr. GFA-COC-001223
© 1996 Forest Stewardship Council

Gerne senden wir Ihnen unser Verlagsverzeichnis
Kopp Verlag
Pfeiferstraße 52
D-72108 Rottenburg
E-Mail: info@kopp-verlag.de
Tel.: (0 74 72) 98 06-0
Fax: (0 74 72) 98 06-11

Unser Buchprogramm finden Sie auch im Internet unter:
www.kopp-verlag.de

MICHAEL GRANDT

Der Staatsbankrott kommt!

Hintergründe, die man kennen muss

KOPP VERLAG

Für Marion

»Die Finanzkrise wird die Welt so stark verändern
wie der Fall der Mauer.«

Wolfgang Schäuble, Finanzminister

»Eigentlich ist es gut, dass die Menschen unser
Banken- und Währungssystem nicht verstehen.
Würden sie es nämlich, so hätten wir eine
Revolution vor morgen früh.«

Henry Ford, US-Automobilhersteller

»Zum Sturz einer bestehenden Gesellschaftsordnung
gibt es kein besseres Mittel als die Ruinierung
ihrer Währung.«

John Maynard Keynes, Ökonom

»Mit dem, was wir getan haben, ist die Krise
noch nicht vorbei.«

Angela Merkel, Bundeskanzlerin, am 20. Januar 2009

Inhaltsverzeichnis

Vorwort

Wissen Sie noch, was Sie am 15. September 2008 getan haben? Nein? Das sollten Sie aber, denn dieser Montag veränderte die Welt, und die damaligen Geschehnisse nahmen bestimmt auch Einfluss auf Ihren Alltag: Es war der Beginn der schlimmsten Weltwirtschaftskrise seit dem Jahre 1945, mit deren Auswirkungen wir noch lange Zeit zu kämpfen haben werden.

In den westlichen Ländern hat diese Krise zu einem Rückgang der globalen Nachfrage, einem Einbruch im Kreditgeschäft, einem Absturz der Produktion, hoher Arbeitslosigkeit und gigantischer Staatsverschuldung geführt.

Seither geht ein neues Schreckgespenst in den dunklen, nebligen Gassen der verschachtelten politisch-ökonomischen Welt um: die Furcht vor einem Staatsbankrott. Jeden kann es treffen, jeder ist gefährdet, aber keiner weiß, wann es sein wird. Wie, warum, weshalb, werde ich Ihnen in diesem Buch erklären.

»Die Angst vor der Staatspleite löst die Angst vor der Bankenpleite ab.«[1] Diese Worte standen nicht etwa auf einer »Verschwörungs«-Internetseite, sondern im renommierten *Handelsblatt*. In derselben Ausgabe prophezeite Joachim Fels, der Chefvolkswirt der US-amerikanischen Investmentbank *Morgan Stanley*: »Griechenland war nur ein Vorgeschmack auf das, was auf andere Länder zukommen wird. Die Finanzmärkte werden 2010 das Thema Staatsbankrott und damit das Thema Inflation spielen.«[2]

Angesichts dieser düsteren Aussichten drängen sich einige fundamentale Fragen auf: Wie lange wird der Dollar noch die Leitwährung sein? Wie lange wird es den Euro noch geben? Kehrt die Inflation zurück? Welche Länder sind akut von einem Staatsbankrott bedroht? Ist in Deutschland mit einer Währungsreform zu rechnen? Und vor allem: Wie können Sie sich gegen die Entwertung oder den Verlust Ihres Vermögens schützen?

Wichtige Fragen also, die uns alle angehen, Fragen, die jeden Menschen interessieren sollten. Dieses Buch gibt Antworten auf diese Fragen und beleuchtet Hintergründe, die Sie unbedingt kennen müssen, um vorbereitet zu sein.

14

In Bezug auf den Titel *Der Staatsbankrott kommt!* muss man keine wilden Spekulationen anstellen, denn die Vergangenheit ist Lehrmeister genug. In zahlreichen Ländern gab es bereits Staatsbankrotte – und es werden noch weitere folgen. Ganz zu schweigen von Währungsreformen (drei allein in Deutschland seit 1948), die auch in Zukunft unvermeidlich sein werden.

Entscheidend dabei ist, wie sich der Einzelne vor dem Zugriff des Staates auf sein Vermögen schützen kann. Denn glauben Sie mir: Der Staat wird auf Ihr Vermögen zugreifen, wenn er mit dem Rücken zur Wand steht. Das hat er immer getan, und er wird es auch in Zukunft tun. Wie subtil und trickreich das geschehen kann, zeige ich Ihnen anhand vieler Beispiele.

Zunächst aber nehme ich Sie mit auf eine Reise in die Vergangenheit, damit Sie verstehen, in die Gegenwart, damit Sie die heutige Situation besser einschätzen, und in die Zukunft, damit Sie jetzt schon Vorsorge treffen können.

Diese Veröffentlichung beschreibt eine hoffnungslos verschuldete Welt, soll aber auch gleichzeitig als Nachschlagewerk und Ratgeber dienen. Ich habe dem Verlag ein »anderes« Sachbuch versprochen, denn ich war mir der Gefahr bewusst, dass dieses Thema, bei dem sehr viele Zahlen und Fakten eine Rolle spielen, für viele Leser zu »trocken« sein könnte.

Deshalb habe ich einen kleinen »Trick« angewendet und eine fiktive Zeitmaschine konstruiert, die Sie direkt an den Ort des Geschehens bringt. Sie werden also beispielsweise »hautnah« miterleben, wie sich dereinst auf Jekyll Island eine kleine Clique von Bankiers traf, um in Geheimverhandlungen die mächtigste Bank der Welt zu gründen. Sie werden erleben, wie verzweifelt die Menschen während der Hyperinflation 1923 in Deutschland waren, wie ein »Gorilla« die Welt ins Chaos stürzte und vieles andere mehr. Doch zu Beginn versetze ich Sie nicht in die Vergangenheit, sondern in die Zukunft, in das Deutschland des Jahres 2019. Sie werden erfahren, was uns blühen kann. Ich hoffe, dieser »Schock« wird Sie nicht am Weiterlesen hindern.

Die Finanz- und Wirtschaftsgeschichte der letzten Jahrzehnte ist ein weitreichendes Feld. Wie bei jeder Betrachtung kann es auch hier keine Vollkommenheit geben, zumal sich die Situation in den verschiedenen Ländern beinahe täglich verändert. Auch aus diesem Grund wollte und konnte ich auf einen umfangreichen Quellenapparat nicht verzichten. Der kritische Leser hat so die Möglichkeit, meine Aussagen genau zu überprüfen. Der Interessierte mag mir danken, der Unbedarfte verzeihen. Aufgelockert ist der Text durch viele Zitate und Beispiele, die zum besseren Verständnis der Materie dienen sollen.

Die Weltwirtschaftskrise entstand (auch) aus Unkenntnis vieler Menschen in Hinblick auf die Zusammenhänge internationaler Real-, Wirtschafts- und Finanzpolitik. Mit meiner Publikation möchte ich deshalb etwas Licht ins Dunkel bringen und damit zu einer politisch völlig unkorrekten Aufklärung beitragen. Ob mir das gelungen ist, entscheiden Sie.

Michael Grandt
Februar 2010

»Wir befinden uns mitten in der schwersten Finanzkrise seit Jahrzehnten. Niemand – kein Ökonom, kein Finanzminister und kein Zentralbankchef dieser Welt – kann mit Bestimmtheit sagen, wie lange wir noch mit dieser Krise und ihren Begleiterscheinungen leben müssen.«
Peer Steinbrück, ehemaliger Finanzminister

1. Am Anfang ist die Zukunft

ZEITMASCHINE

Sendung *Hart aber fair*, ARD-Studio Berlin (Ausschnitte),
Mittwoch, 3. April 2019, 21.45 Uhr

Holger Benjamin, Nachfolger des beliebten Moderators Frank
Plasberg, moderiert zum ersten Mal. Das Thema der heutigen
Sendung: »Nach dem Staatsbankrott Großbritanniens – droht jetzt
der Ausstieg aus dem Euro?«

Gäste in der Diskussionrunde:
- Christian Wulff (CDU), Bundeskanzler
- Andrea Nahles (SPD), Finanzministerin
- Guido Westerwelle (FDP), Parteivorsitzender und ehemaliger
  Außenminister
- Sarah Wagenknecht (Die Linke), Parteivorsitzende
- John Caleur, Fachjournalist

Benjamin: »Großbritannien hat vorige Woche seine Zahlungsunfähigkeit erklärt. Damit ist das erste große Industrieland in Europa
de facto bankrott. Das hat den Kurs des Euros an den Devisenmärkten einbrechen lassen. Spekulanten wetten schon jetzt auf eine
Implosion der Währungsunion. – Herr Bundeskanzler, wird
Deutschland nun aus dem Euro aussteigen?«
    Wulff: »Herr Benjamin, die Lage ist wirklich dramatisch, und
ich will hier auch nichts schönreden. Aber ich möchte doch zu
bedenken geben, dass die Briten ihre eigene Währung haben, das
Pfund und nicht den Euro, deshalb sind Ihre Frage und auch der
Titel Ihrer Sendung nicht sachgerecht.«
    Benjamin: »Aber der Kurs des Euros ist dramatisch eingeknickt.
Wie erklären Sie sich das?«

Wulff: »Die Nachwirkungen der Weltwirtschaftskrise von 2008 haben Großbritanniens Finanzen destabilisiert. Es war der damaligen Regierung Gordon Brown nicht gelungen, den Haushalt zu konsolidieren. Als dann die Zinsen an den Anleihenmärkten nach oben gingen, wurde die Verschuldung noch viel schlimmer …«

Wagenknecht: »Das gilt übrigens auch für Deutschland.«

Benjamin: »Dazu komme ich noch, Frau Wagenknecht. Ich möchte aber, dass der Bundeskanzler meine eingangs gestellte Frage – Wird Deutschland aus der Währungsunion aussteigen? – beantwortet.«

Wulff: »Sie stehen Ihrem Vorgänger, Herrn Plasberg, in der Beharrlichkeit in nichts nach, das muss ich Ihnen lassen. Nun, um hier klar zu antworten: Die gegenwärtige Lage lässt diesen Schluss nicht zu.«

Westerwelle: »Eine sehr unklare, klare Antwort.«

Benjamin: »Herr Westerwelle, wie schätzen Sie denn die Lage ein?«

Westerwelle: »Die Lage ist wahrlich so ernst, wie Sie der Herr Bundeskanzler schon geschildert hat. Allerdings bin ich nicht für einen politischen Eiertanz vor den nächsten Wahlen. Man muss doch die Bürger aufklären: Im Bundesfinanzministerium laufen intern schon Gespräche über einen möglichen Austritt aus der Euro-Währung.«

Wulff: »Nun machen Sie mal halblang, Herr Westerwelle, und verunsichern Sie die Menschen nicht. Das, was wir tun, sind bestenfalls Überlegungen …«

Caleur: »Überlegungen? Sie wissen doch ganz genau, warum die Briten ihre Zahlungsunfähigkeit erklärt haben!«

Wulff: »Das gilt auch für Sie als Journalist. Sie sollten auf dem Boden der Tatsachen bleiben. Wenn ein Land seine Zahlungsunfähigkeit erklärt, ist das ein dramatischer Einschnitt in die Stabilität des gesamten Staates.«

Benjamin: »Die Auswirkungen auf die Bevölkerung haben wir nach dem Staatsbankrott von Griechenland und Spanien vergangenes Jahr ja erleben können.«

Westerwelle: »Unruhen, Plünderungen, Polizei- und Armee-Einsätze, das darf man nicht vergessen. Wir dürfen uns da selbst nichts vormachen, die Situation ist ernst genug.«

Wulff: »Wirklich, Herr Westerwelle. Das, was Sie hier tun, ist nicht redlich und nur billige Polemik.«

Westerwelle: »Jeder konnte das doch in den Nachrichten verfolgen, Herr Bundeskanzler.«

Wulff: »Erschrecken Sie doch die Menschen, die uns zusehen, nicht so!«

Westerwelle: »Bei allem Respekt, aber unsere Bürger haben ein Recht auf die Wahrheit. Ich will sie nicht für dumm verkaufen.«

Wulff: »Das tut hier niemand.«

Benjamin: »Herr Caleur, Sie haben sich zu Wort gemeldet.«

Caleur: »Auf einen Staatsbankrott folgt meistens eine Währungsreform. So entledigt sich der Staat seiner Verbindlichkeiten, das wissen Sie doch ganz genau, Herr Bundeskanzler. Wird das britische Pfund abgewertet, verschwinden auch die Schulden.«

Wulff: »Ja, aber …«

Benjamin: »Entschuldigen Sie, Herr Bundeskanzler, aber ich möchte nun die zweite Frau in unserer Runde in das Gespräch mit einbeziehen. – Frau Nahles, Sie haben sich als Expertin bisher vornehm zurückgehalten. Wie beurteilen Sie denn die Situation?«

Nahles: »Danke, Herr Benjamin, dass Sie mir das Wort erteilen. Auch ich möchte mich nicht an den wilden Spekulationen von Herrn Westerwelle und Herrn Caleur beteiligen. Fakt ist, dass in Deutschland niemand erwägt, aus dem Euro-Verbund auszutreten.«

Westerwelle: »Bisher.«

Nahles: »Ja, Herr Kollege. Und bevor wir aus dem Euro aussteigen, gäbe es da noch ein paar andere Möglichkeiten.«

Benjamin: »Welche?«

Nahles: »Man könnte den Euro wieder auf Kerneuropa reduzieren, sozusagen auf die Gründerstaaten, dann könnten die restlichen Länder die Euro-Zone wieder verlassen …«

Westerwelle: »Aber das ist doch Humbug, dass wissen Sie doch ganz genau!«

Benjamin: »Den Ansatz, die deutschen Staatsschulden, die sich jetzt auf vier Billionen Euro belaufen, durch einen Ausstieg aus dem Euro und der Wiedereinführung der D-Mark zu konsolidieren, halten Sie also für absolut abwegig?«

Caleur: »Die Briten machen das – und die Amerikaner haben, seit sie den Greenback in einen Orangeback zum Kurs von eins zu vier umgewandelt haben, nur noch die Hälfte der Staatsschulden. Das geht alles!«

Nahles: »Herr Benjamin hat die Frage an mich gerichtet, und ich will auch darauf antworten: Das, was Sie gesagt haben, halte ich für keine gute Option.«

Benjamin: »Keine gute Option oder abwegig?«

Wulff: »Jetzt muss ich doch mal meiner Kollegin zur Seite springen …«

Westerwelle: »Die Große Koalition lässt grüßen!«

Wulff: »Wir sollten die Menschen nicht verunsichern. Ziel einer vernünftigen Politik ist es, Vertrauen zu schaffen, und nicht, Ängste zu schüren. Der Euro bleibt!«

Westerwelle: »Die Kameras zeichnen das auf, Herr Bundeskanzler. Wir werden Sie an diese Worte erinnern.«

Wulff: »Herr Westerwelle, als Sie noch an der Regierung waren …«

Benjamin: »Da muss ich kurz dazwischengehen, denn wir wollen keine alten Kamellen wieder aufwärmen. Herr Caleur, wie glaubwürdig sind für Sie die Aussagen des Herrn Bundeskanzlers und der Finanzministerin?«

Caleur: »Gibt es Politiker, die noch glaubwürdig sind? Seit das Hartz-IV-Geld durch das Bedürftigen- und Unterstützungsgeld, das sogenannte BUG, abgelöst wurde, hat sich die Lage für die Menschen noch einmal verschlechtert …«

Benjamin: »Das war nicht meine Frage. Soll ich sie nochmals stellen?«

Caleur: »Nein, mein Gedächtnis funktioniert noch ganz gut. Also, ich halte es für sehr wahrscheinlich, dass Deutschland den Euro mittelfristig aufgeben wird. Dafür sprechen verschiedene Gründe: Erstens, die Staatsverschuldung ist so hoch, dass auch wir kurz vor einem Staatsbankrott stehen. Zweitens, der Sozialstaat ist in Gefahr. Immer mehr Menschen gehen auf die Straße. Ich erinnere nur an die Ausschreitungen der vergangenen Woche in Stuttgart, Hamburg und Berlin, als die Polizei sogar mit Panzerwagen anrückte und die Bundeswehr in Alarmbereitschaft war …«

Wulff: »… weil die Chaoten Häuser und Autos unschuldiger Bürger angezündet haben …«

Wagenknecht: »Das waren keine Chaoten, sondern Menschen, die an den Rand der Gesellschaft gedrängt wurden – und zwar von Ihnen – und jetzt keinen anderen Ausweg mehr finden, als sich so Gehör zu verschaffen.«

Benjamin: »Wir sollten Herrn Caleur ausreden lassen.«

Caleur: »Wie ich schon sagte: Durch eine Währungsreform, also durch den Ausstieg aus dem Euro und die Wiedereinführung der D-Mark zu einem Umtauschkurs von vielleicht eins zu drei oder eins zu fünf oder gar eins zu sechs, wer weiß das schon, ist der Staat den Großteil seiner Schulden los …«

Wagenknecht: »Und die Menschen den Großteil ihres Ersparten und ihrer Altersvorsorge, auch ihr Häuschen wird entwertet.«

Wulff: »Ich appelliere an Sie, malen Sie kein Schreckgespenst an die Wand. Ihr Horrorszenario wird nie eintreten. Dafür steht die Große Koalition.«

(Lachen und Buhrufe unter den Zuschauern.)

2. Die Macht der US-Hochfinanz

> *»Stellen Sie sich eine Gruppe der berühmtesten Banker*
> *unserer Nation vor, wie sie sich aus New York im Schutze*
> *der Dunkelheit in einem Privat-Waggon davonstehlen, heimlich*
> *Hunderte von Meilen Richtung Süden eilen, ein geheimnisvolles*
> *Hafenboot besteigen, sich davonstehlen auf eine Insel, die bis auf*
> *wenige Diener verlassen war, um dort eine ganze Woche unter solch*
> *strenger Geheimhaltung zu leben, dass der Name keines Einzigen*
> *von ihnen je genannt wurde, damit die Dienerschaft die Identität*
> *nicht herausbekommen könnte, um der Welt die Geschichte dieser*
> *seltsamsten und geheimnisvollsten Expedition in der Geschichte*
> *der amerikanischen Finanzwelt zu enthüllen.«*[3]
> B. C. Forbes, Gründer des *Forbes Magazine*

»Hochfinanz« – was ist das? Der Begriff definiert vor allem eine Gruppe von Bankiers im US-Establishment, die aufgrund ihres wirtschaftlichen und finanziellen Einflusses politische Macht angehäuft hat und versucht, in ihrem Interesse auf Regierungen einzuwirken.

Dies geschieht (auch) über die *Federal Reserve Bank* (*Fed*), die US-Notenbank, deren Entscheidungen, etwa über Leitzinserhöhungen oder -senkungen, die ganze Welt beeinflussen. Deshalb gehe ich an dieser Stelle vornehmlich auf die amerikanische Hochfinanz ein.

Es gibt viele verschiedene Verschwörungstheorien über die angeblichen Machenschaften der Hochfinanz, die oft nicht zu beweisen sind und ebenso oft absurde Thesen propagieren. Daran möchte ich mich nicht beteiligen, sondern mich auf die Fakten beschränken, die belegt sind. Zwar mag Ihnen manches, was Sie nun erfahren, vielleicht als »Verschwörung« oder »Konspiration« vorkommen, aber alles, was ich anführe, ist bewiesen und über die angegebenen Quellen nachvollziehbar.

Einflussreichstes »Instrumentarium« der amerikanischen Hochfinanz war und ist die US-Notenbank *Federal Reserve*. Aber warum nenne ich sie ein »Instrument der Hochfinanz«? – Unbestritten ist wohl, dass die *Fed* die mächtigste Bank der Welt ist. Ihre Entscheidungen haben maßgeblichen Einfluss auf die globale Fiskal- und Wirtschaftspolitik. Aber ausgerechnet diese bedeutungsvolle Bank befindet sich im Privatbesitz von mächtigen Bankiers, die sich (fast) vollständig einer öffentlichen Kontrolle entziehen. Sie glauben das nicht – halten das für eine krude Verschwörungstheorie? Dann möchte ich Sie jetzt vom Gegenteil überzeugen.

2.1 Die *Federal Reserve Bank* (*Fed*)

Das *Federal Reserve System* wurde offiziell am 23. Dezember 1913 vom Kongress der Vereinigten Staaten geschaffen, um ein »Zentralbanksystem zu etablieren, das so gestaltet wurde, um dem nationalen Finanzsystem sowohl Flexibilität als auch Stärke hinzuzufügen«[4].

Was jedoch weitgehend unbekannt ist: Die Konstitution des Bankensystems wurde von einer kleinen Gruppe einflussreicher Bankiers schon Jahre zuvor bei einem Geheimtreffen beschlossen. Sie wollten um jeden Preis verhindern, dass die Geldschöpfung dem Staat überlassen würde. Ihr Ziel war es, den Kongress zu »überrumpeln« und ein Gesetz auf den Weg zu bringen, das genau das Gegenteil besagte: Der Staat sollte sich von den privaten Banken Geld leihen und Zinsen dafür bezahlen.

Das klingt ungeheuerlich, ist aber wahr. Nachfolgend die unglaubliche Geschichte.

2.1.1 WIE DIE *FED* VON EINER PRIVATEN BANKIERSCLIQUE INSTALLIERT WURDE

»Gebt mir die Kontrolle über die Währung einer Nation, dann ist es für mich gleichgültig, wer die Gesetze macht.« Diese prophetischen Worte des Großbankiers Mayer Amschel Rothschild sollten sich zu Beginn des 20. Jahrhunderts recht unheilvoll in den Vereinigten Staaten bewahrheiten und bis heute nachwirken. Denn: Im Jahre 1913 gelang es einem privaten Bankenkartell, mittels eines konspirativ vorbereiteten Handstreichs das amerikanische Parlament zu überlisten und die Kontrolle über die US-Währung zu erlangen.

Der »Federal Reserve Act« von 1913 war für diese Clique Privatbankiers ein großer Erfolg: Er autorisierte eine private Zentralbank (bestehend aus zwölf Kreditmonopolen), Geld für Darlehen praktisch aus dem Nichts heraus zu drucken und gegen Zinsen an die Regierung zu verleihen sowie die nationale Geldmenge zu kontrollieren bzw. zu vergrößern oder zu verkleinern.

Der Kongressabgeordnete Lindbergh nannte dieses Gesetz »das schlimmste Gesetzesverbrechen aller Zeiten«. Und kritisierte: »Das Finanzsystem ist einer Gruppe übergeben worden, die nur auf Profit aus ist. Das System ist privat und wird nur zu dem Zweck benutzt, aus dem Gebrauch des Geldes anderer Leute den größtmöglichen Profit zu erzielen.«[5]

Carter Glass, der Vorsitzende des Bank- und Währungsausschusses im Kongress, wurde noch deutlicher: »Gab es jemals eine Regierungsnote, deren Wert sich auf den Besitz einer Bank stützt? Gab es jemals Regierungsgeld, von dem kein einziger Dollar herausgegeben werden kann, außer durch Aufforderung an eine Bank? Die angebliche Einbindung der Regierung ist so weit entfernt, dass sie nicht zu entdecken ist.«[6]

Ein paar Jahre später gab der Abgeordnete Louis McFadden vor dem Kongress zu Protokoll: »Einige Menschen denken, dass die *Federal-Reserve*-Banken Institutionen der US-Regierung sind. Es sind aber private Monopole, die das Volk dieser Vereinigten Staaten ausbeuten; in ihrem eigenen Interesse und dem ihrer ausländischen Kunden, im Interesse von Spekulanten im In- und Ausland und im Interesse von reichen und räuberischen Geldverleihern.«[7]

Paul M. Warburg, einer der führenden Köpfe des *Federal Reserve System*, erläuterte, dass die Noten der *Federal Reserve* privat herausgegebenes Geld darstellen, während die Steuerzahler dabeistehen, um die potenziellen Verluste der Banken zu übernehmen.[8] Damit hatte das Geldkartell alle seine Ziele erreicht.

Aber wie konnte es der amerikanische Kongress zulassen, dass die Kontrolle der Währung an diese kleine Clique privater Bankiers überging?

Vorgeschichte: manipulierte Bankenpanik von 1907
Die Öffentlichkeit und auch der Kongress waren im ersten Jahrzehnt des 20. Jahrhunderts nicht bereit, eine Zentralbank in den USA zu akzeptieren. Dies widersprach dem Prinzip der »freien« Marktwirt-

schaft und erzeugte Angst vor dem Sozialismus, der in vielen Ländern Europas bereits Einzug gehalten hatte.

Die privaten Bankiers mussten deshalb die öffentliche Stimmung und auch die des Kongresses manipulieren. Dazu eignete sich am besten eine künstlich herbeigeführte Bankenpanik. Die Bankiers streuten Gerüchte, dass die *Knickerbocker Bank* und die *Trust Company of America* kurz vor dem Bankrott stehen würden. Damit lösten sie die Bankenpanik von 1907 aus, weil die Menschen den Gerüchten Glauben schenkten. Sie stürmten die Banken und wollten ihr Erspartes zurückhaben. In der Folge brachen auch andere Banken zusammen.

»Edelmütig« war der Großbankier J. P. Morgan daraufhin bereit, 100 Millionen Dollar in Gold aus Europa zu importieren, um den Ansturm auf die Banken zu beenden. Erst jetzt war die hypnotisierte Öffentlichkeit davon überzeugt, dass das Land ein Zentralbankensystem brauche, damit in Zukunft derartige Panikattacken vermieden werden konnten, denn sie hatte genug von der »Anarchie« der Privatbanken. Dass gerade die mächtigsten Privatbanken es waren, die diese Panik zielgenau ausgelöst hatten, darüber erfuhr das amerikanische Volk lange Zeit nichts.

Robert Owens, Mitverfasser des »Federal Reserve Act«, gab später bei Anhörungen im Kongress zu Protokoll, dass das Bankenkartell ein Komplott geschmiedet hatte, um diese Finanzpanik zu erzeugen. Der amerikanische Bürger sollte dazu bewegt werden, »Reformen« zu verlangen, die den Interessen der Finanzkreise dienten.[9]

Der Kongressabgeordnete Lindbergh erhob den Vorwurf: »Das Geldkartell hat die Panik von 1907 verursacht. Diejenigen, die dem Geldkartell nicht genehm waren, konnten dabei aus dem Geschäft gedrängt werden, während das Volk derart in Angst versetzt wurde, dass es nach Veränderungen in den Bank- und Währungsgesetzen verlangte, die das Geldkartell formulieren würde.«[10]

Geheimtreffen auf Jekyll Island

Den Boden für die Saat vorbereitet, kam es im November 1910 auf Jekyll Island (einer Insel vor dem Bundesstaat Georgia) zu einem »Geheimtreffen« der mächtigsten Privatbankiers der USA, um ein Szenario zu entwerfen, das aus den ehemaligen Erzrivalen Verbündete machen sollte, die nur ihren Interessen verpflichtet waren.

Das hieß im Klartext: Profite sollten maximiert und der Wettbewerb minimiert werden. Weiter sollte die regulative Kraft der Regierung genutzt werden, damit die im Kartell geschlossenen Abkommen zur Schaffung eines Zentralbankensystems umgesetzt werden konnten. Dadurch sollte die gesamte Kontrolle des Geldes auf nur wenige Privatbankiers übergehen, getreu Mayer Amschel Rothschilds Motto: Wer die Währung kontrolliert, dem ist es egal, wer die Gesetze macht.

ZEITMASCHINE

Jekyll Island, Georgia,
November 1910

In dieser Vollmondnacht erscheinen einzeln und nacheinander sieben Ehrenmänner in New Jersey am Ufer des Hudson River. Sie steigen hastig aus ihren Kutschen und verschwinden in einem kleinen, unbedeutenden Bahnhof. Sie haben ihre Mantelkrägen hochgeschlagen und sich die Hüte tief ins Gesicht gezogen, denn niemand soll sie erkennen, niemand sie miteinander in Verbindung bringen. Sie besteigen den letzten Waggon eines Privatzuges, in dem die Vorhänge bereits zugezogen sind. Kurze Zeit später setzt sich der Zug in Bewegung. Diese Männer sind auf dem Weg zu einer bereits seit langer Zeit geplanten, streng geheimen Zusammenkunft an der Küste Georgias auf der Insel Jekyll Island.[11]

Frank A. Vanderlip, Präsident der Nationalen Citybank von New York, erinnert sich:
»Man bat uns, auf Nachnamen zu verzichten. Weiterhin wurde uns geraten, am Abend unserer Abreise nicht gemeinsam zu speisen. Wir wurden angewiesen, einzeln und so unauffällig wie möglich zur Eisenbahnstation am Ufer des Hudson in New Jersey zu kommen, wo Senator Aldrichs Privatwaggon bereitstünde, angehängt an das Ende eines Zuges Richtung Süden (…) Sobald wir in der Eisenbahn waren, beachteten wir das Tabu, das auf Familiennamen lag. Wir sprachen uns gegenseitig als »Ben«, »Paul«, »Nelson« oder »Abe« an (…) Enthüllung, so wussten wir, durfte nicht geschehen, sonst wären all unsere Zeit und Anstrengung vergeudet.

> Wäre öffentlich geworden, dass ausgerechnet diese Gruppe von Menschen zusammengekommen war, um ein Bankgesetz zu formulieren, hätte es nicht den Hauch einer Chance gehabt, durch den Kongress zu kommen.«[12]

Gastgeber des konspirativen Zirkels war der Fraktionschef der Republikaner, Nelson W. Aldrich, Vorsitzender der Nationalen Währungskommission und Schwiegervater von John D. Rockefeller. Er galt gemeinhin als »Senator der Wall Street« und Sprecher für Großindustrie und Banken.

Die weiteren Teilnehmer waren:
- Abraham Piatt Andrew, Ministerialdirektor des US-Schatzamtes,
- Henry P. Davison, Hauptteilhaber der *J. P. Morgan Company*,
- Charles D. Norton, Präsident von J. P. Morgans *First National Bank of New York*,
- Benjamin Strong, Vorstand von J. P. Morgans *Bankers Trust Company*,
- Paul M. Warburg, Partner von *Kuhn, Loeb & Company*, Vertreter der Rothschildschen Bankendynastie, und
- Frank A. Vanderlip, Präsident der *National City Bank of New York* in Vertretung von William Rockefeller.

Das von den privaten Bankiers auf Jekyll Island entworfene Gesetz (»Aldrich-Plan«) sah die Errichtung einer (privaten) Zentralbank (*»Federal Reserve«*) vor. Zudem sollten private Banken privates Geld in Umlauf bringen dürfen und dessen Kontrolle durch die Finanziers der Wall Street erfolgen.

Das Treffen der mächtigsten Banker zielte also darauf ab, ein Finanzkartell zum Schutz seiner Mitglieder vor Wettbewerb zu gründen sowie den Kongress und die Öffentlichkeit davon zu überzeugen, dass dieses Kartell eine »Dienststelle« der Regierung der Vereinigten Staaten sei, obwohl es in Wirklichkeit nur den privaten Interessen der versammelten Wall-Street-Größen diente.

Der Präsident musste »ersetzt« werden

J. P. Morgan und seine Bankiersclique waren sich klar darüber, dass sie neben der Zustimmung des Kongresses auch noch den Präsidenten dazu bewegen mussten, das heikle Gesetz zu unterschreiben, damit es verabschiedet werden konnte. Aber William Howard Taft, US-Präsident des Jahres 1910, war kein Mann Morgans und hatte die Wiederwahl im Jahre 1912 so gut wie in der Tasche. Taft weigerte sich zusammen mit der Opposition, die von Aldrich entworfene Gesetzesvorlage für die Konstituierung einer Zentralbank zu unterstützen.

Der Geld-Trust wünschte sich jedoch einen Präsidenten, der sich angriffslustig für die Vorlage einsetzen würde. So überlegten Morgan und seine Clique, wie sie die Person Taft im Weißen Haus ersetzen und dessen Kontrolle über das Präsidentenamt brechen könnten.

Ihr eigentlicher Wunschkandidat war Woodrow Wilson, zwar ein Demokrat, aber ihrer »Sache« eher zugetan. Doch Wilson würde die Wahl gegen den Republikaner Taft nicht gewinnen, das stand fest. Morgan kam eine geniale Idee: Ganz gezielt gründete er eine neue Partei, die *Progressive Party*, holte Teddy Roosevelt, der vor Taft Präsident gewesen war, wieder aus der Versenkung hervor und ließ ihn als Kandidaten gegen Taft antreten, um dessen als sicher geltende Wiederwahl zu verhindern. Tatsächlich nahm Roosevelt seinem Gegner so viele Stimmen ab, dass Morgans eigentlicher Kandidat, Woodrow Wilson, schließlich mit knapper Mehrheit zum neuen Präsidenten gewählt wurde.

Wilson war nun von Morgan-Leuten umgeben, auch einer seiner engsten Vertrauten, »Oberst« Edward Mandell House, den er sein »Alter Ego« nannte, war durch und durch »Morgan-treu«. Der neue Präsident der Vereinigten Staaten stellte also kein Problem mehr dar. Nun musste nur noch der Kongress umgestimmt werden.

Unhaltbare Versprechungen an die Opposition

Um ihren Gesetzesantrag durch den Kongress zu bringen, änderte die Morgan-Fraktion die »alte« Bezeichnung »Aldrich-Plan« zunächst in »Federal Reserve Act« um.

Der günstigste Zeitpunkt, um mit dem Gesetzesentwurf Erfolg zu haben, erschien ihnen kurz vor Weihnachten. Drei Tage vor Heiligabend wurde er in den Kongress eingebracht, als die Abgeordneten bereits Vorbereitungen für ihren Weihnachtsurlaub trafen. Der Antrag war so umständlich formuliert, dass nur wenige dessen Inhalt wirklich verstanden.

Aber die Opposition, allen voran William Jennings Bryan, war nach wie vor dagegen, sodass Morgan und Aldrichs Mannschaft ihm mit scheinbarer Kompromissbereitschaft entgegenkam und so tat, als akzeptiere man dessen Forderungen. Bryan durchschaute das Spiel nicht und ließ schon siegessicher verlauten: »Das Recht der Regierung, Geld in Umlauf zu bringen, geht nicht auf die Banken über; die Kontrolle über das so geschöpfte Geld wird von der Regierung nicht aufgegeben.«[13]

Das dachte Bryan zumindest, aber die Wahrheit sah anders aus: Zwar hatten der Finanzminister und der Chef des Bankenaufsichtsamts eine gewisse Kontrollfunktion, aber die *Federal-Reserve*-Banken konnten ihre Politik weitgehend außerhalb einer parlamentarischen Überwachung selbst gestalten. Die Geldmenge wurde zwar von der US-Bundesdruckerei gedruckt, aber in Umlauf gebracht wurde sie in Form von Obligationen oder Schulden der Regierung, die diese Schulden (einschließlich Zinsen) wieder an die private *Federal Reserve* zurückzahlen musste.

Am 22. Dezember 1913 wurde der Gesetzesantrag schließlich im Abgeordnetenhaus mit 228 zu 60 Stimmen und im Senat mit 43 zu 23 Stimmen verabschiedet, bereits am nächsten Tag von Präsident Wilson unterzeichnet und erhielt dadurch als »Federal Reserve Act« Gesetzeskraft.[14]

So war der Kongress von einem trügerischen wie brillanten Angriff des Geld-Trusts überlistet worden.

Im Wörterbuch wird der Begriff »Verschwörung« so definiert: »Verschwörung (oder Konspiration) ist die Substantivierung der Übersetzung des lateinischen Verbs coniurare = sich heimlich verbünden. Die heimliche Verbündung dient der Durchführung eines Plans selbstsüchtiger, verwerflicher Zielsetzung zum Schaden anderer. Die Zielsetzung einer Verschwörung beruht daher nicht immer auf niederen Motiven, sie basiert jedoch in jedem Falle auf Täuschung.«[15]

Der Fachjournalist Stephen Zarlenga, der den Bestseller *Der Mythos vom Geld – die Geschichte der Macht* veröffentlichte, kommt zu dem Schluss, dass es sich bei der Etablierung des *Federal Reserve System* um eine Konspiration handelte, mit der der amerikanischen Nation Schaden zugefügt werden sollte.[16]

ZEITMASCHINE

Kongress, Ausschuss Währung und Bankwesen, Washington,
Vorsitz: Arsene Pujo, Frühjahr 1914

Im Abschlussbericht zur Untersuchung der Installation des *Federal Reserve System* heißt es u. a. (Hervorhebungen durch d. Verf.):

»Der Ausschuss ist aufgrund der vorliegenden Beweise hinreichend überzeugt, dass eine etablierte und klar umrissene Gleichheit und Interessengemeinschaft zwischen einigen Persönlichkeiten des Finanzwesens existiert, **die zu einer starken und rasch anwachsenden Konzentration der Geldkontrolle und des Kreditwesens in den Händen weniger Männer führte** (…) **Die Männer, die durch ihre Macht** über die Vermögen unserer Eisenbahnen und Industrieunternehmen **in der Lage sind, die Kapitalflüsse zu steuern** und zugleich jene gewaltigen Kapitalanballungen der einzelnen Einleger zu schaffen, sind ebenfalls in der Lage, diese Finanzmittel für sie selbst interessierende Unternehmungen anzuzapfen und zugleich die Verwendung dieser Mittel für Zwecke zu unterbinden, die nicht ihre Zustimmung finden.

Wenn wir in diesem Zusammenhang ebenfalls bedenken, dass in diese Töpfe voller Geld und Kredit auch ein großer Teil der Bankenreserven des Landes einfließen, dass diese Männer zugleich die Vertreter und Geschäftsfreunde der kleinen Banken auf dem Lande sind in Bezug auf deren Geldreserven und dass eine kleine Gruppe von Männern und deren Geschäftsfreunde ihren Griff auf die Finanzreserven dieser Institutionen verstärkt haben durch den Kauf von Anteilen daran und durch den Erwerb von Vorstandsposten darin oder die Übernahme von Schirmherrschaften, so beginnen wir langsam zu erahnen, **welches Ausmaß diese praktische und effektive Herrschaft und Kontrolle über unsere größten finanziellen und industriellen Unternehmen und die Eisenbahnen angenommen hat**, zum überwiegenden Teil innerhalb der letzten fünf Jahre, und dass **all dieses beladen ist mit Risiken für das Wohl unseres Landes.**«[17]

Wie ich bereits erläutert habe, ist die *Federal Reserve* bis heute keine Institution der amerikanischen Regierung, sondern eine unabhängige Gesellschaft in Privatbesitz, bestehend aus zwölf regionalen *Federal-Reserve*-Banken, die vielen kommerziellen Mitgliedsbanken gehören. Die *JP Morgan Chase & Co.* ist die größte US-Bank, gefolgt von der *Citigroup* mit einem hohen Vermögenswert, die gleichzeitig der Eckpfeiler des Rockefeller-Imperiums ist. Beide Banken sind darüber hinaus auch die zwei größten Anteilseigner der *Federal Reserve of New York*, die wiederum im ganzen *Fed*-System die Aktienmehrheit besitzt.

2.1.2 DAS FEDERAL-RESERVE-BANK-SYSTEM IM ÜBERBLICK

Obwohl man offiziell von der US-Notenbank oder US-Zentralbank spricht und Unbedachte deshalb davon ausgehen, die *Fed* sei eine staatliche Behörde, ist sie privat strukturiert.

Aufbau

Das *Federal Reserve System* setzt sich aus den folgenden Bestandteilen zusammen:

- *Board of Governors*: sieben Mitglieder, die 14 Jahre im Amt bleiben, vom US-Präsidenten bestimmt und vom Senat ernannt werden;
- *Federal Open Market Committee* (FOMC): besteht aus den sieben Mitgliedern des *Board of Governors* und den einzelnen Präsidenten der *Reserve*-Banken. Die Funktion des FOMC besteht darin, die Währungspolitik des nationalen Boards umzusetzen sowie die Geldmenge und Zinsraten zu regulieren;
- *Federal-Reserve*-Banken: zwölf regionale *Federal-Reserve*-Banken mit 25 Zweigstellen. Es handelt sich um Gesellschaften, deren Anteile von Geschäftsbanken gehalten werden, die Mitglieder des Systems sind. Ihre Aufgaben: Geld für andere Mitgliedsbanken bereitstellen, Schecks einlösen und finanzielle Angelegenheiten der Regierung regeln, also das Bankwesen der Nation führen. Die größte *Federal-Reserve*-Bank befindet sich in New York City, die auch als Einzige unter den *Fed*-Banken Auslandsgeschäfte betreibt;
- Angehörende Geschäftsbanken (*member banks*);
- Diverse Beratungsräte.

Hauptaufgaben
- Überwachung und Regulierung des Bankwesens;
- Umsetzung der Geldpolitik;
- Anpassung des Diskontsatzes und Änderung der Mindestreserve;
- Aufrechterhaltung eines funktionierenden Zahlungssystems;
- Überwachung der Geldmenge;
- Veröffentlichung von Konjunkturberichten;
- Monopol auf die Schöpfung der nationalen Geldmenge (mit der Ausnahme von Münzen).

Geldpolitische Ziele
Der »Federal Reserve Act« definiert die Ziele der Geldmarktpolitik wie folgt:
- hoher Beschäftigungsstand;
- Preisstabilität;
- moderate, langfristige Zinsen.[18]

2.1.3 FEDERAL RESERVE BANK – DREI LÜGEN IN EINEM NAMEN

Offiziell heißt es auf der Internetseite der *Fed*:
1. »Die zwölf regionalen Banken des *Federal Reserve System*, die vom Kongress als operative Abteilungen des nationalen Zentralbanksystems errichtet wurden, sind im Wesentlichen wie private Unternehmen strukturiert – was möglicherweise zu einiger Konfusion über ihre ›Eigentümerschaft‹ führt. So vergeben die *Reserve*-Banken zum Beispiel Aktienanteile an ihre Mitgliederbanken. Allerdings ist es etwas ganz anderes, einen Anteil an einer *Reserve*-Bank zu halten, als einen Anteil an einem privaten Unternehmen. Die Banken der *Federal Reserve* streben nicht nach Gewinn, und laut Gesetz ist der Besitz einer bestimmten Anzahl von Anteilen eine Bedingung für die Mitgliedschaft im System. Die Anteile können nicht als Sicherheit für einen Kredit verkauft, gehandelt oder verpfändet werden; außerdem ist die Dividende gesetzlich auf sechs Prozent pro Jahr festgelegt.«
2. »Die *Federal Reserve* gilt als unabhängige Zentralbank, weil ihre Entscheidungen nicht vom Präsidenten oder von einer anderen Person in einem Zweig der Exekutive oder Legislative bestätigt werden müssen; die *Fed* erhält keine vom Kongress genehmigten

Gelder, und die Amtszeit der Vorstandsmitglieder (*Board of Governors*) ist ein Vielfaches von der des Präsidenten und der Kongressabgeordneten.«

3. »Das Einkommen der *Federal Reserve* stammt hauptsächlich aus den Zinsen auf die US-Regierungsanleihen, die die *Fed* durch ihre Offenmarktoperationen erzielt hat (…). Nach Abzug aller Kosten übergibt die *Federal Reserve* den Rest ihrer Erlöse an das US-Finanzministerium.«[19]

Zu 1.: In der Tat sind 100 Prozent der Anteilseigner der *Fed* private Banken. Kein einziger Anteil der *Fed* wird von der Regierung gehalten.

Zu 2.: Die Tatsache, dass die *Fed* vom Kongress keine »zugewiesenen Mittel« bekommt, heißt im Grunde, dass sie das Geld vom Kongress ohne Bewilligung erhält, indem sie sich an »Offenmarktoperationen« beteiligt.

Offenmarktgeschäfte

Dabei handelt es sich um geldpolitische Operationen, die auf Initiative der Zentralbank durchgeführt werden.

Während ursprünglich unter Offenmarktgeschäften der Kauf und Verkauf von Wertpapieren am offenen Markt verstanden wurde, wird mittlerweile dieser Begriff rein enumerativ gebraucht, d. h. Offenmarktgeschäfte sind diejenigen Geschäfte, die die Zentralbank als solche bezeichnet, ohne dass es sich dabei um Käufe bzw. Verkäufe von Wertpapieren am offenen Markt handeln muss.[20]

Wenn die *Federal Reserve* also einen Scheck über eine Regierungsanleihe ausschreibt, dann tut sie genau das, was jede Bank auch tut: Sie schöpft Geld; und dieses Geld schöpft sie einzig und allein durch das Ausstellen eines Schecks.

Zu 3.: Mit den Zinsen auf die Anteile, die sie mit ihren neu herausgegebenen *Federal-Reserve*-Banknoten erworben hat, bezahlt die *Fed* ihre Betriebsausgaben plus eine garantierte Dividende von sechs Prozent an ihre Anteilseigner. Eine Dividende von sechs Prozent jährlich mag in der Welt der Finanzeliten von Wall Street nicht besonders hoch erscheinen, aber die meisten Unternehmen, die es schaffen, alle ihre Betriebsausgaben zu decken und dann auch noch ihren Aktionären eine garantierte Dividende von sechs Prozent pro Jahr zu zahlen, gelten als Unternehmen, die »nach Gewinn streben«.[21]

Die Autorin Ellen Brown resümiert: »Wenn die *Fed* tatsächlich eine Bundesbehörde wäre, dann könnte die US-Regierung direkt eigene gesetzliche Zahlungsmittel in Umlauf bringen und damit unnötige zinsträchtige Schulden an private Mittelsmänner vermeiden, die selbst das Geld praktisch ›aus der Luft‹ schöpfen. Neben den anderen Vorteilen für die Steuerzahler könnte eine wirklich ›bundeseigene‹ *Federal Reserve* die ›volle Würdigung und Anerkennung (credit) der Vereinigten Staaten‹ ohne jede Zinsen an Regierungsbehörden und Kommunen gewähren. Damit ließen sich die Kosten für dringend benötigte Infrastrukturmaßnahmen halbieren und die wirtschaftlichen Verhältnisse vor Ort wieder auf den blühenden Stand bringen, der vor Jahrzehnten dort geherrscht hat.«[22]

Für Kritiker enthält der Name »*Federal Reserve Bank*« deshalb drei Lügen:

1. *Federal*: »Federal« bedeutet »bundesstaatlich«, doch die *Fed* gehört nicht der US-Regierung. Ihre Aktien werden nicht an der Börse gehandelt. Eigentümer ist ein Konsortium aus Privatbanken. Die Größten darin sind die *Citibank* und die *J. P. Morgan Chase Company*. Die *Fed* ist also in privaten Händen. Das hat sogar ein Bundesgericht im Jahre 1982 höchstrichterlich geurteilt.[23]

2. *Reserve*: »Reserve« impliziert, dass die *Fed* über Geldreserven verfügt. Das ist falsch, sie hat keinerlei Reserven.

Der ehemalige Kongressabgeordnete und Vorsitzende des *House Banking Currency Committee*, Wright Patman, schrieb in seinem Bericht bereits in den 1960er-Jahren: »Bestände an Bargeld gibt es nicht, und es hat sie nie gegeben. Was als ›Bargeld-Reserve‹ bezeichnet wird, sind einfach nur Buchhaltungskredite, die bei den Banken der *Federal Reserve* in die Bücher eingetragen wurden. Die Kredite wurden von diesen *Federal-Reserve*-Banken geschöpft und fließen von dort ins Bankensystem.«[24]

Die *Fed* verheimlicht das nicht. In einer von der *Federal Reserve Bank of New York* herausgegebenen Broschüre heißt es: »Währung kann nicht gegen Gold des Finanzministeriums oder irgendeinen anderen zur Deckung verwendeten Vermögenswert eingelöst oder getauscht werden. Die Frage, welche Vermögenswerte die Banknoten der *Federal Reserve* ›decken‹, hat höchstens buchhalterische Bedeutung.«[25]

Aber woher nimmt die *Fed* das Geld, um US-Staatsanleihen zu kaufen? Patman ging auch dieser Frage nach. Hier sein Statement: »Die *Fed* bekommt kein Geld, sie schöpft es (...) Sie hat das Geld schlicht und einfach durch die Ausstellung eines Schecks geschöpft. Will der Empfänger des Schecks dafür Bargeld haben, kann die *Federal Reserve* dem nachkommen, indem sie das Bargeld druckt – in Form von Banknoten der *Federal Reserve*, welche die Geschäftsbank des Scheckempfängers erhält und ihm aushändigt. Kurz: Die *Federal Reserve* ist eine totale Gelddruckmaschine.«[26]

Der Wirtschaftswissenschaftler Prof. Dr. Hans J. Bocker über die Macht der *Fed*, Geld zu schöpfen: »Der Dollar ist eine Privatwährung, die USA hat keine staatliche Währung. Der Grundbesitz aller US-Bundesstaaten dient der *Fed* als Pfand.«[27]

3. *Bank*: Die *Fed* ist keine staatliche Bank, sondern ein privates Unternehmen, das unter staatlicher (Teil-)Aufsicht steht.

2.1.4 WER KONTROLLIERT DIE *FED*?

Laut der Internetseite der *Fed* ist die Kontrolle, die der US-Kongress über die *Federal Reserve* ausübt, auf die folgende Maßnahme beschränkt:

»Die *Federal Reserve* unterliegt der Aufsicht des Kongresses, der von Zeit zu Zeit deren Aktivität überprüft und satzungsgemäß ihre Verantwortlichkeiten ändern kann.«[28]

Aber wie wir aus den Wirtschaftsnachrichten erfahren, bedeutet »Aufsicht« in diesem Fall, dass der Kongress die Ergebnisse zu sehen bekommt, wenn alles gelaufen ist. Die *Fed* unterrichtet den Kongress von Zeit zu Zeit. Der einzige wirkliche Hebel, mit dem der Kongress bei der *Fed* ansetzen kann, ist das Recht, »satzungsgemäß deren Verantwortlichkeiten zu ändern«.

Eigentlich sollte das *Office of Inspector General* (OIG) »unabhängige und objektive Revisionen, Inspektionen und Untersuchungen der Programme und Tätigkeiten des *Board of Governors* des *Federal Reserve System* durchführen. Doch dies bezieht sich offenbar nur auf das in Washington angesiedelte *Board of Governors* der *Fed*, nicht aber auf die zwölf einzelnen Distriktbanken.«[29]

36

Dementsprechend braucht das *Board* einzelne Tätigkeiten nur operativ an eine Distriktbank zu delegieren, wenn sie vermeiden will, dass sie dem Kongress über die OIG darüber Rechenschaft ablegen muss.[30]

ZEITMASCHINE

Financial Service Committee, US-Repräsentantenhaus, Washington, Mai 2009

Die Generalinspektorin der US-Notenbank *Fed* gesteht vor dem Kongress absolute Ahnungslosigkeit ein.
Vorige Woche erschien die Generalinspektorin der US-Notenbank *Fed*, Elizabeth A. Coleman, vor dem *Financial Services Committee* des US-Repräsentantenhauses, wo sie vom Republikaner Alan Grayson zu ihrer Tätigkeit befragt wurde. Ihre Antworten schockierten wohl nicht nur den Kongressabgeordneten, der am Ende seiner Fragezeit feststellte, dass offenbar niemand in der *Fed* – inklusive Mrs. Coleman – auch nur irgendeine Kontrolle darüber behalten habe, was mit den gewaltigen Summen geschieht, die die *Fed* vergangenes Jahr ausgereicht hat.
Noch viel weniger Ahnung scheint die *Fed*-Chef-Kontrolleurin von den ebenfalls billionenschweren Geschäften zu haben, die die *Fed* laut *Bloomberg* außerhalb ihrer Bilanz abwickelt (...) Dadurch bleibt es also weiterhin unmöglich festzustellen, welche Banken, Finanzinstitutionen und Personen denn nun tatsächlich direkt von den Hunderten an Steuermilliarden profitiert haben.
Der Kongressmann Grayson stellt in einem Radiointerview[31] fest, dass somit allein der Chef der *Fed* über gewaltige Ausgaben von öffentlichen Geldern entscheide. Und er müsse darüber nicht einmal im Nachhinein im Detail informieren, was sonst nur in Diktaturen üblich sei.[32]

Auch die Befragungen des *Fed*-Chefs durch Kongressabgeordnete lassen (meistens) Tiefgang vermissen. Eine wirksame Kontrolle der *Fed* scheint es offenbar bis jetzt noch nicht zu geben.

2.1.5 ALAN GREENSPAN, DER FINANZZAUBERER

Der »mächtigste« und einflussreichste *Fed*-Chef war Alan Greenspan, der von 1987 bis 2006 unter vier Präsidenten sein Amt ausübte. Der im Jahre 1926 geborene Sohn jüdischer Einwanderer aus Ungarn[33] wollte zunächst Musiker werden, absolvierte dann aber ein volkswirtschaftliches Studium. Seine finanzpolitische Laufbahn begann im Jahre 1953 bei der Beratungsfirma *Townsend-Greenspan & Co.* 1967 unterstützte er Richard Nixon im Wahlkampf, der ihn 1974 als Präsident zum Chef des *Council of Economic Advisers* berief. Am 11. August 1987 wurde er dann Vorsitzender des *United States Federal Reserve Board* und somit zum mächtigsten Mann der globalen Finanzwelt.

Seine richtungsweisenden Analysen und Maßnahmen beeinflussten nicht nur die US-amerikanische Wirtschaft, sondern auch die weltweiten Finanzsysteme, indem seine geldpolitischen Entscheidungen die globalen Börsen in Bewegung versetzten.

Unter seiner Führung wuchs die Geldmenge von 3,61 Billionen US-Dollar (1987) auf 10,25 Billionen (2006) – eine Erhöhung um 183,6 Prozent, was der amerikanischen Wirtschaft zwar große Wachstumsimpulse gab, in Wirklichkeit aber eine Grundlage für die Weltwirtschaftskrise von 2008 war, da die Menschen leichter an Kredite kamen und sich dadurch immer mehr verschuldeten.

So erzeugte Greenspan mit seiner Politik des »billigen Kredits« eine noch größere Immobilienblase, was ihm den Spitznamen »Mister Bubble« einbrachte. Aber das scherte ihn nicht, denn er war ein sehr mächtiger Mann.

Der Journalist Paul Sperry schrieb: »Sie mögen denken, dass der Kongress – und daher das Volk – ihn kontrollieren kann. Aber alles, was die Gesetzgeber tun können, ist, ihn von Zeit zu Zeit vorzuladen (…) Die Anhörungen sind eine Übung in Sinnlosigkeit, nicht in Rechenschaftspflicht, denn Greenspan vernebelt den Sachverhalt so lange, bis jeder sich zu Tode langweilt. Sie denken vielleicht, dass die Presse ihn festnageln kann. Doch in Wirklichkeit kommen wir nicht an ihn heran. Pressekonferenzen oder Interviews sind nicht erlaubt. Der Hohepriester ist unfassbar in seinem Marmortempel hier in Constitution Avenue.«[34]

Global iNet News/Berlinkontor beschrieb Greenspan so: »Wenn dieser legendäre Chef der *US Federal Reserve Bank* vor die Mikrofone trat, hielten nicht nur Banker, Wirtschaftsbosse, Devisenhändler, Aktionäre und Kleinanleger den Atem an, sondern auch die Staatenlenker der Welt. Jedes Mal, wenn dieser ›Mogul der internationalen Finanzwelt‹ sich öffentlich äußerte, erzitterte die monetäre Erdbebennadel auf der Richterskala der globalisierten Finanzwelt.« Und weiter: »Greenspan folgte stets nur seinen eigenen Eingebungen und Überzeugungen – und dominierte nicht selten selbst die Politik im Weißen Haus, im US-Kongress und an den internationalen Finanzmärkten.«[35]

Die zentrale Macht in den Händen eines Einzelnen, der weitgehend unabhängig von jeglicher parlamentarischen Aufsicht und Kontrolle agieren kann – das macht in der Tat nachdenklich.

2.1.6 »DIE *FED* HAT DEN DOLLAR ZERSTÖRT!«

Allmählich macht sich auch politischer Widerstand gegen die *Fed* breit, denn die Bilanz ist erschreckend: Der Dollar wurde seit dem Jahre 1913 um 95 Prozent entwertet, und die Inflation frisst die Ersparnisse der Amerikaner auf.

Jetzt wollen sechs US-Bundesstaaten wieder Gold und Silber als legales Zahlungsmittel einführen. State Representative Bob Wagner aus dem US-Bundesstaat Montana hatte genau dies im März letzten Jahres vorgeschlagen.[36] Ihm zufolge sollen die Edelmetalle wieder als gesetzliches Zahlungsmittel zugelassen werden, und auch der Staat könnte seine Ausgaben dann mit Gold und Silber begleichen.

Dabei sei es nicht erforderlich, dass man tatsächlich Gold- und Silbermünzen besitze, denn Transaktionen könnten sowohl in Dollar als auch in einer elektronischen Goldwährung bezahlt werden. Der Staat müsse dann Zahlungen der Bürger für verschiedene Gebühren und Käufe in Gold und Silber akzeptieren.

»Das Fehlen von Gold- und Silbermünzen, unabhängig davon, ob sie nun in physischer Form vorliegen oder als elektronische Goldwährung, verletzt die Souveränität und die Unabhängigkeit dieses Landes und stellt den Staat von Montana sowie seine Bürger und Unternehmen bei schweren Krisen vor große Probleme, die aus der wirtschaftlichen und politischen Instabilität der gegenwärtigen nationalen und internationalen Finanzsysteme resultieren«[37], sagte Bob Wagner weiter.

Ferner machte er darauf aufmerksam, dass die Bundesstaaten und Bürger, die sich auf die gesetzlichen Zahlungsmittel verlassen, einen

»großen Kaufkraftverlust« erleiden, der von der Regierung verschuldet wurde. Dies sei eine »schrittweise Enteignung« und eine Verletzung der US-Verfassung, in der es heißt: »Niemandem darf von der Öffentlichen Hand (...) privates Eigentum entzogen werden, ohne eine gerechte Entschädigung dafür zu erhalten.«[38]

Andere argumentieren, dass durch die Zahlung mit Dollar-Noten, anders als bei einer auf Gold und Silber gestützten Währung, das Eigentum der Bürger vermindert würde – und zwar durch die Inflation. Schuld daran trüge die Regierung, wenn sie weiter auf die von der *Fed* bestimmten gesetzlichen Zahlungsmittel zurückgreife. Aber »Gold und Silber verlieren ihren Wert nicht nach den Launen der *Federal Reserve*«[39].

Bog Wagner forderte die Regierungen anderer US-Bundesstaaten auf, ebenfalls Gold als legales Zahlungsmittel einzuführen. Die US-Bundesstaaten Indiana, Colorado, Missouri, Georgia und Maryland wollen darüber beraten.

2.1.7 DIE ZUKUNFT DER *FED*

Weiterer Widerstand formiert sich: Der texanische Abgeordnete Ron Paul, der schon seit über 20 Jahren für die Abschaffung der *Fed* kämpft und ihr Geheimniskrämerei und Vetternwirtschaft vorwirft[40], erarbeitete im Dezember 2009 einen Gesetzesentwurf, nach dem die US-Notenbank einer externen Kontrolle unterworfen werden soll.[41] Das erfreut sich nicht nur einer immer größeren Popularität bei der Bevölkerung, sondern auch im Kongress: Ein entsprechendes Gesetz passierte mit großer Mehrheit den Finanzdienstleistungsausschuss des US-Repräsentantenhauses. Dieses muss jedoch noch den Senat passieren, weshalb mit einem Inkrafttreten nicht vor Mitte 2010 gerechnet wird.[42]

Paul geht richtigerweise davon aus, dass, wer die *Fed* kontrolliert, auch die (fast) uneingeschränkte Macht der Banken beschneidet.

»Wenn Sie alle vollständig verstehen, wie sie vorgeht, was sie tut, wie sie die Geldpolitik und die Zinsen manipuliert, werden Sie endlich kapieren, dass es die Fed *ist, die das ganze Unheil angerichtet hat.«*
Ron Paul, republikanischer US-Kongressabgeordneter, 2009

2.2 Bretton Woods

Mitten im Zweiten Weltkrieg, im Jahre 1944, fand im Hotel *Mount Washington* in dem Ort Bretton Woods (New Hampshire, USA) eine Währungs- und Finanzkonferenz der UNO mit 730 Vertretern aus 44 Staaten statt.[43]

Das auf der Konferenz unterzeichnete Abkommen diente der Neuordnung der Weltwirtschaft und bildete die Grundlage für eine neue Weltwährungsordnung mit festen Wechselkursen. Dadurch sollte verhindert werden, dass sich Protektionismus (Schutz inländischer Produzenten vor ausländischer Konkurrenz durch Verbote, Quotierung oder Zölle) und Abwertungswettläufe der Zwischenkriegszeit wiederholten. Mit dem Abkommen wurde das internationale Währungssystem von Bretton Woods geschaffen. Aufgrund des verlorenen Krieges trat Deutschland in Form der Bundesrepublik Deutschland erst im Jahre 1949 bei.[44]

2.2.1 SO FUNKTIONIERTE DAS BRETTON-WOODS-SYSTEM

Der US-Dollar als Leitwährung stand im Mittelpunkt. Dessen Wert war gegenüber dem Gold auf 35 US-Dollar je Unze Feingold (1 Unze = 31,104 Gramm) festgelegt. Seitens der US-Zentralbank bestand die Verpflichtung, Dollars in Gold einzulösen. Die Wechselkurse aller anderen Währungen wurden gegenüber dem US-Dollar fixiert und die Zentralbanken der teilnehmenden Länder verpflichtet, durch ihre Geldpolitik (insbesondere durch Käufe und Verkäufe einheimischer Währung gegen US-Dollar) diese Wechselkurse innerhalb einer Bandbreite von einem Prozent zu stabilisieren.

Die Bretton-Woods-Organisationen bzw. -Institutionen waren die Weltbank und der Internationale Währungsfonds (IWF). Teil des Systems war der sogenannte »White-Plan«, der den US-Dollar als Leitwährung zementierte. Dadurch waren die Vereinigten Staaten völlig autonom in Bezug auf ihre Währungs- und Geldpolitik.[45] Die Amerikaner hatten es somit geschafft, alle Währungen von sich abhängig zu machen.

Der Bestsellerautor Stephen Zarlenga dazu: »Der US-Dollar nahm in dem System eine Sonderstellung ein, in der sich die Stärke der USA widerspiegelte. Der Dollar erhielt als Reserve für die Währungsschöpfung den gleichen Status wie Gold. Dies bedeutete, dass die US-Goldreserven bei der Schaffung von Weltreserven doppelt zählten: Zunächst konnten sie zur Schöpfung von Dollars verwendet werden, und danach konnten diese Dollars als Reserven zur Schöpfung anderer Währungen verwendet werden.[46] Auf diese Weise wurde weltweit mindestens doppelt so viel Geld geschaffen, als wenn die Reserven nur aus Gold bestanden hätten.«[47]

Charles de Gaulle, der französische Staatspräsident, war der Erste, der sich gegen diesen »Dollar-Imperialismus«[48] auflehnte: 1969 wollte Frankreich seine Dollar-Reserven in Gold einlösen. Doch die Goldreserven der USA reichten nicht einmal aus, um die Forderungen dieses einen Landes zu erfüllen. So kündigten die USA im Jahre 1971 ihre Verpflichtung, Dollars in Gold einzulösen, einfach auf. 1973 wurden das Bretton-Woods-System dann außer Kraft gesetzt und die Wechselkurse wieder freigegeben.[49]

2.2.2 DER FALL DES SYSTEMS – HINTERGRÜNDE

Da Präsident Lyndon B. Johnson im Jahre 1965 das Engagement der USA im Vietnamkrieg verstärkte, begannen die Militärausgaben des Landes zu steigen. Zur gleichen Zeit erhöhten sich aber auch die Ausgaben der öffentlichen Haushalte, sodass sich die Vereinigten Staaten immer mehr verschuldeten.

Internationale Zentralbanken verkauften daraufhin ihre Dollars und kauften vermehrt Gold. So schwanden die US-Goldreserven und näherten sich dem gesetzlich vorgeschriebenen Mindestwert von 25 Prozent.[50]

Die Wurzeln des Goldstandards

Der Ursprung liegt im Gebrauch von Goldmünzen als Tauschmittel, Recheneinheit und Wertaufbewahrungsmittel. Ein gesetzlich festgelegter Goldstandard wurde im Jahre 1819 vom britischen Parlament erstmals eingeführt. Später im 19. Jahrhundert folgten Deutschland, Japan und auch andere Länder. Die USA schlossen sich dem Goldstandard de facto im Jahre 1879 an, als sie den Wert der während des amerikanischen Bürgerkriegs ausgegebenen Dollar-Noten an den Goldpreis banden.

Die vorrangige Aufgabe der Zentralbank bestand darin, das offizielle Gleichgewicht zwischen der Währung und dem Gold zu wahren. Sie benötigte dazu einen ausreichenden Goldvorrat.[51]

Johnson wollte allerdings keine Steuererhöhungen durchführen, da im Jahre 1966 Zwischenwahlen stattfanden. Dies führte zu einer fiskalischen Expansion, die zu einem Preisauftrieb beitrug. Die jährliche Inflationsrate stieg auf nahezu sechs Prozent, was Spekulanten auf den Plan rief.

In Erwartung eines künftigen höheren Dollar-Preises begannen private Spekulanten Ende 1967, Anfang 1968 Gold in großem Umfang aufzukaufen. Dagegen waren die staatlichen Banken machtlos. Nachdem auch die *Federal Reserve* und die europäischen Zentralbanken umfangreiche Goldverkäufe getätigt hatten, gaben sie schließlich die Zweiteilung des Goldmarktes in einen privaten und einen staatlichen Bereich bekannt.

Diese Spaltung des Goldmarktes war der Anfang vom Ende des Bretton-Woods-Systems: Indem die Zentralbanken die Verbindung zwischen dem Dollar-Angebot und einem festen Marktpreis durchtrennten, gaben sie die dem System innewohnende Schutzvorrichtung gegen Inflation auf.

Die bis dahin objektive Bindung des Dollars an Gold gab Vertrauen, dass die Währung knapp und damit wertstabil blieb. Dazu der Fachautor Eike Hamer: »Die Goldbindung (hemmte) die privaten Eigentümer der *Fed* an einer ungenierten Dollar-Vermehrung zu eigenen Gunsten (…) Sie mussten nämlich ihr Goldeinlöseversprechen fürchten und immer in der Lage sein, Gold für Dollars herauszugeben. Damit war die Goldbindung eine natürliche Bremse gegen Dollar-Vermehrung und damit Garant für Geldwertstabilität.«[52]

Aber es kam noch schlimmer: 1970 begann für die US-Wirtschaft eine Rezession, die eine ansteigende Arbeitslosigkeit mit sich brachte. Die Märkte waren überzeugt davon, dass der Dollar gegenüber allen wichtigen europäischen Währungen abgewertet werden müsse, um wieder Vollbeschäftigung herzustellen.

Doch dies konnte nur dann geschehen, wenn sich die ausländischen

Regierungen dazu bereit erklärten, ihre Währungen auch zu dem neuen Kurs an den Dollar zu binden, und ihre Währungen gegenüber dem Dollar gleichzeitig aufwerteten. Doch eine Aufwertung würde die eigenen Güter gegenüber amerikanischen Produkten teurer machen und somit der Exportbranche schaden. Deshalb legten einige Länder keinen Wert auf eine Abwertung des Dollars und eine Aufwertung ihrer eigenen Währung.[53]

Nun entschloss sich Präsident Richard M. Nixon zu einer fast erpresserischen Tat: Am 15. August 1971 verkündete er, dass die USA den Zentralbanken fortan nicht länger automatisch Gold gegen Dollars verkaufen würden, und durchtrennte damit die letzte verbliebene Verbindung zwischen Dollar und Gold. Das hieß nichts anderes, als dass Banken und Privatleute, die Dollars besaßen, durch die einseitige Ankündigung des Präsidenten quasi über Nacht ihres vertraglich besiegelten Anrechts auf Gold beraubt worden waren und der Staat gleichzeitig die Schleusen für die Währungsinflation öffnete.[54] Zudem verkündete Nixon eine zehnprozentige Besteuerung sämtlicher Importe in die USA, die so lange in Kraft bleiben sollte, bis sich die Länder dazu bereit erklärten, ihre Währungen gegenüber dem Dollar aufzuwerten.

Die Erpressung wirkte: Im Dezember 1971 kam es in Washington schließlich zu einer internationalen »Einigung« über die Neufestlegung der Wechselkurse, das »Smithsonian-Agreement«. Der Dollar wurde um durchschnittlich acht Prozent abgewertet, und die zehnprozentige Importsteuer, die die USA zur Erzwingung dieser Maßnahme verhängt hatte, wurde wieder aufgehoben.[55]

Der Wirtschaftsjournalist F. William Engdahl bewertet diesen Schritt wie folgt:»Als Nixon erklärte, dass die USA ihren Währungsverpflichtungen gegenüber dem Gold nicht mehr nachkommen würden, öffnete er die Schleusen für eine weltweite Spekulation im Stil eines Kasinogelages in Las Vegas – und zwar in einer historisch nie dagewesenen Dimension (…), der Welthandel wurde selbst zum Schauplatz von wilden Spekulationen in Bezug darauf, in welche Richtung bestimmte Währungen schwanken würden. Infolgedessen stieg das Gesamtvolumen der weltweit zirkulierenden Dollars, das sich Ende der 1960er-Jahre auf einem relativ gleichmäßigen Niveau befunden hatte, bis Ende der 1990er-Jahre exponentiell um etwa 2500 Prozent[56] an (…) und (führte) zu einer massiven Kapitalflucht aus dem Dollar in Richtung Europa und Japan.«[57]

Engdahl weiter:»Seit Nixon im August 1971 die im Abkommen von

Bretton Woods festgelegte Gold-Konvertibilität des US-Dollars aufge-
kündigt hat, wird die Welt von ›Fiat‹- oder Papiergeld regiert, bei dem
sich der Wert des Dollars ausschließlich auf die Rolle der USA als
Weltsupermacht stützte. Da der Dollar nun nicht mehr an das Gold
gekettet war, konnten die USA in wachsendem Ausmaß Dollars drucken (...) Um sicherzustellen, dass diese zunehmend wertlosen Dollars
von der übrigen Welt auch akzeptiert wurden, führten die USA Kriege,
griffen zu Erpressung und inszenierten Währungskrisen in anderen
Ländern; es gab Finanzmanipulationen in Hülle und Fülle. Eine einge-
hende Untersuchung durch GATA und andere Rohstoffexperten hat ans
Licht gebracht, dass die amerikanische *Federal Reserve* und das
US-Finanzministerium seit 1971 die Finanzmärkte manipuliert haben,
um den Marktpreis für Gold niedrig zu halten. Damit sollte der Eindruck erweckt werden, Gold sei weniger attraktiv als US-Schatzan-
leihen, die Zinsen einbringen. Nach 1987 haben das Finanzministerium
und die *Fed* mit den Money-Trust-Banken wie *Citigroup*, *Chase* und
UBS gemeinsame Sache gemacht und immer dann, wenn der Goldpreis deutlich zu steigen begann, Derivate eingesetzt, um den Preis
niedrig zu halten.«[58]

Doch Nixons erpresserisches »Währungsabkommen« hatte nicht
einmal 15 Monate Bestand, denn wieder zwangen Spekulanten die
mächtigen Amerikaner in die Knie: Anfang Februar 1973 setzte eine
weitere riesige Spekulationswelle gegen den Dollar ein. Daraufhin
wurde sogar der Devisenmarkt geschlossen, damit die USA und ihre
wichtigsten Handelspartner über Stützungsmaßnahmen für den Dollar
verhandeln konnten. So wurde am 12. Februar 1973 eine weitere
Abwertung des Dollars um zehn Prozent bekannt gegeben.

Kaum hatten die Regierungen der Wiedereröffnung des Devisen-
marktes zugestimmt, setzte die Spekulation gegen den Dollar wieder
ein. Die europäischen Zentralbanken kauften 3,6 Milliarden Dollar auf,
um eine Aufwertung ihrer Währungen zu verhindern. Am 1. März 1973
wurde der Devisenmarkt abermals geschlossen. Als er am 19. März
erneut geöffnet wurde, gaben die Industrieländer die Wechselkurse
ihrer Währungen, aufgrund der unkontrollierbaren spekulativen Kapi-
talbewegungen, gegenüber der US-Währung frei. Das bedeutete das
Ende der festen Wechselkurse und das Ende des »Diktats des Dollars«.[59]

2.3 Saltsjöbaden

Saltsjöbaden? – was oder wo ist das? Fast niemand kennt den Namen des kleinen schwedischen Ortes in der Provinz Stockholm Län, der an der Ostseeküste des Landes liegt. Er wurde von Knut Agathon Wallenberg, einem Mitglied der vermögenden und einflussreichen Familie Wallenberg, als Erholungsort angelegt.[60] Der gerade mal knapp 10 000 Einwohner fassende, malerische Ort Saltsjöbaden (»das Salzmeerbad«) wurde im Mai 1973 zu einem Zentrum finanzpolitischer Konspiration, die weitreichende globale Auswirkungen hatte.

Seit der amerikanische Präsident Nixon im August 1971 die Bindung des Dollars zum Gold löste, verlor der Dollar unaufhaltsam seinen Wert. Doch die US-Hochfinanz, das »Establishment«, konnte das nicht zulassen, und so entwarf sie einen Plan, der jenem zur Installation des *Federal Reserve System* im Jahre 1913 in nichts nachstehen sollte.

Im Mai 1973 trafen sich 84 führende Insider aus Politik und Finanzen in Saltsjöbaden zu einem Geheimtreffen, bei dem eine Strategie zur Stärkung des Dollars geplant wurde.

Einige der Teilnehmer waren:
– Walter J. Levy, International Petroleum Consultant, Ölexperte;
– David Rockefeller, *Chase Manhattan Bank*;
– Robert O. Anderson, *Atlantic Richfield Oil Company*;
– Lord Greenhill, Direktor von *British Petroleum*;
– Sir Eric Roll, *S. G. Warburg Bank*;
– George Ball, *Lehman Brothers Bank*;
– Zbigniew Brzezinski, Präsidentenberater und Direktor von Rockefellers Trilateraler Kommission;
– Gianni Agnelli, *Fiat*-Chef;
– Otto Wolff von Amerongen, einer der einflussreichsten deutschen Unternehmer der Nachkriegswirtschaft;
– Henry Kissinger, Nationaler Sicherheitsberater des Präsidenten, US-Außenminister.

Pikant ist die Tatsache, dass es sich bei diesem Treffen im *Grand Hotel* von Saltsjöbaden um eine Zusammenkunft der Bilderberger handelte. Über diese Gruppierung ist in Dutzenden von Büchern viel Wahres, aber auch Unwahres verbreitet worden, weshalb ich nochmals F. William Engdahl zitieren möchte, der die Bilderberger sehr sachlich und unaufgeregt beschreibt:

»Seit Mai 1954 fanden die jährlichen Treffen der Bilderberger statt, und zwar immer unter strengster Geheimhaltung. Anfänglich waren die Bilderberger eine kleine elitäre Gruppe von ›Atlantikern‹, zu der vor allem David Rockefeller (…) und Prinz Bernhard der Niederlande gehörten. Zu den Treffen der Bilderberger – ihren Namen erhielten sie von dem Ort ihres ersten Treffens, dem *Hotel de Bilderberg* in der Nähe von Arnheim in den Niederlanden – fanden sich dann alljährlich die führenden Eliten aus Europa und Amerika ein, um vertrauliche politische Gespräche zu[61] führen und geheime Entscheidungen zu treffen. Ein Konsens wurde ›geformt‹ und in anschließenden Pressekommentaren und Medienberichten sorgfältig propagiert, ohne jedoch jemals dabei die geheimen Bilderberger-Gespräche zu erwähnen. Der Bilderberger-Prozess gehörte zu den effektivsten Instrumenten der Gestaltung der anglo-amerikanischen Politik nach dem Zweiten Weltkrieg.«[62]

Bilderberger: Nichts Genaues weiß man nicht

In einer BBC-Sondersendung am 3. Juni 2004 wurden die Bilderberger als »eine der kontroversesten und intensivst diskutierten Allianzen unserer Zeit« dargestellt, »ein Eliteklüngel westlicher Denker und Macher«, die auch beschuldigt wurden, »das Schicksal der Welt hinter verschlossenen Türen zu besiegeln«[63].

Die *Asia Times*[64] vermutete, dass diese Gruppe die internationale Politik steuert, und manche als Verschwörungstheoretiker abgestempelte Autoren behaupten sogar, die Gruppe schmiede ein Komplott zur Weltdominanz, eine »Eine-Welt-Regierung« für eine »Neue Weltordnung«.

Doch in Wirklichkeit weiß das niemand mit Sicherheit, denn die Bilderberger sind durch Eid zur Geheimhaltung verpflichtet, und die Presse berichtet (bezeichnenderweise) nicht über ihre Treffen.

2.3.1 Geheimwaffe Öl

Doch zurück zur Bilderberger-Konferenz des Jahres 1973 in Saltsjöbaden:

Nachdem der Dollar an Stabilität verloren hatte, musste die Machtbalance wieder zugunsten der US-Finanzinteressen verschoben werden. Die Strategen entschieden, dass dies am besten durch die Kontrolle über die weltweite Verteilung des Erdöls geschehen könne.

Man muss wissen, dass es seit 1945 international üblich war, den weltweiten Ölhandel in US-Dollar abzuwickeln, da nach dem Zweiten Weltkrieg amerikanische Ölgesellschaften den Markt beherrschten. Ein plötzlicher steiler Anstieg des Ölpreises würde demzufolge auch einen steilen Anstieg der weltweiten Nachfrage nach US-Dollars bedeuten, um damit das benötigte Öl bezahlen zu können.

War es Zufall, dass ausgerechnet die Rockefeller-Ölgesellschaften einen großen Teil des Marktes unter sich aufgeteilt hatten und David Rockefeller an der Bilderberger-Konferenz teilnahm, die die Macht »seiner« Unternehmen um ein Vielfaches stärken würde? Wohl kaum. F. William Engdahl: »Das von den Rockefellers beherrschte amerikanische Finanz-Establishment war entschlossen, seine Macht über das Öl in einer Weise einzusetzen, die damals niemand für möglich gehalten hätte.«[65]

2.3.2 Jom Kippur

»Jom Kippur«, der jüdische Versöhnungstag, ist der höchste israelische Feiertag, der im Jahre 1973 auf den 6. Oktober fiel. Genau an diesem Tag marschierten ägyptische und syrische Truppen in Israel ein und lösten damit den »Jom-Kippur-Krieg« aus, der später zu einem Ölembargo und dem Anstieg des Ölpreises führen sollte.

Wieder ein Zufall? Nein, meint der renommierte britische Historiker Robert Lacey[66]: Die Umstände im Vorfeld des Ausbruchs des Krieges wurden insgeheim in Washington und London inszeniert, die sich dabei einflussreicher diplomatischer Geheimkanäle bedienten. Diese wurden einmal mehr von Henry Kissinger, dem Nationalen Sicherheitsberater von US-Präsident Nixon, entwickelt, der auch gute Kontakte zur ägyptischen und syrischen Seite pflegte und deshalb wusste, dass es zu einem Ölembargo der Erdöl exportierenden Länder (OPEC) kommen würde, wenn die USA weiterhin einseitig Israel mit Militärgütern beliefern würden.[67]

Es kam wie geplant: Am 16. Oktober 1973 hob die OPEC, aus Solidarität zu Ägypten und Syrien, den Ölpreis um 70 Prozent pro Barrel an und verhängte gleichzeitig ein Embargo auf alle Ölverkäufe an die USA und die Niederlande – das mit Rotterdam den wichtigsten Ölhafen Westeuropas stellte. Sieben OPEC-Mitgliedsländer erklärten zudem eine Kürzung der Ölproduktion: Die erste Ölkrise in der Geschichte der Menschheit war perfekt.[68]

2.3.3 ARABISCHE GEHEIMVERBINDUNGEN

Doch die Ölkrise sollte nicht nur den Dollar wieder stärken, sondern auch die US-Hochfinanz reicher machen. Aber wie sollten die Milliarden Mehreinnahmen, die durch den Ölpreisanstieg an die Araber flossen, in die Kassen der amerikanischen Banker gelangen?

Auch hier war der Bilderberger Kissinger nicht untätig geblieben: Das US-Finanzministerium hatte mit der saudi-arabischen Währungsbehörde SAMA eine geheime Vereinbarung getroffen, die in einem Memorandum[69] von Finanzminister Jack F. Benett an Außenminister Kissinger vom Februar 1975 festgehalten wurde. Auch das ist belegt.

Hierzu noch einmal F. William Engdahl: »Nach dieser Vereinbarung sollten die (…) Profite dieser neuen Öleinkünfte Saudi-Arabiens in erheblichem Maße zur Finanzierung des US-Haushaltsdefizits eingesetzt werden. David Mulford, ein junger Wall-Street-Investmentbanker, (…) wurde als Haupt-›Investmentberater‹ der SAMA nach Saudi-Arabien entsandt, um die saudischen Petrodollar-Investments in die richtigen Banken zu schleusen[70] (…) Später schätzte Rockefellers *Chase Manhattan Bank*, dass zwischen 1974 und Ende 1978 die Länder der OPEC bei ihren Ölexporten einen Überschuss von 185 Milliarden Dollar erzielt hatten. Von diesen Geldern wurden mehr als drei Viertel durch westliche Finanzinstitute geschleust, wobei der Löwenanteil an die *Chase* und mit ihr alliierte Banken in New York und London gelangte, die diese ›Petrodollars‹ dann in Form von Krediten an die Dritte Welt weitergaben.[71] Das war damals eine ganz gewaltige Summe.«[72]

Am 1. Januar 1974 wurde der Ölpreis dann noch einmal um mehr als 100 Prozent angehoben. Somit war der Preis für Rohöl seit 1949 um mehr als 400 Prozent gestiegen[73] – und der Dollar erhielt neuen Aufwind.

2.4 Finanzlobby regiert über US-Finanzministerium

Es ist nichts Neues, dass die Finanzwirtschaft in den USA auch von der Finanzwirtschaft regiert wird und nicht etwa vom Finanzministerium. Auch in Zeiten der Krise, in denen der mächtigen Geldlobby viel Gegenwind um die Ohren braust, kann sie sich behaupten.

> Nur wenn sich die Wall Street ändert, ändert sich die Welt, denn dort werden die globalen Spielregeln aufgestellt.

Der Widerstand der Finanzbranche gegen mehr Regulierung ist gut organisiert: Mehr als 2000 bezahlte »Helfer« umfasst das Heer, das in den Senat, Kongress und das Weiße Haus ausschwärmt, um die Volksvertreter zu ihren Gunsten zu beeinflussen. Fast 200 Millionen Dollar hat die Finanzbranche bis zum Ende des Jahres 2009 für Lobbyarbeit ausgegeben.

Dabei stützen sich die Lobbyisten vor allem auf die Demokraten, da von den Republikanern nicht viel Hilfe zu erwarten ist. So wechseln viele Investmentbanker in wichtige Regierungsposten. Vor allem *Goldman Sachs* macht sich bei dieser Aufgabe verdient, wie die nachfolgende Auflistung einiger wichtiger Personen zeigt:

- Robert Rubin, US-Finanzminister (1995–1999), war früher Vorstandschef von *Goldman Sachs* und Mitglied im Verwaltungsrat der *Citigroup*;
- Timothy Geithner, US-Finanzminister, war »Schüler« von Robert Rubin;
- Mark Patterson, Stabschef des Finanzministeriums, war Mitarbeiter bei *Goldman Sachs*;
- Adam Storch, Direktor der US-Börsenaufsicht, arbeitete in der Risikoüberwachung bei *Goldman Sachs*;
- Henry Paulson, US-Finanzminister (2006–2009), war ebenfalls Vorstandschef von *Goldman Sachs*;

- Joshua Bolten, Stabschef im Weißen Haus (2006–2009), war früher Direktor bei *Goldman Sachs* in London;
- Jon Corzine, seit 2006 Gouverneur von New Jersey, war früher Vorstandschef von *Goldman Sachs*;
- Gene Sperling, heute Berater im US-Finanzministerium, war Berater bei *Goldman Sachs*, sein Honorar im Jahre 2008 betrug fast 900 000 Dollar.[74]

Es verwundert deshalb nicht, dass Christopher Whalen, geschäftsführender Direktor von *International Risk*, sagt, *Goldman Sachs* sei »eine politische Organisation, die sich als Investmentbank tarnt«[75].

Weitere wichtige Lobbyisten sind:
- Christopher Dodd, Vorsitzender des Bankenausschusses im US-Senat, sammelte mehr als 13 Millionen Dollar Wahlkampfspenden aus dem Finanzsektor ein;
- Rahm Emanuel, Stabschef im Weißen Haus, war früher bei der Investmentbank *Wasserstein Perella* und wurde dort zum Millionär;
- Lawrence Summers, US-Finanzminister (1999–2001), heute Wirtschaftsberater des Präsidenten, war beim Hedge-Fonds *D. E. Shaw* und verdiente 5,2 Millionen Dollar.[76]

Der Ökonomie-Nobelpreisträger Joseph Stiglitz kritisierte diese auffällig enge Verflechtung: »Amerika hat eine Drehtür. Die Leute gehen von der Wall Street ins Finanzministerium und zurück. Das prägt das Denken.«[77]

Wahrlich: Die Bankenbosse stoßen in den Ministerien im Weißen Haus dank ihrer »Pflege« immer wieder auf alte Bekannte. Deshalb meinte Xavier Becerra, demokratischer Abgeordneter im wichtigen Budgetzuschuss des Repräsentantenhauses, dass man nicht umhinkommen könne, von der Herrschaft eines »Oligopols aus Politikern und Bankern« zu sprechen.[78]

Für mich bedeutet das: die Herrschaft einer Bankerclique, das heißt der US-Hochfinanz.

ZEITMASCHINE

»Berliner Gespräche«, Konrad-Adenauer-Haus, Berlin,
Montag, 17. August 2009

»Ich sehe mit Sorge, dass, je stärker einige Akteure auf den
internationalen Finanzmärkten werden und je größer die Not
einiger Staaten ist, weil sie in die Verschuldung gehen mussten,
um die Volkswirtschaften zu retten, eine alte Arroganz sich wieder
den Weg bahnt und sagt ›Ihr seid doch von uns abhängig‹ (…).
Und ich darf Ihnen für mich persönlich sagen, es ist
mir ein festes Anliegen (…), dass wir als Politik aus dem
Erpressungspotenzial einzelner Akteure herauskommen.«[79]
Angela Merkel, Bundeskanzlerin

2.5 Sieben Dinge, die Sie unbedingt über das US-Finanzsystem wissen sollten

G. Edward Griffin, Filmemacher, Finanzberater und Autor des Bestsellers *Die Kreatur von Jekyll Island*[80], kämpft seit den 1960er-Jahren in zahlreichen Vorträgen und politischen Dokumentationen gegen die Macht der *Fed*. Die Autorin Susanne Hamann[81] hat in einem bemerkenswerten Artikel seine sieben wichtigsten Botschaften über unser Finanzsystem zusammengefasst:

1. Geld hat keinen Wert: »Geld regiert die Welt«, ein Satz, den niemand anzweifelt. Aber haben Sie sich schon einmal Folgendes gefragt: Wer regiert über das Geld? Wie regiert er über das Geld? Von wo aus regiert er? Regiert er das gesamte Geld? Und um von vorne anzufangen: Was ist Geld überhaupt?

In früheren Tagen tauschte man viel mehr realen Wert gegen realen Wert beziehungsweise Arbeit gegen Arbeit. Somit war eindeutig und offensichtlich, warum etwas als Tauschmittel benutzt wurde: Die Arbeit, die hinter der Förderung von Silber und Gold steckte, und die Seltenheit beider Edelmetalle entsprachen zum Beispiel dem Aufwand und den Materialkosten, die es brauchte, um ein Haus zu bauen, und so wurde das eine gegen das andere getauscht.

Heutzutage besteht unser Geld jedoch weder aus Gold- noch Silbermünzen, und es ist auch nicht an die Kurse der beiden Edelmetalle gebunden. Realistisch betrachtet haben unsere Scheine folglich keinen anderen Wert als Monopoly-Geld.

Allein ein rechtsstaatliches Dekret verleiht unserem Geld seine Kaufkraft, und zwar durch Sanktionen. Jeder, der diesem Gesetz zuwiderhandelt, muss mit Gefängnisstrafen rechnen. Der Bürger darf keine Scheine stehlen, ohne ins Gefängnis zu wandern. Er darf aber auch kein eigenes Geld drucken oder gar eine neue Währung erfinden, das ist allein das Monopol des Staates – und der *Fed*. In der Wirtschaftsgeschichte wird dieses rein juristisch geschaffene Geld »Fiat-Geld« genannt.[82]

Heute muss diese gesetzliche Vorlage niemand mehr durchsetzen. Inzwischen ist der Bürger bereits auf das aktuelle monetäre System eingeschworen. Medien und Universitäten singen alle das gleiche Lied: Das gültige Finanzsystem ist das Beste, Rückschläge gehören eben dazu. Und es wirkt: Der allgemeine Nebelzustand verhindert kritische Fragen.

> *»Ich fürchte, dass es dem Bürger nicht gefallen wird, wenn er hört, dass die Banken nicht nur Geld schaffen und zerstören können, sondern eben dies auch tun. Und jene, die das Kreditvermögen der Nation kontrollieren, lenken gleichermaßen die Politik der Regierungen und halten das Schicksal der Menschen in ihrer leeren Hand.«[83]*
> Reginald McKenna, Vorsitzender der *Midland Bank* in London

2. Die Regierung hat in der Geldpolitik kaum etwas zu melden: Die Zentralbank der USA hat die Befugnis, den US-Dollar zu drucken, und vergibt Kredite in hundertfacher Milliardenhöhe an die Regierung. Sollte man da nicht erwarten, dass sie eine Staatsinstitution ist, die die finanziellen Interessen der amerikanischen Bevölkerung zur Grundlage hat?

Das Gegenteil ist der Fall: Die *Fed* ist in keiner Weise Teil des Regierungsapparates. Sie ist nicht einmal verpflichtet, die landeseigene

Währung und Wirtschaft (und damit die US-Bevölkerung) zu schützen, und das trotz ihrer Zusammenarbeit mit der Regierung.

> *»Es fällt mir kein einziges Beispiel ein, in dem die* Fed *eine Krise verhindert oder Maßnahmen ergriffen hätte, um eine Reihe von Bankzusammenbrüchen zu verhindern.«*[84]
> Allan Meltzer, Professor an der
> Carnegie-Mellon-Universität, Pittsburgh

3. Die Fed gehört den reichsten Banken der Welt: Am Tisch des Jekyll-Island-Club-Hauses kamen Vertreter von J.P. Morgan (Henry P. Davis), den Rockefellers (Nelson W. Aldrich) sowie der Rothschild- und der Warburg-Bankendynastie (Paul M. Warburg) zusammen. Die insgesamt sieben Gründerväter der *Fed* besaßen zusammengenommen immerhin ein Viertel des gesamten Weltreichtums zu dieser Zeit.

> *»Die Freiheit einer Demokratie ist nicht sicher, wenn die Menschen das Wachstum privater Macht bis hin zu dem Punkt tolerieren, da sie stärker wird als der demokratische Staat selbst. Das ist in seiner Essenz faschistisch: wenn die Regierung zum Eigentum eines Individuums, einer Gruppe oder jeder anderen Form der Kontrolle durch private Mächte wird.«*[85]
> Franklin D. Roosevelt, US-Präsident (1933–1945)

4. Die Banken schöpfen Geld wie Zauberer Hasen aus dem Hut: Die *Fed* gibt vor, dass die Banken in einem Verhältnis von eins zu neun Geld schöpfen können. Das bedeutet, dass für jeden Dollar, der in die Bank getragen wird, neun Dollar geschaffen werden können. Doch wie funktioniert das?

Von dem Gehaltsscheck, der von einem Verkäufer auf sein Bankkonto eingezahlt wird, werden zehn Prozent als Reserve einbehalten, die restlichen 90 Prozent werden ausgeliehen und auf einem anderen Konto als Kredit gutgeschrieben. Sie werden somit auch der Bank als reales Geld angerechnet. Also können von dieser Summe nun wieder zehn Prozent einbehalten und 90 Prozent verliehen werden usw. Tatsächlich existiert dieses Geld jedoch nur in den Computern. Was allerdings nicht nur virtuell existiert, sind die Zinsen, die auf eben dieses »geschöpfte« Geld gezahlt werden. Auch das Auto oder das Haus, das abgegeben werden muss, wenn die Zinsen auf einen solchen Kredit nicht mehr bezahlt werden können, ist real. Jene Teile des Finanzsystems, die echte Kaufkraft besitzen, gehen somit letztlich vom Bürger an die Banken, und nicht umgekehrt. Im Übrigen hat sich das Verhältnis weiter erhöht und steht heute bei eins zu elf.

> *»Das finanzielle System wurde in die Hand des* Federal-Reserve-*Vorstandes gegeben. Dieser Vorstand wird von einer rein profit-orientierten Gruppe dazu autorisiert, das Finanzsystem zu verwalten. Das System ist nun also privat und wird ausschließlich zu dem Zweck geführt, den größten Profit aus dem Geld anderer Leute zu schlagen.«*[86]
> Kongressabgeordneter Charles A. Lindbergh sen., 1923

Es verwundert also nicht besonders, dass die Finanzhäuser risikoreiche Kredite sogar fördern. Verdienen können sie schließlich nur an den Zinsen. Wieso sollten sie da den frühzeitigen Abbau von Schulden fördern?

5. Die Regierung erkauft sich die Sympathie des Steuerzahlers: Offensichtlich arbeiten Regierung und *Federal Reserve* zusammen. Allerdings ist die Frage, welche Vorteile die Regierung von der Zusammenarbeit hat.

Regierungssysteme, die auf einem kollektivistischen Grundgedanken aufgebaut sind, müssen für das Wohl des Volkes als Gruppe sorgen. Dies geschieht im Zuge von Unterstützungsleistungen. Allerdings verursachen diese Maßnahmen Kosten, die von irgendwem getragen werden müssen. Nun wird in der Regel der Steuerzahler zur Kasse gebeten. Eine Forderung, die nicht gerade für Jubel sorgt und somit auch nicht für Stimmen beim nächsten Gang zur Wahlurne.

An dieser Stelle kommen nun die privaten Banken ins Spiel. Anstatt den Steuerzahler noch mehr zu schröpfen, leiht sich die Regierung das Geld von den Finanzinstitutionen, und zwar direkt für ein paar Jahre im Voraus.

Der Friede ist jedoch nur vorübergehender Natur, denn auf lange Sicht verschwinden die Haushaltsausgaben nicht, sondern sie fallen jedes Jahr unumgänglich erneut an. Zusätzlich müssen Zinsen auf den Kredit gezahlt werden, aber natürlich will der Bürger nach wie vor so wenig wie möglich in die Tasche greifen. Also leiht sich die Regierung erneut Geld aus dem öffentlichen Sektor, und ein finanzieller Teufelskreis beginnt. Die Schulden werden letztlich niemals abgetragen, und der Haushaltsbedarf wird niemals gedeckt. Verdienen wird in dieser Situation nur einer, nämlich der, der hinter dem Bankschalter sitzt.

6. *Der Steuerzahler ist der Retter in der Krise*: Doch selbst die Regierung kann sich nur eine bestimmte Menge Geld leihen, und viele Posten bleiben somit zunächst ohne Finanzierung. Um die Ausfälle aus öffentlichen Mitteln abzudecken, wendet sich der Staat an die *Fed*. Unglaubliche Mengen an Geldern in 100-facher Millionenhöhe gehen dann auf einmal über den »virtuellen Tisch«. Nicht weil die *Fed* das Geld hat, sondern weil sie es entweder drucken oder aus dem elektronischen Zauberhut ziehen darf. Die Befugnis dafür erhält sie aus Abmachungen zwischen dem »Kartell« und der Regierung.

Je mehr Geld in den Markt gepumpt wird, umso weniger ist es allerdings wert. Folglich erhöhen sich die Kosten für den Einzelnen.[87]

Der Bürger muss in der Krise also noch draufzahlen, und zwar viel. Zunächst werden die offiziellen Steuern erhöht, so viel ist klar. Doch da aufgrund der großen Ausschüttung von Geldern auf den Markt auch die Inflation angetrieben wird, verteuern sich die Waren in den Geschäften, und es müssen höhere Löhne gezahlt werden. Da dies jedoch nicht Resultat einer verbesserten Konjunktur ist, müssen die Unternehmen Einsparungen vornehmen. Somit sind letztlich Arbeitsplätze und das Wohlergehen ganzer Familien gefährdet.

»Die weltweit explodierenden Staatsschulden sind ein gefährlicher Preistreiber. Für die Regierungen ist es eine verlockende Option, ihre Schulden durch Inflation real zu entwerten; dies ist allemal bequemer, als die Ausgaben zu senken. Der renommierte US-Ökonom Gregory Mankiw empfiehlt seiner Regierung und Zentralbank allen Ernstes eine Teuerungsrate von ›sechs Prozent über mehrere Jahre, um die Schuldenbombe zu entschärfen‹.«
Wirtschaftswoche vom 15. Juli 2009

7. *Die Rettung des Systems liegt im absoluten Kollaps*: Will man den faulen Strukturen ein Ende bereiten, kommt man nicht um eine radikale Lösung herum. Eine Rezession ist nötig, die Banken und Firmen in den Bankrott treibt. Dies geschieht nicht, um das Land in die Armut zu stürzen, sondern damit der Steuerzahler nicht mehr zur Kasse gebeten werden kann, wenn der Vorstand eines Unternehmens oder einer Bank falsch gewirtschaftet hat.[88]

>*»Wir sind vollständig abhängig von den öffentlichen Banken. Jemand muss jeden einzelnen Dollar, der im Umlauf ist, egal ob in bar oder elektronisch, leihen. Wenn die Banken ausreichend künstliches Geld herstellen, dann sind wir reich, wenn nicht, verhungern wir. Wir haben kein stabiles Geldsystem. Wenn man das Bild im Ganzen erfasst, ist die tragische Absurdität unserer hoffnungslosen Position regelrecht unglaublich, aber sie ist wahr. Das ist das allerwichtigste Thema, dem sich intelligente Menschen überhaupt widmen können. Es ist derartig wichtig, dass unsere ganze Zivilisation zusammenbrechen könnte, wenn die Wahrheit nicht allgemein bekannt wird und die Missstände nicht wirklich schnell angegangen werden.«*[89]
>Robert H. Hamphill, Credit Manager,
>*Atlanta Federal Reserve Bank*

3. Hintergründe, die man kennen muss

3.1 Geld wird aus Schulden erzeugt

Sie denken beim Begriff »Geld« sicherlich an Münzen und Scheine, die Sie anfassen und fühlen können, doch in Wirklichkeit gibt es viel mehr »virtuelles« als »physisches« Geld. Aber wie entsteht es?

Die Antwort auf diese Frage mag Sie überraschen: Geld wird durch die Vergabe von Krediten geschaffen, durch Schulden. Eine Bank verleiht also nur Luft – ein paar Zahlen auf dem Bildschirm.

Allerdings müssen Sie der Bank das nicht existente Geld, das Ihnen geliehen wurde, plus Zinsen zurückzahlen. Dieses »Illusionsgeld« wird im Fachjargon »Buch-« oder »Giralgeld« (in den USA: »Fiat Money«) genannt, weil es nicht physisch, sondern nur virtuell auf Bankkonten existiert. In Form von Schecks, Überweisungen und Kreditkartenabbuchungen wandert es dann von Bank zu Bank, und aus der ursprünglichen Summe der Anleihe wird immer mehr: Jedes Mal, wenn dieses Geld ausgegeben wird und auf einer anderen Bank landet, geht aus ihm ein weiterer Kredit hervor. So ist das Geld im eigentlichen Sinne nichts wert, da es sich genau genommen um Schulden handelt.

Beispiel Kreditgeldschöpfung

Herr Schmidt will sich ein Auto kaufen und nimmt dafür bei der Bank einen Kredit von 30 000 Euro auf, den er mit seinem Haus absichert. Die Bank überweist das Geld direkt auf das Konto des Autohändlers und belastet gleichzeitig das Konto von Herrn Schmidt. Kein einziger Cent an Bargeld ist geflossen.

Sie sehen also, die Bank braucht gar keine vorhergehende Einzahlung von gespartem Geld, um einen Kredit an Herrn Schmidt zu vergeben, weil die Einlage für den Kredit bereits mit der Buchung entsteht. Hier spricht man von Geld- oder Kreditschöpfung, da das neue Geld durch einen Kredit entstanden ist.

Banken erzeugen bei der Kreditvergabe stets zusätzliches Geld, das vorher nicht vorhanden war, und können durch Ankauf werthaltiger Aktiva (z. B. Immobilien oder Wertpapiere) weiteres Geld erzeugen.

Die Geldschöpfung basiert also vorwiegend auf der Gewährung von Krediten.

Es geht aber auch anders herum, dann nämlich, wenn Geld »verbrannt« wird.

Beispiel Abschreibungen

Herr Schmidt kauft ein Wertpapier für 250 Euro. Dieses verkauft er anschließend an seine Bank. Der Wert des Papiers sinkt danach auf 150 Euro. Die dadurch entstandene Differenz von 100 Euro stellt für die Bank einen Verlust dar, der in der Bilanz abgeschrieben wird, das heißt: Das fiktive Geld verschwindet dahin, woher es gekommen ist – ins Nichts.

Diese Vorgänge wiederholen sich in unserer Wirtschafts- und Finanzwelt in noch viel größerem Maße. Fast täglich erhalten wir Meldungen darüber, dass Bank X oder Bank Y Millionen oder gar Milliarden »abgeschrieben« hat. Viele Menschen fragen sich, woher kommt denn das Geld und wo geht es hin? Die Antwort ist ganz einfach: Es kommt aus dem Nichts, und es geht ins Nichts.

Zum Nachdenken:
- Banken verfügen grundsätzlich nur über einen Teil ihrer Sichteinlagen (gemeint sind damit die täglich verfügbaren Guthaben auf Konten), die als Barreserve gehalten und nicht weiter verliehen werden dürfen. Die Barreserve beträgt etwa drei Prozent der Guthaben. Das erklärt, warum Banker nichts mehr fürchten als einen »Run« auf ihre Banken, denn wenn viele Menschen in Panik gleichzeitig Geld abheben wollen, führt das unweigerlich zum Aus.
- Ein weiterer Teil des Geldes muss bei der Notenbank als Mindestreserve hinterlegt werden. Diese beträgt bei europäischen Banken zwei Prozent.
- Den Rest, die sogenannte »Überschussreserve«, kann die Bank nutzen, um weitere Kredite zu vergeben. Je nach Rating (siehe

Kapitel 4) muss aber nur ein Teil der Kreditsumme auch wirklich vorhanden sein.
- In den USA konnten die Banken bisher den zehnfachen Wert ihrer Einlagen verleihen.
- In Deutschland ist dies der 18-fache Wert des Eigenkapitals eines Finanzinstitutes.

3.2 Die zerstörerische Kraft des Zinses

Einer der größten Kritiker des Zinseszins-Systems ist wohl Bernd Senf[90], von 1973 bis 2009 Professor für Volkswirtschaftslehre an der Fachhochschule für Wirtschaft Berlin. Für ihn ist der Zins der »Krebs des sozialen Organismus'« und die Weltfinanzkrise kein Blitz aus heiterem Himmel, sondern die logische Konsequenz am Ende einer langen Kette, ausgelöst durch die »zerstörerische Kraft des Zinses«: Der Zinseszins lässt die Geldvermögen in beschleunigtem Maße anwachsen. Bei fünf Prozent Zinseszins verdoppelt sich ein Geldvermögen jeweils alle 15 Jahre, entsprechend der Folge 1 – 2 – 4 – 8 – 16 – 32 usw. Je höher der Zins, um so kürzer ist der jeweilige Verdoppelungszeitraum. Doch wenn das Geldvermögen wächst, muss auch die Verschuldung im Gesamtsystem wachsen – und zwar in gleicher Höhe.

Professor Senf konstatiert, dass Geldvermögen demnach nur wachsen können, wenn es Schuldner gibt, die entsprechende Zinsen auf Kredite zahlen. Anders ausgedrückt: Das steigende Geldvermögen der einen wird so zu den Schulden der anderen.

Aber genau das bringt verschiedene Tendenzen hervor, die sich immer weiter zuspitzen:
- *Wirtschaft*: Die Produktion kann nicht so schnell wachsen, wie das Geldvermögen steigt, da die Ressourcen begrenzt sind. Schwächt sich das Wirtschaftswachstum ab, geraten die verschuldeten Unternehmen immer mehr in die Schuldenklemme.
- *Gesellschaft*: Auch derjenige in der Gesellschaft, der nicht verschuldet ist, muss indirekt Zinsen zahlen, da die Unternehmen die Belastungen durch aufgenommene Kredite in der Preiskalkulation ihrer Waren und Dienstleistungen berücksichtigen. Der Anteil des Zinses in den Preisen macht bis zu 40 Prozent aus.
- *Staat*: Durch die stetig wachsende Verschuldung und die zu zahlenden Zinsen kommt der Sozialstaat immer mehr in Finanzie-

rungsnöte. Im Extremfall könnte die Regierung sogar zu einer Neuverschuldung gezwungen sein, nur um die Zinsen für die bisherigen Schulden tilgen zu können, wobei die Steuerlast der Bürger immer höher steigt.

Zwar werden diese Probleme nicht allein durch den Zins verursacht, so Professor Senf, aber zumindest wesentlich verstärkt. Er ist davon überzeugt, dass die Dynamik des Zinses und des Zinssystems ausreichen werden, um Krisen hervorzurufen.

Nur etwa 50 Jahre dauert es, bis die wachsende Verschuldung des Staates, der privaten Unternehmen und der privaten Haushalte den Organismus einer Gesellschaft so stark mit Zinszahlungen belasten, dass ein Zusammenbruch unumgänglich ist.[91] Finanz- und Weltwirtschaftskrisen werden sich demnach so lange wiederholen, wie das Zinseszins-System besteht.

3.3 Wie die Weltwirtschaftskrise begann

3.3.1 DIE SUBPRIME- UND US-IMMOBILIENKRISE

»Jeder Amerikaner soll sein eigenes Haus haben« – das war das politische Credo der Bush-Regierung. Gemäß dieser Forderung sollte der Zugang zu Krediten so erleichtert werden, dass sich jeder Bürger den Traum von seinen eigenen vier Wänden erfüllen konnte.

Nach dem Dotcom-Crash, den Anschlägen des 11. September 2001 und den Unternehmensskandalen, die eine tiefe Verunsicherung bei den Bürgern und einen Einbruch am Aktienmarkt zur Folge hatten, senkte der damalige *Fed*-Präsident Alan Greenspan[92] die US-Leitzinsen insgesamt zwölf Mal. Mit billigen Krediten wollte er eine höhere Investitionsbereitschaft und mehr Konsum erreichen. Seine Maßnahmen griffen: Die US-Konjunktur brummte, die Beschäftigung und die Löhne stiegen und ein großer Teil der US-Haushalte verfügte über feste Einkommen. Das führte zu einem wahren »Run« auf den Immobilienmarkt. Viele Amerikaner verwirklichten sich ihren Traum und kauften sich ein Haus oder eine Wohnung – natürlich auf Pump. Sie konnten damit auch noch Steuern sparen. Die Folge: steigende Preise für Wohnungen und Häuser.

Es liegt nicht in der amerikanischen Mentalität, auf Schulden zu achten. Und so störte es niemanden, dass die private Verschuldung im

Durchschnitt auf 125 Prozent stieg. Das bedeutete, dass jede Familie mit einem Jahreseinkommen von 40 000 Dollar nunmehr mit 50 000 Dollar verschuldet war.[93]

Für die Immobilienfinanzierer und Banken lohnte sich das Geschäft, denn der Markt für die Subprime-Kredite war besonders rentabel. Verbraucher, deren Kreditwürdigkeit durch niedrige Einkommen gering war, zahlten entsprechend hohe Zinsen und erhielten im Gegenzug großzügige Kredite. Insgesamt wurden so rund 780 Milliarden Dollar an zweitklassigen, hochriskanten Häuserhypotheken vergeben.

In der »Endphase« der Spekulationsmanie wurden viele Millionen Hypotheken mit flexiblen Zinsraten, sogenannten »Adjustable Rate Mortgages« (ARM), vergeben. Bei diesen fielen in den ersten Jahren niedrige Zinsen an. Es waren die sogenannten »Lockzinsen«, mit denen Kunden angelockt wurden. Noch riskanter waren die »Interest Only«(IO)-Darlehen, bei denen sogar nur die Zinsen bezahlt werden mussten. Es gab also keine Tilgung der Schulden. ARMs und IOs machen etwa 15 Prozent aller in den USA ausgegebenen hypotheken-gesicherten Wertpapiere aus.[94]

Die so finanzierten Immobilien gewannen ständig an Wert, und die Kreditgeber betrachteten sie als Sicherheitsleistung bei Zahlungsunfähigkeit. Die Finanzierer bündelten schließlich ihre Kreditforderungen in Form von Anleihen (Mortgage Backed Securities, kurz: MBS), die von Hedge-Fonds, Banken und Versicherungen gehandelt werden konnten. Diese Bündel wurden auch »strukturierte Finanzierungen« genannt.

Einem Teil dieser MBS bescheinigten die Rating-Agenturen sogar eine »erstklassige« Bonität. Die eigentlich »zweitklassigen« Anleihen konnten zudem viel höhere Wertzuwächse aufweisen als etwa Staatsanleihen, weswegen viele Investoren ihr Geld darin anlegten. Immer mehr Banken und Anleger griffen gierig nach den Kreditbündeln, ohne zu wissen, was sie eigentlich kauften. Darunter waren auch die KfW, IKB und andere deutsche Landesbanken, die allein für die Kreditvergabe an den Mittelstand für 200 Milliarden Euro amerikanische Hypothekenkredite als Sicherheit zertifizierten.[95]

Das ging gut bis zum Jahre 2004, als die *Fed* die Leitzinsen wieder erhöhte, um der Inflation entgegenzuwirken. Die Kreditzinsen, die sich am Leitzins orientieren, stiegen dadurch ebenfalls. Es dauerte nicht lange, da waren die ersten Schuldner nicht mehr in der Lage, die Tilgung der variabel verzinsten Kredite zu leisten, weil die monatlichen Belastungen einfach zu hoch waren.

Doch diese ersten Gewitterwolken wurden ignoriert. Banken und Immobilienfinanzier fühlten sich sicher, weil sie den Ausfall einiger Subprime-Kredite bereits in ihren Zinsen einkalkuliert hatten. Zudem glaubten sie, dass die von ihnen finanzierten Immobilien genügend »Sicherheiten« darstellten. Ein fataler Irrtum, wie sich bald herausstellen sollte.

Der Leitzins stieg weiter an, und die Katastrophe nahm ihren Lauf: Die Zahl der Ausfallkredite erhöhte sich. Immer mehr Immobilien kamen unter den Hammer und wurden zwangsversteigert. Ein Überangebot an Häusern und Wohnungen entstand. Dadurch fielen die Preise immer weiter. Die mit Subprime-Krediten finanzierten Immobilien verloren wöchentlich an Wert. Viele Kredite waren plötzlich nicht mehr durch Immobilien gedeckt, und die Banken mussten den größten Teil der Kredite als Verlust abschreiben.

Im ersten Krisenjahr 2008 wurden am US-Immobilienmarkt insgesamt 2,4 Billionen Dollar vernichtet, und immer mehr Menschen verloren ihre Häuser. Heute ist einer von 466 Amerikanern von einer Zwangsversteigerung betroffen.

Die Zukunftsaussichten sind düster: Sollten die Häuserpreise um weitere fünf Prozent fallen, dann werden etwa zehn Millionen Eigentümer ihren Banken mehr schulden, als ihre Immobilie wert ist.

Das katastrophale Szenario auf dem Immobilienmarkt wirkte sich ebenso verhängnisvoll auf dem Bankensektor aus: Plötzlich wollte niemand mehr Anleihen auf Subprime-Kredite kaufen. Banken und Großinvestoren verbuchten Verluste in Milliardenhöhe. Die Überbewertungen und Fehleinschätzungen der US-Immobilienmärkte lösten eine dramatische Vertrauenskrise aus, die für die Austrocknung der Liquidität auf dem Interbankenmarkt sorgte. Auch viele deutsche Banken standen vor der Insolvenz. Um einen drohenden Kollaps der Finanzsysteme zu verhindern, griffen Regierungen auf der ganzen Welt ihren Banken mit Billionensummen unter die Arme. Die deutsche Bundesregierung garantierte rund 500 Milliarden Euro, um die Kreditvergabe wieder anzukurbeln.

Doch ohne das Geld der Banken funktionierte die Wirtschaft nicht mehr, und das machte alles noch viel schlimmer. Durch das Platzen zweifelhafter US-Hypothekenkredite hatte sich innerhalb weniger Monate die größte Bedrohung der Weltwirtschaft seit der Depression in den 1930er-Jahren entwickelt.

In nur zwölf Monaten verloren viele Unternehmen Milliarden Dollars an Wert. Billionen wurden buchstäblich »verbrannt«. Aber auch Banken außerhalb der USA hatten kräftig in die faulen Kredite investiert. Da aber die Subprime-Kredite Teil von verschiedenen Hedge- und Pensionsfonds sind, belastete der sich daraus ergebende Kreditausfall nicht nur amerikanische Banken. Der US-Ökonom Nouriel Roubini bezifferte die Einbußen des amerikanischen Finanzsektors aus der Krise auf 3,6 Billionen Dollar.[96] Der Internationale Währungsfonds schätzt den Wert der Ramschpapiere weltweit auf mehr als drei Billionen Euro.[97]

Beispiel: Zusammenbruch des Interbankenverkehrs

Die Banken trauten sich nicht einmal mehr untereinander, weil sie nicht wussten, wie viele Subprime-Kredite im Portfolio einer anderen Bank steckten. Dadurch wäre auch das eigene Geld in Gefahr gewesen, hätte man es einer anderen Bank ausgeliehen, und so verzichteten sie gänzlich darauf.

Beschleunigt wurden die Ereignisse, die zu dieser Weltschuldenkrise führten, durch den damaligen US-Finanzminister Henry Paulson, der im September 2008 entschied, der viertgrößten Investmentbank der Welt, *Lehman Brothers*, staatliche Hilfe zu verweigern und sie bankrottgehen zu lassen. Das hatte Auswirkungen auf die ganze Welt.

3.3.2 BANKEN FINDEN HYPOTHEKEN NICHT MEHR

Ein großer Garten, spielende Kinder – eine wahre Familienidylle. Aber für den Traum vom eigenen Haus haben sich viele Amerikaner hoch verschuldet. Hunderttausende von ihnen haben inzwischen ihre Arbeit, Ersparnisse und auch ihr Zuhause verloren, denn wer seine Schulden nicht bezahlen kann, fliegt raus. In den USA geht das sehr schnell.

Jetzt allerdings gibt es Hoffnung für überschuldete Hausbesitzer, denn die Banken können oft nicht mehr nachweisen, wem die Hypotheken eigentlich gehören, die sie zu Paketen gebündelt und verkauft haben.

Als vor etwas mehr als einem Jahr die Kongressabgeordnete Marcy Kaptur aus Ohio eine Rede hielt, machten sich noch viele über sie

lustig. Kaptur forderte die Menschen nämlich auf, im Fall einer Zwangs-
räumung in ihren Häusern zu bleiben, denn »sie müssen euch erst
einmal beweisen, dass ihnen tatsächlich eure Hypothek gehört. Und bis
sie nicht mit dem Finger auf das entsprechende Papier zeigen können,
ist das nicht der Fall. Die finden eure Hypothek an der Wall Street
überhaupt nicht mehr wieder!«

Die, die damals lachten, tun das jetzt nicht mehr, denn Marcy
Kapturs prophetische Worte sind inzwischen Wirklichkeit geworden.
Sie demaskieren einmal mehr den Wahnsinn des gegenwärtigen kapita-
listischen Systems, das sich nun selbst hereinlegt.

In New York wurden einer Hauseigentümerin, die kurz davorstand,
ihren Besitz zu verlieren und zwangsgeräumt zu werden, per Gerichts-
beschluss die Schulden in Höhe von 461 263 Dollar erlassen. Einfach
so. Die Begründung des Richters: Die Hypothek sei durch so viele
Kanäle geschickt worden, dass nicht mehr festgestellt werden konnte,
wem sie eigentlich gehörte.

Sicherlich traf die Beklagte auf einen wohlwollenden Richter, aber
das Urteil könnte dennoch maßgeblich für weitere sein, die noch folgen
werden, denn fast jeder zehnte Hausbesitzer, der auf seine Immobilie
eine Hypothek aufgenommen hat, ist mit der Ratenzahlung mindestens
drei Monate im Rückstand. Betroffen davon sind rund fünf Millionen
US-Haushalte – ein Rekord. Besonders schlimm sieht es in den Bundesstaaten Kalifornien, Florida, Arizona und Nevada aus.

Die Bündelung der Schulden funktionierte nach folgendem Muster:
Banken sortierten Darlehen nach Ausfallwahrscheinlichkeiten und mix-
ten sie zu einem Wertpapier zusammen, das sie an Investoren weiter-
verkauften. Dadurch erhielten sie mehr Eigenkapital und verteilten das
Risiko des Verlustes auf mehrere Schultern.

Doch in vielen Fällen weiß keiner mehr genau, wem die Papiere
eigentlich gehören, die rund um die Welt geschickt wurden. Auch im
vorliegenden New Yorker Fall: Mal fehlte eine Unterschrift, und mal
waren die Verantwortlichen nicht mehr auffindbar. Somit stellte der
Richter infrage, ob das entsprechende Institut überhaupt ein Recht auf
diesen Kredit hatte, denn wem letztendlich die Hypothek tatsächlich
gehörte, ließ sich nicht mehr eindeutig feststellen. Im Zweifel für den
Angeklagten: Die Frau behielt ihr Haus.[98]

3.4 »Der bestorganisierte Finanzschwindel aller Zeiten!« – Interview mit Prof. Dr. Wilhelm Hankel

In seiner unnachahmlichen Art verrät uns der Wirtschafts- und Finanzwissenschaftler Prof. Dr. Wilhelm Hankel »Insiderkenntnisse« hinsichtlich der Weltwirtschaftskrise, erklärt das »älteste Gesetz der Geldwirtschaft« und erläutert, welche Lehren wir aus dem Desaster ziehen sollten.

Vita

Prof. Dr. rer. pol. Wilhelm Hankel klagte 1997 vor dem Bundesverfassungsgericht gegen die Einführung des Euros. Unter Karl Schiller war er Leiter der Abteilung »Geld und Kredit« im Bundeswirtschaftsministerium und Chef der Banken- und Versicherungsaufsicht.

Wilhelm Hankel erhielt 1971 eine Honorarprofessur an der Goethe-Universität in Frankfurt/Main für Währung und Entwicklungspolitik. Gastprofessuren an anderen Universitäten folgten: *Harvard University*; Konrad-Adenauer-Lehrstuhl der *Georgetown University* in Washington (D. C.); S. A. I. S (*School for Advanced Internationally Studies*) der *John Hopkins University*, Washington/Baltimore; Wissenschaftszentrum Berlin und Technische Universität Dresden. Von 1991 bis 1992 hatte er einen Stiftungslehrstuhl der Deutschen Bundesbank für internationale Währungspolitik an der Freien Universität Berlin inne.

Prof. Dr. Wilhelm Hankel hat zahlreiche Bücher und Aufsätze veröffentlicht. Im Kopp Verlag erschien 2009 die sehr erfolgreiche DVD *Was kommt nach dem Euro?*

Michael Grandt: Gibt es Gemeinsamkeiten bei der Entstehung von Weltwirtschafts- und Finanzkrisen?

Prof. Dr. Wilhelm Hankel: Der Rückblick auf frühere Krisen zeigt durchaus Verblüffendes – alle Jahrhundertkrisen haben letztlich dieselbe Ursache: die Innovationen der Finanzwelt. Dass der finanztechnische

Fortschritt Krisen auslöst, erscheint zunächst paradox; er erleichtert und verbilligt Geldaufnahme und Kredit.

Michael Grandt: Liegt darin das große Risiko?

Prof. Dr. Wilhelm Hankel: Ja, denn mit dem Niederreißen der Hürden zum Geld- und Kreditzugang fällt automatisch die Hemmschwelle für die Verschuldung – die öffentliche, aber mehr noch für die private. Die öffentliche Verschuldung lässt sich eindämmen; das versuchen sowohl die EU als auch seit Neuestem verstärkt auch unser Staat durch die ins Grundgesetz eingebaute Verschuldungsgrenze – ob mit Erfolg, bleibt abzuwarten. Eine gesetzliche Obergrenze für private Verschuldung gibt es jedoch nicht.

Wir haben es hier mit dem ältesten Gesetz der Geldwirtschaft zu tun: Je mehr sich die Verschuldung ausbreitet, desto gefährlicher wird sie – Ihr Risikopotenzial steigt überproportional.

Michael Grandt: Ist das globale Finanzsystem wirklich in Gefahr?

Prof. Dr. Wilhelm Hankel: Von Washington über London, Brüssel, Paris, Tokio, Peking bis Berlin schließen die Regierungen der großen Industrie- und Welthandelsländer das bislang Undenkbare nicht aus.

Plötzlich heißt es: Das globale Finanzsystem stehe vor seiner größten Bedrohung; sein Zusammenbruch könne eine Kettenreaktion von Firmeninsolvenzen, sozial explosiven Massenentlassungen und noch größeren Löchern in den Staats- und Sozialkassen der betroffenen Länder auslösen. Deswegen müsse dem angeschlagenen Finanzsystem geholfen werden, auch wenn dies viel Geld koste.

Bereits jetzt haben die G-8-Staaten mehrere tausend Milliarden öffentlicher Mittel und frisch gedruckten Geldes für diesen Zweck bereitgestellt: verlässlichen Schätzungen zufolge neun Billionen US-Dollar oder den Gegenwert von annähernd drei deutschen Bruttoinlandsprodukten (BIP). Experten fürchten, weitere, bislang noch unbezifferbare Summen könnten folgen.

Michael Grandt: Erschreckt Sie das?

Prof. Dr. Wilhelm Hankel: Man weiß nicht, was mehr erschreckt, die Summe oder die Begründung. Der Summe nach ist es bereits jetzt die größte staatliche Mittelaufbringung in Friedenszeiten.

Der Begründung nach ist es die abenteuerlichste Aktion, die demo-kratisch gewählte Regierungen ihren Völkern je zugemutet haben: Staats-schulden in einem Ausmaß aufzunehmen, dass am Ende die Zerrüttung des Staatskredits stehen könnte, und frisches Geld in Summen zu drucken, die eine Hyperinflation befürchten lassen! Die Begründung, nur so ließen sich noch größere Schäden von Gesellschaft und Staat abwenden, überzeugt weder moralisch noch marktwirtschaftlich.

Michael Grandt: Aber die Finanzwelt geht davon aus, dass es sich die Staaten nicht leisten können, systemrelevante Banken fallen zu lassen. Sie sind »too big to fail«?

Prof. Dr. Wilhelm Hankel: Man scheint zu verkennen, dass gerade dieses »too big« für die Staatenwelt zur Bedrohung wird. Sie lernt in dieser Krise, dass zu große, mächtige und einflussreiche Einzelakteure den Staat erpressen können und nicht davor zurückschrecken, es zu tun. Einzig und allein ihr »failing« kann sie daran hindern.

Michael Grandt: Welche Rolle spielen finanztechnische Innovationen?

Prof. Dr. Wilhelm Hankel: Jede der großen Finanzkrisen geht auf finanztechnische Innovationen zurück, die ihre Erfinder und Anwender so begeisterten – man könnte auch sagen blendeten –, dass sie das in diesen Innovationen enthaltene Risiko für sich und für andere entweder übersahen oder gröblich unterschätzten. Die Inflation der Vermögens-preise schaukelte sich hoch, und es bildete sich eine Blase nach der anderen an den Kapital- und Anlagemärkten der Welt.

Michael Grandt: Und keiner hat etwas bemerkt?

Prof. Dr. Wilhelm Hankel: Jeder Makroökonom konnte sich die dar-aus zu erwartenden Zweitrundeneffekte ausrechnen. Im Finanzsektor wurde ein Vielfaches von dem verdient, was der Unternehmenssektor an Werten schaffte – aber womit? Nicht mit realem Wirtschaftswachs-tum, Produktivität und vermehrter Sachkapitalausstattung, sondern im-mer höheren inflatorischen Preisaufschlägen auf das real Vorhandene, denn dass Aktien und andere Geldanlagen immer teurer wurden, besag-te ja nicht, dass die realen Sach- und Firmenvermögen im selben Verhältnis mitwuchsen.

Auch die Fehlverteilung der Einkommen blieb nicht unsichtbar: Die echt und real verdienten Unternehmer- und Arbeitseinkommen stagnierten; sie blieben um Längen hinter denen in der Finanzbranche zurück. Die Folge war, dass die Konjunkturentwicklung mangels Nachfrage immer schwächer wurde – werden musste.

Michael Grandt: Was ist an der gegenwärtigen Weltfinanzkrise so neu, dass alle bisherigen Sicherungen durchbrannten?

Prof. Dr. Wilhelm Hankel: Bereits ab Mitte der 1970er-Jahre hatten führende Finanzinstitute der USA und Englands im Zuge der Globalisierung und der weltweiten Vereinheitlichung der Finanzmärkte sowohl neue Finanzprodukte als auch neue Formen der Refinanzierung entwickelt.

Sie koppelten sich von ihren traditionellen Geldlieferanten, den Sparern und Geldeinlegern, ab und schnitten auch die Nabelschnur zu ihren Zentralbanken durch; denn sie konnten sich von Mal zu Mal größere Refinanzierungssummen im eigenen Sektor, im Interbankenmarkt, beschaffen. Jede Bank konnte dort jede andere anpumpen und ihre Schulden mit neuen, eigens dafür geschaffenen Spezialpapieren, also neuen Finanzprodukten, besichern.

Michael Grandt: Stellte das eine große Herausforderung dar?

Prof. Dr. Wilhelm Hankel: Ja, denn innerhalb weniger Jahre entstanden im exterritorialen Niemandsland wenig oder gar nicht kontrollierte Finanzplätze auf der Grundlage der neuen, dort gehandelten Finanzprodukte.

Das Umsatz- und Finanzierungsvolumen dieser Interbankenmärkte eskalierte von einem Jahr zum anderen und konnte im letzten Jahr vor Ausbruch der Krise, also 2007, nur noch in Tausenden von Milliarden, also Billionen, gemessen werden.

Zuletzt übertraf es die Zuwächse der realen Bruttoinlandsprodukte von Weltwirtschaft und nationalen Volkswirtschaften und der daraus gebildeten Realvermögen um Zehnerpotenzen.

Michael Grandt: Die Finanzwirtschaft hatte sich also von der Realwirtschaft abgekoppelt?

Prof. Dr. Wilhelm Hankel: Anders ausgedrückt, sie brauchte sie nicht mehr. Ihre Spitzeninstitute nahmen das benötigte Betriebskapital im Finanzsektor selbst auf und legten die neu gewonnenen Mittel auch dort wieder an.

Nach den Geldlieferanten, also Sparer und Zentralbanken, wurden nun auch die Kreditkunden überflüssig. Warum sich mit ihnen herumärgern, wenn man an Börsen, Immobilien- und anderen Vermögensmärkten weit mehr verdienen konnte?

Michael Grandt: Was hat es mit den sogenannten »Verbriefungen« auf sich?

Prof. Dr. Wilhelm Hankel: Die Finanzbranche machte eine fantastische Entdeckung. Nachdem man das Geld im Innenverhältnis billig aufgenommen und hochprofitabel angelegt hatte, ließen sich diese Engagements ein weiteres Mal verwerten, indem man sie verbriefte.

Aus bereits vorhandenen Vermögen machte man neue Finanzprodukte und verkaufte sie unter so kompetent wie geheimnisvoll klingenden Namen wie Asset-Backed-Securities (ABS), Credit-Default-Swaps (CDS) oder Collateral-Debt-Obligations (CDO) nicht nur in der eigenen Branche, sondern zunehmend auch dem Publikum.

Michael Grandt: Die Finanzwelt hatte also ihr »Perpetuum mobile« erfunden?

Prof. Dr. Wilhelm Hankel: Richtig, Geld, das sie per Innenverschuldung, oft per Schuldschein, aufgenommen und angelegt hatte, holte sie sich nun über die gebündelte Verbriefung der bereits bestehenden Engagements wieder zurück.

So entstand ein in sich geschlossener Kreislauf, der so lange geräuschlos funktionierte, wie die neuen Finanzprodukte ihren Markt und ihre Käufer fanden.

Und wenn Letztere fehlten, was gelegentlich vorkam, dann behalf man sich mit einer vierten Innovation: Zweckgesellschaften, die man als Special-Purpose-Vehicles (SPV) in den Verkauf der neuen Finanzprodukte einschaltete. Die SPV übernahmen sie auf Zeit und lagerten zwischen, was inzwischen als »toxischer Giftmüll« eingestuft wird. Sie bezahlten ihre Käufe mit Kredit, den sie bekamen, weil ihre Kreditgeber den Giftmüll, als ihn noch keiner dafür hielt, als Sicherheit hereinnahmen. Die Verkäufer kamen an ihr Geld und zu einer für ihre Prüfer »sauberen« Bilanz.

Michael Grandt: Die Aufsichtsräte, Wirtschaftsprüfer und Bankaufsichtsbehörden hielten die SPV-Gesellschaften also für Kunden?

Prof. Dr. Wilhelm Hankel: Genau, aber bei Eintritt des Ernstfalles, als der Konkurs der SVP drohte, bemerkten sie, dass es »uneheliche« Töchter der Banken waren, für die sie aufgrund der getroffenen Vereinbarungen einstehen mussten.

Michael Grandt: Hat man daraus Konsequenzen gezogen?

Prof. Dr. Wilhelm Hankel: Nein, man hatte die SVP weder konsolidiert noch die mit ihnen verabredeten Haftungsverpflichtungen »unter dem Strich« bilanziert.

Michael Grandt: Wie griff die Immobilienkrise auf den Finanzsektor über?

Prof. Dr. Wilhelm Hankel: Als sich über Nacht die Unverkäuflichkeit der neuen Finanzprodukte herausstellte, brach mit der Urgewalt einer Vulkaneruption die Krise aus. Ausgelöst hatte das Misstrauen in die neuen »Derivate«, ABS, CDO, CDS etc., die vorausgegangene Krise an einem Teilmarkt: dem US-amerikanischen Immobilienmarkt.

Dort war das Geschäft mit untergedeckten Hypotheken, »Subprime Mortgages«, zusammengebrochen, nachdem sich gegen deren Weiterverkauf in Form massiver Bündelung und Verbriefung breites Misstrauen gebildet hatte.

So griff das Debakel mit der Hypothekenverbriefung auf die anderen Verbriefungstitel über und löste eine Kettenreaktion von eiligen Verkäufen dieser Papiere aus; der Interbankenmarkt verwandelte sich über Nacht in einen Verkäufermarkt und war somit tot.

Michael Grandt: Das Perpetuum mobile kam also mit einem Ruck zum Stehen?

Prof. Dr. Wilhelm Hankel: Sozusagen ja. Die im Bankenbestand befindlichen neuen Wertpapiere wurden zu »Unwertpapieren« und mussten – und müssen offensichtlich immer noch – bis nahe oder ganz auf null abgeschrieben werden. Jetzt fressen diese Abschreibungen in Billionenumfang das Eigenkapital der in diesem Geschäft bislang führenden Institute auf: allesamt erste Adressen der Hochfinanz. Erst die Krise deckte auf, was das innovativste und lukrativste Bankgeschäft der letzten 20 bis 25 Jahre in Wahrheit gewesen war: der bestorganisierte Finanzschwindel aller Zeiten!

Michael Grandt: Was lehrt uns die gegenwärtige Weltfinanzkrise?

Prof. Dr. Wilhelm Hankel: Sie geht weder vom Publikum aus, das seine Spekulationsrisiken unterschätzt, noch von der Börse, an der sie sich zwar austobt, aber nur noch minimal auf die realen Sektoren der Volkswirtschaft ausstrahlt, denn nur ein Prozent (!) aller deutschen Unternehmen hat Zugang zur Börse und nimmt dort seinen Kredit auf.

Michael Grandt: Was sind also die Auslöser?

Prof. Dr. Wilhelm Hankel: Auslöser und Zentrum der gegenwärtigen Finanzkrise sind die global agierenden und vernetzten Großbanken der Hochfinanz. Sie haben mit ihren Innovationen im Interbankengeschäft diese Krise ausgelöst. Das haben Aufsicht, Wissenschaft und die Heerscharen der Experten, die sie nicht haben kommen sehen, verschlafen. Deswegen konnte sich die Krise fast ungestört entwickeln und ausbreiten – bis hin zur globalen Pandemie.

Michael Grandt: Wie kann die Krise überwunden werden?

Prof. Dr. Wilhelm Hankel: Dazu muss ich ein wenig ausholen. Aus dem bisher Gesagten ergeben sich vier Schlussfolgerungen, die zugleich die Eckpunkte für ein in sich schlüssiges Programm zur Überwindung der Krise und Verhinderung weiterer Krisen nach demselben Muster markieren:

Erstens, die Kontrolle der Interbankenmärkte muss an die für Geld- und Finanzstabilität zuständigen Zentralbanken zurückgegeben werden. Jener Prozess, der seit und mit der Liquidation des Weltwährungssystems von Bretton Woods begann und ein kommerzielles Geld- und Kreditschöpfungs-Monopol der im globalen Geschäft tätigen Investmentbanken begründete, muss nicht nur beendet werden. Es muss ihm auch für die Zukunft die Grundlage entzogen werden, denn sonst lebt er nach Beendigung der Krise wieder auf.

Noch ist nicht klar, wie dieses De-facto-Kartell der globalen Investmentbanken und ihrer Ableger kontrolliert beziehungsweise vermieden werden kann: durch eine globale Bankaufsicht oder ein neues Weltwährungssystem, das, ähnlich wie der Goldstandard, die Expansion der Finanzmärkte begrenzt.

Zweitens, für die nationale Bankenaufsicht der Zukunft folgt daraus: Sie muss sich stärker als bisher an makroökonomischen Kriterien orientieren, statt sich wie in der Vergangenheit mit bilanztechnischen, rechtlichen, mikroökonomischen Kontrollen zu begnügen. Denn die makroökonomischen Folgen eines fehlerhaften Bankenverhaltens sind nicht nur systemgefährdend, sie sind auch leichter zu erkennen als die mikroökonomischen.

Die Sünder können sie nicht einfach im Irrgarten ihrer Buchungssysteme verschwinden lassen und wegretuschieren.»Asset Inflation«, Blasenbildung, die Dichotomien zwischen finanziellem und realwirtschaftlichem Wachstum, die Konsequenzen für Einkommens- und Vermögensverteilung – die Zahlen und Warnsignale der Statistischen Ämter und internationalen Organisationen sind öffentlich. Jeder Makroökonom kann seine Schlüsse ziehen. Deswegen ist die jüngst beschlossene Übernahme der Bankenaufsicht durch die Deutsche Bundesbank ein Schritt in die richtige Richtung.

Drittens, die klassische Banken- und Bilanzkontrolle wird dadurch nicht überflüssig. Im Gegenteil: Sie muss dazulernen und die neuesten Krisenerfahrungen in ihr Konzept einbauen. Damit gerät ein weiteres mächtiges, der Öffentlichkeit weitgehend unbekanntes, De-facto-Welt-Kartell ins Visier: das der Rating-Agenturen. Allein die drei führenden kontrollieren 90 Prozent des Marktes für die Bewertung von Bankbilanzen und Finanzanlagen.

Diese Rating-Agenturen haben mit dem auf ihre Initiative hin erfolgten Wechsel vom guten alten (z. B. auch im deutschen HGB von 1897 verankerten) Vorsichts- oder »Niederstwertprinzip« zum »fairvalue«-Prinzip des US-amerikanischen *International Account System* (IAS) ganz wesentlich zu Ausbruch und Verschärfung der gegenwärtigen Krise beigetragen. Das IAS erlaubte es, aus verlässlichen und während der Laufzeit der Aktiva nicht mehr veränderlichen Bewertungskriterien variable zu machen. Die Banken konnten nach Absprache mit ihren Prüfern den Risikogehalt ihrer Engagements selbst bestimmen.

Aus Prüfern wurden Komplizen!

Bereits Mitte der 1980er-Jahre und zeitgleich mit der Beschleunigung der »Asset Inflation« waren die weltweit führenden Institute, darunter auch Deutschlands große Drei – Deutsche, Dresdner und Commerzbank – zu neuen IAS-Bilanzierungen übergegangen.

Wie prozyklisch und krisenverstärkend das IAS gewirkt hat, wird erst jetzt bei der Fixierung des Abschreibungsbedarfs in den Bankbilanzen deutlich: Weil man vor der Krise zu wenig abgeschrieben bzw. Rückstellungen gebildet hatte, muss man jetzt in der Krise das Versäumte nachholen.

Plötzlich müssen die im internationalen Geschäft führenden Großbanken und Großvermögensverwalter offenbaren, dass sie bis jetzt durch die nachzuholenden Abschreibungen bis zu zwei Drittel ihres Eigenkapitals – und manche sogar mehr – verloren haben. Sie und die für sie haftenden Staaten haben sich mit dem IAS einen bis heute unübersehbaren Krisenverschärfer eingehandelt: zulasten der sanierenden Staaten und ihrer Steuerzahler. Entweder wird das IAS im Lichte der Krisenerfahrungen überarbeitet, oder die Institute der Hochfinanz kehren wieder zu jenen Standards zurück, die in den Banken des Geschäfts vor der Haustür, etwa bei Volksbanken und Sparkassen, nach wie vor gelten.

Es kann doch nicht sein, dass der Geist des ehrbaren Kaufmanns nur bei diesen weiterlebt und nicht bei den Spitzeninstituten des Weltfinanzsystems.

Viertens waren die Bankaufsichten in Deutschland, den USA, England oder Schweiz wirklich so überfordert, wie sie jetzt vorgeben?

Daran ist jeder Zweifel erlaubt. Keinem Prüfer konnten die Supergewinne dieser Institute im Handelsgeschäft mit Finanzprodukten, vor allem den innovativen, verborgen bleiben. Kein Prüfer konnte übersehen, dass gerade diese Banken seit Jahrzehnten dabei waren, ihr traditionelles »Brot- und Butter-Geschäft« mit der Kreditkundschaft aufzugeben.

Für sie galt die gute alte 3-6-3-Regel nicht mehr: Drei Prozent kostet das Geld, sechs Prozent zahlt der Kreditkunde, und ab drei Uhr ist man zu Hause oder auf dem Golfplatz!

Nachdem man sich im Passivgeschäft von Sparern und Zentralbanken verabschiedet hatte, war jetzt im Aktivgeschäft die Kreditkundschaft dran. Dementsprechend zeigte die Kurve der sicheren Zinseinnahmen bei allen Großen der Branche, besonders bei den jetzt zur Sanierung anstehenden, von UBS bis HSBC und Deutsche Bank, seit über einem Jahrzehnt nach unten. Ihre märchenhaften Renditen kamen nicht aus dem alten, seriösen Banking, sondern aus dem neuen und riskanten.

Kein Bankprüfer konnte übersehen, dass in all diesen Instituten das Kreditgeschäft mit der investierenden Wirtschaft, in Relation zu Bilanzsumme und Eigenkapital, kräftig abgebaut wurde und die Dauer- und Handelsbestände an Wertpapieren und anderen Finanztiteln ebenso kräftig zunahmen.

Unter diesen wiederum entfiel auf die neuen, jetzt toxischen, Finanzprodukte der Löwenanteil. Aus Investmentbanken waren unter den Augen der Prüfer Großhändler in und mit Finanztiteln geworden. Man konnte sehen, dass sie mit dem Feuer spielten. Die Prüfer hätten sie warnen können, ehe sie sich verbrannten.

Auch die EU hat nicht zur Betriebssicherheit des europäischen Bankwesens beigetragen, als sie in ihren eigenen Richtlinien die Übernahme der IAS-Regeln empfahl. Gottlob sind nicht alle Kreditinstitute, wie die meisten kleinen Sparkassen und Volksbanken in Deutschland, diesem gefährlichen Rat gefolgt.

Michael Grandt: Wie sollte der Staat Ihrer Meinung nach reagieren?

Prof. Dr. Wilhelm Hankel: Wenn der Staat in dieser Krise zu etwas aufgerufen ist, dann zur Hilfe für ihre Opfer, nicht ihre Verursacher.

Diese Hilfe kommt uns alle billiger, sozial wie finanziell, als die Rettung der Banken. Sie kostet einen Bruchteil der auf Staatskonto zu übernehmenden und weitgehend wertlos gewordenen Interbankvermögen und -schulden. Allenfalls Milliarden, keine Billionen.

Michael Grandt: Gibt es für die Zeit nach der Krise etwas zu beachten?

Prof. Dr. Wilhelm Hankel: Die gegenwärtige Geldverteilung zwischen Finanzwirtschaft und Realsektor in den krisengeschüttelten Ländern ist falsch und muss korrigiert werden; sie darf auf keinen Fall fortgeschrieben werden. Das »zu viele« Geld im Finanzsektor hatte diese Krise ausgelöst. Jetzt droht das »zu wenige« Geld im Realsektor, für Investitionen wie Konsum, die Krise zu verlängern und zu verschärfen.

Michael Grandt: Die Rettungspakete waren also falsch?

Prof. Dr. Wilhelm Hankel: Mit ihren Rettungspaketen diesseits wie jenseits des Atlantiks sind die von Krisenpanik befallenen Regierungen dabei, diesen bereits beschriebenen Zustand zu verewigen und die nächste Krise vorzubereiten. Denn die Übernahme der Bankschulden auf Staatskonto, »Bad Banks«, die Zuschüsse zu und die Garantien für ihr angeschlagenes Eigenkapital – all das gibt dem Kasino-Kapitalismus eine neue Chance und wird die Realkrise verlängern und verschärfen.

Michael Grandt: Wie beurteilen Sie das westliche Krisenmanagement?

Prof. Dr. Wilhelm Hankel: Der Geldüberhang im Finanzsektor kann keine Konjunktur beleben, aber jederzeit die nächste »Asset Inflation« auslösen. Daher muss die heutige Geldknappheit im Realsektor rasch beseitigt werden, denn sie verhindert den Aufschwung, belastet die Arbeitsmärkte und treibt den Staat in eine noch höhere Verschuldung. Es ist falsch, wenn sich das westliche Krisenmanagement zur Freude der Bankenwelt auf die Erfahrung aus den 1930er-Jahren und John Maynard Keynes beruft.

Michael Grandt: Warum?

Prof. Dr. Wilhelm Hankel: Erstens ging es damals nicht um die Rettung von Banken, sondern die Belebung einer mangels Kapazitätsauslastung am Boden liegenden Realwirtschaft. Und zweitens war es gerade Keynes, der vor seiner falschen Interpretation warnte.

Was er meinte, erläuterte er an einem simplen Beispiel: Teilt man die in einer Volkswirtschaft verfügbaren Geldmittel in das Geld, das die Wirtschaft zur Finanzierung ihrer realen Umsätze und als Reservekasse braucht – er nannte es M1 und M2 –, und in dasjenige, das für spekulative Zwecke eingesetzt werden kann – M3 (diese Abgrenzungen von M1, M2 und M3 sind nicht die heute gängigen der späteren Monetaristen) –, dann besiegt man den Teufel der Krise nur dann, wenn man das Keynessche M1 und M2 für die Realwirtschaft kräftig erhöht und das »unnütze« M3 des spekulativen Finanzsektors austrocknet. Behält man dagegen das alte Ungleichgewicht zwischen Geld- und Realwirtschaft bei, dann riskiert man die »Stagflation«: dass aus der Finanzkrise die unheilige und kaum zu bekämpfende Allianz von Stagnation bei trotzdem galoppierender Inflation wird.

Diese zu vermeiden, das ist die große Zukunftsaufgabe des Krisen-
managements von heute und das, was es von Keynes, dem richtigen,
lernen könnte. Verfehlen wir in dieser Krise den »richtigen Keynes«
und stocken sein M3 sogar noch kräftig zugunsten des Finanzsektors
auf, dann bereiten wir die nächste Krise vor und müssen beten, dass
unsere Marktwirtschaft diese auch das nächste Mal überlebt.[99]

Michael Grandt: Ich danke Ihnen für das Gespräch.

3.5 Der »Gorilla« stürzt die Welt ins Chaos

Prof. Dr. Hankel hat Ihnen erklärt, wie es zum Ausbruch der Immobi-
lien-, Finanz- und Weltwirtschaftskrisen kam. Doch auch hinter diesen
volkswirtschaftlichen »Mechanismen« stecken Menschen.

Einer davon ist Richard Fuld, der ehemalige Vorstandsvorsitzende
der *Lehman*-Bank, der von Kritikern als einer der Hauptverantwortlichen für den Ausbruch der »Jahrhundertkrise« angesehen wird. Erst
der Zusammenbruch seines US-Investmentgiganten *Lehman Brothers*
löste das Finanzbeben letztendlich aus.

Am 14. September 2008, am Tag nach der *Lehman*-Pleite, wurden
700 Milliarden Dollar an den Börsen vernichtet – an einem einzigen
Tag!

Richard Fuld gilt bis heute als egoistisch und machtbesessen. Er trat
als Feldherr auf, der Globus war sein Schlachtfeld, Gefangene wurden
nicht gemacht. Sein Spitzname lautete »Gorilla«, den er wegen seines
Spruches »Ich bin der einzige Banker, dessen Arme bis zum Boden
reichen« und weil er ein ausgestopftes Gorilla-Exemplar in seinem
Büro aufstellte, erhalten hatte.

An seinen besten Tagen fühlte sich Fuld unbesiegbar. In einem
Firmenvideo gab er noch im Juni 2008, also ein paar Wochen vor der
Finanzkatastrophe, Kampfparolen aus, wie: »Es gilt, unsere Gegner zu
zermalmen.« An anderer Stelle sagte er, dass er seinen Gegnern das
Herz herausreißen und es verspeisen wolle, bevor sie sterben.

Fuld liebte riskante Geschäfte, um immer höhere Renditen zu erwirtschaften. Er wollte ganz nach oben und lieh sich immer mehr Geld.
Er spornte seine Mitarbeiter an und bezahlte sie fürstlich: Einen Bonus
von einer Million Dollar habe er in einem guten Jahr erzielt, berichtet
Larry McDonald, ein ehemaliger Investmentbanker bei *Lehman*, doch

habe er in diesem Zeitraum zum Vorteil seiner Bank auch zum Geschäftsergebnis von rund 30 Millionen Dollar beigetragen. Die besten Händler seien auf Boni von zehn Millionen Dollar gekommen – die nie jemand anzweifelte ob des vermeintlichen geschäftlichen Erfolgs.

Aber der Höhenflug, ausgelöst durch die Forderungen eines unersättlichen Richard Fuld, endete abrupt. Auf einen Dollar Eigenkapital kamen schließlich 44 Dollar, die geliehen waren. Der große Fehler war, dass man langfristige Projekte mit kurzfristigem Geld finanzierte. Zum Schluss hatte die Bank 630 Milliarden Dollar Schulden. Die Aktien, die einmal 85 Dollar wert gewesen waren, fielen auf gerade mal drei Cent.

Fuld verspekulierte sich ein letztes Mal, denn nach der Absage der englischen *Barclays*-Bank, sich an *Lehman* zu beteiligen, stellte auch US-Finanzminister Henry Paulson keine weitere Unterstützung bereit. Die Folge: 30 000 Mitarbeiter in 60 Filialen rund um den Globus waren arbeitslos und die Welt in ein Finanz- und Wirtschaftschaos gestürzt.

Wer ist Richard Fuld?

Richard Severin Fuld wurde am 26. April 1946 in New York City geboren. Er ist verheiratet und hat drei Kinder. Bereits 1969 stieg Fuld bei *Lehman Brothers* als Wertpapierhändler ein. Seit 1994 war er der Vorsitzende und Chief Executive Officer. Er hielt seine Position bis zum Konkurs des Unternehmens am 15. September 2008. Fuld machte 1969 seinen Abschluss an der Universität von Colorado in Boulder, und 1973 erwarb er den MBA an der *New York University's Stern School of Business*. Seine Karriere als Pilot der amerikanischen Luftwaffe beendete er wegen eines Faustkampfes mit seinem Vorgesetzten.

Seine Vergütungen in den Jahren 1993 bis 2007 werden auf insgesamt 500 Millionen US-Dollar geschätzt. Außerdem sollen sich zum Zeitpunkt der Insolvenz 10,9 Millionen *Lehman*-Aktien mit einem Wert von einer Milliarde US-Dollar in seinem Besitz befunden haben. Gegenwärtig sind mehrere Zivilprozesse wegen angeblichen Bilanzbetrugs gegen ihn anhängig.[100]

3.6 Die Krise in Zahlen

Nun möchte ich Zahlen und Fakten sprechen lassen, damit Sie sich einen schnellen Überblick über die Krise und deren Auswirkungen verschaffen können.

Entwicklung der Auslastung der weltweiten industriellen Produktionskapazitäten:

1965:	90%
1975:	74%
1985:	82%
1995:	85%
2005:	82%
2010:	67%[101]

Geldmengen:

Geldmengen, die die Zentralbanken seit Anfang 2007 in Umlauf brachten (Veränderungen in Prozent):

– US-Dollar: + 138%
– Euro: + 35%[102]

Anfang 2002 waren Euro-Geldscheine im Wert von 225 Milliarden im Umlauf, am 6. November 2009 zirkulierten Euro-Scheine im Wert von 773 Milliarden.[103]

Arbeitsplatzverluste:

– Die Internationale Arbeitsorganisation (ILO) beziffert die Zahl der Arbeitsplatzverluste aufgrund der Finanzkrise auf »mindestens« 20 Millionen. Allein in der EU seien seit März 2008 6,1 Millionen Arbeitsplätze verloren gegangen. Den Angaben zufolge ist die Beschäftigungskrise noch lange nicht vorbei, und ein zu frühes Ende der zur Krisenbekämpfung verabschiedeten Konjunkturprogramme könne eine Erholung auf dem Arbeitsmarkt sogar um Jahre verzögern.[104]
– In den USA gibt es rund 15 Millionen Arbeitslose: fast jeder

Zweite ist seit Ausbruch der Weltwirtschaftskrise hinzugekommen.[105]

Ausgaben für Konjunkturprogramme:

- USA: 841 Mrd. Dollar
- Europa: 600 Mrd. Dollar[106]

Abschreibungen der Banken (in Milliarden Euro):

- Europa: 319,4
- USA: 451,0
- Asien: 27,6[107]

Veränderungen einiger Rohstoffpreise seit Anfang 2009:

- Blei: + 146%
- Kupfer: + 133%
- Erdöl: + 112%
- Zink: + 97%
- Zucker: + 79%[108]

Bestandsaufnahme:

- Durch die weltweite Börsenkapitalisierung wurden seit Juli 2008 17,4 Billionen Dollar »vernichtet«.[109]
- Die internationalen Aktienmärkte verzeichneten an ihrem Tiefpunkt einen Verlust von mehr als 50 Prozent.[110]
- Die Wertverluste bei Wohnimmobilien in den USA und Großbritannien, Ländern also, die am stärksten von der Immobilienkrise betroffen sind, betragen bisher 4,65 Billionen Dollar.
- Die Industrieproduktion brach weltweit um über zehn Prozent ein.[111]
- Die Gütertransporte gingen – im Vergleich zum Vorjahr – um 42,6 Prozent zurück.[112]
- Allein in Deutschland haben die privaten Haushalte etwa 50 Milliarden Euro Vermögen verloren.
- 2009 mussten 140 US-Banken schließen.[113]
- Über 260 000 Stellen haben amerikanische Banken abgebaut, fünf Mal so viel wie 2006.

- In den USA sind rund 50 Prozent mehr Unternehmen pleitegegangen.
- Die Banken haben weltweit 1,3 Billionen Dollar an frischem
Kapital aufgenommen.
- 50 000 Stellen haben die 30 Dax-Konzerne bisher gestrichen –
30 000 davon allein in Deutschland.[114]
- Experten schätzen, dass noch 500 Milliarden Euro in Form von
toxischen Wertpapieren in den Bilanzen deutscher Banken schlummern.[115]
- Währungsspekulationen übertreffen den Handel um das 20-Fache.[116]
- Der Wert aller Zinsderivate: 400 Billionen Dollar (1995: 18 Billionen Dollar).[117]
- Das Spekulationsvolumen mit Öloptionen übersteigt den tatsächlichen Wert um das Zehnfache.[118]

3.7 Die größten Finanzverlierer im Krisenjahr 2008

Ob Banken, Autobauer, Versicherungen oder Ölmultis: Weltweit haben
die großen Konzerne aufgrund der Wirtschaftskrise Milliarden Verluste
gemacht. Das US-Fachmagazin *Fortune* veröffentlichte die größten
Finanzverlierer aus dem Krisenjahr 2008. Hier die Unternehmen und
ihre Verluste in Dollar:

- *Fannie Mae* (US-Hypothekenbank):   58,7 Mrd.
- *Royal Bank of Scotland* (schottische Großbank): 43,2 Mrd.
- *General Motors* (US-Automobilkonzern):   30,8 Mrd.
- *Citigroup* (US-Finanzkonzern):   27,7 Mrd.
- *UBS* (Schweizer Großbank):   19,3 Mrd.
- *Conoco Philips* (US-Ölkonzern):   17   Mrd.
- *Ford* (US-Automobilkonzern):   14,7 Mrd.
- HBOS (britische Bank):   13,8 Mrd.
- *Time Warner* (US-Medienkonzern):   13,4 Mrd.
- Pemex (mexikanischer Staatskonzern):   10,0 Mrd.
- *Delta Airlines* (US-Fluggesellschaft):   8,9 Mrd.
- *HRE* (deutsche Hypothekenbank):   8   Mrd.
- *Hitachi* (japanischer Elektronikkonzern):   7,8 Mrd.
- *Alcatel* (französischer Stahlkonzern):   7,6 Mrd.

– *Credit Suisse* (Schweizer Großbank):	7,6 Mrd.
– Bayerische Landesbank:	7,4 Mrd.
– *Lyondell Basell* (niederländischer Petrochemie-	
konzern):	7,3 Mrd.
– *Flextronics* (Hardwarehersteller aus Singapur):	6,1 Mrd.
– *Mizuho* (japanische Großbank):	5,8 Mrd.
– Deutsche Bank:	5,6 Mrd.
– *Dexia*-Gruppe (belgische Bank):	4,9 Mrd.
– *United Airlines* (US-Fluggesellschaft):	4,9 Mrd.
– *Macy's* (US-Warenhauskonzern):	4,8 Mrd.
– *Toyota* (japanischer Autobauer):	4,4 Mrd.
– *Coca Cola* (US-Softdrinkhersteller):	4,4 Mrd.
– *Motorola* (US-Hersteller elektrischer Systeme	
und Bauelemente):	4,3 Mrd.
– *Sumitomo Mitsui* (japanischer Mischkonzern):	3,8 Mrd.
– *Panasonic* (japanischer Elektrotechnikkonzern):	3,8 Mrd.
– CPC (taiwanesischer Ölkonzern):	3,8 Mrd.
– KfW (Kreditanstalt für Wiederaufbau):	3,8 Mrd.
– Allianz (deutsche Versicherung):	3,5 Mrd.
– Landesbank Baden-Württemberg (LBBW):	2,9 Mrd.
– Deutsche Post:	2,4 Mrd.
– DZ-Bank (deutsches Kreditinstitut):	1,7 Mrd.[119]

3.8 Diese Banken verbrannten Milliarden

Bisher hat die Finanzkrise die Banken weltweit mit mehr als 900 Milliarden Dollar belastet. Im Jahre 2010 könnten die Abschreibungen und Schulden sogar auf 2,5 Billionen Dollar ansteigen.

Oft haben Profitgier und Machtstreben dazu geführt, dass sich die Banken derart verschuldeten. Sie kauften »faule« Kredite auf, ohne zu wissen, was in den Verbriefungen eigentlich enthalten war. Blind vertrauten sie den Rating-Agenturen, die für ihre »guten« Bewertungen (siehe Kapitel 4) von ihren Auftraggebern auch »gut« bezahlt wurden. Nachfolgend führe ich die Banken auf, die bisher am schlimmsten betroffen sind; fast alle »Global Player« sind darunter.

Deutschland:
- *Hypo Real Estate* (HRE): Deutschlands wohl »kaputteste« Bank. Bisher sind knapp über 100 Mrd. Euro an staatlichen »Liquiditätshilfen« geflossen, so viel, dass die Bank als erstes Finanzinstitut in der Geschichte der Bundesrepublik sogar »zwangsverstaatlicht« wurde.
- Commerzbank/Dresdner Bank: Die Dresdner Bank wurde zwischenzeitlich von der Commerzbank übernommen. Beide Banken kommen gemeinsam auf Belastungen von 20 Mrd. Dollar. Die Investment-Banking-Sparte wird massiv umgebaut, weswegen ein Stellenabbau von bis zu 1500 Mitarbeitern geplant ist.
- Deutsche Bank: Das Finanzinstitut verbuchte aufgrund der Finanzkrise Belastungen in Höhe von 18 Mrd. Dollar.
- IKB: Die Belastungen der Düsseldorfer Bank belaufen sich inzwischen auf 14,7 Mrd. Dollar. Seit Herbst 2008 gehört die Mehrheit an der IKB dem Finanzinvestor *Lone Star*. 10 Mrd. Euro steckten die vorherigen Haupteigentümer KfW, der Bund und die Bankenverbände als Rettungssumme in das Geldhaus.
- BayernLB: Das Münchner Kreditinstitut weist Belastungen in Höhe von umgerechnet 9,1 Mrd. Dollar auf.

USA:
- *Citigroup*: Die einst größte Bank der Welt führt Belastungen von 104,4 Mrd. Dollar mit sich. Nur Staatshilfen in Höhe von 45 Mrd. Dollar retteten die *Citigroup* vor der Pleite.
- *Wachovia*: Die Bank hat Belastungen von 77,4 Mrd. Dollar und wurde im Januar 2009 von der US-Großbank *Wells Fargo* geschluckt.
- *Merrill Lynch*: Auch diese Bank mit 63,7 Mrd. Dollar Belastungen konnte sich nicht mehr selbstständig retten und wurde bereits im Dezember 2008 von der *Bank of America* übernommen.
- *Bank of America*: Der einstige Branchenprimus führte aufgrund der Finanzkrise Belastungen in Höhe von 48,2 Mrd. Dollar auf.
- *Washington Mutual* musste bisher Belastungen in Höhe von 41,8 Mrd. Dollar hinnehmen, Tausende von Mitarbeitern verloren ihre Stellen.
- *Freddie Mac*: Der zweitgrößte US-Hypothekenfinanzierer hat Belastungen von 36,7 Mrd. Dollar. Die staatlichen Hilfen summieren sich bisher auf mehr als 50 Mrd. Dollar.

- *Fannie Mae*: Die »große Schwester« von *Freddie Mac* weist Belastungen von 38,8 Mrd. Dollar auf. Im Jahre 2008 erwirtschaftete der US-Hypothekenfinanzierer einen Rekordverlust von 50 Mrd. Dollar und erhielt 45 Mrd. Dollar Staatshilfe. Um den Immobilienmarkt zu stabilisieren, sicherte die US-Regierung Anfang Januar 2010 *Fannie Mae* und *Freddie Mac* eine »uneingeschränkte Verlustübernahme bis zum Jahr 2012« zu.[120]
- *Lehman Brothers*: Die Investmentbank mit Belastungen von 26,5 Mrd. Dollar ging am 15. September 2008 pleite. Zum Schluss hatte man 630 Mrd. Dollar Schulden. Diese Bank wurde von der US-Regierung nicht gerettet, und es kam zum Ausbruch der Weltwirtschaftskrise.
- *Morgan Stanley*: Die Bank wurde bisher durch die Finanzkrise mit 21,2 Mrd. Dollar belastet.
- *Wells Fargo*: Mit Belastungen in Höhe von 12,7 Mrd. Dollar kam die Bank noch recht glimpflich davon.
- *National City*: Die Finanzkrise belastete die Bank mit 14 Mrd. Dollar.

Einige der US-Banken haben ihre Stützungskredite zwischenzeitlich ganz oder teilweise zurückbezahlt. Aber viele hängen noch am Tropf des Staates.

Großbritannien:
- HSBC: Sie ist die größte Bank Europas. Ihre Belastungen liegen bei 54,4 Mrd. Dollar.
- *Lloyds Bank*: Die britische Regierung hält einen Anteil von 43 Prozent an der Bank, deren Belastungen sich auf 35,7 Mrd. Dollar belaufen. Innerhalb eines Jahres hatte sie 75 Prozent ihres Börsenwertes verloren.
- *Barclays*: Trotz Belastungen in Höhe von 30,7 Mrd. Dollar übernahm die Bank große Teile des US-Geschäfts der kollabierten Investmentbank *Lehman Brothers*.
- *Royal Bank of Scotland* (RBS): Ein stolzes Institut mit großer Tradition, das Belastungen von 38,5 Mrd. Euro aufweist. 70 Prozent der Aktien gehören inzwischen dem Staat.

Spanien:
  - *Banco Santander*: Die spanische Großbank wurde mit 16,2 Mrd. Dollar belastet.
  - *Banco Bilbao Vizcaya Argentaria* (BBVA): Der spanische Riese, die zweitgrößte Bank im Land, hat Schulden in Höhe von 8,1 Mrd. Dollar.

Frankreich:
  - *BNP Paribas*: Die größte Bank Frankreichs hat Belastungen von 12,9 Mrd. Dollar.
  - *Crédit Agricole*: Mit Schulden in Höhe von 8,6 Mrd. Dollar kam die Großbank gerade noch so davon.
  - *Société Générale*: Laut eigenen Angaben wurde die Bank bisher mit 6,9 Mrd. Dollar belastet.

Italien:
  - *Intesa Sanpaolo*: Das italienische Institut musste bisher Belastungen in Höhe von 7,1 Mrd. Dollar verkraften.

Niederlande:
  - ING: Die Bank wurde durch die Finanzkrise milliardenschwer belastet, genaue Zahlen existieren derzeit noch nicht. Vor Kurzem gab ING bekannt, das niederländische Versicherungsgeschäft umbauen zu wollen. Dafür werden in den kommenden drei Jahren 800 Stellen gestrichen.

Schweiz:
  - UBS: Die Schweizer Großbank hat sich mit riskanten Wetten im Investment-Banking ebenfalls übernommen und wurde mit Belastungen in Höhe von 54,2 Mrd. Dollar bestraft.
  - *Credit Suisse*: Die Bank kam besser durch die Krise als ihr Konkurrent UBS, weist aber trotzdem Belastungen in Höhe von 16,9 Mrd. Dollar auf.[121]

3.9 »Too Big to Fail«

Sicher haben Sie den Begriff »Too Big to Fail« (deutsch: »Zu groß, um zu scheitern«) schon öfters gehört. Dieses »geflügelte« ökonomische Schlagwort beschreibt die Vorstellung, dass Unternehmen ab einer bestimmten Größe und allein aufgrund ihrer Größe vom Staat davor geschützt werden müssten, insolvent zu gehen, um nicht im Falle ihres Bankrotts die gesamte Volks- oder gar Weltwirtschaft zu gefährden. In Deutschland spricht man diesbezüglich auch von »systemrelevanten« Unternehmen, insbesondere für den Banken- und Versicherungssektor. Was »systemrelevant« bedeutet, ist hierzulande aufsichtsrechtlich definiert. Die Einstufung erfolgt einvernehmlich zwischen der Bankenaufsicht BaFin und der Bundesbank. Danach sind Institute systemrelevant, deren Bestandsgefährdung aufgrund ihrer Größe, der Intensität ihrer Interbankenbeziehungen und ihrer engen Verflechtung mit dem Ausland erhebliche negative Folgeeffekte bei anderen Kreditinstituten auslösen und zu einer Instabilität des Finanzsystems führen könnte.[122]

Doch welche Unternehmen zählen zu diesen »Systemrelevanten«? Darüber hört man nicht viel. Ich möchte sie Ihnen deshalb nennen:

Systemrelevante Banken und Versicherungen (Bilanzsumme bzw. verdiente Nettoprämie in Milliarden Euro):

Europa:

– BNP Paribas	2289,3
– Royal Bank of Scotland	2046,8
– Barclays	1813,8
– HSBC	1713,5
– Deutsche Bank	1660,0
– ING	1187,9
– Santander	1082,4
– Société Générale	1058,9
– Unicredit	957,7
– Credit Suisse	705,8
– Banca Intesa	631,6
– BBVA	537,3
– Standard Chartered	290,9
– Axa	42,8
– Allianz	29,2
– Aviva	20,1
– Zurich Financial Services	16,9
– Aegon	11,5
– Swiss Re	8,5

Nordamerika:
- *Bank of America/Merrill Lynch*   1903,4
- *JP Morgan Chase*   1393,8
- *Citigroup*   1289,8
- *Goldman Sachs*   602,5
- *Morgan Stanley*   525,5
- *Royal Bank of Canada*   420,1

Asien:
- *Mitsubishi UFJ*   1544,7
- *Mizuho Financial Group*   1189,1
- *Mitsui (Sumitomo Mitsui)*   895,2
- *Nomura*   210,7[123]

3.10 Exkurs: Die Weltwirtschaftskrise fordert immer mehr Todesopfer

Man hat die Todesopfer der Krise einfach vergessen. Sie tauchen in keiner Statistik auf, und auch in den Medien herrscht großes Schweigen. Doch es ist eine unleugbare Tatsache, dass aufgrund der schlechten Wirtschaftslage immer mehr Menschen sterben. Eine Studie der Vereinten Nationen zufolge sind die Opfer der Krise Millionen unterernährte Kinder.

Im Zeitraum zwischen 1990 und 2007 stieg die Zahl der Hungernden auf rund 80 Millionen. Allein im Jahr 2008 erhöhte sie sich um weitere 40 Millionen – eine Auswirkung der Finanz- und Weltwirtschaftskrise.

Die UN-Studie geht davon aus, dass die Zahl der unterernährten Kinder im Jahr 2010 sogar auf 121 bis 125 Millionen steigen könnte, sofern die Weltwirtschaft nicht an Leistung zulegt. Experten der Weltbank schätzen, dass jährlich zwischen 200 000 und 400 000 Kinder sterben werden.

Die Ärmsten der Armen trifft die Wirtschaftskrise besonders hart, weil mit ihr höhere Teuerungsraten einhergehen, obwohl die Lebensmittelpreise gefallen sind. Das hört sich paradox an, ist aber leicht zu erklären: Die gesunkenen Preise schlagen auf die lokalen Märkte einfach nicht durch. Im Gegenteil: In manchen Entwicklungsländern steigen die Preise sogar um bis zu 50 Prozent. Viele Menschen sind bereits gezwungen, mehr als die Hälfte ihres gesamten Einkommens für Nahrung aufzuwenden.

Das hat verheerende Auswirkungen: Die Mehrheit der Haushalte kann die Krise nur bewältigen, indem sie die Zahl der Mahlzeiten reduziert oder billigere und weit weniger nahrhafte Nahrungsmittel auswählt. Viele Familien geben auch weniger für die medizinische Versorgung aus oder nehmen ihre Kinder von der Schule. Die Menschen sparen an den Grundnahrungsmitteln, was wiederum Auswirkungen auf ihre Gesundheit hat. Schon jetzt leiden in den Entwicklungsländern rund 50 Millionen Frauen (oder 40 Prozent) an Blutarmut. Dies hat zur Folge, dass die Zahl der untergewichtigen Neugeborenen in Asien auf etwa 1,2 Millionen und in Afrika auf 700 000 steigen wird. Ein weiterer Faktor ist die zunehmende Arbeitslosigkeit, die das Ernähren der Familien in Zukunft noch schwerer machen wird.[124]

4. Der Staatsbankrott kommt!

Die Situation ist ernst: Um einen Kollaps der Finanzsysteme zu vermeiden, haben Regierungen auf der ganzen Welt ihren Banken faule (»toxische«) Kredite und riskante Wertpapiere in Billionenhöhe abgenommen, die Märkte mit billigem Geld geflutet und Konjunkturpakete in Rekordhöhe geschnürt. Dadurch sind die gigantischen Schulden in die Verantwortung der einzelnen Staaten übergegangen.

Somit ist das Thema »Staatsverschuldung« das drängendste Problem unserer Zeit. Allein von 2001 bis 2009 haben sich die Schulden aller Nationen von 20,4 auf 41,5 Billionen Dollar mehr als verdoppelt. Bis zum Jahr 2011 soll die Schuldenlast sogar auf 51,5 Billionen Dollar steigen.[125]

Die Regierungen haben mit ihren Maßnahmen zwar (bis jetzt) eine weltweite Depression vermeiden können, sich selbst aber in eine Falle manövriert: Steigen sie zu schnell aus der Politik des »leichten Geldes« aus, droht eine neue Welle von Bankenpleiten. Wie viele Rettungsmaßnahmen für die angeschlagenen Volkswirtschaften noch aufzulegen sind, ist nicht abzusehen.

Pierre Cailleteau, der Chef der Länder-Rating-Sparte der Rating-Agentur *Moody*'s, sieht zwei Szenarien, die selbst große Staaten in ernsthafte Probleme bringen könnten:

1. Die Zentralbanken heben die Zinsen so stark an, dass die Wirtschaft in eine Rezession zurückfällt, was eine neue Serie von Bankenzusammenbrüchen auslöst, die die Regierungen nicht mehr beherrschen können.
2. Die Zentralbanken heben die Zinsen nicht genug an, sodass die Finanzmärkte wegen steigender Inflationsraten in Panik geraten und Langfristzinsen in die Höhe treiben, was für Banken und Regierungen die Refinanzierung ihrer Schulden gleichermaßen zu einem großen Problem werden lassen.[126]

Beide Szenarien beinhalten das Risiko von Staatsbankrotten. Was das bedeutet, erläutere ich in diesem Kapitel.

4.1 Voraussetzungen für einen Staatsbankrott

Zunächst möchte ich darlegen, wie es überhaupt zu einem Staatsbankrott kommen kann und welche wirtschaftlichen, politischen und finanziellen Faktoren dabei eine Rolle spielen. Für diese »theoretische« Erklärung komme ich nicht umhin, einige Fachbegriffe zu erläutern, die sehr wichtig für das weitere Verständnis sind. Aber keine Angst, zu jedem theoretischen Abschnitt gebe ich ein anschauliches Beispiel, mit dem sich der Sachverhalt leicht nachvollziehbar erklären lässt.

Gleichzeitig erfahren Sie, wie Inflationen und Deflationen entstehen und welche verheerenden Folgen sie im Laufe unserer Geschichte anrichteten. Dann wende ich mich der »Praxis« zu: Welche Staatsbankrotte gab es in der jüngsten Vergangenheit? Welche Länder sind aktuell von einer Zahlungsunfähigkeit betroffen und welche stehen bereits auf der »Kippe«? Wie ist die Situation im Euro-Raum und in der EU? Sie werden mit Erschrecken feststellen, dass die Lage in Ländern, bei denen Sie es niemals für möglich gehalten hätten, dramatischer ist denn je.

Im Mittelpunkt stehen aber auch Sie, denn ich möchte Ihnen folgende Fragen beantworten: Wie wird Sie persönlich die Zahlungsunfähigkeit eines Staates treffen? Was wird mit Ihrem Vermögen, mit Ihren Ersparnissen und was mit Ihrem Lohn? Detailliert führe ich anschließend die Maßnahmen auf, die Regierungen bisher getroffen haben, um Staatsbankrotte zu verhindern. Sie werden erschüttert darüber sein, wie »leicht« sich der Staat Ihres mühsam ersparten Vermögens »bemächtigen« kann – und das Schlimme daran: Es kann Sie jederzeit treffen. Wie Sie sich davor schützen können, verrate ich in Kapitel 9.

Wir stehen vor einer harten Zeitenwende und müssen uns wohl auf einen »anhaltend niedrigeren Lebensstandard« einstellen, wie die OECD dies im Falle Irlands bereits prognostiziert hat. Gier und Systemfehler haben die Welt in eine der schlimmsten wirtschaftlichen, finanziellen, politischen und sozialen Krisen gestürzt, die wir in den zurückliegenden Jahrzehnten erlebt haben. Einzelne Menschen haben sie uns eingebrockt, büßen dafür müssen wir jetzt alle.

ZEITMASCHINE

Lyon, Frankreich, Donnerstag, den 2. Juni 1555

Michel Nostradamus, mit 52 Jahren auch nicht mehr der Jüngste, beugt sich schwer atmend zu seinen Notizen hinunter und taucht die Schreibfeder in das Tintenfass. Seine Finger, die nach dem ersten Gichtanfall vor ein paar Wochen noch schmerzen, zittern leicht, als er notiert: »Der hohe Kredit und der Überfluss an Gold und Silber wird die ruhmsüchtigen Menschen verblenden. Die Schuldhaftigkeit des Betruges wird jener erkennen, der seine große Schande miterleben wird. Die führenden Repräsentanten und ihre Vertreter werden Imitationen herstellen, es werden Propheten auftreten, die unsinnige Voraussagen erstellen werden.«

Er blickt kurz auf, streicht sich durch seinen ergrauten, aber gepflegten Bart und fährt dann fort: »Das Füllhorn des Überflusses wird dem zum Opfer fallen und die Ruhe wird Gewalt Platz machen. Die Prophezeiungen werden gedeutet werden.«[127]

Nostradamus' metaphorische Worte, die er vor genau 455 Jahren zu Papier brachte, klingen aktueller denn je. Sah der große Apotheker, Arzt und Astrologe etwa den globalen Wirtschafts- und Finanzkollaps voraus? – Sicher nicht, aber er erkannte, dass die menschliche Gier nach Reichtum immer wieder zu Katastrophen führen würde.

Allerdings hat sich die Situation seither um ein Vielfaches verschlimmert. Heute sind es nicht mehr nur einzelne Unternehmen oder Banken, die vor einem Bankrott stehen. Neuartige »Finanz-Massenvernichtungswaffen« wie Derivate oder Fiat Money können einen ganzen Staat destabilisieren oder die Existenz einer Bevölkerung, ja sogar der ganzen Welt, bedrohen.

Im November 2009, als viele die Krise schon für überwunden hielten, warnte der Internationale Währungsfonds (IWF): »Mehr als ein halbes Dutzend Volkswirtschaften sind vom Bankrott bedroht.«[128] Dabei war der Begriff »Staatsbankrott« vor einigen Jahren noch für viele ein abstraktes Wort, der sich erst in letzter Zeit in den Medien etabliert hat. Die Ereignisse in Dubai und Griechenland haben aufhorchen lassen. Ursprünglich stammt das Wort »Bankrott« von »banca rotta« aus der großen Zeit der norditalienischen Handelsstädte ab. Die Banken der damaligen Zeit waren tatsächliche »bancas«, also Tische, an denen die Geldwechsler ihre Geschäfte betrieben.

Doch wie kann man einen Staatsbankrott rechtzeitig erkennen, welche »Warnzeichen« und welche »Katastrophenzünder« gibt es? Was also, wenn die Sicherungsnetze reißen, die Politik versagt und ein Land »kippt«?

Trotz aller Anzeichen und Gewitterwolken, die den Wirtschaftshimmel immer mehr verdunkeln, hält mancher Unbelehrbare die Pleite eines großen Industriestaates immer noch für unmöglich, schlichtweg für ein Märchen ...

4.1.1 DAS MÄRCHEN VOM STAATSBANKROTT

Es war einmal ein Staat, dem ging es sehr gut. Er hatte wenig Schulden, die sozialen Sicherungssysteme funktionierten, die Wirtschaft florierte und die Steuereinnahmen sprudelten.

Dann raste innerhalb weniger Wochen ein Finanz-Tsunami durch die globalen Geldmärkte und riss alles nieder, was man sich in den vergangenen Jahrzehnten mühsam erschaffen hatte.

Der Staat wurde plötzlich zu einem entscheidenden ökonomischen Akteur, weil er Milliarden in Banken, Konjunkturprogramme und Unternehmen steckte. Er wollte und musste retten, was noch zu retten war, und stürzte sich dabei in immer höhere Schulden. Es blieb ihm keine andere Wahl, denn die Bilanzsummen systemrelevanter Banken beliefen sich auf das Zehnfache der jährlichen Wirtschaftsleistung, und Experten waren sich einig: Gehen die Banken pleite, bricht die ganze Wirtschaft zusammen.

Die Rettung kostete ein Vielfaches des jährlichen Staatshaushalts. Die einzige Hoffnung bestand darin, dass die Wirtschaft so schnell wie möglich wieder in Schwung geraten und die Einkommen wieder steigen würden, damit die Schuldenlast durch die Steuermehreinnahmen abgebaut werden konnte. Doch die internationalen Finanzmärkte reagierten nervös auf die Nachricht von den vielen hundert Milliarden, die die Regierung ohne Sicherheiten in die Konjunktur, Banken und Unternehmen gesteckt hatte.

Der Staat hatte bisher einen tadellosen Ruf und konnte ohne Probleme den Kapitalmarkt anzapfen, um neues Geld zu erhalten, weil die Investoren sicher sein konnten, ihr Geld auch wieder zurückzubekommen. Bei den Rating-Agenturen hatte das Land stets die Bestnote »AAA« erhalten, weil die Wahrscheinlichkeit eines Zahlungsausfalls nahezu bei null lag. Doch aufgrund der vielen Schulden stuften die Agenturen die Bonität des Staates herab.

Eine Katastrophe bahnte sich an: Die Schuldentitel (Staatsanleihen) des Landes wurden wöchentlich im Rahmen einer Auktion Banken, Pensionsfonds und Privatinvestoren angeboten. Aber plötzlich wollten die Investoren die bislang so beliebten Staatspapiere nicht mehr haben und wandten sich anderen Ländern zu, die als sicherer galten. So wurden die Schuldentitelauktionen mangels Bieterinteressen mehrmals verschoben, und dem Staat ging langsam das Geld aus. Dabei hatte er viele Verpflichtungen: Nicht nur das Bankenrettungspaket musste finanziert werden, auch die vielen Milliarden an Zinsen für das Geld, das man sich im Ausland geliehen hatte, ganz zu schweigen von den Milliardenaufwendungen für Sozialleistungen wie Renten und Arbeitslosengeld. Zudem wurden jährlich neue Kredite fällig, die verlängert werden mussten.

Die Lage wurde immer verzweifelter, und so blieb der Regierung nichts anderes übrig, als die Investoren mit höheren Zinsen für seine Staatsanleihen zu locken. Aber diese wussten, dass eine höhere Zinslast den Etat zusätzlich belastete und der Staat dann noch weniger in der Lage sein würde, seine Schulden zu bedienen.

Verzweifelt wandte sich die Regierung an den Internationalen Währungsfonds (IWF), aber dieser musste auch anderen Ländern helfen, die sich in einer ähnlichen Situation befanden – deshalb waren die Ressourcen knapp. Geld gab es sowieso nur unter der Auflage, dass der Staat seinen Haushalt konsolidieren würde. Aber die Regierung weigerte sich, weil man in der Krise nicht auch noch die Steuern erhöhen wollte.

Als das an die Öffentlichkeit kam, zogen auch die bis dahin noch verbliebenen Investoren ihr Kapital ab. Die Wirtschaft brach ein, der Wert der Verbindlichkeiten stieg, der Kurs der Währung fiel. Weil sich der Staat auch in ausländischer Währung verschuldet hatte, brach Panik an den Devisenmärkten aus. Für das Land wurde es immer teurer, seine Schulden zurückzuzahlen, und seine Anleihen galten an den internationalen Finanzmärkten fortan nur noch als »Junk« (Schrott). Keiner wollte sie mehr kaufen.

Das Geld in der Staatskasse wurde immer knapper, sodass die Regierung sich entscheiden musste, ob sie die Löhne ihrer Beamten auszahlen oder die Kredite ausländischer Gläubiger bedienen sollte. Sie entschied sich für die Beamten, weil diese für die Aufrechterhaltung des Staates wichtig waren. So bezahlte die Regierung das erste Mal seit Bestehen des Landes ihre Schulden nicht mehr fristgerecht, war somit de facto pleite. Der Staat, der mit dem Geld, das er gar nicht hatte, einst jeden und alles unterstützt hatte, war ökonomisch am Ende.

Da er an den internationalen Finanzmärkten keine Kredite mehr bekam, musste er den eigenen Kapitalverkehr strenger kontrollieren, damit das noch im Land verbliebene Kapital nicht ins Ausland abfließen konnte. Die Verunsicherung nahm zu. Auch die Unternehmen wussten nicht, wie sich der Staatsbankrott auswirken konnte. Die Sparer fürchteten um ihre Investitionen.

Der Staatsbankrott verschärfte auch die Weltwirtschaftskrise, weil viele ausländische Banken Geld geliehen hatten, das sie nun nicht mehr zurückfordern konnten und deshalb abschreiben mussten.

Die Bevölkerung war wütend, weil die Banken das Land an den Rand der Insolvenz gebracht hatten, und wütend auf die Regierung, die jenen Banken auch noch Hunderte von Milliarden in den Rachen geworfen hatte. Die Menschen demonstrierten immer gewalttätiger auf den Straßen. Brennende Autos, Randale und Krawalle waren an der Tagesordnung.

Die Regierung wollte die Bevölkerung ruhig halten und gab immer mehr Geld aus. Sie erhöhte die Löhne, die Renten und die Sozialleistungen. Da sie aber kein Geld hatte, druckten die Notenpressen der Zentralbank Tag und Nacht einfach neues. Das erhöhte die Inflation. Die Menschen hatten nun wieder mehr Geld zur Verfügung. Aber das Ganze erwies sich als Bumerang und verschaffte der Regierung nur eine kurze Verschnaufpause.

Die Binnenkonjunktur boomte, und die Nachfrage stieg so rasant an, dass die Produktion nicht mehr nachkam. Die Preise stiegen – und zwar unaufhaltsam. In den Supermärkten wurden täglich die Preisschilder ausgetauscht, und jetzt spürten auch die Menschen, dass etwas nicht stimmte. Panik breitete sich aus. Plötzlich wollte jeder sein Geld nur noch so schnell wie möglich wieder loswerden. Die Währung war nach wenigen Monaten faktisch wertlos und das Geldvermögen der Sparer vernichtet.

Nun musste sich die Demokratie beweisen: Wie würde es weitergehen mit dem Staat? Würde er diese Bewährungsprobe meistern oder in eine linke oder rechte Diktatur abgleiten?[129]

Mein »Märchen vom Staatsbankrott« ist eigentlich gar kein Märchen, sondern hat sich so oder so ähnlich in Russland (1998), in Argentinien (2002) und in Island (2008) abgespielt.

4.1.2 WIE WAHRSCHEINLICH IST EIN WIRTSCHAFTLICHER UND SOZIALER ZUSAMMENBRUCH?

Gegenwärtig erleben wir eine Weltwirtschaftskrise, deren Ende, trotz zahlreicher Beschwichtigungen seitens der Regierungen, noch nicht abzusehen ist. Die Krise hat zu vielen Millionen Arbeitslosen geführt. Das hat gefährliche Auswirkungen auf den sozialen Frieden.

Der Super-GAU ist wahrscheinlicher, als wir denken. Laut einer Studie der größten französischen Bank, der *Société Générale*, ist für die nächsten zwei Jahre mit einem weiteren globalen Finanzkollaps zu rechnen.

In dem Strategiepapier *Worst case debt scenario – Protecting yourself against economic collapse* verweist der Leiter der Abteilung für Anlagestrategie, Daniel Fermonn, darauf, dass die bisherigen Maßnahmen aufgrund der Krise nur private Verpflichtungen in Staatsschulden transferierten. Dies sei der Ursprung neuen Übels, weil beinahe sämtliche Industriestaaten bereits jetzt unter einem hohen Schuldenberg litten. Diese Last der meisten reichen Länder sei im Verhältnis zum Bruttoinlandsprodukt (BIP) viel zu hoch, so würden private und öffentliche Schulden in den Vereinigten Staaten beispielsweise 350 Prozent des BIP betragen. Gründe dafür: Die Staatsausgaben in allen westlichen Ländern würden rasant ansteigen, während die Steuereinnahmen gleichzeitig sinken.

»Bis jetzt kann niemand mit Sicherheit sagen, ob wir einem globalen wirtschaftlichen Zusammenbruch entkommen sind«, heißt es in dem Bericht weiter. Im sogenannten »Bear-Case«-Szenario (dem schlimmsten anzunehmenden Fall) geht die Analyse davon aus, dass der Dollar weiter fallen wird, die Immobilienpreise in den Keller wandern und die Aktienmärkte wieder die Tiefs vom März 2009 erreichen werden. Der »Point of no Return« ist, der Studie nach, bereits erreicht, deshalb bliebe für einige Regierungen nur noch der Ausweg, die Schulden wegzuinflationieren. Ein Ende der Liquiditätsschwemme sei noch nicht in Sicht.[130]

Ich führe nachfolgend mögliche Etappen und mögliche Folgen einer sich weiter verschärfenden Weltwirtschaftskrise oder deren Auswirkungen an:

- Immer mehr Menschen und Unternehmen verschulden sich.
- Neue Investment-, Finanzierungs- und Immobilienblasen entstehen.
- Die Kreditzinsen steigen.
- Banken geben weniger Kredite.
- Insolvenzen nehmen zu.
- Die Regierung versucht diese Negativerscheinungen mit Konjunkturprogrammen zu kompensieren.
- Die Inflation steigt.
- Kapitalanlagen- und Immobilien verlieren an Wert.
- Die Arbeitslosigkeit steigt.
- Die Preise für Lebensmittel erhöhen sich.
- Die Regierung druckt noch mehr Geld.
- Die Inflation wird stärker.
- Es mangelt an grundlegenden Dingen.
- Erste Unruhen entstehen.
- Der Gesetzgeber erlässt Preiskontrollen.
- Eine Hyperinflation beginnt.
- Die Wirtschaft bricht zusammen.
- Unruhen breiten sich aus.
- Die soziale Struktur bricht auseinander.
- Die politische Lage wird instabil.
- Das Kriegsrecht wird verhängt.
- Extreme Führer gewinnen an Macht.
- Die Verfassung wird geändert.
- Eine Diktatur entsteht.

Das alles kommt Ihnen wie Science-Fiction vor? Das ist es jedoch nicht, denn in ähnlichen Etappen spielte sich die Weltwirtschaftskrise von 1929 ab, die in den USA ihren Ausgang nahm. Damals kollabierte innerhalb von wenigen Tagen die größte Volkswirtschaft der Erde. Ein weltumspannendes Handels- und Währungssystem geriet ins Wanken[131], und in den Industrieländern machte sich eine bis dahin noch nie da gewesene Massenarbeitslosigkeit und -armut breit. Viele haben damals alles verloren.

96

Auch gegenwärtig nehmen rund um den Globus Ausschreitungen und Demonstrationen zu. Geheimdienste warnen, und die Regierungen bekommen es plötzlich mit der Angst vor ihren eigenen Völkern zu tun.

Einer Emnid-Umfrage zufolge wollen sich 32 Prozent der befragten Deutschen persönlich an Demonstrationen und Protesten angesichts der Krise beteiligen. 79 Prozent erklären, sie haben Verständnis für solche Proteste.[132]

Hier einige Beispiele aus dem Jahre 2009. Es sind Szenarien, die man vor zwei Jahren sicher noch als »unrealistisch« bezeichnet hätte.

Island: lynchwütiger Mob macht Jagd auf den Premier
Das kleine Inselreich ist bankrott, und nur mit Mühe konnte die Bereitschaftspolizei ihren Premier Geir Haarde vor einem lynchwütigen Mob schützen. Zum ersten Mal in der Geschichte des Landes war die Regierung gezwungen, Neuwahlen wegen politischer und sozialer Unruhen anzukündigen. Diese gingen trotzdem Woche für Woche weiter: So entzündeten erboste Demonstranten immer wieder Feuer im Eingang zum Amtssitz des Premiers, der bei den Neuwahlen nicht mehr antreten wollte und sich so der Verantwortung entzog.

Lettland: Sturm auf das Parlament
Mitte Januar 2009 gab es das erste Mal seit 1991 wieder Straßenschlachten in der lettischen Hauptstadt Riga: Autos wurden angezündet und Geschäfte geplündert. Die Polizei setzte Tränengas ein und griff hart durch. Etwa 1000 wütende Letten versuchten daraufhin, das Parlament zu stürmen. Sie kamen bis zum Haupttor und warfen die Scheiben des Regierungssitzes ein, bevor die Sicherheitskräfte die Lage wieder unter ihre Kontrolle bringen konnten.

Großbritannien: schlimmste Rezession seit 100 Jahren
Großbritannien befindet sich in der schlimmsten Rezession seit 100 Jahren. Auf ansteigende Arbeitslosenzahlen folgen Wohnungs- und Hausräumungen. Alle sieben Minuten verliert jemand auf der Insel sein Haus. Auch die auf Investmentfonds basierende Altersvorsorge ist nicht mehr so sicher, wie sie es einmal war. Schon warnt die britische

Polizei vor schweren Unruhen im Land. Die Sicherheitsbehörden gehen davon aus, dass in naher Zukunft immer mehr Menschen an gewalttätigen Demonstrationen teilnehmen und randalierend durch britische Städte ziehen werden.

EU: Beobachtungsstelle für innere Unruhen

Führende Vertreter der Europäischen Union prognostizieren überall in der EU schwere soziale Unruhen, so schwer wie seit mehr als 100 Jahren nicht mehr. Ihre Sorge ist wohlbegründet, denn wie wütend das Volk über untätige Politiker und verantwortungslose Banker werden kann, haben die Vorfälle in Island und Lettland gezeigt. Nun bekommen es auch die EU-Staatsregierungen langsam mit der Angst zu tun: Brüssel hat daher extra eine »Beobachtungsstelle« für innere Unruhen eingerichtet, in der die Erkenntnisse der nationalen Geheimdienste über die Unzufriedenheit der Bevölkerung zusammengeführt werden sollen.

USA: Warnung vor bürgerkriegsähnlichen Zuständen

Mit der Wirtschaft geht es immer schneller bergab, die Zahl der Obdachlosen steigt, die Massenarbeitslosigkeit nimmt dramatische Züge an, und in einigen Bundesstaaten geht der Arbeitslosenversicherung bereits das Geld aus. Experten schätzen, dass bald insgesamt 15 Bundesstaaten kein Arbeitslosengeld mehr auszahlen können. Der Unmut in der Bevölkerung wächst von Tag zu Tag, besonders innerhalb sozialer Brennpunkte. Auch in den USA wird die Angst vor Massenprotesten und Ausschreitungen immer größer. Das Institut für strategische Studien (*Strategic Institute*) des *US Army War College* warnte bereits im November 2008 vor flächendeckenden bürgerkriegsähnlichen Zuständen.

Russland: Tendenz zur Eskalation steigt

Nach einer vertraulichen Analyse des Moskauers Katastrophenschutzministeriums steigt die »Tendenz« zur Eskalation durch die Folgen der Finanz- und Wirtschaftskrise. Örtliche Funktionäre sind demnach »ernsthaft« beunruhigt über die wachsende Unzufriedenheit des Volkes. Der *Duma*-Abgeordnete Gennadi Gudkow erklärte gegenüber der Zeitung *Nesawissimaja gaseta*: »Sie warten ab, wie sich die Krise entwickelt. Die Menschen verlieren ihre Arbeit. Es könnten unvorhersehbare Dinge passieren.« In vielen Orten sind die Polizeikräfte zwischenzeitlich verstärkt und »schnelle Reaktionszentren« für die Bekämpfung von Revolten gebildet worden.

China: Das Regime fürchtet um sein politisches Überleben

Die chinesische Regierung soll aus Angst vor politischen Unruhen sogar die Wirtschaftswachstumsbilanzen gefälscht haben, um die Bevölkerung zu beruhigen. Die Wirtschaftskrise trifft das Land besonders hart, etwa 200 Millionen Chinesen sind schon arbeitslos. Das Regime fürchtet um sein politisches Überleben, sollte sich die Krise weiter verschlimmern.[133]

Das eben Genannte könnte ein Vorgeschmack auf das sein, was noch kommen kann. Spätestens dann, wenn die Regierungen ihren Bürgern einräumen müssen, dass es aufgrund leerer Staatskassen nur noch eingeschränkte oder gar keine Renten-, Arbeitslosen-, Sozialhilfe- und Krankenversicherungszahlungen mehr geben wird, dürfte das Chaos ausbrechen.

Auch bei uns ist alles nicht mehr so, wie es einmal war. Die Wut wächst – und zwar täglich. Nicht nur, dass die jährlichen Krawalle anlässlich des 1. Mai immer gewalttätiger werden oder linksautonome Gruppen auch »ohne Grund« ganze Straßenzüge zerstören, Polizeiwachen angreifen und das Bundeskanzleramt mit Farbbeuteln bewerfen, »Warnschüsse« gibt es erstmals auch von einer im Bundestag vertretenen Partei …

ZEITMASCHINE

Nordrhein-Westfalen, Samstag, den 27. April 2009

Die Partei Die Linke ruft erstmals offen zu »sozialen Unruhen« auf. »Raus aus den Wohnzimmern und rauf auf die Straße!«, fordert Andrej Hunko, Landesvorstandsmitglied und Bundestagskandidat der Linken in Nordrhein-Westfalen. »Gelungene« Massenproteste nennt er die Ausschreitungen in Island und Frankreich, bei denen ein lynchwütiger Mob sogar den isländischen Regierungschef angegriffen hatte. In Frankreich endeten die Demonstrationen in einem Chaos und nächtelangen Unruhen.

Das Parteimitglied der Linken argumentiert in der Zeitung *Die Welt*, dass nur kontinuierliche soziale Unruhen zu einer neuen Regierung führen und so die politischen Verhältnisse im Land ändern könnten:»Der Aufbau einer französischen Kultur des sozialen Protestes, des Widerstandes und der gesellschaftlichen Solidarität ist auch in Deutschland dringend notwendig.« Hunko fügt jedoch hinzu, dass der Protest friedlich sein müsse.[134]

Aber die Antwort darauf, wie er einen hemmungslosen und aufgehetzten Mob von Gewalttätigkeiten abhalten will, bleibt er freilich schuldig.

4.2 Wann ist ein Staat bankrott?

4.2.1 MAKROÖKONOMISCHE DATEN

Ich möchte nicht zu sehr in die Finanz- und Wirtschaftswissenschaften einsteigen, aber wichtige makroökonomische Variablen sollen zu Beginn dieses Abschnitts dargestellt werden. Sie werden uns immer wieder begegnen:

– *Arbeitslosenquote*: der Anteil der Arbeitnehmer, der in keinem Beschäftigungsverhältnis steht, aber auf der Suche nach Beschäftigung ist.
– *Bruttoinlandsprodukt (BIP)*: gibt den Gesamtwert aller Güter (Waren und Dienstleistungen) an, die während eines Jahres innerhalb der Landesgrenzen hergestellt werden und dem Endverbrauch dienen.
– *Geldmenge*: ist die Summe von Bargeld und Sichteinlagen.
– *Inflationsrate*: Rate, mit der das durchschnittliche Preisniveau aller Güter im Zeitverlauf zunimmt.
– *Investitionen*: Summe gewerblicher Investitionen, z. B. der Kauf neuer Maschinen oder Fabriken durch Unternehmen, und Investitionen in den Wohnungsbau, beispielsweise in Form des Kaufes neuer Häuser oder Apartments.

- *Konsum*: der Kauf von Waren und Dienstleistungen durch Konsumenten.
- *Produktion*: die Wirtschaftsleistung der gesamten Volkswirtschaft. Das Maß für die gesamtwirtschaftliche Produktion heißt Bruttoinlandsprodukt (BIP).
- *Schuldenquote*: ist das Verhältnis des Standes der öffentlichen Schulden zum Bruttoinlandsprodukt.[135]

Nur im Zusammenspiel dieser Parameter ist Volkswirtschaft makroökonomisch zu erklären, denn Arbeitslosigkeit, Wachstum und Inflation agieren in wechselseitigem Einfluss:

- Hohe Wachstumsraten des BIP gehen (im Normalfall) mit einem Rückgang der Arbeitslosenquote einher. Im Umkehrschluss: Zeiten niedriger Wachstumsraten sind im Regelfall Zeiten steigender Arbeitslosigkeit.
- Ein hohes BIP bedeutet, dass Unternehmen vermehrt produzieren und dadurch Arbeitskräfte einstellen, die Arbeitslosigkeit geht zurück. Bei einem sinkenden BIP ist es umgekehrt. Daraus ergibt sich, dass eine hohe Arbeitslosenquote nur durch ein stärkeres Wachstum abgebaut werden kann. Die Arbeitslosenquote gibt also Aufschluss darüber, wo die Wirtschaft gerade steht und wie stark das künftige Wachstum sein sollte.
- Ist die Arbeitslosenquote niedrig, besteht eine Tendenz in Richtung einer steigenden Inflation.
- In Zeiten hoher Arbeitslosenquoten geht die Inflationsrate hingegen tendenziell zurück. Wichtig sind die Lage am Arbeitsmarkt und ganz entscheidend die Erwartungen über die Preisentwicklung. Diese Erwartung der Preissteigerungen bestimmt, welche Lohnsteigerungen zwischen den Tarifparteien vereinbart werden. Ausgehend von den Tarifverhandlungen legen die Unternehmen dann ihre Preise fest. Anders ausgedrückt: Die Veränderung der Preise (also die Inflationsrate) hängt von der erwarteten Preisentwicklung und der Lage am Arbeitsmarkt ab.

In den global vier wichtigsten Wirtschaftsräumen sah dies im Jahre 2009 wie auf der folgenden Seite dargestellt aus:

Land	Wachstumsrate der Produktion	Arbeitslosenquote	Inflation
USA	−1,6	7,3	1,6
Deutschland	−5,0	8,1	1,1
Euro-Raum	−2,0	8,6	1,4
China	+6,7	k. A.	4,3

Wachstumsrate, Arbeitslosenquote und Inflationsrate im Durchschnitt 2009, Quelle: Blanchard/Illing, *Makroökonomie*, S. 23 f.

4.2.2 Begriffserklärungen

Damit der Leser Entscheidungen in den Bereichen Wirtschaft und Finanzen besser verstehen und einordnen kann, möchte ich zusätzlich einige wenige Begriffe erklären, auf die ich im weiteren Verlauf des Buches wieder zurückkomme werde.

- *Deflation*: länger anhaltender Rückgang des Preisniveaus
- *Depression*: eine tief und lang anhaltende Rezession
- *Expansion (Boom)*: Wirtschaftsperioden mit positiven Wachstumsraten
- *Inflation*: anhaltender Anstieg des allgemeinen Preisniveaus
- *Rezession*: Traditionellerweise versteht man unter dem Begriff »Rezession« eine Periode von mindestens zwei aufeinanderfolgenden Quartalen mit negativem Wirtschaftswachstum bzw. Produktionseinbruch.[136]

4.2.3 Die Kreditwürdigkeit eines Staates

Regierungen müssen sich Geld leihen. Vor allem dann, wenn die Steuereinnahmen niedriger sind als die Ausgaben, was gegenwärtig bei den meisten Staaten der Fall ist. Aufgrund des sich daraus ergebenden Budgetdefizits müssen die Länder am Kapitalmarkt Kredite aufnehmen. Der Anstieg der Staatsverschuldung kann jedoch langfristig schädliche Effekte auslösen.[137] Darauf gehe ich später genauer ein.

Auch bei einem Staat spielt, ähnlich wie bei einer privaten Kreditaufnahme, die Bonität eine wichtige Rolle. Um Staatsbankrotte zu
vermeiden oder deren Folgen abzumildern, wird die Staatsbonität (Kreditwürdigkeit) von Rating-Agenturen gemessen. Dabei reduziert eine
sinkende Bonität die Bereitschaft der Gläubiger, Kredite bereitzustellen.

Rating-Agenturen geben »unabhängige« Urteile über die Ausfall-
wahrscheinlichkeit von Unternehmen, Regierungen und Finanzinstru-
menten ab. Sie bewerten die Wahrscheinlichkeit, ob die genannten
Akteure ihre Schulden zurückzahlen können. Zudem benoten sie
Finanzprodukte. Das Ergebnis dieser Bewertung wird in einer Note –
dem sogenannten »Rating« – ausgedrückt. Die Urteile der Rating-
Agenturen haben eine große Auswirkung auf die Verfügbarkeit von
Krediten und die Kosten für die Kreditnehmer.[138] Sie entscheiden zu-
dem über den Erfolg und das Scheitern von Anleihen, strukturierten
Finanzprodukten, Unternehmen oder gar ganzen Ländern.

Beispiel: Einfluss des Ratings

Im Januar 2009 vergaben Analysten dem Land Spanien eine
schlechte Note. Sofortige Zinssteigerungen waren die Folge.

Die wichtigsten Rating-Agenturen sind *Standard & Poor's*, *Moody's*
und *Fitch*, die in der Branche auch »The Big Three« genannt werden
und seit Langem den Markt beherrschen.

Name	Zahl der Mitarbeiter	Umsatz (Dollar)	Gewinn (Dollar)	Marktanteil
Fitch	3000	882 Mio.	246 Mio.	rd. 16%
Moody's	3900	1755 Mio.	748 Mio.	rd. 39%
S & P	8500	2654 Mio.	1055 Mio.	rd. 40%[139]

Die Rating-Agenturen gerieten Mitte des vergangenen Jahres jedoch
selbst unter schweren Beschuss. Man gab ihnen eine Mitschuld an der
Weltwirtschafts- und Finanzkrise, da sie »toxische« Finanzprodukte,

bei deren Herstellung sie als Berater selbst mitgewirkt hatten, günstig bewerteten.[140]

Ich fasse zusammen: Die Bonität eines Staates wird durch ein Rating ausgedrückt, das eine Einschätzung der Rating-Agenturen darstellt, die bewerten, inwiefern der Staat seinen Zins- und Tilgungszahlungen nachkommen kann.

Die verschiedenen Bewertungsstufen am Beispiel von *Standard & Poor's*

AAA	maximale Sicherheit
AA+/AA/AA-	hoch qualitativ
A+/A/A-	hochwertig
BBB+/BBB/BBB-	weniger hochwertig
BB+/BB/BB–	unsicheres Investment
B+/B/B–	hoch spekulativ
CCC+/CCC/CCC–	riskant, Ausfälle möglich
D	in Zahlungsverzug[141]

Die Bundesrepublik Deutschland bekommt von den internationalen Rating-Agenturen regelmäßig die höchstmögliche Kreditwürdigkeit (»AAA«) zugesprochen. Dadurch kann der deutsche Staat auf den Kapitalmärkten Kredite zu niedrigen Zinsen aufzunehmen. Ein Rating kann sich allerdings bei steigenden Schuldenständen auch verschlechtern, was dann zu höheren Finanzierungskosten führt.

Beispiel: höhere Finanzierungskosten durch schlechteres Rating

Obwohl Japans Volkswirtschaft die zweitgrößte der Welt ist, wurde ihr Rating im Jahr 2002 von »AAA« auf »AA« herabgestuft, was etwa dem Rating-Niveau Sloweniens entspricht. Die Folge: Japan musste an den Kapitalmärkten einen deutlichen Renditeaufschlag bezahlen, wenn es sich Geld leihen wollte.[142]

4.2.4 INDIKATOREN ZUR MESSUNG
DES STAATENRISIKOS

Ein Staatsbankrott ist zwar nicht immer »vorhersehbar«, aber es gibt verschiedene Indikatoren, die als »Frühwarnsystem« dienen können:

- *»Reinvermögen«*: Ein wichtiges Kennzeichen für die Gefahr eines Bankrotts ist das sich zunehmend verschlechternde »Reinvermögen« des Staates, was sich (vereinfacht) aus dem Vermögen abzüglich der Schulden errechnet.
- *Zinslasten*: Auch die Zunahme der Zinslasten auf die aufgenommenen Staatsschulden kann ein Indikator für einen nahenden Staatsbankrott sein. Dies ist der Fall, wenn jährlich immer größere Anteile des Staatsbudgets für Zinsen auf die aufgenommenen Staatsschuldtitel (Kredite) bereitgestellt werden müssen, was die finanzielle Handlungsfähigkeit weiter einschränkt.
- *Staatsverschuldung*: Aussagekräftig ist auch der Anteil der Staatsverschuldung am Bruttosozialprodukt (BIP). Ursachen hierfür können teure Konjunkturprogramme und niedrigere Steuereinnahmen sein.[143]
- *Rating*: Das Herabstufen der Bonität durch die Rating-Agenturen ist ein Indiz für die finanziellen Probleme eines Staates.
- *Zinssatz der Staatsanleihen*: Staaten, die wenig solvent sind oder ein größeres finanzielles Risiko bergen, müssen höhere Zinsen auf ihre Staatsanleihen zahlen, also eine Art »Risikoprämie«, weil es wegen der niedrigeren Bonität schwieriger ist, die Anleihen am Markt loszuwerden.
- *Wachstum*: Ein hohes Wirtschaftswachstum beugt einem Staatsbankrott vor.
- *Verschuldungskennzahlen*: Die Höhe der Verschuldung und der Anteil der kurzfristigen Verschuldung im Ausland sind ein weiterer wichtiger Indikator.
- *Reserven der Notenbanken*: Sie geben darüber Auskunft, wie lange sich ein Staat noch Importe leisten kann.
- *Außenhandelsdefizit*: Von einem Außenhandelsdefizit spricht man, wenn eine Wirtschaft eine negative Außenhandelsbilanz aufweist.[144]

4.2.5 MÖGLICHE MASSNAHMEN IM VORFELD
EINES STAATSBANKROTTS

Eine immer höhere Staatsverschuldung kann also zu einem Staatsbankrott führen. Aber es gibt Möglichkeiten, dies zu verhindern:

- *Senkung der Staatsausgaben*: Den größten Teil des öffentlichen Haushalts machen Sozialleistungen und Subventionen aus. Diese müssten zurückgefahren werden, um eine weitere Überschuldung zu verhindern. Die Gehälter der öffentlich Bediensteten sind jedoch häufig durch Tarifverträge geschützt und können nicht so einfach gekürzt werden.
- *Steuererhöhungen oder neue Steuern einführen*: Das »Erfinden« von Steuern ist noch keinem Staat schwergefallen. Deutschland ist dafür geradezu ein Musterbeispiel.
- *Schuldenlast durch Inflation vermindern*: Das geht nur, wenn der Staat Einfluss auf die Zentralbank nehmen kann und die Inflation »anheizt«. Eine Inflation hat zur Folge, dass die nominellen Schulden reell weniger wert und dadurch leichter zu tilgen sind. Nominell steigen die Löhne, was den Konsum anregt und mehr Verbrauchs- und Einkommensteuern in die Staatskasse bringt.
- *Abwertung der Währung*: Niedrige Zentralbankzinsen können die Geldmenge erhöhen. Durch diese »Politik des billigen Geldes« steigt die Geldmenge schneller an als die Gütermenge, was eine – in diesem Fall – »gewollte« Abwertung der Währung zur Folge hat und die internationale Konkurrenzfähigkeit der eigenen Industrie verbessert. Gegenüber anderen Währungen wird die Inflation also importiert: Die Importgüter verteuern sich, um die einheimische Wirtschaft anzukurbeln. Das billige Geld soll den Konsum und vor allem auch die Investitionstätigkeit der Unternehmen fördern.

Alle diese Maßnahmen funktionieren aber nur kurz- bis mittelfristig.

Es gibt noch zwei andere Möglichkeiten, wie ein Budgetdefizit finanziert oder ausgeglichen werden kann:

1. Geld leihen: Das heißt nichts anderes, als Kredite zu vergeben. Ein Staat leiht Geld, indem er Staatsanleihen ausgibt.
2. Geld schaffen: Das funktioniert nur, wenn die Zentralbanken kooperativ sind. Vereinfacht funktioniert die »wundersame« Geldschöpfung so: Eine Regierung gibt Staatsanleihen heraus. Die Zentralbank druckt dafür Geld und kauft die Anleihen auf. Das

Geld wird dann von der Regierung dazu verwendet, das Defizit zu finanzieren. Im Fachjargon nennt man das »Monetarisierung der öffentlichen Schuld«[145].

4.2.6 WANN IST EIN STAAT BANKROTT?

Unternehmen, Banken und Versicherungen können pleitegehen, aber wie sieht das mit Staaten aus?

Dazu hat sich Bundeskanzlerin Angela Merkel bereits im Januar 2009 in Frankfurt am Main auf einer Veranstaltung der Privatbank Metzler unmissverständlich und sehr deutlich geäußert: »Es gibt das Gerücht, dass Staaten nicht pleitegehen können. Dieses Gerücht stimmt nicht.«[146]

Ein Land finanziert seine Schulden durch das Auflegen von Staatsanleihen. Die Käufer erhalten nach einem bestimmten Zeitraum (zehn, 20, 30 Jahre) ihr »geliehenes« Geld plus Zinsen zurück. Ein Staatsbankrott tritt offiziell dann ein, wenn ein Land einen Zahlungstermin für seine Staatsanleihen und Zinsen nicht mehr bedienen kann. In der Folge wird niemand mehr neue Anleihen kaufen, und der Staat ist bankrott.

> Ein Staatsbankrott definiert sich als die förmliche Erklärung einer Regierung, fällige Forderungen nicht mehr oder nur noch teilweise erfüllen zu können, oder die faktische Einstellung fälliger Zahlungen.

Aufgrund niedriger privater Ersparnisse müssen Konsum, Investitionen und Staatsdefizite zum Teil im Ausland finanziert werden. Solange die Wirtschaft wächst, lassen sich die Kredite ohne Probleme zurückzahlen. Eine jahrelange Depression kann den Staat und seine Rückzahlungsverpflichtungen jedoch in ernsthafte Schwierigkeiten bringen.

Hohe Staatsausgaben und niedrige Steuereinnahmen führen zu einem Anstieg der Staatsverschuldung, diese wird mit einer Schuldenquote (= das Verhältnis des Stands der öffentlichen Schulden zum Bruttoinlandsprodukt) angegeben.

Beispiel: Staatsverschuldung

Ein Staat hat eine Schuldenquote von 160 Prozent. Bei einem Zinssatz von einem Prozent pro Jahr macht die Staatsschuld also jährliche Zinszahlungen von 1,6 Prozent des Bruttoinlandsprodukts (BIP) aus.
Bei einem Zinssatz von sechs Prozent pro Jahr wären das BIP-Zinszahlungen in Höhe von 9,6 Prozent (also sechs Prozent von 160) des BIP.

4.2.7 TRICKS, EINEN STAATSBANKROTT ZU VERSCHLEIERN

Natürlich wollen Staaten nicht bankrottgehen. Deshalb gibt es »Maßnahmen«, mit denen sie ihre Verbindlichkeiten zwar nominell erfüllen, aber die wahren Ausmaße ihrer finanziellen Situation verschleiern. Auch mit verschiedenen propagandistischen und administrativen Maßnahmen kann eine Insolvenz zeitweilig aufgeschoben werden:

- *Offizielle oder inoffizielle Abwertung der Währung*: Das bezeichnet die Herabsetzung des Wertes einer Währung gegenüber einer oder mehrerer anderen Währungen. Die Kaufkraft der inländischen Währung nimmt im Ausland ab, was die Exportfähigkeit hebt, da die Güter im Ausland billiger erworben werden können.
- *Staatliche Refinanzierung*: Der Staat leiht sich von den internationalen Finanzmärkten neues Kapital, um alte Zinsen zu tilgen. Dies kann durch das Auflegen neuer Staatsanleihen geschehen.
- *Steuern*: Der Staat finanziert seine Schulden durch die Anhebung von Steuern.
- *Veräußerung staatlicher Vermögensgüter*: staatliche Immobilien oder Unternehmen werden verkauft.
- *Inflationierung*: Die Geldmenge wird erhöht, was eine ansteigende Inflation zur Folge hat.
- *Fehlende Konvertierbarkeit der Währung*: Konvertierbar bedeutet, dass eine Währung zum jeweiligen Wechselkurs austauschbar ist. Eine fehlende Konvertierbarkeit bedeutet demnach nichts anderes als der Zwang zur Nutzung der eigenen Währung. Damit soll eine Kapitalflucht verhindert werden.[147]

– *»Kreative« Geldbeschaffung*: Es gibt verschiedene Möglichkeiten
für einen Staat, sich Geld zu beschaffen, ohne dies öffentlich als
»Kreditaufnahme« zu deklarieren, etwa der Verkauf von Staats-
vermögen oder Staatsrechten (z. B. das Zündholzmonopol).

4.2.8 Ursachen eines Staatsbankrotts

Im Verlauf der Geschichte waren Staatsbankrotte auf folgende Ursachen zurückzuführen:

– *Die Überschuldung eines Staates*: Gründe dafür waren verlorene
Kriege oder Misswirtschaft in Form von Haushaltnotlagen, in
denen jahrzehntelang mehr Geld ausgegeben als eingenommen
wurde. Dies führte zu einer Neuverschuldung im In- und Ausland.
– *Die politische Weigerung, nach einem Regimewechsel oder einer
Staatsrevolution die Schulden der vorherigen Regierung zu übernehmen*: Manche neuen Regierungen stellten nach einem Putsch,
einem Regimewechsel oder einer Revolution die Legitimität der
bisherigen Regierung infrage und bedienten die Altschulden nicht
mehr. Beispiele: die Nichttilgung der Schulden des bourbonischen
Frankreich nach der Französischen Revolution; die Nichtbezahlung
der Anleihen der vom Deutschen Bund in Schleswig-Holstein
eingesetzten Regierung durch Dänemark im Jahre 1850 oder die
Nichtbezahlung der Schulden des zaristischen Russlands durch
die neue Sowjet-Regierung im Jahre 1917.
– *Der Untergang eines Staates*: Hört ein Staat auf zu existieren,
gehen dessen Schulden gegebenenfalls auf einen oder mehrere
Nachfolgestaaten über. Verträge, Rechte und Pflichten, die für den
vorherigen Staat gegolten haben, fallen auf den Nachfolger. Die
Wiener Konvention über das Recht der Staatennachfolge in Verträgen (1978) sieht in Artikel 34 grundsätzlich eine Gesamtrechts-
nachfolge (Universalsukzession) der nach einem Staatenunter-
gang neu entstandenen Staaten vor, und zwar sowohl in bilateralen
als auch in multilateralen Verträgen. Jüngstes Beispiel: Serbien
und Montenegro.[148]

Betroffen von einem Staatsbankrott sind in der Hauptsache die Gläubiger des Staates, die Wirtschaft und die Bürger. Gläubiger verlieren ganz
oder teilweise ihr Geld samt Zinsen, das sie an den Staat gegeben und

dafür Staatsanleihen erhalten haben. Im Rahmen internationaler Verhandlungen (wie etwa das Londoner Schuldenabkommen von 1953) kann mit dem betroffenen Staat ein teilweiser Schuldenerlass oder gar eine Umschuldung vereinbart werden. Diese Abkommen sichern die Rückzahlung von Teilbeträgen unter Verzicht auf die meisten Forderungen. So mussten im Rahmen des argentinischen Staatsbankrotts die Gläubiger auf bis zu 75 Prozent ihrer Forderungen verzichten (siehe Abschnitt 4.4).

4.2.9 DIE FOLGEN EINES STAATSBANKROTTS

Erklärt ein Staat seinen Bankrott, entledigt er sich dadurch seiner finanziellen Verbindlichkeiten. Dies führt in der Regel zu einer Entlastung des Staatshaushalts, weil Zinsen nicht mehr zu zahlen sind und die Tilgung der Schulden nicht mehr erfolgt. Je nach Höhe der vergebenen Anleihen kann dieser Betrag enorme Ausmaße annehmen.

Allerdings ist das Land nach einem Staatsbankrott zeitweise nicht mehr in der Lage, neue Kreditaufnahmen am Kapitalmarkt vorzunehmen. Das hat auch Auswirkungen auf das Geldvermögen der Bürger, das dadurch drastisch abgewertet wird. Außerdem können staatliche Leistungen gekürzt werden oder ganz entfallen.

Die Folgen für die Volkswirtschaft sind noch gravierender:
- *Bankenkrise*: Die Banken müssen hohe Abschreibungen auf ihre Staatskredite vornehmen, was die eigene Liquidität beeinträchtigt.
- *Wirtschaftskrise*: Die Binnennachfrage schrumpft, und ausländische Investoren ziehen ihre Gelder ab, die Produktion bricht ein, was eine höhere Arbeitslosigkeit zur Folge hat.
- *Währungskrise*: Das staatseigene Geld wird entwertet, und eine Währungsreform ist wahrscheinlich. In Kapitel 7 gehe ich ausführlich auf dieses Thema ein.

4.3 Inflation, Hyperinflation, Deflation

4.3.1 INFLATION

Als »Inflation« bezeichnet man einen anhaltenden Anstieg des allgemeinen Preisniveaus. Druckt der Staat bei gleichbleibender Gütermenge mehr Banknoten, entwertet er somit das Geld und leistet einer Inflation Vorschub.[149] Auch Geldschulden verlieren mit jedem Prozentpunkt Inflation ihren realen Wert[150]. Ich komme nachfolgend noch einmal darauf zurück.

> Von 2008 bis 2009 erhöhten die USA die Geldmenge um über 100 Prozent, die Euro-Länder um rund 30 Prozent.[151]

Damit eine Inflation ihre Wirkung entfalten kann, muss sie nicht zwangsweise hoch sein; auch lang anhaltende, kleine Inflationsraten führen zu großen Effekten.

> In Deutschland beträgt die Inflation seit 1990 47 (!) Prozent.[152]

Der Wirtschaftswissenschaftler Prof. Dr. Bernd-Thomas Ramb erklärt uns die enormen Auswirkungen dieser »schleichenden« Inflation: »Wenn 100 000 Euro unverzinst zurückgelegt werden, sinkt deren Wert bei zwei Prozent Inflation pro Jahr nach 25 Jahren auf circa 60 953 Euro. Nahezu 40 Prozent des Vermögens fallen damit der schleichenden Inflation zum Opfer. Nach 50 Jahren sinkt das Vermögen auf 37 153 Euro. Der Verlust beträgt dann circa 63 Prozent (…) Der reale Wert einer im Jahr 1950 zurückgelegten Deutschen Mark hat sich durch die zwischenzeitlich aufgetretene Inflation (…) auf knapp 23 Pfennig reduziert. Wer 1950 Geld in den Sparstrumpf steckte, kann sich heute nicht einmal ein Viertel der Warenmenge von damals kaufen.«[153]

Theoretisches Beispiel: Inflation

Herr Schmidt erbt ein Haus im Wert von 200 000 Euro. Nach einem Jahr ist er jedoch aus finanziellen Gründen gezwungen, das Haus wieder zu verkaufen. Während der Zeit, als er das Haus besaß, kam es zu einer Inflation in Höhe von 25 Prozent (die Preise aller Güter

und Dienstleistungen stiegen um 25 Prozent). Ein Jahr nach dem Erwerb verkauft Herr Schmidt das Haus nun für 246 000 Euro (das sind 23 Prozent mehr als der Preis, für das er das Haus gekauft hatte).
Sie denken, Herr Schmidt hat in diesem Fall ein Geschäft gemacht? – Nominal gerechnet ja, aber real (korrigiert um die Inflationsrate) nicht, denn die Kaufkraft des Geldes ist in der gleichen Zeit gesunken. Die Differenz zwischen der Inflationsrate (25 Prozent) und dem Mehrwert beim Verkauf (23 Prozent) beträgt zwei Prozent. Herr Schmidt hat in diesem Fall also einen realen Verlust von zwei Prozent erlitten.[154]

Auch gegenwärtig sind die großen Industrienationen in Sachen »Geldentwertung« schon fleißig zugange. Vor allem die Vereinigten Staaten von Amerika, die immer mehr Geld drucken, um Banken und Industrie zu stützen und den Wirtschaftskreislauf am Leben zu halten. Die Bilanz der US-Notenbank hat sich innerhalb von nur zwölf Monaten nahezu verdoppelt. Weltweit nimmt die Geldmenge also viel stärker zu als das Wirtschaftswachstum, was zu einer gewaltigen Überschussliquidität führt.

Zudem kommt das Geld nur bedingt in der Wirtschaft an. Dazu Sebastian Becker von der Deutschen Bank: »Die außergewöhnlich hohen Überschussreserven verdeutlichen, dass die Zusatzliquidität noch nicht für neue Kredite verwandt worden ist. Die Überschussliquidität könnte aber neue Vermögenspreisblasen begünstigen«. Er warnt: »Es ist nur eine Frage der Zeit, bis die Investoren sich nicht mehr mit den derzeit niedrigen Renditen auf ihre hohen Liquiditätsbestände zufriedengeben.« Sobald sich der Wirtschaftsausblick aufhellt, fließt das Geld in die Finanzmärkte und könnte dann neue Spekulationsblasen füllen.[155]

Es stellt sich aber auch noch eine andere Frage: Kann der Staat sich durch eine Inflation von seinen Schulden »befreien«? Die Antwort lautet – ja. Wie das vor sich geht, beschreibt Prof. Dr. Bernd-Thomas Ramb:»Im Allgemeinen steigen mit der Inflation auch die Nominaleinkommen und – bei konstanten Steuersätzen – die entsprechenden Steuerzahlungen. Der Staat kann also seine Altschulden mit durch die Inflation aufgeblähten Steuereinnahmen zurückzahlen.«[156]

Die Inflation ist zwar keine gegebene Größe, aber der Staat kann sie beeinflussen, meint Prof. Dr. Ramb. Dies kann durch Gewährung von Sozialleistungen und durch Gehälter für Staatsbedienstete geschehen oder durch Kreditaufnahme bei der Zentralbank. Der Wirtschaftswissenschaftler hält daher eine »inflationsbedingte Teilentschuldung« des deutschen Staates für »sehr wahrscheinlich«[157].

Thomas Mayer, Chefvolkswirt der Deutschen Bank, erwartet innerhalb der nächsten zehn Jahre eine weltweite Inflation in Richtung von fünf Prozent[158] und Joachim Fels, Chefvolkswirt der US-Investmentbank *Morgan Stanley*, prognostiziert sogar eine Inflationsrate bis sieben Prozent.[159]

Bei der katastrophalen Hyperinflation von 1923 wurde Geld gedruckt, um gierige Spekulanten zu bezahlen. Die Nachfrage wurde immer größer, während das Angebot stagnierte. So steigerten sich die Spekulationen fast ins Unermessliche und mündeten schließlich in einer großen Panik.

4.3.2 HYPERINFLATION

»Hyperinflation« bedeutet »hohe Inflation«[160], man könnte auch »unkontrollierte« Inflation sagen, bei der das Preisniveau sehr schnell steigt. Da es aber keine allgemein akzeptierte Definition gibt, spricht man im Allgemeinen von einer Hyperinflation, wenn die *monatliche* Inflationsrate 50 Prozent (das ist eine jährliche Rate von etwa 13 000 Prozent) beträgt. Viele Hyperinflationen endeten in einer Währungsreform.

In den 1920er- und 1940er-Jahren kam es zu insgesamt sieben Hyperinflationen:

	Beginn	Ende	Inflationsrate (monatl. in Prozent)
Österreich	Okt. 1921	Aug. 1922	47
Russland	Dez. 1921	Jan. 1924	57
Deutschland	Aug. 1922	Nov. 1923	322
Polen	Jan. 1923	Jan. 1924	82
Ungarn (1)	Mrz. 1923	Feb. 1924	46

| Griechenland | Nov. 1943 | Nov. 1944 | 365 |
| Ungarn (2) | Aug. 1945 | Juli 1946 | 19 800 |

Quelle: Philip Cagan: »The Monetary Dynamics of Hyperinflation«, in: Milton Friedman: *Studies in the Quantity Theory of Money*, Chicago 1956, Tabelle 1.

Folgende Gemeinsamkeiten fallen auf:
- Alle Hyperinflationen waren kurz, dauerten nur etwa ein Jahr.
- Die monatlichen Inflationsraten betrugen 50 Prozent oder mehr.
- Es kam zu dramatischen Preisanstiegen (siehe Inflationsrate) und einem hohen monatlichen Geldmengenwachstum.[161]

In diesen Ländern kam es seit 1945 zu Hyperinflationen:

1949/1950:	China
1985:	Bolivien
1988:	Nicaragua
1989:	Polen
1989/1990:	Brasilien
1989/1990:	Argentinien
1990:	Peru
1990er-Jahre:	Bosnien und Herzegowina
1990–1994:	Zaire
1992:	Russland
1992–1994:	Georgien
1994–1997:	Angola
2006–2009:	Simbabwe[162]

4.3.3 Ursachen und Auswirkungen einer Hyperinflation

Eine Inflation liegt immer in einer hohen Zunahme der nominalen Geldmenge begründet. Das Geldmengenwachstum ist hoch, weil das Budgetdefizit zu groß ist. Das Budgetdefizit wiederum ist groß, weil die Volkswirtschaft mit »Schocks« zu kämpfen hat, die es der Regierung unmöglich machen, ihre Ausgaben auf anderem Wege als durch

Gelddrucken zu finanzieren.[163] Diese »Schocks« waren in der Vergangenheit:
- größere wirtschaftliche und soziale Probleme;
- Bürgerkriege oder Revolutionen (was dem Staat die Möglichkeit nimmt, Steuern zu erheben);
- Nachwirkungen eines Krieges (Reparationen, Wiederaufbau).[164]

Eine Inflation reduziert auch die Steuereinnahmen, die der Staat dringend braucht. Weil Steuern auf die Einkommen der letzten Periode erhoben werden, verringert sich bei einer Inflation der reale Wert der Steuerzahlungen. Das hört sich kompliziert an, ist aber einfach zu erklären.

Beispiel: Zusammenhang Steuern, Inflation und Budgetdefizit

Sie zahlen Ihre Einkommensteuer für 2009 im Jahr 2010. Angenommen, das Preisniveau ist 2010 fünf Mal höher als im vergangenen Jahr. Dadurch beträgt der tatsächliche Steuersatz nur noch ein Fünftel des offiziellen Steuersatzes. Die Inflation reduziert somit die Steuereinnahmen des Staates und verschlimmert das Budgetdefizit.[165]

Die Auswirkungen einer Hyperinflation:
- Löhne und Gehälter werden häufiger ausbezahlt.
- Preise verlieren an Aussagekraft, da sie sich zu häufig verändern.
- Die Menschen stürmen die Geschäfte, um schnell Waren zu kaufen, bevor das Geld wieder an Wert verliert.
- Die Schwankungen der Inflationsrate werden immer größer.
- Das Transaktionssystem der Banken (Abhebungen, Einzahlungen, Konteneinrichtungen, Kontenauflösungen und Kreditvergaben) funktioniert immer schlechter.
- Die Kreditaufnahme zu einem festen Zinssatz wird zu einem reinen Glücksspiel.
- Kreditvergabe und Kreditaufnahme kommen allmählich zum Erliegen.
- Investitionen gehen weiter zurück.[166]

– Die Produktion sinkt.
– Die Arbeitslosigkeit steigt.
– Die sozialen Sicherungssysteme werden stärker belastet.
– Soziale Unruhen können auftreten.

Doch für Bürger und Unternehmen gibt es noch einen anderen Weg, eine Hyperinflation einzudämmen: den Tauschhandel. Nehmen wir an, die monatliche Inflationsrate beträgt 100 Prozent. Das Bargeld verliert dadurch die Hälfte seines realen Wertes, weil die Güter einen Monat später doppelt so viel kosten. Bürger und Unternehmen werden in einer solchen Situation deshalb vermehrt zum Tauschhandel übergehen.

4.3.4 HYPERINFLATION: BEISPIEL DEUTSCHLAND (1923)

Die Hyperinflation im Deutschland der 1920er-Jahre traumatisiert bis heute:

ZEITMASCHINE

Berlin, Charlottenstraße
Freitag, den 12. Oktober 1923, 19.23 Uhr

Felix Reuter begibt sich auf den Weg ins Residenztheater. Seine Taschen sind mit einigen hundert Millionen Reichsmark bepackt. Die Banknotenbündel füllen seine ganze Jacke aus. Er seufzt, doch so ist das nun mal in diesen schweren Zeiten.

Reuter nimmt die Pferdebahn, die seit September wieder fährt. Einige Minuten später kommt er in der Charlottenstraße an. Majestätisch erhebt sich das Theatergebäude in den wolkenverhangenen Nachthimmel. Er muss an der Kasse warten, weil der Andrang wieder einmal viel zu groß ist. Aber in diesen Tagen suchen viele Menschen einfach Abwechslung und Zerstreuung. Als er an die Reihe kommt, nennt die adrette Kassiererin den Eintrittspreis. Reuter scheffelt mit beiden Händen die klammen Geldscheine aus seinen Taschen: über 900 Millionen Reichsmark.

Die Kassiererin zählt nach. »Das ist zu wenig«, sagt die junge Frau schließlich, denn während seiner 20-minütigen Fahrt hierher ist der Preis für den billigsten Platz um über eine Milliarde gestiegen.

Dresden, Technische Hochschule
Montag, den 22. Oktober 1923, 8.16 Uhr

Victor Klemnitz, Dozent der Romanistik, eilt zur Hochschule, um sein Gehalt abzuholen. Die Zeit drängt, denn der Werteverfall der Reichsmark nimmt stündlich zu.

Unglücklicherweise muss Klemnitz fast den ganzen Vormittag auf sein Geld warten. »Interne Probleme«, heißt es offiziell. Als er dann endlich die Banknoten in den Händen hält, hat die Mark weiter an Wert verloren. Tags darauf zahlt er für seine Gasrechnung 150 Milliarden mehr.

Königsberg, Bahnhof
Mittwoch, den 8. August 1923, 10.11 Uhr

Luise von Hertzenstein will mit dem Zug von Königsberg nach Berlin reisen, um ihre Schwester zu besuchen. Sie ist früh dran, ihr Zug geht erst in einer Stunde. So lässt sie ihr Gepäck von einem Träger verstauen und macht sich auf den Weg in den Wartesaal des Bahnhofes.

Sie hasst Bahnhöfe, denn sie sind kalt, laut und es treibt sich allerlei Gesindel herum. Aber an diesem Morgen hat sie Glück. Nur zwei Kriegsversehrte betteln um eine milde Gabe, die sie aber mit einem kurzen Wink ihrer manikürten Finger und dem Heben ihrer rechten Augenbraue zur Räson bringt.

Der Wartesaal ist voll besetzt. Das ist kein Wunder, denn hier drin ist es erfrischend kühl. Luise von Hertzenstein entdeckt noch einen freien Platz in der hinteren Ecke neben einem ausgedienten Grammofon und setzt sich. Der Kellner, ein großer, hagerer Mann mit einem gehetzten Gesichtsausdruck, fragt nach ihren Wünschen.

»Eine Tasse Kaffee bitte. Was kostet die?«

»250 000 Mark, meine Dame. Wollen Sie dazu auch noch einen Kuchen?«

Sie schüttelt den Kopf und entlässt den Kellner. Ihr Blick schweift durch den Raum. Über der Theke entdeckt sie die Preistafel. »Eine Tasse Kaffee 250 000 Mark. Kaffee mit Kuchen 550 000 Mark«, steht da mit zittriger Kreideschrift geschrieben.

Der Kaffee ist stark und weckt die Lebensgeister von Luise von Hertzenstein, schließlich hat sie ja auch noch eine lange und anstrengende Fahrt vor sich. Sie will den Kellner schließlich rufen, um zu zahlen, und sieht, dass dieser gerade die Preistafel neu beschriftet. »Eine Tasse Kaffee 500 000 Mark« steht da jetzt plötzlich. Der Preis hat sich also innerhalb weniger Minuten verdoppelt. Sie schnaubt verächtlich und gar nicht standesgemäß.

Deutsches Reich
Januar bis November 1923

Die Mark verliert so schnell an Wert, dass die Löhne vielerorts täglich ausbezahlt werden müssen. Immer mehr Geldscheine kommen in Umlauf. Die Menschen drängen mit Reisetaschen, Rucksäcken oder Aktenmappen zu den Gehaltsschaltern, um ihr Geld abzuholen. Meist handelt es sich dabei um druckfrische Scheine, die sie hastig verstauen. Dann eilen sie schnell in die Geschäfte, um das Geld so schnell wie möglich wieder auszugeben.

Jeden Mittag veröffentlicht die Börse den neuen Wechselkurs des Dollars. Das bedeutet normalerweise, dass die Mark plötzlich nur noch die Hälfte an Wert besitzt. Kein Wunder also, dass die Menschen das Geld so schnell wie möglich in Waren investieren wollen. Sie kaufen alles, was sie bekommen können, auch auf Vorrat.

Schon tauschen manche Händler ihre Produkte nur noch gegen Wurst oder Speck, weil Bargeld nichts mehr zählt. Manche Friseure verlangen für einen Haarschnitt vier Eier und Kinobesitzer für eine Eintrittskarte zwei Kohlestücke. Ein Pfund Butter kostet am 24. September 1923 84 Millionen Mark, und am 6. November bezahlt man für ein Brötchen schon drei Milliarden.

Allein in Berlin leben Zehntausende Kleinrentner im Elend, weil die Hyperinflation ihre Ersparnisse aufgefressen hat. Armut, wo man nur hinsieht: An den Straßenecken betteln Kriegsversehrte, die sich auf Krücken stützen und in dreckige Lumpen gehüllt sind. Schmutzige, verwahrloste Kinder sieht man in fast jeder Straße, und überall lungern Arbeitslose herum.

»Nichts hat das deutsche Volk so erbittert, so hasswütig, so hitlerreif gemacht wie die Inflation«, schreibt der Autor Stefan Zweig in jenen Tagen.[167]

Es war entsetzlich, und es kam urplötzlich. Kein Mensch war darauf vorbereitet. Von einem Tag auf den anderen waren die Regale in den Läden leer und man konnte mit seinem Papiergeld nichts mehr kaufen.

Im Juli 1922 fiel der Kurs der Reichsmark gegenüber dem Dollar auf 300 zu eins, im November 1922 auf 9000 zu eins, im Januar 1923 auf 49 000 zu eins, im Juli 1923 auf 1 100 000 zu eins und Mitte November 1923 auf etwa 2,5 Billionen zu eins.[168]

Kaufpreis für ein Frühstücksei im Jahre 1923

6. Juni 1912:	7 Pfennig
6. August 1923:	923 Papiermark
27. August 1923:	177 500 Papiermark
17. September 1923:	2,1 Millionen Papiermark
15. Oktober 1923:	227 Millionen Papiermark
5. November 1923:	22,7 Milliarden Papiermark
3. Dezember 1923:	320 Milliarden Papiermark

Die Menschen konnten mit einer Schubkarre, die mit Geldscheinen gefüllt war, nicht einmal mehr ein Ei kaufen.

Der Wert der gesamten in Deutschland zirkulierenden Währung belief sich 1913 auf fünf Milliarden Mark. Im Oktober 1923, nur zehn Jahre später, reichten sechs Milliarden Mark nicht einmal mehr aus, um sich in Berlin einen Laib Brot zu kaufen. Am Ende der Hyperinflation, im November 1923, betrug der Wert der Reichsmark nur noch ein Billionstel ihres Wertes aus dem Jahre 1914.

Der Marktanalyst Martin Hutchinson schreibt in seinem Artikel »Is It 1932 – or 1923?«, dass Weimar-Deutschland zwar schon seit dem

Ersten Weltkrieg an einer hohen Inflation gelitten habe, die eigentliche
Phase der Hyperinflation aber erst in den Jahren 1921 bis 1923 aufgetreten sei: »Da die Regierung in Weimar-Deutschland die Steuern nicht
erhöhen wollte, um den Wiederaufbau nach dem Ersten Weltkrieg und
die Kriegsreparationen zu bezahlen, produzierte sie große Haushaltsdefizite. Sie sorgte dafür, dass die Zinsen unter der Inflationsrate
blieben, erhöhte die Geldmenge rapide und beschaffte sich 50 Prozent
der Regierungsausgaben durch die (…) Seigniorage[169] – d. h. sie druckte
Geldnoten und lebte von den Profiten, die durch diesen ›Münzgewinn‹
bestanden; also von der Differenz zwischen dem Emissionswert der
Banknoten und den Druckkosten.«[170]

Seigniorage

Als Seigniorage bezeichnet man den Unterschiedsbetrag zwischen
den Prägekosten von Münzgeld bzw. den Herstellungs- und
Bereitstellungskosten von Papiergeld und deren jeweiligem Nennwert. Er fällt als Emissionsgewinn dem jeweiligen »Seigneur«,
also dem Staat (»Münzprivileg«) bzw. der Notenbank, zu.

Im klassischen Goldstandard entsprach der Nennwert der umlaufenden
Geldmünzen in etwa ihrem tatsächlichen Metallwert. Die Münzen
konnten jederzeit bei den Notenbanken in Gold umgetauscht werden,
ihr Wert war fest an den Goldpreis gebunden. Ein Emissionsgewinn
war von daher zunächst nicht gegeben, jedoch verlangten die Notenbanken für diesen Umtausch in der Regel eine Gebühr, die auch als
»Seigniorage« bezeichnet wird.[171]

Emission

Eine Emission bezeichnet den Prozess des »Auf-den-Markt-Brin-
gens« von Wertpapieren wie Aktien, Anleihen oder Banknoten.[172]

Demnach war die deutsche Regierung für dieses Chaos und den Kollaps der Reichsmark also selbst verantwortlich, weil sie durch das

bloße Gelddrucken versuchte, ihre immer höheren Regierungsausgaben zu decken. So zumindest lautet die offizielle Meinung vieler Experten. Aber es gibt auch noch eine andere Sicht der Dinge, die in Fachkreisen weitgehend ignoriert wird. Sie stammt von einem Zeitzeugen und Hauptprotagonisten der damaligen Zeit. Die Rede ist von Hjalmar Schacht[173], Reichswährungskommissar und Reichsbankpräsident der Weimarer Republik. Mit seinem Buch *Die Magie des Geldes* zerstörte er die »Schulmeinung« der Finanzwelt über das Entstehen der Hyperinflation im Deutschland der 1920er-Jahre.

In Wirklichkeit seien ausländische Investoren, die mit ihren Spekulationen auf den fallenden Wert der Reichsmark gesetzt hätten, dafür verantwortlich gewesen, dass aus der Kriegsinflation eine Hyperinflation wurde, schreibt Schacht. Denn mit Baissespekulationen versuchten sie, aus dem fallenden Preis eines Vermögenswertes einen Vorteil zu ziehen. Die Reichsbank war an diesem Dilemma selbst schuld, weil sie diese Spekulationen unterstützte: Als sie die ungeheure Nachfrage nach Reichsmark nicht mehr allein befriedigen konnte, erhielten auch andere Banken die Erlaubnis, Geld gegen Zinsen zu verleihen. Das öffnete Spekulanten Tür und Tor. Privatbanken stellten also immer größere Mengen an Reichsmark als Kredite zur Verfügung, wobei die Banknoten je nach Bedarf geschöpft (d. h. gedruckt) und an Investoren verliehen wurden – mit einem erheblichen Zinsaufschlag für die Banken.[174]

Das änderte sich erst, als die Weimarer Regierung energisch einschritt. Wenn man Hjalmar Schacht also Glauben schenken darf, dann haben die damaligen politischen Verantwortlichen die Hyperinflation gar nicht verursacht, so wie bisher angenommen, sondern sie eingedämmt und schließlich unter Kontrolle gebracht, indem sie die Aktivitäten der Reichsbank strikt regulierten. Erst diese Maßnahmen beendeten schließlich die unheilvollen Spekulationen durch ausländische Investoren.

4.3.5 HYPERINFLATION: BEISPIEL SIMBABWE (2007–2009)

Als jüngstes Beispiel einer Hyperinflation gilt die Entwicklung in Simbabwe. Dort begann die Krise im Jahre 2001, als der Staat seine Kredite nicht mehr bedienen konnte und der Internationale Währungsfonds (IWF) sich daraufhin weigerte, einer Umschuldung oder gar einem Schuldenerlass zuzustimmen. Warum der IWF diese unnachgiebige Haltung einnahm, darüber kann nur spekuliert werden. Ein Grund dafür könnte jedoch sein, dass der afrikanische Staat eine Landreform in Gang gebracht hatte, bei der auch wohlhabende Großgrundbesitzer enteignet wurden. Die Weigerung des IWF, Simbabwe zu helfen, hatte zur Folge, dass das Land nirgendwo mehr Kredite bekam. Der letzte Ausweg war also die Schaffung einer eigenen nationalen Währung. Damit wollte man auf den internationalen Finanzmärkten US-Dollars kaufen, um die (Alt-)Schulden zu bedienen und dadurch die Kreditwürdigkeit des Landes wiederherzustellen.[175] Doch es kam alles anders als geplant – und vor allem viel schlimmer.

Nachfolgend die Chronologie der »verrücktesten« Hyperinflation aller Zeiten:

– *1980*: Das ehemalige (Süd-)Rhodesien wurde als Simbabwe unabhängig. Der Simbabwe-Dollar (ZWD) löste den Rhodesien-Dollar im Verhältnis eins zu eins ab.

– *2003*: Zu Simbabwe-Dollars und -Münzen zirkulierten auch sogenannte »Inhaberschecks«, eine Art befristetes Notgeld in Stückelungen zu 5000, 10 000 und 20 000 sowie später sogar 50 000 ZWR.

– *2006*: Im Zuge einer Währungsumstellung wurden die alten Inhaberschecks im Verhältnis eins zu 1000 gegen neue eingetauscht. Der Währungsname »Simbabwe-Dollar« wurde beibehalten. Bei der Umtauschaktion kam es teilweise zu chaotischen Zuständen, weil nicht genug neue Inhaberschecks in kleineren Stückelungen vorhanden waren. So konnte entweder gar nichts verkauft werden oder das Wechselgeld wurde einfach in Form von Bonbons oder Ähnlichem herausgegeben.

– *2007*: Die Inflation stieg immer weiter an, und es kam zeitweise zu schwerwiegenden Engpässen in der Versorgung mit Papiergeld.

– *2008*: Um das Problem in den Griff zu bekommen, wurden wieder Inhaberschecks zu einer, fünf und zehn Millionen Dollar ausgegeben, wenige Monate später solche zu 25 und 50 Millionen Dollar. Im Mai sollten sogar neue Schecks über 100 und 250 Millionen Dollar in Umlauf kommen. Wegen des rasanten Werteverfalls wurde eine erneute Währungsumstellung kurzfristig abgesagt. Im Februar erreichte die Inflationsrate 100 000 Prozent.[176] Die (inoffizielle) Inflationsrate lag am 24. Oktober bei 10,2 Billiarden Prozent, am 31. Oktober bei 2,79 Trillionen[177], am 7. November bei 21,5 Trillionen und am 14. November bei 89,7 Trilliarden Prozent. Die Banknote mit dem höchsten Nominalwert war der 100-Milliarden-Dollar-Schein.[178] Am 1. August strich die *Reserve Bank of Zimbabwe* schließlich zehn Nullen der Währung. Zehn Milliarden alte Simbabwe-Dollar wurden gegen einen neuen Simbabwe-Dollar gewechselt. Aber bereits zwei Wochen später hatte sich der Wert des Simbabwe-Dollars im Vergleich zum Zeitpunkt der Neubewertung wieder halbiert, weshalb im Oktober alle Münzen eingezogen und stattdessen Banknoten bis zu einer Million Dollar herausgegeben wurden.[179] Aber Mitte November wurden dann auch diese Banknoten, bis auf die 500 000- und Eine-Million-Dollar-Scheine, erneut aus dem Verkehr genommen. Doch damit nicht genug: Anfang Dezember wurden neue Banknoten zu zehn bis 500 Millionen und eins, fünf und zehn Milliarden Dollar herausgegeben. Die Jahresinflation lag jetzt im Bereich von Trillionen Prozent.

– *2009*: Am 16. Januar 2009 wurde die Ausgabe einer Banknote mit dem Wert von 100 Billionen Simbabwe-Dollar bekannt gegeben.[180] *Forbes Asia* zufolge erreichte die Inflation am 21. Januar eine Rate von 6,5 Oktodenzillionen Prozent, die höchste jemals erreichte Inflation.[181] Am 29. Januar erlaubte die Regierung dann endlich die Nutzung von anderen Währungen zur Zahlung in allen Geschäften, am 2. Februar wurden zwölf Nullen gestrichen und wieder neue Banknoten ausgegeben.[182] Im April wurde der Simbabwe-Dollar dann von der Regierung für ein Jahr als Zahlungsmittel ausgesetzt. Ausländische Währungen wie etwa der Euro, der US-Dollar oder der südafrikanische Rand sollen nun als Zahlungsmittel dienen. Eine eigene Währung soll erst dann wieder eingeführt werden, wenn das Land stützende Industriezweige aufweisen kann.[183] Laut einer Erklärung der Zentralbank von Zimbabwe wurde die Hyperinflation durch Spekulanten hervorgerufen, die die Devisenmärkte manipulierten, ungeheure Wechselkurse für den US-Dollar verlangten und eine drastische Abwertung der Währung Zimbabwes verursachten.[184]

4.3.6 DEFLATION

Sehr vereinfacht formuliert, bezeichnet die Deflation eine Zeitperiode mit negativer Inflationsrate und wirtschaftlicher Krise. Im Unterschied zur Inflation ist sie mit länger anhaltenden Senkungen des Preisniveaus verbunden. Weil die Konsumenten mit weiteren Preissenkungen rechnen, zögern sie ihre Käufe immer weiter hinaus. Dadurch verharren Konsum- und Investitionsnachfrage auf niedrigem Niveau.[185]

Das hat verheerende Auswirkungen auf die Unternehmen, deren Umsätze sinken, während die Kosten durch Verträge zeitlich fixiert sind. Die Folge: Gewinne und Produktion gehen zurück, Investitionen werden nicht mehr getätigt. Das zieht hohe Arbeitsplatzverluste nach sich.[186]

Mit fallenden Preisen steigt jedoch die reale Last für die Schuldner, und ihnen fällt es immer schwerer, ihre Verpflichtungen zu erfüllen. Deflation treibt immer mehr Schuldner in den Bankrott, was auch viele Gläubiger in Schwierigkeiten bringt.[187]

Eine Vermögensdeflation (Kreditdeflation) kann dann ausbrechen, wenn sinkende Vermögenspreise zu einer erhöhten Überschuldung führen, vor allem, wenn die Vermögensgegenstände durch Kredite finanziert worden sind.

Die Lohndeflation führt wegen der positiven Rückkopplung der Entwicklung von Löhnen und Preisen (Lohn-Preis-Spirale) zu einem sich selbst verstärkenden Prozess, bei dem Güter- und Faktorpreise gleichzeitig fallen.[188]

Theoretisches Beispiel: Deflation

Bleiben wir bei Herrn Schmidt, den Sie schon kennengelernt haben. Das geerbte Haus für 200 000 Euro muss er nach einem Jahr aus finanziellen Gründen verkaufen. In der Zeit, in der Herr Schmidt sein Haus besaß, kam es zu einer Deflation von 25 Prozent (die Preise aller Güter und Dienstleistungen gingen um 25 Prozent zurück). Herr Schmidt verkauft das Haus für 154 000 Euro, also um 23 Prozent weniger, als er es gekauft hatte.

Sie denken, Herr Schmidt hat nun einen beträchtlichen Verlust gemacht? Auch hier gilt: Nominal ja, aber korrigiert um die Infla-

124

tion hat er einen Realgewinn von zwei Prozent erwirtschaftet, weil die Kaufkraft des Geldes gestiegen ist.[189] Herr Schmidt kann, obwohl er 23 Prozent weniger Geld beim Verkauf seines Hauses erzielt hat, mit dem verbliebenen Rest mehr Waren kaufen, da die Preise allgemein gesunken sind.

DEFLATION: BEISPIEL JAPAN (1990)

Die Rezession im Japan der 1990er-Jahre wurde auch als »Verlorene Dekade« bezeichnet. Ausgelöst wurde sie durch einen großen Börsencrash und eine Flucht des Geldes in Bodenwerte mit extrem in die Höhe getriebenen spekulativen Grundstückspreisen. So stiegen die Quadratmeterpreise in den besten Lagen Tokios auf bis zu 500 000 Euro an. Der Garten des Kaiserpalastes war – jedenfalls rechnerisch – damals mehr wert als der Boden von ganz Kalifornien![190]

Der japanische Aktienindex »Nikkei 225« stieg zwischen 1980 und 1989 von 7000 auf über 35 000 Punkte. Der Wert einer japanischen Durchschnittsaktie verfünffachte sich innerhalb von nur neun Jahren. Der enorme Vermögensanstieg führte zu einer gewaltigen Nachfrage nach japanischen Waren und Dienstleistungen. Die Spekulationsblase dehnte sich immer weiter aus, bis sie schließlich platzte, gefolgt von einer lang anhaltenden Rezession, mit der das Land bis heute zu kämpfen hat.

Der Nikkei-Index fiel bis 1992 wieder auf 16 000 Punkte, verlor also die Hälfte des Standes von 1989. Der Wert der Aktien und Immobilien rutschte in die Tiefe, sodass viele Japaner hohe Verluste hinnehmen mussten. Die Folge: ein stärkeres Spar- und Konsumverhalten. Das trieb die Preise in den Keller. Gleichzeitig stieg aber die Kaufkraft des Geldes an. Doch die Zinsen sanken auf ein so niedriges Niveau, dass es sich kaum noch lohnte, die Ersparnisse zur Bank zu bringen. So horteten die Japaner den Großteil ihres Barvermögens »unter dem Kopfkissen«[191].

Niedriges Wachstum und eine – für japanische Verhältnisse – hohe Arbeitslosigkeit führten zu einem stetigen Rückgang der Inflation. Als dann die Bank von Japan die nominalen Zinsen zu langsam senkte, wurde aus der Inflation eine Deflation[192] mit all ihren Auswirkungen:

Die Konsumzurückhaltung führte zu einer Unterauslastung der Produktionskapazitäten und höherer Arbeitslosigkeit. Die Deflationsspirale verstärkte sich immer mehr.

Verzweifelt versuchte die japanische Regierung, die wirtschaftsgefährdende Kaufzurückhaltung zu durchbrechen und das Wachstum wieder anzukurbeln. Das geschah zunächst durch immer größere, schuldenfinanzierte Ausgaben und eine Ausweitung der Geldmenge. Aber auch diese Maßnahmen nützten nichts. Die Menschen waren so verunsichert, dass auch das neu gedruckte Geld schnell wieder in den Tresoren der Privathaushalte verschwand. Ein weiterer Versuch, die Wirtschaft mit terminierten und an die Bürger verschenkten Kaufgutscheinen in Schwung zu bringen, verfehlte sein Ziel. Die Gutscheine wurden zwar vor dem Verfallstermin eingelöst, aber der damit ausgelöste Nachfrageschub entsprach nur etwa einem Drittel ihres Nennwertes.[193]

Auch die Banken gerieten in immer größere Schwierigkeiten, weil sie aufgrund der gestiegenen Grundstückspreise zu hohe Kredite an Eigentümer und Erwerber ausgegeben hatten. Nur durch staatliche Unterstützungen und erlaubte »Buchungstricks« konnte schließlich das Gros vor der Pleite bewahrt werden.[194]

Erst in den Jahren 2003 und 2004 wurde die Lage durch eine konsequente Restrukturierungspolitik, verbunden mit dem Aufkauf »fauler« Kredite durch die Zentralbank, etwas verbessert.

Da die Zentralbankzinsen über Jahre hinweg fast bei null lagen und die japanische Zentralbank eine quantitative Lockerung betrieb, ist Japan bis heute das am stärksten (öffentlich) verschuldete Industrieland der Welt.[195]

Allerdings ist die Gefahr noch nicht gebannt: Wenn die Zinsen wieder auf eine »normale« Höhe ansteigen, ist die Wirtschaft in ernsthaften Schwierigkeiten. Auch der Staat kann bis dato mit seinen hohen Schulden bei den niedrigen Zinsen halbwegs geordnet leben. Wenn die in Umlauf gebrachte Geldmenge aber nicht mit der rückläufigen Entwicklung im Gleichschritt reduziert wird, muss dies bei einer Wiederbelebung des Wachstums zu einem Inflationsschub führen, und die damit einhergehenden steigenden Zinsen könnten für den überschuldeten Staat »tödlich« sein.[196]

Und gegenwärtig befindet sich Japan wieder in einer gefährlichen Abwärtsspirale. Ende 2009 fielen in der zweitgrößten Volkswirtschaft der Welt erneut die Preise – und zwar flächendeckend, was kein Wachstum bedeutet. Aber günstigere Preise verheißen nicht gleich mehr Konsum, denn auch das durchschnittliche Einkommen der Arbeitnehmerhaushalte ging zurück. Im Klartext: Die Menschen hatten weniger Geld in der Tasche. So geriet die gesamte Wirtschaft wieder in eine Minusspirale. Erneut ging das Deflationsgespenst um. Die Stärke des japanischen Yens verstärkte die Deflation auch noch, weil sie die Importe verbilligte und die einheimische Industrie zusätzlich schwächte.[197]

Im Jahr 2010 wird die Staatsverschuldung auf das Doppelte des Bruttoinlandsprodukts wachsen. Noch beherrscht die Regierung die gigantischen Schulden, solange sie diese mit niedrigen Zinsen refinanzieren kann. Müsste Japan seine Staatsanleihen jedoch an das Ausland verkaufen, wäre das Land ein Top-Kandidat für einen Staatsbankrott.[198]

4.3.8 EXKURS: DEFLATION UND LIQUIDITÄTSFALLE

Noch schlimmer ist die Kombination aus Deflation und Liquiditätsfälle. Von einer »Liquiditätsfalle« spricht man dann, wenn der Nominalzins in einer Volkswirtschaft so weit gegen null gefallen ist, dass eine Anlage des Geldes aufgrund des niedrigen Zinssatzes nicht mehr lohnenswert erscheint. Das heißt, der Zins auf dem Kapitalmarkt ist so niedrig, dass alle an einer Anlage interessierten Personen auf eine Zinssteigerung (verbunden mit einer Senkung der Kurse) warten, um später Wertpapiere zu kaufen. Eine Erhöhung der Geldmenge bewirkt dann keine Ankurbelung des Wirtschaftswachstums mehr, weil die Anleger das zusätzlich bereitgestellte Geld zur Gänze in ihre »Spekulationskasse« aufnehmen, um auf bessere Anlagemöglichkeiten zu warten.[199]

Wenn bei einem Nominalzins von null die Güternachfrage nicht steigt bzw. immer noch auf niedrigem Niveau verharrt, kann die Geldpolitik nichts tun, um die Produktion zu ihrem natürlichen Niveau zurückzubringen. Wahrscheinlich ist sogar, dass sich die Situation im Laufe der Zeit noch verschlechtert. Die Rate der Deflation wird vermutlich zunehmen, die Inflation also noch negativer werden, die Produktion geht noch weiter zurück. Diese Kombination aus Deflation und Liquiditätsfalle kann aus einer Rezession eine Wirtschaftskrise machen.[200]

4.4 Staatsbankrotte

Im Verlauf der Geschichte hat es immer wieder Staatsbankrotte gegeben. Hier einige Beispiele:

1557:	Spanien
1811:	Österreich
1813:	Dänemark
1876:	Osmanisches Reich
1918:	Russisches Reich
1923:	Deutsches Reich
1945:	Deutsches Reich
1998:	Russland
2002:	Argentinien
2008:	Island

Auf die letzten drei Staatsbankrotte möchte ich genauer eingehen. Sie bestätigen die finanzpolitischen und wirtschaftlichen Mechanismen, die Sie bis jetzt in der »Theorie« kennengelernt haben.

4.4.1 Russland (1998)

Mit der Freigabe des Rubel-Kurses am 17. August 1998 brach die bis dahin größte Finanzkrise in Russland aus, die in einer Zahlungsunfähigkeit des Staates endete.

Bei unserer Betrachtung müssen wir zunächst in das Jahr 1995 zurückkreisen: Die Stabilität des Finanzsystems hing damals unmittelbar mit der Härte des Rubels zusammen, weil bei einem stabilen Kurs die Verwertung einer Rubel-Anleihe lukrativer war als die einer Anlage in US-Dollar oder D-Mark. Ausländische Anleger spekulierten also, dass die Zinssatzdifferenz zwischen Krediten in Rubel und westlichen Hartwährungen größer sein würde als eine mögliche Abwertung des Rubels. Jede starke Rubel-Abwertung würde also fatale Auswirkungen auf die Anleger haben.

Der russische Staat hatte aufgrund der Übernahme der Verbindlichkeiten der ehemaligen Sowjetunion einen Schuldenbestand in Auslandswährung in Höhe von 123,5 Milliarden US-Dollar bzw. 27,5 Prozent am russischen BIP aufgebaut. Für ihn kam jede Abwertung ebenfalls einer Katastrophe gleich, denn eine Abwertung der inländischen Währung erhöht bei Schulden in fremder Währung das reale Schuldenvolumen. Beispiel: Der russische Staat nimmt Steuern in Rubel ein, muss jedoch Auslandskredite in Fremdwährung bedienen.[201]

Große Risiken gingen die russischen Banken ein, indem sie Anleger durch Termingeschäfte gegen Wechselkursrisiken absicherten und sich somit verpflichteten, zu einem künftigen Zeitpunkt zu einem festen Kurs Rubel gegen Auslandwährung zu tauschen. Die Summe der Terminsicherungsgeschäfte der russischen Banken betrug Anfang 1998 rund das Dreifache ihrer Bilanzsumme.[202]

Die Asien-Krise, die ebenfalls mit der Freigabe eines Wechselkurses begann[203], schlug voll auf Russland durch. Zwar lagen die Exporte in die asiatischen Länder bei nicht mehr als acht Prozent[204], aber viel schwerer wog der Abzug von Geldanlagen seitens asiatischer Anleger in Höhe von rund fünf Milliarden US-Dollar.[205] Eine Menge Geld für ein bereits angeschlagenes Land. Weil sich auch andere ausländische Investoren aus Russland verabschiedeten, brach der Aktienmarkt ein, und der Aktienindex verlor bis Mitte 1998 rund vier Fünftel seines Wertes.[206]

Russland brauchte dringend neues Kapital. Zunächst gelang es, durch höhere Zinssätze ausreichend Käufer für Staatspapiere zu finden. Aber 1998 zeigten sich immer größere Schwierigkeiten bei der Finanzierung des Defizits und vor allem bei der Umschuldung der kurzfristigen Verbindlichkeiten.

Bereits Ende 1997 stieg der Zinssatz für GKOs (kurzfristige russische Staatsanleihen) auf über 20 Prozent. Im Mai 1998 waren es sogar 150 (!) Prozent bei einer Inflationsrate von zehn Prozent. Der Realzinssatz bei Bankkrediten stieg auf über 40 Prozent, was sich destruktiv auf die Wirtschaft auswirkte, da Unternehmen wegen der hohen Zinsen keine Investitionen mehr tätigten und Privatschuldner in den Ruin getrieben wurden.[207]

Der russische Staat saß in der Schuldenfalle, aus der es keinen Ausweg mehr gab. Die Gründe waren der Anstieg der Zinszahlungen und die kurze Laufzeit der Verbindlichkeiten. Die Zinszahlungen des Zentralhaushaltes stiegen im ersten Halbjahr 1998 auf über fünf Prozent[208] des Bruttoinlandsproduktes (BIP) und ließen sich aufgrund der schnell steigenden Zinslast nicht mehr konsolidieren.[209]

Die einzige Möglichkeit bestand schließlich darin, am 17. August 1998 den Kurs des Rubels freizugeben, was konkret hieß: eine Abwer-

tung von über 50 (!) Prozent. Russland erklärte sich nun für zahlungsunfähig.

Die russische Zentralbank verlor durch Devisenmarktinterventionen
rund fünf Milliarden US-Dollar. Dies entsprach etwa der Hälfte ihrer
Währungsreserven.

Die Menschen verloren die Hälfte ihres Ersparten – einfach so, per
staatlich verordnetem Pinselstrich.

Der Staatsbankrott hatte aber auch Folgen für die Investoren: Kurzfristige Rubel-Kredite (GKOs) wurden einseitig in langfristige Rubel-
Anleihen umgewandelt. So saßen ausländische Anleger, die Kredite in
US-Dollars oder anderen westlichen Währungen an Russland vergeben
hatten, auf unsicheren, teilweise uneinbringlichen Forderungen und
mussten hohe Verluste hinnehmen. Am stärksten waren die deutschen
Banken betroffen, die Guthaben von über 30 Mrd. US-Dollar gegenüber Russland hielten.[210]

Das russische Bankensystem brach nach der Freigabe des Wechselkurses zusammen, da die Geldinstitute hohe Fremdwährungsrisiken
eingegangen und die russischen Aktien, die von ihnen gehalten wurden, nahezu wertlos geworden waren.

Die Menschen stürmten die Banken und hoben alles ab, was sie auf
ihren Konten hatten. Durch die Panik brachen viele Geldinstitute zusammen.[211] Die Anzahl der Banken schrumpfte in einem Jahr von 1600
auf 1390. Nach einer Weltbank-Studie waren 15 der 18 ehemals größten russischen Finanzinstitute zahlungsunfähig, und das Eigenkapital
des russischen Bankensystems hatte sich nach der offiziellen Statistik
in etwa halbiert. Der russische Staat musste die nächsten Jahre rund die
Hälfte seiner Steuereinnahmen für Zinszahlungen und Tilgungen auf-
wenden.[212] Ende 1998 lag die öffentliche Auslandsverschuldung bei
150,9 Mrd. US-Dollar oder bei 55,1 Prozent des russischen BIP.[213]

Durch die Zahlungsunfähigkeit wurde Russland de facto vom internationalen Kapitalmarkt abgeschnitten, und die Inflation erhöhte sich
auf 85,5 Prozent. Der Anteil der in Armut lebenden Menschen, gemessen an der Gesamtbevölkerung, stieg um zehn Prozent.[214]

Doch der russischen Regierung war keine andere Wahl geblieben,
als den Rubel so massiv abzuwerten. Das hatte zwar sinkende Einkom-

men gebracht und Geldvermögen vernichtet, aber auch gleichzeitig die Nachfrage nach russischen Produkten erhöht und die Exporte stimuliert. Dies war ein wesentlicher Grund dafür, weshalb Russland im Jahre 1999 wieder eine positive Wachstumsrate erzielen konnte, die vor allem von der Industrieproduktion getragen wurde[215], aber auch zu einer »Dollarisierung« der russischen Ökonomie beitrug.[216]

Die Finanzkrise von 2008 traf die Russen wiederum mit voller Wucht: Ende 2009 waren rund 20 große Banken kollabiert, die Wirtschaft schrumpfte um knapp neun Prozent, Kreditausfälle häuften sich. Das Volumen der »Problemkredite« könnte, so die Rating-Agentur *Moody's*, auf 110 Mrd. Dollar steigen, was etwa 20 Prozent der landesweit anstehenden Kredite entsprechen würde.[217] Die Lage für Russland ist nach wie vor schwierig.

4.4.2 ARGENTINIEN (2001)

Ende 2001 rutschte Argentinien in die größte Finanzkrise seiner Geschichte, die den gewaltigsten Staatsbankrott auslöste, den es bis dahin gegeben hatte.

Vor rund 100 Jahren lag das Land wirtschaftlich noch gleichauf mit Deutschland und Frankreich. Aber in den 1950er-Jahren und vor allem während der Militärdiktatur zwischen 1976 und 1983 stieg die Verschuldung dramatisch an und kletterte auch später immer weiter nach oben.[218]

Um die hohe Inflation zu stoppen, band Argentinien im Jahr 1991 seine Währung mit einem festen Wechselkurs an den US-Dollar. Tatsächlich ging daraufhin auch die Inflation zurück. Doch die Auswirkungen dieses monetaristischen Eingriffs waren erst ein paar Jahre später zu spüren, als sich die Preise argentinischer Produkte auf dem Weltmarkt drastisch verteuerten. Daraufhin lagerten internationale Unternehmen ihre Produktionsstätten nach Brasilien aus. Das führte zu einer geringeren Wettbewerbsfähigkeit, einer negativen Handelsbilanz und einer starken Erhöhung der Auslandsverschuldung, die durch eine Neuverschuldung ausgeglichen werden musste. So wuchsen die Staatsverbindlichkeiten allein zwischen 1996 und 1999 um 36 (!) Prozent.[219]

Der argentinische Staat führte Schulden-Bonds (»LECOP«) ein, mit denen staatliche Angestellte und Beamte – zum Teil zu über 50 Prozent des Lohnvolumens – entlohnt wurden. Die Bonds sahen wie Geldscheine aus und wurden in den meisten Geschäften als Zahlungsmittel (gegen Aufpreis) akzeptiert. Zum Höhepunkt der Krise 2001/02 bestimmten die LECOP einen beträchtlichen Teil des gesamten Zahlungsverkehrs.

Nachdem Argentinien Ende November 2001 bekannt gemacht hatte, dass es das vom Internationalen Währungsfonds vorgegebene Haushaltsziel nicht erreichen werde, weigerte sich der IWF, eine vorgesehene 1,25-Milliarden-Dollar-Tranche zu überweisen.

Allein die Tatsache, dass der IWF dem argentinischen Staat Geld vorenthielt, führte zu einem drastischen Vertrauensverlust und nachfolgend zu einer rasanten Kapitalflucht der Anleger, die das gesamte Bankensystem erzittern ließ. Aus diesem Grund prangerte die argentinische Regierung später den Internationalen Währungsfonds (IWF) als Hauptverantwortlichen für den Staatsbankrott an.[220]

Um eine Katastrophe zu verhindern, ergriff Argentinien Anfang Dezember 2001 drastische Zwangsmaßnahmen gegen die Bevölkerung. Es begann mit dem sogenannten »Corralito«: Von nun an durften nur noch 250 Peso pro Woche und Person an Bargeld von Girokonten abgehoben werden. Damit wollte man den Umtausch der eigenen Währung in Dollars verhindern, da sonst die Banken Giro- und Sparkonten nicht mehr hätten auszahlen können.

Diese Maßnahme rief den Zorn des Volkes hervor und verschlimmerte die Vertrauenskrise in die Wirtschaft im In- und Ausland um ein Vielfaches. Es kam zu einem Generalstreik und zu gewalttätigen Demonstrationen mit insgesamt 28 Toten.

Als das Land im Jahre 2001 schließlich alle seine Zahlungen einstellte, waren die 140 Milliarden Dollar an Staatsobligationen verloren, die Privatbanken und der IWF gehalten hatten. Aber auch die Menschen litten unter dem Staatsbankrott.

Die Arbeitslosigkeit stieg rapide an und erreichte auf ihrem Höhepunkt 23 Prozent, die Armutsrate stieg auf 57 Prozent, und das Bruttoinlandsprodukt sank um mehr als ein Fünftel.[221]

Die Auswirkungen auf die Bevölkerung waren enorm:
– Die Abwertung des Pesos und die hohe Inflationsrate führten zu einem großen Reallohnverlust (siehe weiterer Verlauf des Bu-

ches), der besonders die Mittelschicht traf; ein Teil von ihr fiel unter die Armutsquote.
- Armut, Kindersterblichkeit und Unterernährung stiegen in einigen Provinzen rapide an.
- Immer mehr Menschen wurden arbeitslos.
- Die Zahl der Tagelöhner und »Cartoneros« (Sammler von Kartons und anderen recycelbaren Materialien) nahm rapide zu.
- Tauschringe, in denen nicht nur Waren, sondern vor allem auch Dienstleistungen ausgetauscht wurden, erlebten eine neue Blüte.
- Straßenblockaden und Demonstrationen verstärkten sich.
- Die Wohnsituation verschlechterte sich.
- Immer mehr Menschen waren gezwungen, in Slums zu ziehen.
- Die Landflucht nahm zu.[222]

Fast 500 000 private Gläubiger, die insgesamt für 81 Milliarden Dollar Staatsanleihen erworben hatten, begannen, um ihr Geld zu zittern, als Argentinien sich für zahlungsunfähig erklärte. Die Rechnung für diesen größten Staatsbankrott aller Zeiten mussten jedoch die Banken zahlen, die Argentinien vorher mit Krediten überhäuft hatten.[223]

Anfang Januar 2002 entschieden sich die Wirtschaftsexperten in der Regierung für eine Abwertung des Pesos. Gleichzeitig wurden die Banken landesweit an mehreren Tagen geschlossen, um Panik-Dollar-Käufe zu unterbinden.

Die Abwertung wurde für den Außenhandel auf 28 Prozent festgesetzt (1,40 Peso: ein US-Dollar). Für den Binnenhandel galt ein frei schwankender Kurs (»freier Dollar-Kurs«). Doch der Erfolg war ernüchternd. So stieg der »freie Dollar-Kurs« aufgrund massiver Panikkäufe schon innerhalb weniger Tage über zwei Pesos, was die Regierung schnell dazu veranlasste, den »offiziellen« Kurs (der bisher für den Außenhandel gegolten hatte) abzuschaffen. Doch dies hatte weitere Panikkäufe zur Folge, die den Kurs noch weiter nach oben trieben.

Die Abwertung des argentinischen Pesos hatte einen großen Verlust der Kaufkraft zur Folge. Im Jahre 2002 lag die Inflationsrate bei 41 Prozent[224] und das Reallohnniveau sank um 23,2 Prozent.

Auch die Banken befanden sich in großen Schwierigkeiten. Um ein völliges Zusammenbrechen des Finanzsektors zu verhindern, entschieden sich die Verantwortlichen im Finanzministerium für eine weitere rigide Zwangsmaßnahme, die den Namen »Corralón« erhalten sollte: Alle Konten über einem bestimmten Grenzwert wurden auf staatliche

Anordnung hin in festverzinsliche Sparbücher umgewandelt, deren Rückgabetermine bis 2010 gestreckt wurden.[225]

Doch auch hier gab es Probleme, denn die Konten, die seit 1989 in Dollar eröffnet worden waren, hatten sich ja in ihrem Wert vervielfacht. Wie sollte man damit umgehen? – Kurzerhand entschied man sich deshalb zu einer weiteren Maßnahme: Dollar-Konten wurden »einfach« als Peso-Konten mit Wert eins zu 1,40 betrachtet und der Zugriff darauf erst im Laufe von mehreren Monaten, im Falle von hohen Werten sogar erst in mehreren Jahren gestattet.

Schulden konnte man dagegen zunächst mit dem Kurs eins zu eins, später dann eins zu 1,4 zurückzahlen. Erst Jahre später sollte sich das Land vom Staatsbankrott und dessen Folgen erholen.

Aber was geschah mit den Gläubigern, die immer noch argentinische Staatsanleihen hielten? Jahrelange harte Verhandlungen waren die Folge, in denen die Anleger ihr Recht auf 100-prozentige Erstattung durchboxen wollten.

Im Jahre 2005 einigte sich Argentinien schließlich in einer der größten Umschuldungsaktionen der Finanzgeschichte: 76 Prozent der privaten Gläubiger mussten durchschnittlich einen Abschlag von 50 Prozent ihrer Forderungen akzeptieren. Die anderen 24 Prozent, die sogenannten »Holdouts«, lehnten das Angebot ab und erheben seitdem Forderungen in Höhe von insgesamt rund 29 Milliarden Dollar. Doch Argentinien gab sich unerbittlich: Sogar per Gesetz wurde festgelegt, dass keine weiteren Verhandlungen geführt werden und jeder, der das Angebot nicht annehme, leer ausgeht. Das war der Status quo bis zum Oktober 2009.[226]

Zu diesem Zeitpunkt legte der argentinische Staat den Gläubigern, die 2005 die Umschuldung verweigert hatten, ein neues Angebot vor. Der Grund für die Kehrtwende lag darin, dass das Land dringend neues Geld benötigte, weil die öffentlichen Ausgaben ohne neue Kredite nicht zu finanzieren waren. Ein weiterer Kollaps drohte[227], denn seit der Umschuldung im Jahre 2005 erhielt Argentinien ausländisches Kapital nur auf einem Umweg über Venezuela, das sich diesen Dienst aber teuer bezahlen ließ.[228]

Entscheidend für die Zukunft des Landes dürfte deshalb die Frage sein, wie die Unstimmigkeiten mit dem IWF und den privaten Gläubigern gelöst werden.[229] Die Verhandlungen sind noch im Gange.

4.4.3 EXKURS: RISIKO VON STAATSANLEIHEN AM BEISPIEL ECUADORS (2008)

Im Dezember 2008 stellte Ecuador die Zinszahlungen auf seine Staatsanleihen ein, nachdem es auch schon die am 15. November fälligen Zahlungen in Höhe von 30,6 Millionen Dollar ausgesetzt hatte.

Präsident Rafael Correa bezeichnete die von früheren Regierungen aufgenommenen Schulden kurzerhand als illegitim und die Gläubiger als unmoralisch: »Wir wissen, mit wem wir es aufnehmen, mit welchen Monstren, die nicht einen Augenblick zögern würden, unser Land zu zerquetschen und an Ecuador ein Exempel zu statuieren.«[230]

Das südamerikanische Land hatte unter früheren Regierungen »Global 2012«-Anleihen im Wert von insgesamt 1,25 Milliarden Dollar ausgegeben, deren Zinsen jeweils am 15. Mai und am 15. November fällig werden. Zusammen mit den Bonds »Global 2015« und »2030« entsprechen sie in etwa 4,0 Milliarden Dollar, das ist ein Drittel der gesamten Auslandsschulden Ecuadors.

Ende April 2009 machte das Land den Anlegern dann das Angebot, die Anleihen zu 30 Prozent des Nominalwertes zurückzukaufen, und erhöhte die Offerte später auf 35 Prozent, was für die Anleger aber immer noch einen Verlust von 65 Prozent bedeutete. Die Annahmefrist lief am 3. Juni 2009 ab. 91 Prozent der Gläubiger stimmten zu, weil ihnen das Messer auf die Brust gesetzt worden war.

Das Nichtbedienen der Zinsen hatte rein politische Gründe: Vor seiner ersten Wahl im Jahr 2006 hatte Correas nämlich versprochen, die Auslandsschulden der »Kapitalisten« nicht zu bedienen, was er vor seiner Wiederwahl im Frühjahr 2009 wiederholte. Zudem stammen die meisten Gläubiger aus den USA, dem »Erzfeind« Correas, der ein Duzfreund des ebenfalls antikapitalistischen Präsidenten von Venezuela, Hugo Chavez, ist.[231]

Doch Ecuadors Weigerung könnte dem Land künftig große Probleme bereiten, wenn es seine Anleihen an den Kapitalmarkt geben oder Kredite aufnehmen möchte, denn als Schuldner hat es sich vollkommen diskreditiert.[232]

Ecuador fördert Erdöl und ist vom Export dieses Rohstoffes abhängig. Seine Zahlungsfähigkeit leidet jedoch noch immer unter dem Verfall der Rohölpreise.[233]

4.4.4 Beispiel Island (2008)

Noch vor drei Jahren ging es den meisten Isländern sehr gut. Großinvestoren hofften auf hohe Renditen und legten im »Steuerparadies« viel Geld an. Die Einheimischen waren zufrieden, der Wohlstand wuchs. Immer mehr Isländer hegten den Wunsch nach einem eigenen Haus oder einer eigenen Wohnung. Viele von ihnen verwirklichten sich schließlich den Traum, der Immobiliensektor boomte. Und die Insulaner verschuldeten sich immer mehr. Im Durchschnitt stand jeder der 320 000 isländischen Bürger mit rund 200 Prozent seines Jahreseinkommens in der Kreide, die höchste Privatverschuldung der Welt. Aber auch die Banken überschätzten sich und gingen in großem Umfang risikoreiche Geschäfte ein. Sie investierten massiv in Unternehmenszukäufe im Ausland, die zu großen Teilen aus Fremdwährungskrediten finanziert wurden.

Die Finanzkrise traf die »Wikinger« dann bis ins Mark, vor allem den Finanzsektor: Viele Geldinstitute konnten ihre Kredite nicht mehr rechtzeitig bedienen. Um einen totalen Zusammenbruch zu verhindern, mussten die größten Banken im Land verstaatlicht werden.[234] Somit gibt es in Island bis heute keine private Großbank mehr. Allein die drei größten Geldinstitute standen mit dem neunfachen Bruttoinlandsprodukt in der Kreide – über 120 Milliarden Euro. Ein wahrlich gigantischer Betrag für ein so kleines Land.

Die Verstaatlichung der Banken war der einzige Weg, das Land noch zu retten. Aber das hatte einen hohen Preis: Sie hinterließ Island einen Schuldenberg vom Zehnfachen der bisherigen jährlichen Wirtschaftsleistung.[235]

Eine der hauptverantwortlichen Banken war die *Kaupthing*-Bank, die noch kurz vor der Krise riesige Kredite, teilweise ohne Sicherheiten, an eigene Großaktionäre sowie deren Geschäftsfreunde ausgezahlt haben soll. Wie die Zeitung *Fréttabladid* berichtete, erhielten allein die fünf wichtigsten Kreditnehmer aus dieser Bankengruppe umgerechnet fünf Milliarden Euro, was dem kompletten Staatshaushalt Islands entsprach.[236]

Die Alterssicherung der Isländer wurde ebenfalls stark in Mitleiden-schaft gezogen, denn Islands Pensionsfonds mussten den Banken eine Millionenbeihilfe anbieten, und Ministerpräsident Geir Haarde prophe-zeite, dass »viele Menschen sehr viel Geld verlieren werden«[237].

Die Situation wurde noch dramatischer: Im Zeitraum September 2007 bis September 2008 stieg die Inflation von knapp unter vier Prozent auf 14 Prozent, und der isländische Leitzins lag im Mai 2008 bei satten 15,5 Prozent.

Am 16. Oktober 2008 gab die isländische Regierung schließlich bekannt, eine fällige Anleihe der verstaatlichten *Glitnir*-Bank in Höhe von 750 Millionen US-Dollar nicht zurückzahlen zu können. Damit war das Land de facto zahlungsunfähig. Ein formaler Staatsbankrott bestand jedoch nicht, da die Anleihe nicht von Island selbst emittiert wurde.

Aber wären die Banken nicht verstaatlicht worden, hätte nach Anga-ben der isländischen Regierung tatsächlich ein Bankrott des Landes gedroht.

> *»Es besteht die Gefahr, dass die isländische Wirtschaft im schlimmsten Fall in den Abwärtsstrudel der Banken gerät und das Ergebnis ein Bankrott des Landes sein könnte.«*[238]
> Geir Haarde, isländischer Ministerpräsident
> in einer TV-Ansprache

Island wäre pleite, wenn der IWF nicht eingegriffen hätte. Bereits am 19. November 2008 genehmigte er einen 2,1-Milliarden-Dollar-Kredit. Diese finanzielle Unterstützung wurde sogar noch um mehr als drei Milliarden US-Dollar in Form von Darlehen aus Russland und Polen ergänzt und um etwa fünf Milliarden US-Dollar von Großbritannien, den Niederlanden und Deutschland. Das gesamte Paket umfasste dem-nach einen Wert von rund zehn Milliarden Dollar.

Das Land benötigte das Geld zur Stabilisierung seiner Landeswäh-rung, denn die isländische Krone verlor allein im Jahr 2008 rund 75 Prozent ihres Werts gegenüber dem Euro. Die isländische Regie-rung fixierte daraufhin den Wechselkurs und setzte zeitweise den Han-del mit sämtlichen Finanzwerten aus. Die Rating-Agentur *Standard & Poor's* stufte Islands Bonität daraufhin um zwei Stufen von »A−« auf

»BBB« herunter.[239] Im Januar 2010 senkte auch *Fitch* die Kreditwürdigkeit des Inselstaates auf »BB+« und warnte vor einer weiteren Herabstufung.[240]

Der »theoretische« Staatsbankrott hatte Folgen: Die Regierungskoalition aus Unabhängigkeitspartei und sozialdemokratischer Allianz unter Premierminister Geir Haarde brach auseinander.[241] Eine Übergangsregierung aus Allianz und Links-Grüner Bewegung war gebildet worden; diese wurde bei vorgezogenen Neuwahlen im April 2009 schließlich bestätigt.

Doch die neue Regierung kam um harte Maßnahmen nicht herum. Neun Monate nach dem Kollaps des isländischen Finanzsektors bekamen die Bürger dann schließlich die Quittung für die Risikobereitschaft ihrer Banken präsentiert, denn der Staat bat sie ausnahmslos zur Kasse: Das »Stabilitäts-Paket«, das im Parlament in Reykjavik verabschiedet wurde, sah deutlich höhere Steuern vor, etwa auf verschiedene Genussmittel, Alkohol und Tabak. Angehoben wurden aber auch die Beiträge zur Arbeitslosenversicherung. Zugleich wurden staatliche Sozialleistungen vermindert, und es war weniger Geld für Krankenhäuser und Schulen vorgesehen. Um jeweils fünf Prozent wurden die Budgets für das Gesundheits- und das Schulwesen gesenkt. Andere Ministerien mussten sogar Vorschläge für Ausgabenkürzungen um je zehn Prozent vorlegen. Auch die Leistungen für Mutter- oder Vaterschaftszeiten sowie für Rentner mit Nebenerwerbstätigkeit wurden gekürzt.

Das alles sollte dazu beitragen, das Minus im Staatshaushalt auf zehn Prozent des Bruttonationalproduktes zu beschränken. Besonders sollten auch die Wohlhabenden zur Sanierung des Staatsbudgets beitragen: Unter anderem wurden die Steuern auf höhere Einkommen um acht Prozentpunkte sowie auf Kapitaleinkommen um zehn Prozentpunkte erhöht.[242]

Doch die Gefahr ist bis heute nicht gebannt. Laut Wirtschaftsnobelpreisträger Paul Krugman bleibt Island das Land mit dem größten Risiko eines Staatsbankrotts.[243]

Die Zahlen sprechen für Krugman: Die Inflation lag Ende 2009 bei knapp neun Prozent (2008: 17 Prozent), die Arbeitslosigkeit stieg von zwei auf mehr als acht Prozent.[244]

Die Katastrophe verhindern könnte ein EU-Beitritt. Vor dem Beinahe-Staatsbankrott wollte die Insel kein Vollmitglied in der EU werden, doch der isländische Botschafter Haukur Johannesson forderte Ende 2009 zügige Beitrittsverhandlungen, schließlich sei sein Land seit 1970

Partner der europäischen Integration: »Der EU-Beitritt ist der logische nächste Schritt – natürlich beschleunigt durch die akute Finanzkrise.« Natürlich, denn das Land ist de facto bankrott und könnte sich durch die EU-Gemeinschaft wieder »gesund sparen«: Islands Auslandsverschuldung beträgt das Dreifache seines Bruttoinlandsprodukts, und ein Fünftel der größten Unternehmen steht unmittelbar vor dem Bankrott.[245] Die EU-»Gemeinschaft« könnte das Land demnach vor dem Super-GAU bewahren. Natürlich auch mit deutschen Steuergeldern.

4.4.5 EXKURS: DUBAI DROHT DIE PLEITE (2009/2010)

Vor einigen Jahren reiste ich nach Dubai, um mir das »sagenumwobene« Land einmal selbst aus der Nähe anzusehen. Mein erster Eindruck war, in einem orientalischen Märchenland gelandet zu sein. Der dort zur Schau gestellte Reichtum verschlug mir die Sprache. Dubai, wo Gold nach Gewicht gekauft wird, Dubai, in dem es keine Kriminalität gibt, Dubai, wo Geld und Öl fließen. Dass diesem Wüstenemirat einmal die Pleite drohen könnte, hätte ich höchstens für ein Märchen aus *Tausendundeinernacht* gehalten.

Doch seit der Weltwirtschaftskrise hat sich das Bild des einstmals boomenden Wüstenstaates gewaltig verändert. Die Prestigebauten auf den künstlichen Inseln vor Dubais Küste lassen sich kaum mehr verkaufen. Bis Ende 2008 machte »Real Estate« rund 30 Prozent von Dubais Bruttoinlandsprodukt aus. Doch jetzt sind viele Projekte gestoppt. Neutralen Beobachtern zufolge liegen 58 Prozent aller Vorhaben im Wert von 284 Milliarden Dollar auf Eis – eine Katastrophe für das kleine Land.

Auslöser (auch) hier: Spekulation und Gier. Sie trieben die Immobilienpreise immer weiter nach oben, und auch die Mieten stiegen um rund 60 Prozent. Es war ganz einfach, in Dubai viel Geld zu verdienen: Erstkäufer einer Immobilie gaben dem Investor lediglich eine Anzahlung und konnten diese dann mit enormem Gewinn weiterverkaufen. Häufig war noch nicht einmal der erste Spatenstich getan.

Doch jetzt ist die Goldgräberstimmung vorbei. Viele verlassen das ehemalige Wüstenparadies. Wanderten Mitte 2008 noch 33 Personen pro Stunde ein, ist Dubais Bevölkerung innerhalb weniger Monate um rund 17 Prozent geschrumpft.

Ende November 2009 musste das Emirat seine Gläubiger sogar um einen Zahlungsaufschub bis zum 30. Mai 2010 bitten. Der Grund: Milliardenschwere Kredite des staatlichen Immobilienkonglomerats *Dubai World* und dessen Tochterfirma *Nakheel* konnten nicht mehr fristgerecht bedient werden – ein bis dahin unvorstellbarer Vorgang.

Das Emirat hat Staatsschulden in Höhe von insgesamt 80 Milliarden Dollar, die während der Boomjahre stetig angewachsen sind und nun offenbar nicht mehr getilgt werden können.

Dubais Börse verlor 7,3 Prozent, die Staatsanleihen stürzten ab.[246] Die Börse in Abu Dhabi brach um 8,3 Prozent ein und verzeichnete damit den größten Tagesverlust aller Zeiten.

Angesichts dieser gefährlichen Situation waren die Kreditausfall-Swaps für Dubai-Anleihen teurer als Absicherungen bei Staatsanleihen des fast bankrotten Islands.

Kreditausfall-Swap (Credit-Default-Swap, CDS): die Übertragung eines Kreditrisikos an einen Sicherungsgeber gegen eine entsprechend bemessene Prämie.

Dubais Zahlungsaufschub hatte auch globale Auswirkungen: Sieben der zehn aktivsten Währungen in Asien rutschten ab, weltweit brachen die Aktienmärkte ein.

Doch es kam noch schlimmer. Die Regierung von Dubai verweigerte auch noch die Garantie für ihre eigene Staatsholding. Dubais Generaldirektor Abdulrahman el Saleh sagte im staatlichen Fernsehen: »Die Regierung ist der Eigentümer der Firma (*Dubai World*, Anm. d. Verf.), aber seit der Gründung ist es so eingerichtet, dass die Firma nicht durch die Regierung abgesichert ist.«[247]

Viele Investoren scheinen sich also getäuscht zu haben, die bis dahin von einer staatlichen Garantie ausgegangen waren. Das Vorgehen Dubais erschütterte das Vertrauen in die Region in massivster Weise.

Die Rating-Agentur *Moody's* war nach den Geldsorgen von Dubai der Ansicht, dass »Vergiftungseffekte« für das Nachbaremirat Abu Dhabi »unvermeidlich« seien.[248] Im Dezember 2009 stellte Abu Dhabi seinem Nachbarn schließlich einen Notkredit in Höhe von zehn Milliarden Dollar zur Verfügung, damit Dubai seinen Anleiheverpflichtungen nachkommen konnte.[249] Aus Kreisen der Dubaier Führung ließ man verlauten, dass dieses Geld bis zum April 2010 »reichen« werde.[250]

4.5 Quo vadis, Europa?

Die Situation in Europa verändert sich angesichts der Auswirkungen der Wirtschafts- und Finanzkrise in dramatischer Weise. Ein Bankrott der gesamten EU ist – jedenfalls in der Theorie – denkbar, der Bankrott einzelner EU-Länder in der Praxis sehr wahrscheinlich.

Sie glauben das nicht? – Dann lesen Sie dieses Kapitel und Sie werden feststellen, dass nichts mehr so ist, wie es einmal war.

4.5.1 BEINAHE-STAATSBANKROTT: UNGARN (2008)

Ungarn stand als erster EU-Mitgliedsstaat kurz vor dem Zusammenbruch. Nur durch massive finanzielle Hilfe konnte der Staatsbankrott verhindert werden.

Der IWF, die EU und die Weltbank stellten dem osteuropäischen Land insgesamt 20 Milliarden Euro zur Verfügung, damit es seinen Zahlungsverpflichtungen weiter nachkommen konnte. Davon kamen vom IWF 12,5 Milliarden Euro, 6,5 Milliarden von der EU und eine Milliarde von der Weltbank. Die Finanzspritze war allerdings an wirtschaftspolitische Bedingungen geknüpft: Die ungarische Regierung musste sich dazu verpflichten, ein politisches Programm aufzulegen, das für mehr Wachstum, die Konsolidierung des Staatshaushalts und weitreichende Reformen sorgen sollte.

Der ungarische Staat war und ist seit Längerem hoch verschuldet (67 Prozent des Bruttoinlandsprodukts) und konjunkturelles Schlusslicht in Europa. Bereits im Jahre 2007, also drei Jahre nach dem Beitritt in die Europäische Union, hatte das Land das größte Budgetdefizit aller EU-Staaten aufzuweisen.

Im Oktober 2008 beschloss die ungarische Regierung schließlich, die Landeswährung Forint um 15 Prozent abzuwerten. Internationale Investoren zogen daraufhin ihr Kapital ab. Der Markt für ungarische Staatsanleihen brach zeitweise zusammen, und die Banken waren gezwungen, die Ausgabe von Devisenkrediten zu stoppen.[251]

Die Menschen brachten ihre Spareinlagen schnell bei ausländischen Banken in Sicherheit.[252]

Ministerpräsident Ferenc Gyurcsany reagierte und kündigte an, auf eine geplante Steuerreform zu verzichten, die den Bürgern und den Unternehmen ab 2009 Entlastungen in Höhe von rund 600 Millionen Euro gebracht hätte.

Im Februar 2009 beschloss die Regierung dann das Gegenteil und schnürte ein weitreichendes Sparpaket, um das Land aus der Wirtschaftskrise führen. Es sah Steuererhöhungen, Kürzungen der Sozialleistungen und Hilfen für Unternehmen vor. Zudem sollte erreicht werden, dass künftig 80 Prozent der in Ungarn verkauften Lebensmittel aus landeseigener Produktion stammen. 1400 Milliarden Forint (das sind 4,6 Milliarden Euro) sollten zur Förderung von Krediten für die Wirtschaft bereitgestellt und die ungarische Bauwirtschaft mit Staatsaufträgen im Wert von umgerechnet sechs Milliarden Euro unterstützt werden.

Auch die Bürger sollten drastische Einbußen hinnehmen: Die Einkommensteuer sollte von 18 auf 19 Prozent steigen, die Körperschaftsteuer von 16 auf 19 Prozent und die Mehrwertsteuer von 20 auf 23 Prozent. Zudem sollten Steuern für Tabak, Alkohol und Treibstoff um drei bis sieben Prozent erhöht, Familienzuschläge besteuert und die Voraussetzungen zur Zahlung der Unterstützungen für Mütter verschärft werden.[253]

Doch das alles war noch nicht genug. Ungarn befindet sich nach wie vor in akuter Gefahr: Ausländische Investoren sehen Ungarn nach Aussage führender Wirtschaftsexperten immer näher am Staatsbankrott. Ein Anzeichen dafür: Die Versicherungen, die Anleger im Zusammenhang mit ihren Anlagen in ungarische Staatspapiere schützen sollen, werden immer teurer. Ausländische Experten sind übereinstimmend der Meinung, dass sich das Land noch immer in einer »Schuldenfalle« befinde. *Aegon*-Fondsverwalter Peter Heim erklärte in diesem Zusammenhang, der IWF-Kredit habe Ungarn zwar geschützt, praktisch könne man dennoch von einem Staatsbankrott sprechen.[254]

4.5.2 BEINAHE-STAATSBANKROTT: RUMÄNIEN (2009)

Rumänien wurde erst am 1. Januar 2007 in die europäische Familie aufgenommen. Nun ist der Staat de facto bankrott und wird nur noch mit einem Notkredit künstlich am Leben erhalten.

Das rumänische Desaster war absehbar, denn bereits Ende Februar

2009 erklärte die rumänische Zentralbank, das Land müsse die EU und den Internationalen Währungsfonds um Hilfe bitten.

Das Ganze hatte eine Vorgeschichte, denn die rumänischen KMU (kleine und mittlere Unternehmen) kamen in den vorausgegangenen Jahren ihren Steuerzahlungen nicht mehr nach. Daraufhin schickte der Staat Gerichtsvollzieher, um die überfälligen Steuern einzutreiben. Dies führte in 90 Prozent (!) der Fälle zu Pleiten, worauf die Wirtschaft praktisch zum Stillstand kam und die Arbeitslosigkeit massiv anstieg.[255]

Voriges Jahr ging das Bruttoinlandsprodukt (BIP) um rund 7,5 Prozent zurück, währenddessen es 2007 noch um 7,5 Prozent angestiegen war. Der Internationale Währungsfonds mit seinen milliardenschweren Notkrediten war wieder einmal der Retter im Chaos. Doch anstatt das Geld zur Konsolidierung des Staatshaushaltes zu verwenden, stiegen zunächst die Löhne um 20 Prozent, die Renten wurden drastisch erhöht, und die Zahl der Staatsbediensteten vervielfachte sich. Das alles wird nun vom IWF finanziert[256], obwohl die Wahrscheinlichkeit eines Staatsbankrotts bei eins zu drei liegt.[257]

Auch die Wiederwahl von Präsident Traian Basecu am 6. Dezember 2009 ändert wohl nichts an der katastrophalen Lage, denn der IWF setzt stabile politische Verhältnisse und drastische Sparmaßnahmen als Bedingung für die Auszahlung der letzten Tranche seines 20 Milliarden Euro umfassenden Hilfspaketes voraus.[258] Ohne dieses Geld ist Rumänien verloren.

4.5.3 BEINAHE-STAATSBANKROTT: LETTLAND (2009)

Chaos auch in Lettland. Im Oktober 2009 wollte niemand mehr Staatsanleihen kaufen. Bei einer Auktion von lettischen Papieren waren gleich gar keine Gebote mehr eingegangen. Daraufhin zogen die Kosten für die Versicherung von lettischen Staatsverbindlichkeiten weiter an.

Es war nicht das erste Mal, dass niemand mehr Interesse an lettischen Anleihen zeigte. Bereits im Juni 2009 war ein erster Versuch gescheitert, solche an Investoren zu bringen. Das Land stürzte deshalb in eine tiefe Krise und stand kurz vor dem Bankrott.

Noch vor ein paar Jahren zum Investorenparadies hochgejubelt und mit Liquidität geflutet, brachen die Immobilienpreise ein, das Bruttoinlandsprodukt (BIP) sank immer tiefer, der Staatshaushalt kam trotz IWF-Unterstützung nicht auf Touren, und die Deflationsspirale wütete fröhlich weiter. Die Gründe lagen auf der Hand: Niemand vertraute mehr der lettischen Regierung, und das kam nicht von ungefähr. Sie schaffte es einfach nicht, die Wirtschaft in Schwung zu bringen. Die Zukunftsprognosen sehen deshalb düster aus: 2010 soll das BIP um rund 20 Prozent einbrechen und sich die Arbeitslosigkeit noch weiter verschärfen, die jetzt schon bei 18 Prozent liegt.

Der IWF gewährte Lettland zwar einen Kredit in Höhe von 16,4 Milliarden Dollar, während im Gegenzug der Staat verpflichtet werden sollte, die stark subventionierten Kommunalabgaben im September 2009 um 20 Prozent zu erhöhen, doch die Regierung nahm Abstand davon.

Aber irgendwann müssen die Gläubiger für ihre Fehlinvestitionen zur Kasse gebeten werden, um die Deflationsspirale zu stoppen. Doch viele der Gläubiger sind Banken, und diese leiden ihrerseits unter zu geringen Eigenkapitalpolstern. So wird sich die Krise noch weiter verschärfen.

Einige Ökonomen empfahlen, Lettland solle seine Währung abwerten, was der Wirtschaft zwar kurzfristig eine Entlastung verschaffen könnte, aber die Kreditlast so weit vergrößern würde, dass massenhafte Zahlungsunfähigkeit drohen würde. Auch die lettischen Hausbesitzer, die sich in Euro verschuldet haben, würden in den Ruin getrieben. Jetzt schon können knapp 30 Prozent der privaten Kreditnehmer ihre Schulden nicht mehr zurückzahlen; im Jahre 2008 war es dagegen nur ein Prozent.[259]

Um genau dies zu verhindern, beschloss die lettische Regierung, dass fortan Gläubiger Kredite maximal nur in Höhe des zugrunde liegenden aktuellen Vermögenswertes und nicht der ursprünglichen Darlehenshöhe zurückfordern können. Da die Häuserpreise stark gesunken sind, führte dies zu hohen Abschreibungen bei den Banken und zu einer weiteren finanziellen Instabilität.

Beispiel

Ein Hausbesitzer finanzierte sein Eigenheim für 100 000 Euro von der Bank. Sein Haus hatte jedoch nur noch einen Vermögenswert von 80 000 Euro. Die Bank sollte nun nur noch diesen Betrag zurückfordern können, musste also 20 000 Euro abschreiben.

Das widerspricht zwar der europäischen Gesetzgebung, aber kurz vor dem Staatsbankrott war den Verantwortlichen in der lettischen Regierung jedes Mittel recht.

Die Regierung ging auch bei ihren Bürgern ans Eingemachte: Die Löhne im öffentlichen Dienst wurden um 35 Prozent gekürzt, Rentner mussten ihren Beitrag zur Sanierung der Staatsfinanzen leisten, Steuern wurden erhöht, Schulen und Kliniken geschlossen. Zudem sind Kürzungen bei alten Pensionsverträgen geplant, was das höchste lettische Gericht jedoch als Verstoß gegen die Verfassung wertete.[260] All diese Schritte sind jedoch notwendig, um Lettland vor dem Staatsbankrott zu retten. Finanzminister Artis Kampars befürchtet sogar Unruhen: »Wir müssen alles tun, um die politische und soziale Stabilität im Land zu erhalten.«[261]

4.5.4 EXKURS: SCHWEDISCHE BANKEN IN DER KLEMME

Die Krise in den baltischen Ländern macht auch schwedischen Banken zu schaffen, denn die beiden größten Kreditinstitute, die SEB und die *Swedbank*, haben viel Geld in die nordeuropäischen Länder investiert.

Am lettischen Kreditmarkt haben sie einen Marktanteil von 40 Prozent, in Litauen 55 Prozent und in Estland sogar 70 Prozent. Beide Banken haben zusammen 356 Milliarden Kronen, das sind rund 35 Milliarden Euro, ausgeliehen. Doch die Rückzahlungen kommen nur zögerlich.

Allein die baltischen Kreditverluste beliefen sich im Jahr 2009 bei der *Swedbank* auf 8,2 Milliarden Kronen und bei der SEB auf 4,3 Milliarden Kronen.[262]

Mit weiteren Ausfällen ist zu rechnen, was die schwedischen Banken hart treffen würde. So könnte die Krise in den baltischen Staaten bald auch auf Schweden übergehen und auch dort verheerende Finanzschäden anrichten, die das ganze Land erschüttern würden.

4.5.5 BEINAHE-STAATSBANKROTT: UKRAINE (2009)

Im November 2008 konnte die Ukraine nur noch mithilfe eines Notkredits des IWF vor dem Bankrott gerettet werden. Damals waren der ehemaligen Sowjetrepublik innerhalb weniger Wochen Finanzspritzen in Höhe von insgesamt 16,4 Mrd. Dollar (11,1 Mrd. Euro) zugesagt worden.

Durch die Weltfinanzkrise kam es in dem bitterarmen Land zu massiven Börseneinbrüchen, einer Flaute in der Baubranche und einem Anstieg der Arbeitslosenzahl. Viele einheimische Banken stehen am Rande des Bankrotts.[263]

Bisher hat die Ukraine 7,2 Milliarden Euro zur Stützung ihres Finanzsystems aus dem IWF-Topf erhalten. Doch das Budgetdefizit konnte noch nicht in den Griff bekommen werden.

Der IWF hatte die Vergabe der Hilfsmittel an strenge Auflagen gebunden: Der Finanzsektor und die Energiewirtschaft sollten grundlegend reformiert werden, das Pensionsantrittsalter sollte sich erhöhen, Löhne und Sozialausgaben sollten hingegen nur minimal steigen. Aber die Reformen kommen nur sehr mühsam voran. Und was völlig kontraproduktiv wirkte: Im Parlament wurde ein Gesetz zur Erhöhung (!) der Mindestlöhne und -pensionen um 20 Prozent beschlossen, was den Staatshaushalt um weitere vier Milliarden belastet. Geld, das der bankrotte Staat nicht hat.

Darüber hinaus erbat der ukrainische Vizepremierminister Grigori Memyria Anfang November 2009 IWF-Hilfen für Gaslieferungen aus Russland.[264] In diesem Zusammenhang ist nur schwer verständlich, dass der amtierende Finanzminister Igor Umanskij noch Ende 2009 vollmundig angekündigt hatte, es seien »genug« Gold- und Währungsreserven bei der ukrainischen Nationalbank vorhanden, um das erste Quartal 2010 zu beginnen.[265]

Anhand des eben Erwähnten erkennt man, wie irrational sich die ukrainischen politischen Verantwortlichen verhalten. Das hat seinen Preis: Investoren haben, Schätzungen zufolge, allein im Jahre 2009 fast 20 Milliarden Dollar Kapital aus der Ukraine abgezogen.[266]

Der Internationale Währungsfonds zeigte sich beunruhigt und mahnte die dringend nötigen Reformen immer wieder an. IWF-Präsident Dominique Strauss-Kahn erschwert seither die Unterzeichnung weiterer Verträge für eine Zusammenarbeit. Aber noch dominiert in Washington der Wunsch, der Ukraine auch weiterhin Unterstützung zu gewähren[267], denn die ehemalige Sowjetrepublik ist Europas wichtigstes Transitland für russisches Erdgas.

4.5.6 SPANIEN STEHT MIT DEM RÜCKEN ZUR WAND (2009)

Man kann gegen den sozialistischen spanischen Ministerpräsidenten José Luis Rodríguez Zapatero sagen, was man will, aber wenigstens war er eines – ehrlich. Er wollte die Steuern in seinem Land drastisch erhöhen, um die öffentlichen Finanzen wieder zu konsolidieren. Das spanische Haushaltsdefizit steigt, die wirtschaftliche Erholung tut sich nach wie vor schwer, und auch die Gefahr eines Bankrotts ist keinesfalls unrealistisch.

Im September 2009 hatte Zapatero im Parlament deutlich gemacht, wie er die schwierige Lage wieder unter Kontrolle bekommen wollte, nämlich indem er seine Bürger in noch niemals gesehener Weise zur Kasse bitten wollte.

> *»Ich plädiere dafür, dass die Menschen ihr Einkommen aus Solidarität mit jenen Menschen teilen, die am meisten bedürftig sind.«*[268]
> José Luis Rodríguez Zapatero, spanischer Ministerpräsident

Zapatero wollte für den Haushalt 2010 die Steuern um sage und schreibe 1,5 Prozent des Bruttoinlandsprodukts (15 Milliarden Euro) erhöhen. Damit vollführte der spanische Ministerpräsident eine 180-Grad-Wende, denn in den vergangenen Jahren senkte er den Spitzensteuersatz der Einkommen- und Körperschaftsteuer, was dem spanischen Steuerzahler eine Ersparnis von rund 400 Euro pro Jahr einbrachte. Das geschah jedoch, als die Konjunktur in Spanien boomte.

Jüngste Zahlen zeigen jedoch, dass das BIP des Landes jährlich um 4,2 Prozent schrumpft und die Arbeitslosigkeit auf 18 Prozent ansteigt – die höchste Quote in der EU. Eine Erholung ist so schnell nicht zu erwarten. Die Baubranche liegt in Trümmern, und Hunderttausende von neu erbauten Häusern stehen leer. Ein Acht-Milliarden-Beschäftigungsprogramm hatte nicht den gewünschten Erfolg gebracht, im Gegenteil, die Steuereinnahmen brachen noch mehr ein, und es wird sogar ein Haushaltsdefizit von zehn Prozent des BIP erwartet.

Spanien erhielt am 9. Dezember 2009 die Quittung für seine desolate Haushaltslage: Die Rating-Agentur *Standard & Poor's* senkte den Ausblick für die »AA+«-Bonitätsnote. Der spanische Börsenindex sank daraufhin um mehr als zwei Prozent. Erst Anfang 2009 hatte das Land das Top-Rating »AAA« verloren.[269]

Der spanische Staat steht also mit dem Rücken zur Wand. Einzige Möglichkeit: die Bürger zur Kasse zu bitten, bevor alles zusammenbricht. Zapatero hatte mehr Geld für die regionalen Regierungen und Langzeitarbeitslosen versprochen und wollte das Haushaltsdefizit auf drei Prozent drücken. Dies kann er jetzt nur noch mit drastischen Steuererhöhungen finanzieren, will er sein Wort nicht brechen und sein Amt nicht verlieren.

Angedacht ist, die Senkung der Einkommensteuer rückgängig zu machen, ebenso eine höhere Besteuerung von Alkohol, Tabak und Benzin. Auch die Kapitalertragsteuer, bisher bei 18 Prozent liegend, soll dem Spitzensteuersatz von 43 Prozent angenähert werden.[270]

4.5.7 GRIECHENLAND DROHT DER KOLLAPS (2009/2010)

Ausufernde Staatsschulden und eine Regierung, die die Vorgaben der Europäischen Kommission zum Abbau der Defizite nicht beachtet, bringen Griechenland immer mehr in Bedrängnis.

Der Staat steckt in der schwersten Finanzkrise seit Kriegsende, und die Spirale wachsender Schulden dreht sich immer schneller. Eine Hochrechnung der EU-Kommission prognostiziert eine Staatsverschuldung von 135,4 Prozent bis zum Jahre 2011. 2008 hatte es noch 99,2 Prozent betragen. Zudem tickt eine gefährliche Zeitbombe, die der desolaten Rentenfinanzen nämlich. Dieser Teufelskreis muss mit »mathematischer Sicherheit« zum Staatsbankrott führen.[271]

Doch das Land gehört zur EU und kann sich (noch) darauf verlassen, dass die anderen europäischen Staaten es nicht bankrottgehen lassen.

Die Zinsen für griechische Staatsanleihen steigen immer weiter, ein Indikator dafür, dass das Land große Probleme hat. Aber noch finden sich Käufer, denn sie vertrauen darauf, dass die EU haftet und dass sie Griechenland nicht in den Staatsbankrott fallen lässt. So erhielt das wirtschaftlich vollkommen marode Land als größter Zahlungsempfänger bereits 2008 8,5 Milliarden Euro an EU-Finanzhilfen, im Jahre 2009 sogar noch mehr. Deutschland trägt davon rund immerhin 20 Prozent.[272]

Laut EU-Prognose wird das Haushaltsdefizit Griechenlands im Jahr 2010 auf 12,2 Prozent steigen; für 2011 werden sogar 12,8 Prozent vorhergesagt, und das, obwohl eigentlich nur eine Defizitobergrenze von maximal drei Prozent »erlaubt« ist.

Zwei Rating-Agenturen stuften im Dezember 2009 das Rating Griechenlands von »A−« auf »BBB+« zurück, mit einem »negativen Ausblick«, was so viel heißt, dass weitere Herabstufungen drohen.[273] Damit hat Griechenland das mit Abstand schlechteste Rating unter den Ländern der Euro-Zone, und Ministerpräsident Giorgos Papandreou versicherte, die Regierung wolle die Glaubwürdigkeit schon deshalb schnell wiederherstellen, weil sonst »sogar die Souveränität des Landes Gefahren ausgesetzt« wäre.[274] Das beruhigte die Investoren jedoch nicht. Die Herabstufung löste eine Flucht der Anleger aus griechischen Staatsanleihen aus, und an der Athener Börse brach der Leitindex um mehr als fünf Prozent ein.

Mit der Herabstufung auf »BBB+« unterschreiten die griechischen Anleihen jetzt die bisher geltende Mindestanforderung der Europäischen Zentralbank (EZB), die bis Oktober 2008 mindestens eine Bonität von »A−« für bei ihr als Sicherheit hinterlegte Papiere verlangte. Wegen der Finanzkrise hatte sie diese Grenze jedoch bis Ende 2010 auf »BBB−« gesenkt. Wenn ab 2011 die alte Grenze wieder gelten sollte, könnte die Refinanzierung für Griechenland schwierig werden.[275]

Bundesbankpräsident Axel Weber wollte sich vor Journalisten nicht dazu äußern, ob die EZB demnächst durch ihre eigenen Regeln gezwungen sein könnte, griechische Staatsanleihen als Sicherheiten abzulehnen. Die *Royal Bank of Scotland* schätzte, dass seit Sommer 2008 staatliche und auch private griechische Wertpapiere mit einem Volumen von 35 Milliarden Euro bei der EZB als Sicherheiten eingereicht worden sind; gemessen am griechischen Bruttoinlandsprodukt sind das 15 Prozent.[276]

Auch der griechische Bankensektor ist in akuter Gefahr. Wegen der Finanzkrise hat er bei der EZB zu Sonderkonditionen rund 47 Milliarden Euro ausgeliehen. Sollte die Europäische Zentralbank also ihre Politik des »billigen Geldes« zurückfahren, drohen den Banken höhere Refinanzierungskosten, was sie hinsichtlich ihrer Gewinnmargen in Schwierigkeiten bringen könnte.[277] Zudem halten die griechischen Banken rund 45 Prozent griechischer Staatsanleihen und sind somit der größte Gläubiger des Landes.[278] Kaum auszudenken, was geschieht, wenn Griechenland tatsächlich die Luft ausgeht.

Währungskommissar Joaquin Almunia sagte: »Eine schwierige Situation in einem Mitgliedsstaat der Euro-Zone ist für die gesamte Euro-

Zone ein Grund zur Sorge.«Anders Borg, der Vorsitzende des EU-Finanz-
ministerrats, ergänzte:»Natürlich müssen wir alle beunruhigt sein,
wenn wir einen solchen finanzpolitischen Niedergang sehen.«[279]
Somit liegt das größte Problem der europäischen Finanzminister
ganz im Südosten der Union.

Griechenlands schlechte Bonität könne »Folgen für alle Euro-Länder« haben, hieß es dann auch im November 2009 beim EU-Finanz-
ministertreffen. Im schlimmsten Falle drohe sogar die Zahlungsunfähigkeit.[280]

Diese Gefahr ist sehr groß, denn wenn die Anleger das Vertrauen in
die griechischen Staatsanleihen verlieren, könnte es schon dieses Jahr
zur Kernschmelze kommen, denn die Regierung muss 25 Milliarden
Euro zurückbezahlen und neu an den Finanzmärkten aufnehmen. Finden sich aber für die Anleihen keine Käufer, bleibt Griechenland nichts
anderes mehr übrig, als den Staatsbankrott zu erklären.[281]

Noch vertraut die Regierung in Athen auf die EU, aber auch dort
schwindet die Geduld. Die *Süddeutsche Zeitung* schrieb dazu:»Dass
laut EU-Kommission ›kein Vertrauen‹ mehr besteht, liegt auch daran,
dass sich Griechenland nicht zum ersten Mal mit wichtigen Daten
vertan hat. Das Land wurde einst aufgrund geschönter Zahlen in die
Währungsunion aufgenommen. Seither hat es immer wieder rekord-
verdächtige Schuldenberge angehäuft.«[282]

Griechenland nimmt es mit der Ehrlichkeit wirklich nicht so genau.
Hier nur ein Beispiel: Offiziell hat das Land nur ein einziges Mal die
Kriterien des Maastricht-Vertrages zur Begrenzung des Haushaltdefizits
auf drei Prozent eingehalten. Das war im Jahre 2004. Doch wie sich
später herausstellte, erweiterten die Griechen ihr offizielles Bruttosozialprodukt um stolze 25 Prozent. Das gelang auch deshalb, weil sie
Schwarzhandel und Prostitution zur Wirtschaftsleistung zählten! Nur
so sank die Defizitquote auf 2,9 Prozent.[283]

Doch wenn die EU den Griechen nicht beisteht, hat das ebenfalls
bedrohliche Folgen für die Union: So wäre das Vertrauen in den Euro
wohl nachhaltig erschüttert, und die EU stünde vor einer Zerreißprobe.
Denn sobald ein Euro-Mitglied fällt, könnten auch andere ausscheren.
Eine weitere Gefahr droht: Was, wenn die Griechen ohne Abstimmung
mit der Europäischen Zentralbank plötzlich beginnen, Euros zu drucken?[284] Eine Antwort darauf gibt es nicht.

Gerd Höhler, der Griechenland-Korrespondent des *Handelsblattes*,
wird noch deutlicher:»Athens unsolide Finanzpolitik wird zu einer

immer größeren Belastung für die Europäische Währungsunion. Das wird früher oder später auch die Bonität der starken Euro-Staaten beeinträchtigen.«[285]

In dasselbe Horn blies ein hochrangiges Regierungsmitglied in Berlin Anfang Dezember 2009:»Das griechische Problem wird zur Nagelprobe für die Währungsunion.«[286]

Der sozialistische Präsident Griechenlands, Georgios Papandreou, erkannte die Gefahr und schwor deshalb seine Landsleute auf»radikale Reformen und schmerzhafte Einschnitte« ein: Er will 2010 die Haushaltsausgaben um zehn Prozent drücken, einen Einstellungsstopp im öffentlichen Dienst durchsetzen, Einkommen und Erbschaften höher und Boni von Bankmanagern mit 90 Prozent besteuern. Papandreau versicherte jedoch, dass sozial Schwache nicht für die Krise bezahlen sollen.[287]

Dennoch gingen Ende vorigen Jahres landesweit Tausende auf die Straßen und demonstrierten. Darunter Lehrer, Ärzte und Journalisten, zeitweise gab es im Radio und Fernsehen keine Nachrichten mehr. Auch das Krankenhauspersonal streikte.[288]

> *»Die Verschuldung allein Griechenlands ist so hoch, dass ein Bankrott viele Banken, die griechische Staatsanleihen halten, destabilisieren würde. Eine weitere allgemeine Finanzmarktkrise wäre die Folge.«[289]*
> Clemens Fuest, Vorsitzender des Wissenschaftlichen Beirats im Bundesfinanzministerium

Die Krise in Griechenland hat im Übrigen die Menschen schon lange erreicht: Immer mehr Kunden können ihre Bankdarlehen nicht mehr bedienen. Nach aktuellen Schätzungen ist bereits jedes zehnte Darlehen betroffen. Bei den Verbraucherkrediten drohen rund zwölf Prozent Ausfälle, bei den Kreditkarten sogar 20 Prozent. Steigende Arbeitslosenzahlen dürften auch in den Jahren 2010 und 2011 zu weiteren Ausfällen bei den Konsumentenkrediten, Kreditkarten und Hypothekendarlehen führen. Branchenweit sind nur noch 40 Prozent der notleidenden Kredite durch Rückstellungen gedeckt. So verstecken sich in den Büchern der griechischen Banken weitere beträchtliche Risiken.[290]

Die Lage für Griechenland wird sich also weiter verschärfen. Ab

2012 will das Land beginnen, seinen Schuldenberg abzubauen. Griechenland steht mit rund 300 Milliarden Euro in der Kreide. Deshalb mahnte Papandreou eindringlich:»Entweder wir ändern uns, oder wir gehen unter«.[291]

Die Gefahr ist realistisch, denn wenn die Risikoprämien für Griechenland so weit in die Höhe schießen, dass der Staat das Rekorddefizit nicht mehr finanzieren kann, könnte es tatsächlich zu einem Staatsbankrott kommen.

»Investoren spekulieren darauf, dass Griechenland aus dem Euro-Raum austreten wird und dann seine auf Euro lautenden Anleihen nicht mehr zurückzahlen kann«, erklärte Birgit Figge, Zinstrategin bei der DZ Bank im *Handelsblatt*.[292]

Die Wirtschaftswissenschaftler Daniela Schwarz und Sebastian Dullien konstatieren:»Ein von den Märkten provozierter Staatsbankrott Griechenlands aber könnte ähnliche Schockwellen durch die Finanzwelt schicken wie die Pleite der Investmentbank *Lehman Brothers* (...) Denn es könnten Zweifel an der Zahlungsfähigkeit anderer Euro-Staaten mit hohen Defiziten wie Irland und Spanien oder mit hohen Schuldenständen wie Italien oder Belgien aufkommen. Aus Angst vor Zahlungsproblemen könnten die Käufer von Staatsanleihen so hohe Zinsaufschläge fordern, dass die Schuldenberge tatsächlich nicht mehr zu finanzieren wären: eine sich selbst erfüllende Erwartung.«[293]

Der erste Schritt dazu schien am 20. Januar 2010 getan zu sein. An diesem Tag nämlich kamen die Anleihenkurse stark unter Druck. Viele Investoren fürchteten weiter fallende Kurse, hatten keine Kreditlinien mehr für das hoch verschuldete Land und zogen deshalb die Reißleine. Selbst Jean-Claude-Trichet, der Präsident der Europäischen Zentralbank, musste zugeben, dass Griechenland»ernste Probleme« habe, und Bundesbank-Vorstand Hans Georg Fabritius betonte, eine mögliche Rettung durch die anderen Euro-Länder werde die Währung massiv beschädigen.[294]

4.5.8 IRLAND VOR DEM AUS (2009/2010)

Irland war einst einer der reichsten Staaten der EU. Das Pro-Kopf-Einkommen lag sogar um ein Drittel höher als in Deutschland. Doch die Wirtschaftskrise traf die Insel besonders hart, war der Wohlstand doch vor allem durch Spekulationsblasen (meist im Immobiliensektor) entstanden. Aufgrund der fallenden Immobilienpreise sind viele Iren nun maßlos überschuldet.[295]

Aber auch die Staatsverschuldung nimmt immer gewaltigere Ausmaße an – und das Volk geht auf die Straße.

Ende November 2009 legte ein Streik, an dem sich rund 250 000 aufgebrachte Menschen – darunter Feuerwehrmänner, Lehrer, Krankenschwestern und andere Angestellte – beteiligten, das Land lahm. Sie protestierten gegen die Sparmaßnahmen der Regierung. Doch diese hat keine andere Wahl, als einen rigiden Sparkurs zu fahren, denn das Land steht kurz vor dem Aus. Die Wirtschaftsdaten sind verheerend, die Steuereinnahmen fielen auf das Niveau von 2003, die Ausgaben lagen 70 Prozent darüber.

Betrug die Staatsverschuldung im Jahre 2007 noch 25,1 Prozent des Bruttoinlandprodukts (BIP), stieg sie bis 2009 auf 65,8 Prozent. Die Verschuldungsrate hat sich also in dieser kurzen Zeit verdreifacht! Und die Aussichten sind mehr als düster. Nach einer Prognose der EU-Kommission wird die Staatsverschuldung im Jahre 2010 auf 82,9 und 2011 sogar auf 96,2 Prozent steigen. Das Haushaltssaldo wies 2007 noch ein Plus von 0,3 Prozent auf, fiel aber 2009 auf minus 12,5 Prozent, und bis 2011 wird sogar ein Minus von 14,7 Prozent vorhergesagt. Die Arbeitslosigkeit, die 2007 bei gerade mal fünf Prozent lag, stieg 2009 auf knapp 13 Prozent und wird bis Ende 2010 14 Prozent betragen.

Fast die Hälfte aller Beschäftigten hat Angst, ihren Job zu verlieren. Die Rating-Agentur *Fitch* senkte Irlands Bonität bereits von »AA+« auf »AA–«. Ein verheerendes Signal für ausländische Investoren. Dazu kommt eine katastrophale Verschuldung der Privathaushalte. Sie summiert sich auf 225 Prozent des BIP – eine der höchsten der Welt.[296]

»Es geht um das Überleben unseres Landes.«[297]
Brian Joseph Lenihan, irischer Finanzminister

Die OECD bereitete die Insel in ihrem Länderbericht auf einen »anhaltend niedrigeren Lebensstandard« vor.[298]

Irland muss sparen, sonst ist es in absehbarer Zeit zahlungsunfähig. Die OECD kritisierte den hohen Mindestlohn von 8,65 Euro und auch die Höhe der Arbeitslosenhilfe. Die Regierung wollte Lohnkürzungen durchsetzen, Überstundenzuschläge und unbezahlten Urlaub wegfallen lassen. Doch genau das brachte die Menschen auf die Straßen. Auch bei den öffentlichen Angestellten sollten rund 1,3 Milliarden Euro eingespart werden.

Irland befindet sich in einer gefährlichen Lage: Es steht kurz vor dem Bankrott, muss sparen, was den Abbau lieb gewonnener Sozialleistungen bedeutet. Das wiederum erzürnt das Volk. Soziale Unruhen sind nicht mehr auszuschließen. Doch das kleine Land verfügt gerade mal über etwa 10 000 Polizisten, von denen rund 8000 unbewaffnet sind, und 11 000 Soldaten, bei einer Bevölkerungszahl von über vier Millionen Menschen.

Dennoch blieb Finanzminister Lenihan keine andere Wahl. Mitte Dezember 2009 legte er den »härtesten« Haushalt in der Geschichte der irischen Republik vor: Im öffentlichen Dienst wurden die Löhne zwischen fünf und 15 Prozent gekappt, das Arbeitslosengeld reduziert und Sozialleistungen gekürzt. »Die Zukunft unseres Landes hätte auf dem Spiel gestanden«, sagte Lenihan zu diesen drastischen Maßnahmen.[299]

4.5.9 GROSSBRITANNIEN VOR DEM STAATSBANKROTT? (2009/2010)

»Inflate or die« scheint hingegen das Motto der Bank von England zu sein, um den Konsum anzukurbeln. Doch dadurch gerät der Staat noch viel tiefer in die Krise. Die Anzeichen für einen Staatsbankrott mehren sich.

Der Zustand der britischen Volkswirtschaft ist nach wie vor verheerend und die Immobilienblase gigantisch. Auch die private Verschuldung ist enorm: Derzeit liegt sie bei über 155 Prozent. Damit ist sie sogar höher als der Wert bei den US-Konsumenten (125,6 Prozent). Ende der 1970er-Jahre arbeiteten noch sieben Millionen Menschen, fast 26 Prozent aller Beschäftigten, in der britischen Industrie, heute sind es nur noch 2,9 Millionen, also 9,4 Prozent aller Jobs. Die Industrieproduktion fiel im Jahre 2009 auf nur noch 85,9 Prozent gegenüber 2008 – das war der tiefste Stand seit September 1987. Hinzu kommt eine Aufblähung der Bankbilanzen. So erreichte die Bilanzsumme britischer Banken fast 484 Prozent der Wirtschaftsleistung (Deutschland 317 Prozent; Euro-Raum 354 Prozent). Die gesamte Haushaltslage ist so katastrophal wie seit den 1950er-Jahren nicht mehr.[300]

Aber wie reagieren die Fiskalpolitik und die Zentralbank auf diese desaströse Lage? – Sie unternehmen alles, um den Konsum und den Kreditstrom wieder in Gang zu setzen. Aber ein gesunder Aufschwung über Ersparnisbildung, Investitionen und Beschäftigung wird gewiss so nicht generiert. Konsum um jeden Preis geht also nur über die Notenpresse, was eine noch höhere Inflation hervorruft, an deren Ende nur die Zerrüttung der Währung, also des britischen Pfunds, stehen kann. Die Rechnung nach dem Motto »inflate or die« kann nicht aufgehen. So finanziert die *Bank of England* schon nahezu die gesamte Neuverschuldung des britischen Staates. Gegen Ende 2009 wurden britische Staatsanleihen (Gilts) im Wert von 168,57 Milliarden GBP (britisches Pfund) durch die Notenbank erworben, was 12,15 Prozent der britischen Wirtschaftsleistung entsprach. Im Frühjahr 2010 wird damit aber Schluss sein. So kann die britische Regierung nicht mehr auf die eigene Zentralbank als Investor vertrauen.

Der Experte Adam Posen sieht das britische Finanzsystem deshalb »nicht in der Lage«, Wege aus der Rezession zu finden, da es durch die Krise selbst beschädigt wurde. Die Hauptfrage wird sein, wie die kleinen und mittleren Unternehmen wieder an Geld kommen. Für ihn ist es zudem falsch, dass die *Bank of England* die Zinsen trotz der Rezession unverändert lässt, was kein Wachstum generiert. Posen sagt weiter, die Geschichte habe gelehrt, dass eine Wirtschaft sich besser erholt, wenn das Bankensystem schnell korrigiert wird oder Kapital durch alternative Kanäle an die Unternehmen fließen kann.[301]

Das gesamte Staatsdefizit wird hingegen für das Fiskaljahr 2009/10 von der Regierung mit 175 Mrd. GBP (12,4 Prozent des Bruttoinlandsprodukts) angegeben[302], so viel wie in keinem anderen G-20-Land.[303]

Mitte Januar 2010 warnte die *Bank of England* in ihrem Bericht zur Stabilität der Finanzmärkte ungewöhnlich deutlich vor den Gefahren, die vom Immobilienmarkt für die Sanierung des Bankensektors ausgehen. Die Notenbanker sahen hier eines der »Schlüsselrisiken« für die Finanzmärkte. Die Warnung kam nicht von ungefähr: 160 Milliarden britische Pfund an Krediten für Immobilien stehen innerhalb der nächsten fünf Jahre zur Refinanzierung an.[304] Welche verheerenden Auswirkungen es haben kann, wenn die Refinanzierung in Schwierigkeiten gerät, hat uns die Subprime-Krise in den USA vor zwei Jahren deutlich vor Augen geführt: eine Weltwirtschaftskrise unbekannten Ausmaßes. Dieses Mal würde sie nicht von den Amerikanern, sondern von den Briten ausgehen.

So wird die Lage der britischen Staatsfinanzen immer bedrohlicher und schürt damit das Misstrauen gegenüber der Bonität des Königreichs: Allein im Oktober 2009 wuchs der Schuldenberg um 11,4 Milliarden Pfund; das war der schnellste Anstieg seit Beginn der Aufzeichnungen. In den ersten zwölf Monaten nach der *Lehman*-Pleite musste sich die britische Regierung damit rund 138 Milliarden Pfund leihen.[305] Rating-Agenturen drohen bereits, die wertvolle Bonitätsbestnote »AAA« abzuerkennen, sollte die nächste Regierung nach den Unterhauswahlen nicht einen Plan zum zügigen Abbau des Haushaltsdefizits vorlegen.[306] Frühe Neuwahlen des Unterhauses könnten die Bürger und die Rating-Agenturen also zunächst beruhigen. Angedacht ist der 25. März 2010. Dieser Termin hätte für die Politiker den Vorteil, dass die für April 2010 angekündigten Steuererhöhungen erst nach der Wahl in Kraft treten würden.

Die Anzeichen für einen nahenden Staatsbankrott Großbritanniens mehren sich also. Deutschland wäre von einem solchen enorm betroffen, denn kein anderes Land hat so viele Nettoforderungen gegenüber den Briten: Im Jahre 2008 waren es immerhin über 617,59 Milliarden US-Dollar.

»Erst wenn man einbricht, merkt man, dass das Eis zu dünn war.«[307]
Alistair Darling, britischer Schatzkanzler

Schon im Mai 2009 kam es zu ersten Problemen bei der Staatsfinanzierung: Bei der Auktion 40-jähriger Staatsanleihen betrug die Nachfrage nur noch 93 Prozent, obwohl solche Auktionen normalerweise deutlich überzeichnet sind. Das erste Mal seit 1995 fanden britische Staatsanleihen nicht mehr ausreichend Käufer.[308] Im Dezember 2009 setzte sich dieser Trend fort, es war der zweitschlechteste Monat für den britischen Anleihenmarkt seit zehn Jahren. Großinvestoren kündigten an, sich auch in Zukunft bei Käufen britischer Bonds zurückzuhalten.[309]

4.5.10 Osteuropa hängt am seidenen Faden (2009/2010)

Die Weltwirtschaftskrise nimmt in den osteuropäischen Ländern immer bedrohlichere Formen an, es könnte zu einem Flächenbrand kommen. Um eine Insolvenzwelle zu vermeiden, will die Europäische Bank für Wiederaufbau und Entwicklung (EBRD) klammen Unternehmen unter die Arme greifen, das heißt sie mit zusätzlichen Krediten versorgen. So hat die EBRD Finanzierungspakete etwa für die *Bank of Georgia*, die ukrainische Raiffeisen-Bank *Aval* und die rumänische *Banca Transilvania* geschnürt und ist insgesamt an rund 100 Banken in Osteuropa beteiligt. Wurden 2004 noch Kredite in Höhe von 4,1 Milliarden Euro vergeben, waren es bis Ende 2009 schon rund acht Milliarden.

Dabei ist die Wirtschaftskrise in Osteuropa noch lange nicht vorbei, darauf hat EBRD-Chef Thomas Mirow immer wieder hingewiesen, und in Wachstumsprognosen kommt die Bank sogar zu dem Schluss, dass die Wirtschaft in diesen Ländern noch weiter stark schrumpfen wird.

Mirow sagte:»Osteuropa leidet weiter unter einer strukturellen Kreditverknappung, die die Realwirtschaft vor erhebliche Probleme stellt. Wenn es uns nicht gelingt, die Unternehmen ausreichend zu stabilisieren, ist der wirtschaftliche Aufschwung in Osteuropa gefährdet.«[310] Schon im Frühjahr 2009 hatte er eindringlich gewarnt:»Wenn sich die lokalen Banken nicht zu verträglichen Konditionen am Kapitalmarkt refinanzieren können, müssen Osteuropabank und andere internationale Finanzinstitutionen weiter mit Hilfspaketen einspringen.« Die Milliardenprogramme können aber nur »eine zeitliche befristete Finanzierungsbrücke sein«[311].

Die Geschäftsbanken stellen sich ebenfalls langsam darauf ein, dass sie im einst »goldenen« Osten weniger verdienen werden. Andreas Treichl, Chef der österreichischen Erste Bank, warnte, es gebe auch bei den vermeintlich stabileren Ländern wie Tschechien oder der Slowakei noch keine Gewissheit dafür, dass sich die Krise nicht doch wieder verschärfen würde.[312]

> *»Die Krise ist noch lange nicht zu Ende.«*[313]
> Andreas Treichl, Chef der österreichischen Erste Bank

Selbst Förderbanken, die Osteuropa helfen wollen, ging zeitweise das Geld aus. Die EBRD rutschte 2008 selbst in rote Zahlen: Die Bilanz der Förderbank wies einen Fehlbetrag von 600 Milliarden Euro aus.[314] Auch die Wiener Erste Bank, die Nummer drei der Kreditgeber in Osteuropa, war gezwungen, durch das Auflegen neuer Aktien eine Kapitalerhöhung durchzuführen, da dem Geldinstitut immer mehr Forderungsausfälle und Kreditverluste große Schwierigkeiten bereiteten.

Mirows Lösung für die drohenden Insolvenzen in ganz Osteuropa wäre, meiner Ansicht nach, verhängnisvoll für die gesamte EU und würde einen Zusammenbruch noch beschleunigen. Er erklärte: »Die EU-Kommission sollte klare Signale der Solidarität an die osteuropäischen Länder aussenden. Wünschenswert wäre beispielsweise, die Warteschleife zur Aufnahme in die Euro-Zone unter Einhaltung der Schuldenkriterien des Stabilitätspaktes von zwei auf ein Jahr zu verkürzen.«[315] Durch einen solchen Schritt könne Osteuropa insgesamt stabilisiert werden. Mirow sprach sich ebenfalls dafür aus, dass mit Tschechien, Ungarn und Polen »möglichst bald« eine klare inhaltliche und zeitliche Planung für den Beitritt zur Währungsgemeinschaft erarbeitet werde.[316]

Freilich: Zwar würde Osteuropa dadurch stabilisiert werden, die EU hingegen destabilisiert, weil immer mehr Länder mit maroden Wirtschaften und katastrophalen Verschuldungen aufgenommen würden, für deren Ausgleich die Staaten sorgen müssen, denen es (noch) nicht so schlecht geht.

Stellen Sie sich einmal vor, Sie wissen selbst nicht, wie Sie finanziell über die Runden kommen sollen, nehmen aber noch zwei weitere hoch verschuldete Personen in ihren Haushalt auf und ernähren sie in der Hoffnung, dadurch würde sich Ihre finanzielle Lage verbessern …

4.5.11 Österreich in der Klemme (2009/2010)

>»Droht der Republik Österreich der Bankrott? – Osteuropa zieht Österreich mit nach unten!«

Das titelte das österreichische Magazin *Profil* im Jahre 2009 und sprach das aus, worüber die Verantwortlichen nicht sprechen wollten, wohl aber nachdachten. Vertrauen ist in einer Finanz- und Wirtschaftskrise das Wichtigste. Vertrauen zu den Banken und gegenüber dem Staat. Gerüchte sind dagegen der erste Schritt in den Untergang, und so ein Gerücht machte die Runde: Die Alpenrepublik könnte die Finanzkrise aufgrund der Tatsache, dass ihre Banken bis über die Halskrause voll mit Krediten im osteuropäischen Raum steckten, viel härter erwischen als vermutet. Sogar von »Staatsbankrott« war die Rede.

Nach dem jüngsten Stresstest der Österreichischen Nationalbank, der Mitte Januar 2010 veröffentlicht wurde, könnten 30 »kleinere« Geldhäuser unter die gesetzlich vorgeschriebene Eigenkapitalquote von vier Prozent rutschen und müssten den Betrieb einstellen, wenn kein neues Kapital nachgeschossen wird.[317] Experten sehen allerdings auch die großen österreichischen Banken in Gefahr.

Im Zuge der weltweiten Rezession fällt es den osteuropäischen Staaten immer schwerer, ihren Verpflichtungen nachzukommen, da ihre Währungen ins Bodenlose stürzen. Die Banken stehen am Abgrund. Doch ausgerechnet zu diesen Geldinstituten bestehen enge Beziehungen. Österreichische Banken liehen ihren osteuropäischen »Partnern« mehrstellige Milliardenbeträge in Euro aus. Doch aufgrund des Verfalls der Landeswährungen ist die Rückzahlung der Kredite und der Zinsen akut gefährdet. Die gigantischen Zahlungsausfälle würden Österreich an den Rand des Ruins bringen, denn das Land kann für die ausstehenden Kredite nicht geradestehen.

Profil berichtete: »Tatsächlich haben die österreichischen Banken überproportional zu ihrer Größe in Zentral- und Osteuropa expandiert. Die Bank für Internationalen Zahlungsausgleich (BIZ) veröffentlichte, dass die österreichischen Banken in der Region knapp 230 Milliarden Euro an Kreditvolumen vergeben haben. Rechnet man die Bank Austria hinzu, die in der Statistik aufgrund der italienischen Mutter *UniCredit* nicht eingerechnet ist, schätzen Experten das Volumen auf rund 300 Milliarden Euro. (...) Experten rechnen im kommenden Jahr mindestens mit einer Verdopplung der Ausfälle, weil die Kreditnehmer kaum Reserven haben und von Arbeitslosigkeit bedroht sind.«[318]

Analysten befürchten, dass in einigen Ländern die Ausfallrate bei den Krediten sogar mehr als zehn Prozent betragen könnte, ein »Ausfallpotenzial« also von rund 30 Milliarden Euro, was für das »kleine« Österreich eine finanzielle Katastrophe wäre.[319]

Die britische Zeitung *Telegraph* spekuliert offen darüber, dass ein Zusammenbruch Osteuropas nicht nur Österreich, sondern die gesamte

EU in den Bankrott treiben könnte. Ohne Hilfe für den Osten, so der *Telegraph*, drohe ein »Dominoeffekt«, der zum globalen Crash der Weltwirtschaft führen könne.[320] Nun hofft die Alpenrepublik auf EU-Hilfsmaßnahmen für die bedrohten osteuropäischen Staaten.

4.5.12 EU-Reserven werden knapp (2010)

Doch auch die EU stößt mittlerweile an ihre Grenzen: Sie geht davon aus, dass Rumänien ein Kredit in Höhe von 15 Milliarden Euro ausreicht, um den drohenden Staatsbankrott abzuwenden. Wie bereits erwähnt, erhielten auch Ungarn eine Finanzspritze von 6,5 Milliarden Euro und Lettland über 3,1 Milliarden. Doch langsam aber sicher werden die EU-Reserven knapp, die sich ehemals auf 25 Milliarden Euro beliefen.

EU-Währungskommissar Joaquin Almunia warnte bereits vor dem Schlimmsten, denn auch die tschechische Krone steht massiv unter Druck. Demnach könnte Tschechien das nächste Land sein, das pleite ist. Finanzexperten machen sich aber auch große Sorgen, dass andere Länder wie Österreich, Irland oder Griechenland ebenfalls zahlungsunfähig werden könnten.[321] Und das kommt nicht von ungefähr: Da durch den Maastricht-Vertrag der Europäischen Zentralbank ausdrücklich untersagt ist, Staatsanleihen der Mitgliedsstaaten aufzukaufen, ist es nicht ausgeschlossen, dass ein Mitgliedsstaat der Euro-Zone früher oder später tatsächlich seinen Zahlungen nicht mehr nachkommen kann.[322] Schon mahnte Tschechiens Premier Mirek Topolanek, das »Szenario von 1930« könne sich wiederholen.[323]

Wäre deshalb eine »Solidarhaftung« der EU-Länder untereinander sinnvoll? Zwar schließt die »No-Bailout-Klausel« des EU-Vertrages diese aus, aber man könnte in Krisenzeiten ja darüber hinwegsehen. Die Folge wäre jedoch, dass EU-Bürger für Misswirtschaft von Politikern einstehen müssten, die sie gar nicht gewählt haben. Clemens Fuest, Vorsitzender des Wissenschaftlichen Beirats im Bundesfinanzministerium, sieht das ähnlich: »Die Folgen einer solchen Solidarhaftung wären dramatisch. Steuerzahler in Deutschland, den Niederlanden oder Finnland müssten für Ausgabenentscheidungen haften, die sie nicht beeinflussen können. Länder, die ihre Schulden vergleichsweise niedrig gehalten haben, würden bestraft, sorgloses Geldausgeben auf Pump würde belohnt.«[324]

Für Fuest gibt es kaum Alternativen: »Im Ernstfall wären die ökonomischen Kosten eines Staatsbankrotts so hoch, dass ein Beharren auf der Klausel die Länder der Euro-Zone zumindest kurzfristig härter treffen würde als eine Solidarhaftung (…) Wenn beispielsweise Griechenland keine Kredite mehr erhielte, würden die Kapitalanleger auch irische oder gar spanische und italienische Staatsanleihen abstoßen.«[325]

»Die Insolvenz eines Landes würde eine Kettenreaktion auslösen.«[326]
Clemens Fuest, Vorsitzender des Wissenschaftlichen Beirats im Bundesfinanzministerium

In dieser schweren Krise müsste sich Europa eigentlich einig zeigen, weil die Verflechtung der Wirtschaft eine enge Zusammenarbeit zwingend notwendig macht. Die EU-Kommission zeigt sich jedoch uneinig. Das Motto »Hilf dir selbst, sonst hilft dir keiner« passt aber nicht in das Bild einer harmonischen EU, die man dem Bürger vorgegaukelt hat.

4.5.12 HAUSHALTSDEFIZITE IN DER EU (2010/2011)

Die EU hat nicht ohne Grund eine Haushaltsdefizit-Obergrenze von drei Prozent eingeführt. Damit sollte verhindert werden, dass einzelne Mitgliedsstaaten sich durch ausufernde Ausgaben- und Schuldenpolitik auf Kosten der Gemeinschaft quasi »bereichern«. Doch das Einhalten der Defizitobergrenze ist in der Weltwirtschaftskrise für (beinahe) alle EU-Länder schlichtweg nicht möglich.

Die EU-Kommission will den Ländern nun mehr Zeit einräumen, um ihre Staatsschulden abzubauen, denn diese Möglichkeit sieht der Stabilitäts- und Wachstumspakt vor. Wie der europäische Währungs- und Wirtschaftskommissar Joaquin Almunia im November 2009 bekannt gab, soll Deutschland seinen Haushalt bis 2013 in Ordnung bringen, allerdings müsste die Staatsverschuldung bereits ab 2011 wieder sinken. Deutschland ist eines von neun Euro-Ländern, gegen die im November 2009 ein Defizitverfahren eröffnet wurde. Insgesamt laufen derzeit Verfahren gegen 20 EU-Länder. Die meisten von ihnen erhalten bis 2014 Zeit zum Abbau ihrer Schulden.[327] Deutschland muss bis zum 2. Juni 2010 eine »Konsolidierungsstrategie« vorlegen, wie man beim Defizitabbau vorankommen will.[328] Doch die EU-Prognose für die nächsten zwei Jahre verheißt nichts Gutes, da de facto immer noch eine Defizit-Höchstgrenze von drei Prozent vorgeschrieben ist:

Land	2010	2011
Irland	14,7	14,7
Großbritannien	12,9	11,1
Lettland	12,3	12,2
Griechenland	12,2	12,8
Spanien	10,1	9,3
Litauen	9,2	9,7
Frankreich	8,2	7,7
Portugal	8,0	8,7
Polen	7,5	7,6
Slowenien	7,0	6,9
Rumänien	6,8	5,9
Niederlande	6,1	5,6
Slowakei	6,0	5,5
Belgien	5,8	5,8
Zypern	5,7	5,9
Tschechien	5,5	5,7
Österreich	5,5	5,3
Italien	5,3	5,1
Deutschland	5,0	4,6
Dänemark	4,8	3,7
Finnland	4,5	4,3
Malta	4,4	4,3
Ungarn	4,2	3,9
Luxemburg	4,2	4,2
Schweden	3,3	2,7
Bulgarien	1,2	0,4
EU-27 (Durchschnitt)	**7,5**	**6,9**
Euro-Zone (Durchschnitt)	**6,9**	**6,5**

Haushaltdefizite in der EU in Prozent des BIP; Quelle: EU-Prognose Oktober 2009

Kein EU-Land, außer Bulgarien, wird also die Defizitgrenze einhalten können. Die fünf EU-Staaten, die in den nächsten zwei Jahren besonders damit zu kämpfen haben, sind Irland, Großbritannien, Lettland, Griechenland und Spanien. Aber auch für Litauen, Frankreich, Portugal und Polen sieht es nicht gut aus.

Gelingt es diesen Ländern nicht, eine verantwortungsvolle Finanz- und Wirtschaftspolitik zu realisieren, die nicht nur auf Einsparungen basiert, sondern auch die Arbeitslosigkeit bekämpft, sieht es wohl düster für sie aus. Bisher steht der Zusammenhalt der Euro-Zone an erster Stelle. Sollte aber das erste Mitgliedsland herausfallen, wird es kein Halten mehr geben, und die EU wird in sich zusammenfallen.

4.5.13 Streng geheim: Faule Wertpapiere für 18,1 Billionen Euro bei westlichen Banken

Von Udo Ulfkotte (2009)

17 Seiten umfasst ein als »streng geheim« eingestuftes internes Papier der EU-Kommission in Brüssel, in dem ungeschminkt die Wahrheit über die desolate Wirtschaftslage im Finanzsystem beschrieben wird. Danach gibt es derzeit bei europäischen Banken faule oder derzeit unverkäufliche Wertpapiere im Wert von 18,1 Billionen Euro. Nicht Milliarden, nein – Billionen. 44 Prozent aller Vermögenswerte europäischer Banken sind demnach derzeit »faul«. Seit Februar 2003 wusste die Bundesregierung schon um die wachsenden faulen Vermögenswerte und um die daraus resultierenden Risiken. Getan hat sie nichts.

Die EU-Staaten haben kein Geld mehr, um mit weiteren Bankenrettungs- und Konjunkturpaketen gegen die Rezession anzukämpfen. Ein EU-internes Dokument, das einige wenige Beobachter in Brüssel einsehen durften, spricht von derzeit 18,1 Billionen (!) Euro an faulen oder derzeit unverkäuflichen Wertpapieren und Vermögenswerten (»Assets«) bei westlichen Banken. 44 Prozent der Vermögenswerte europäischer Banken seien derzeit »faul«.

Zur Finanzierung des Rettungspaketes muss also ganz sicher schon bald weiteres Geld bereitgestellt werden. Auch der britische *Daily Telegraph* durfte das Dokument in Brüssel einsehen, verzichtete aber in späteren Ausgaben auf die Nennung der konkreten Zahlen, zu groß war der Schock für die Öffentlichkeit[329] – die Lage ist demnach mehr als desaströs.

Offenkundig hat man großen Druck auf den *Telegraph* ausgeübt, die Zitate aus dem Geheimpapier mit den konkreten Zahlen ganz schnell wieder zu löschen. Die Staaten der Europäischen Union haben mit Hilfspaketen und Garantien im Gesamtwert von bislang 2,7 Billionen Euro ihre Volkswirtschaften vor dem Kollaps bewahrt – bislang.[330] Künftig wird den Ländern der EU aber das Geld für Hilfsaktionen und für weitere Konjunkturpakete fehlen[331] – und dann?

London half der britischen Wirtschaft mit vielen Milliarden, auch Deutschland und Frankreich sprangen ein. Damit dürfte aber wohl bald Schluss sein. Nun ist es nur noch eine Frage der Zeit, bis viele Mitgliedsstaaten der Europäischen Union vor dem Hintergrund der gewaltigen Bestände an faulen oder unverkäuflichen Wertpapieren und Vermögenswerten ihren Bürgern mitteilen müssen, dass sie faktisch pleite sind. Was kommt danach?

Harald Schumann war fast 20 Jahre lang beim *Spiegel*, er ist ein investigativer Journalist. Er beschäftigt sich seit vielen Jahren mit dem Thema Globalisierung, also mit einer vernetzten Welt, in der jeder vom anderen abhängig ist, in der Finanzmärkte kollabieren, die Weltwirtschaft bedroht ist – und in der es keine einfachen und keine nationalen Lösungen gibt. Er wurde vom Radiosender SWR zur aktuellen Wirtschaftslage interviewt – 27 Minuten lang. Was steht uns demnach bald bevor? »Schwere innere Unruhen«, sagt der langjährige *Spiegel*-Redakteur Harald Schumann.

Unterdessen bereitet die EU die Erweiterung vor – so, als ob nichts geschehen wäre. Kroatien, Serbien, Montenegro, Albanien, Bosnien-Herzegowina und Island werden nun als nächste Staaten in die Europäische Union aufgenommen. Sie haben eines gemein: Sie alle sind völlig bankrott. Die EU-Bürger haben eine glorreiche gemeinsame Zukunft: Sie dürfen möglicherweise künftig gemeinsam betteln gehen.

All das hat die frühere Berliner Regierung schon vor Jahren geahnt. Im Februar 2003 gab es im Kanzleramt ein Spitzengespräch zwischen Bankenvertretern und der Bundesregierung über

die wachsende Zahl fauler Kredite und über künftig angeschlagene
Banken. Die Idee zur Gründung einer »Bad Bank« zur Rettung der
Finanzwelt hatten damals Bundeskanzler Gerhard Schröder, Bundesfinanzminister Hans Eichel und führende Vertreter der deutschen Kreditwirtschaft angeschnitten.

Nochmals – das war vor genau sechs Jahren. Nur bekannt werden sollte das auf keinen Fall. Sie glauben das nicht? Das *Handelsblatt* berichtete darüber.[332] Immer mehr Führungskräfte erwarteten schon 2003 künftige Zusammenbrüche von Banken – das war für informierte Wirtschaftsfachleute schlicht abzusehen, allerdings in kleineren Dimensionen als heute tatsächlich eingetreten. Man blieb damals jedoch untätig.[333]

Es gab noch ein weiteres Treffen von Bundeskanzler Gerhard Schröder (SPD) im Frühjahr 2003 mit Bankenvertretern. Wieder sprach man hinter geschlossenen Türen über Auffanggesellschaften für faule Bankenkredite. Die damalige Bundesregierung hat die Idee dann wieder verworfen, weil die Bevölkerung nicht die Wahrheit erfahren sollte. Das hätte ja Wählerstimmen gekostet. Man dachte in Berlin, es werde schon nicht so schlimm kommen. Man wusste, dass die Spekulations- und Immobilienblasen an den Finanzmärkten eines Tages platzen würden. Es war eine reine Frage der Zeit. Und dann könnte man sich ja immer noch völlig überrascht zeigen.[334]

Deutsche Qualitätsjournalisten berichten bislang nicht darüber, dass die Bundesregierung vor Jahren schon um die sich abzeichnenden Gefahren der vielen faulen Kredite wusste. Die Untätigkeit der Journalisten hat einen ganz einfachen Grund – vor sechs Jahren sorgte die Indiskretion über die faulen Kredite für gewaltigen Ärger und für helle Aufregung im Kanzleramt.[335] Wer heute Informationen aus der Umgebung der Bundesregierung will, der darf es sich mit den dort Herrschenden nicht verderben. Also schauen die Journalisten lieber weg. Denn sonst bekommt man möglicherweise keine vorformulierten Presseerklärungen mehr aus Berlin. Und das wäre für deutsche Qualitätsjournalisten einfach schrecklich.[336]

(Anmerkung Michael Grandt: Der IWF erwartet bis Ende 2010 noch Abschreibungen der europäischen Banken infolge der Finanzkrise in

Höhe von 467 Milliarden Dollar. 347 Milliarden wurden bereits im Jahre 2009 realisiert.[337])

4.5.14 EU DROHT SCHULDENINFERNO (2010–2020)

Die Hiobsbotschaften für die EU reißen nicht ab: Experten in Brüssel erwarten bis zum Jahre 2020 gigantisch hohe Schuldenstände in den einzelnen Mitgliedsstaaten.

Berechnungen der Brüsseler Kommission zufolge wird die Verschuldung dank krisenbedingter Konjunkturpakete, Kapitalspritzen und Bankengarantien bis 2020 beispiellose Höhen erreichen und so manchen EU-Staat an den Rand des Bankrotts treiben.[338]

Irland dürfte dann Schulden im Umfang von etwa 200 Prozent seiner Wirtschaftsleistung haben. Für Großbritannien werden 180 Prozent prognostiziert, Deutschland dürfte 100 Prozent erreichen. Im EU-Durchschnitt rechnen die Experten mit einem Schuldenstand von 125 Prozent, doppelt so viel, wie der EU-Stabilisierungspakt vorsieht. Er setzt den Regierungen gerade mal eine Obergrenze von 60 Prozent.

Doch der Kapitalbedarf der EU-Länder wächst immer weiter, das zeigt eine Vergleichsstatistik der ausgegebenen Staatsanleihen, mit denen die Regierungen ihre Schulden finanzieren.

Neue Anleihen von Euro-Ländern (in Milliarden Euro):

2006:	560	(davon Deutschland: 162)
2007:	644	(Deutschland: 143)
2008:	744	(Deutschland: 148)
2009:	927	(Deutschland: 158)
2010:	933–1005[339]	(Deutschland: 220)[340]

Rund fünf Prozent ihrer Wirtschaftsleistung haben die EU-Staaten bisher in die Bekämpfung der Wirtschafts- und Finanzkrise und der daraus folgenden Rezession gesteckt, dazu kommen noch einmal 31 Prozent an Kapitalspritzen und Garantien für Banken. Davon wurden bisher 12,6 Prozent in Anspruch genommen.[341] Die staatlichen Rettungsaktionen für Banken haben mit 279,6 Milliarden Euro das Beihilfevolumen der EU gegenüber dem Vorjahr praktisch vervierfacht.[342]

Das bedeutet im Klartext: Die Staaten brauchen so viel Geld wie nie zuvor. Sie holen sich das Kapital von institutionellen Investoren, indem sie Anleihen herausgeben. Analysten schätzen, dass die Staaten im EU-Raum neue Anleihen von bis zu einer Billion platzieren werden. Deutschland wird Staatspapiere mit einem Wert von über 340 Milliarden auflegen.[343]

Gibt es für ein Land nicht genügend Abnehmer, kauft die Europäische Zentralbank (EZB) die Wertpapiere auf. Zwischen Juli und November 2009 waren das Pfandbriefe im Wert von 21 Milliarden Euro. Damit sollte der labile Immobilienmarkt gestützt werden.

Auch die Geldmenge steigt im Euro-Raum steil an, was alle Inflations-Alarmglocken läuten lassen müsste. Befanden sich 2002 Euro-Geldscheine im Wert von 225 Milliarden im Umlauf, waren es Ende 2009 bereits Banknoten im Umfang von 773 Milliarden.[344]

Laut einem Konjunkturausblick des Internationalen Währungsfonds (IWF) muss sich Europa längerfristig auf ein gedämpftes Wachstum einstellen, denn schon die Erholung von der Krise werde langsam und schwach ausfallen.[345] Selbst im Boom würden die hohen Schuldenstände kaum sinken, weil wachstumsbedingte Steuereinnahmen ausfallen. Als »Königs-Ausweg« gilt: kräftige Steuererhöhungen oder Ausgabenkürzungen, weil ein wachsender Teil des Haushalts sonst von Zinsen- und Schuldendienst aufgezehrt wird.

Ein weiteres Problem ist die zunehmende Arbeitslosigkeit im Euro-Raum. Wie das *Handelsblatt* im Januar 2010 meldete, verloren im Krisenjahr 2009 gut drei Millionen Männer und Frauen ihre Arbeit. Die Arbeitslosenquote in den 16 Euro-Ländern kletterte auf zehn Prozent. Insgesamt hatten 15,7 Millionen Menschen keinen Arbeitsplatz. Das ist der höchste Stand seit August 1998.[346]

Die EU-Kommission beobachtet die desolate Wirtschaftslage und den historisch hohen Schuldenstand der Mitgliedsstaaten mit großer Sorge. Experten in Brüssel befürchten, dass Europa dauerhaft mit deutlich niedrigeren Wachstumsraten als etwa die USA und viele Schwellenländer leben muss. In Brüssel und den anderen EU-Hauptstädten geht deshalb bereits die Angst um, dass Europa hinter stärker wachsenden G-20-Volkswirtschaften politisch und ökonomisch zurückfallen könnte.

So wappnet sich die EU heimlich, still und leise gegen mögliche Staatsbankrotte in einzelnen Mitgliedsländern. Kandidaten dafür gibt es, wie wir gesehen haben, ja genug.

4.5.15 IMMER MEHR ANLEGER FÜRCHTEN PLEITEN EUROPÄISCHER STAATEN

Anleger setzen stärker auf finanzielle Schwierigkeiten westeuropäischer Staaten und stürzen sich geradezu auf Kreditausfallderivate (Credit-Default-Swaps, CDS). Diese Kontrakte sind eine Art Versicherung für Anleihen: Ein Marktteilnehmer, oft eine Bank, übernimmt dabei den Part des Versicherers. Gegen eine Gebühr verpflichtet er sich zu zahlen, wenn eine Anleihe ausfällt, also ein Unternehmen oder ein Staat pleite ist.

Das Kreditereignis beschränkt sich jedoch nicht allein auf den Ausfall des Kredites durch Insolvenz oder Ähnliches, es kann auch z. B. das Rating einer Anleihe als Kreditereignis bestimmt werden, sodass der Sicherungsgeber (in diesem Beispiel eine Bank) im Falle der Herabsetzung des Ratings (und somit einem Wertverlust) zur Ausgleichszahlung an den CDS-Käufer verpflichtet ist. Bereits dann, wenn die Bonität eines Staates herabgestuft wird, könnten Banken also zu einer Ausgleichszahlung gezwungen sein.

Ganz vorn auf der Hitliste der Spekulanten steht Italien. Das CDS-Volumen stieg von 148 auf 205 Milliarden Dollar. Aber auch in Spanien und Deutschland sind die ausstehenden Volumina besonders groß. In Spanien beläuft es sich auf 84 Milliarden Dollar (im Jahre 2008 waren es noch 61 Milliarden), und für Deutschland kletterte es von 37 Milliarden auf 55 Milliarden Dollar.[347]

Im Zuge der anhaltenden Finanzkrise ist der Markt für CDS jedoch erheblich geschrumpft: Der Nominalwert der ausstehenden Kontrakte Ende des ersten Halbjahrs 2009 lag bei 31 223 Milliarden Dollar, hingegen waren es vor Jahresfrist noch knapp 55 000 Milliarden.[348]

Selbst Banken schrauben ihr Engagement bei Derivaten zurück, obwohl sie damit in der Vergangenheit viel Geld verdient haben. Jetzt wollen sie das »Kontrahentenrisiko« (Kreditrisiko) verringern. Im Klartext heißt das: Sie haben Sorge, dass einige Staaten tatsächlich pleitegehen und ihre Anleihen nicht mehr bedienen könnten. Dann stünden sie über die CDS in der Pflicht.

Gegen die wachsende Pleitegefahr sichern sich die Investoren ab. Aber das schürt erst recht die Angst vor Zahlungsausfällen. Dass diese nicht ganz unberechtigt ist, zeigen die Beinahe-Bankrotte von Island, Rumänien, Ungarn und Griechenland.

168

> *»Westeuropäische Regierungen garantieren Bankverbind-*
> *lichkeiten und begeben selbst mehr Papiere, wodurch sie*
> *mehr Schulden auf ihre Bücher nehmen. Das macht es*
> *riskanter, ihre Anlagen zu halten.«*[349]
> Antoine Cornut, Europachef für den
> Bond-Handel der Deutschen Bank

Ursachen dafür sind die rasant wachsenden Defizite der Industrieländer, die insgesamt Billionen in Konjunkturprogramme und Banken-
rettungspakete investieren. Die USA und Europa garantieren zwischenzeitlich Bankanleihen in Höhe eines Gesamtwertes von 1133 Milliarden Dollar – Rekordhöhe!

Die Kontrakte werden außerbörslich gehandelt, der Markt für CDS
ist unreguliert. Kritiker betrachten dies als großes Risiko für die Stabilität des gesamten Finanzsystems, denn für Spekulanten sind die Tore
weit geöffnet.

Eine andere Gefahr besteht darin, dass Institutionen, die CDS ausgeben, nicht zur Rücklage von Kapital zur Deckung von eventuell eintre-
tenden Ausgleichsforderungen verpflichtet sind. Im Extremfall kann
also die Summe der versicherten Credit-Events das vorhandene Kapital
des Sicherungsgebers bei Weitem übersteigen.[350] Sollte diese »Finanz-
massenvernichtungsbombe«, die direkt mit der Bonität von Staaten
verbunden ist, hochgehen, dürften wohl einige Lichter ausgehen.

4.5.16 SPEKULATIONEN

Dr. Robert Müntefering von der Internetseite *zeitdiagnose.de* hat ein
interessantes Szenario für die gesamte EU entworfen. Zwar ist dieses
astrologisch geprägt, aber ich halte es dennoch für wichtig, auch einmal
eine andere als die wirtschaftspolitische Sicht der Dinge aufzuführen,
weil sich diese letztlich gar nicht so sehr voneinander unterscheiden.

Dr. Münteferings Auffassung nach ist ein Währungsschnitt unab-
wendbar und die einzig noch verbliebene Möglichkeit, die Finanzen
der Europäischen Gemeinschaft vor dem drohenden Crash zu retten.
Immer neue Schulden, die durch immer höhere Steuerabgaben finanziert werden, können demzufolge die Probleme nicht lösen: »Es wurde

zwar ungezählte Male beteuert, dass die Bankenrettungen vom letzten Jahr nicht zulasten der Steuerzahler gehen und dass die Steuern unter keinen Umständen erhöht werden, doch man fragt sich, wie das denn gehen soll. Diese gebetsmühlenartigen Beteuerungen wurden (...) bereits mit dem Tschernobyl-Witz verglichen, in dem ein sowjetischer Reaktorbediensteter einfach die rot aufblinkende Warnlampe durch eine neutrale ersetzte.«[351]

Der Währungsschnitt gilt also als wahrscheinlich:»Er dürfte wie 2002 in Argentinien als überraschende Blitzaktion über ein Wochenende kommen (...) Durch einen Währungsschnitt des Euros könnte man der sterbenden EU noch einmal anderthalb Jahre Lebensverlängerung verschaffen.«[352] In der Praxis könnte das Müntefering zufolge dann so aussehen: Für 100 »alte« bekommt man dann etwa 40 »neue« Euros, die Kaufkraft bleibt jedoch gleich: »Das ist die einzig noch verbliebene Möglichkeit für das herrschende System, sein Leben künstlich zu verlängern, natürlich auf Kosten der Allgemeinheit (...) Aber auch ein Währungsschnitt kann das bittere Ende nur aufhalten, nicht aber beseitigen.«[353] Der einzige »wirksame« Schutz vor dem kommenden Währungsschnitt sei demnach die Flucht in Sachwerte wie Edelmetalle.

4.6 Die Gefahr globaler Staatsbankrotte wächst

Deutsche-Bank-Chefvolkswirt Thomas Meyer will nicht ausschließen, dass es in nächster Zeit Staatsbankrotte geben wird, denn »eine Erfahrung aus der Krise ist, dass Ereignisse, die alle für unwahrscheinlich halten, häufiger vorkommen, als man denkt«[354].

Er rät zudem Investoren, die Anleihen von stark verschuldeten Staaten besitzen, sich in Acht zu nehmen: »Anleger müssen befürchten, dass Länder nicht rechtzeitig aus den Notfallprogrammen der Finanzkrise aussteigen und das billige Geld nicht rechtzeitig wieder einziehen. Daraus kann sich Inflation entwickeln. Das trifft vor allem Anleger mit länger laufenden Anleihen.«[355]

Wie verheerend die finanziellen Probleme in vielen europäischen Ländern sind, habe ich bereits erläutert. Nun möchte ich den Fokus erweitern und auf die weltweite Schuldensituation eingehen.

Die Gefahr globaler Staatsbankrotte wächst täglich. Ich möchte für meine These einige Indizien anführen, die genau das belegen und, wenn Sie so wollen, »Warnzeichen« für die kommenden Crashs darstellen. Doch zunächst ein paar Worte zu einem der wichtigsten internationalen Geldgeber.

4.6.1 DER INTERNATIONALE WÄHRUNGSFONDS (IWF)

Der Internationale Währungsfonds (englisch: *International Monetary Fund*, IMF) ist eine Sonderorganisation der UNO und eine Schwesterorganisation der Weltbank-Gruppe mit Hauptsitz in Washington, D. C., USA.[356] Der IWF wurde am 22. Juli 1944 gegründet und nahm im Mai 1946 seine Arbeit auf. Die eigentliche operative Tätigkeit begann aber erst am 1. März 1947 aufgrund der Beschlüsse der Konferenz in Bretton Woods (siehe Abschnitt 2.2). Die Aufgaben des Internationalen Währungsfonds sind u. a.:
- Förderung der internationalen Zusammenarbeit in der Währungspolitik
- Ausweitung des Welthandels
- Stabilisierung von Wechselkursen
- Kreditvergabe
- Stabilisierung von internationalen Finanzmärkten
- Vergabe von Krediten zum Ausgleich von Zahlungsdefiziten
- Überwachung der Geldpolitik
- Technische Hilfe

Der IWF hat über 190 Mitgliedsstaaten und weltweit 2700 Mitarbeiter. Das Stimmrecht der einzelnen »Members« orientiert sich an ihrem Kapitalanteil. Die Beschlüsse im IWF müssen mit einer Mehrheit von 85 Prozent getroffen werden. Die Mitgliedsstaaten mit den größten Stimmanteilen sind:
- USA: 16,77 %
- Japan: 6,02 %
- Deutschland: 5,88 %
- Frankreich: 4,86 %
- Großbritannien: 4,86 %
- China: 3,66 %[357]

Die angloamerikanische »Hochfinanz« (die *Fed* und die *Bank of England*), die über knapp 22 Prozent aller Stimmrechte verfügt, kann also jede wichtige Entscheidung des IWF blockieren, da, wie bereits erwähnt, alle wichtige Beschlüsse mit einer Mehrheit von 85 Prozent getroffen werden müssen.

Jeder Mitgliedstaat erhält eine sogenannte »Quote« zugewiesen, nach der sich folgende Parameter richten:

- Einzahlungsverpflichtungen (in Gold, Devisen und Landeswährung)
- Ziehungsrechte (Inanspruchnahme eines Kredites)
- Stimmrecht im IWF
- Umfang der Kreditvergabe

Gerät ein Mitgliedsstaat in Zahlungsschwierigkeiten, kann er beim IWF finanzielle Hilfe beanspruchen.

Die Rechnungslegungseinheit des IWF ist seit 1969 das Sonderziehungsrecht (SZR oder auch SDR)), das in bestimmter Höhe zugeteilt werden muss und für die Zinsen an den Fonds bezahlt werden müssen. Ein Mitgliedstaat hat das Recht, Devisen zu kaufen, für die er im Gegenzug mit SZR zahlt. Somit handelt es sich bei den SZR um eine Art »Weltgeld« im Zahlungsverkehr der Zentralbanken, was die Liquidität beträchtlich erweitert.

Der SZR-Währungskorb setzt sich folgendermaßen zusammen:

- US-Dollar: 44 %
- Euro: 34 %
- Yen: 11 %
- Britisches Pfund: 11 %[358]

Wie auch bei anderen Notenbanken ist die »reelle« Basis der SZR der Goldvorrat des IWF im Umfang von 3217 Tonnen.[359]

Beispiel: Anwendung der SZR

Ein Schwellenland, in diesem Falle Südafrika, wendet sich an den IWF, weil es zum Ausgleich der negativen Leistungsbilanz dringend Devisen benötigt. Der IWF bestimmt daraufhin ein Land – etwa die USA – mit hohen Devisenreserven, das Südafrika dann Devisen gegen SZR verkauft.

Der IWF kann dann unter bestimmten Auflagen befristete Kredite an Staaten geben. Die Gewährung ist an bestimmte Bedingungen geknüpft:
- Kürzung der Staatsausgaben
- Einhaltung einer niedrigen Inflationsrate
- Steigerung des Exports
- Liberalisierung des Bankenwesens
- Strukturanpassungsprogramme, wie etwa die Privatisierung von öffentlichen Einrichtungen

Im Angesicht der Weltwirtschaftskrise hat der IWF bereits im Jahre 2008 ein koordiniertes Fiskalprogramm auf globaler Ebene vorgeschlagen. Demnach sollte die Fiskalpolitik
- schnell reagieren, weil dringender Handlungsbedarf besteht,
- umfangreich sein wegen des massiven Rückgangs der Nachfrage,
- über einen längeren Zeitraum anhalten, weil die Rezession länger dauern wird,
- breit gefächert sein, weil international große Unsicherheit besteht, welche Maßnahmen am wirksamsten sind,
- abhängig vom weiteren Verlauf der Krise angelegt sein,
- koordiniert sein, damit alle Staaten sie nutzen können, und
- nachhaltig sein, um eine langfristige ausufernde Staatsverschuldung zu unterbinden.[360]

Der IWF machte auch klar, dass eine höhere Verschuldung in Zukunft entweder zu hohen Steuern oder zu staatlichen Ausgabebegrenzungen führen muss und warnte, dass schon heute manche Staaten über wenig Handlungsspielraum verfügen würden, weil ihre Staatsverschuldung bereits an Grenzen stoße.[361]
Der IWF unterstützt aber auch die Entwicklungsländer in Afrika, Asien und Südamerika, erarbeitet mit ihnen Wachstums- und Wohlstandskonzepte und fördert diese durch direkte Geldhilfen. Diese sind ebenfalls (meist) an Bedingungen geknüpft, wie etwa Korruptionsabbau, Demokratie und Liberalisierung.[362]
Ende 2009 verfügte der IWF über so viel Geld wie noch nie zuvor in seiner Geschichte: Zur Bekämpfung der Weltwirtschaftskrise wurde der Topf für notleidende Staaten auf 600 Milliarden Dollar aufgestockt.[363]
Es gibt allerdings immer mehr Kritiker, die die restriktiven Bedin-

gungen des IWF bei der Kreditvergabe als Einmischung in die nationale Wirtschaftspolitik durch andere Regierungen bezeichnen. Die sogenannten »Strukturanpassungsprogramme« als Grundlage für IWF-Kredite sind für manche eine unzumutbare Bevormundung. Für den Währungsfonds stellen diese wirtschaftspolitischen Richtlinien jedoch einen Rahmen dar, der eine finanzpolitische Stabilität garantieren und somit die Solvenz des Kreditnehmers wiederherstellen soll.[364]

Joseph E. Stiglitz, der im Jahre 2001 den Nobelpreis für Wirtschaftswissenschaften erhielt, kritisiert, dass die Forderung des IWF nach prozyklischer Wirtschaftspolitik gerade in armen Ländern verheerend sei, da sie nicht nur die sozialen Kosten nach oben treibe, sondern zusätzlich die Länder politisch destabilisiere. Zudem sei die Vorgehensweise des IWF bei der Transformation ehemaliger Plan- in Marktwirtschaften mangelhaft. Als Beispiel nennt er Russland, was belege, dass der IWF zu schnelle Anpassungen fordere, den Ländern keine Zeit für die Transformation gebe und somit die Entstehung von Armut massiv fördere. Stiglitz mahnt zudem an, dass der IWF seine makroökonomischen Politikempfehlungen nicht anpasse und stattdessen ein Einheitsmodell für alle Entwicklungs- und Schwellenländer entwerfe, das die volkswirtschaftlichen, politischen und sozialen Eigenheiten der Länder nicht hinreichend berücksichtige.[365]

Doch zurück zur Gefahr von Staatsbankrotten, die weltweit noch nie so bedrohliche Ausmaße angenommen haben, wie es gegenwärtig der Fall ist. Ich belege dies anhand fünf unterschiedlicher Indizien, die für sich allein oder in ihrer Gesamtheit auf die künftige Zahlungsunfähigkeit eines Staates hinweisen.

Dieses »Frühwarnsystem« beginnt mit der Kreditvergabe des IWF, dessen Arbeitsweise wir bereits kennengelernt haben.

4.6.2 Indiz 1: IWF-Notfall-Kreditprogramme für (fast) bankrotte Staaten

Man mag zum IWF und zu seinen »Praktiken« stehen, wie man will, jedenfalls sind seine Aktivitäten wichtige Indikatoren. So enthüllt seine restriktive Kreditvergabe, welche Staaten eigentlich so große finanzielle Probleme haben, dass sie nur noch durch »Notdarlehen« künstlich am Leben erhalten werden können.

Im Folgenden führe ich die wichtigsten Notfall-Kredit-Programme auf, die vom IWF in der letzten Zeit genehmigt worden sind. Dabei konzentriere ich mich lediglich auf die Staaten im »europäischen« Raum:

- *Armenien*: Im März 2009 bewilligte der IWF einen 788-Millionen-Dollar-Kredit, Laufzeit 28 Monate. 240 Millionen Dollar wurden sofort ausbezahlt. Bereits im November 2008 hatte der Währungsfonds einen Drei-Jahres-Kredit für die Unterstützung der Wirtschaft bis zum Jahr 2011 zugesagt. Aufgrund der Finanzkrise reichte das Geld aber nicht mehr aus.[366]
- *Weißrussland*: Im Januar 2009 sagte der IWF ein finanzielles Rettungspaket in Höhe von 2,46 Milliarden Dollar zu. Die erste Tranche über 788 Millionen Dollar wurde bereits ausbezahlt, der Rest soll im Laufe der nächsten Monate fällig werden.[367]
- *Serbien*: Auch die serbische Regierung steht mit dem Rücken zur Wand, weshalb der IWF im Mai 2009 einen »Stand-by-Kredit« von vier Milliarden Euro zusicherte.[368]
- *Türkei*: Die Türken sind – theoretisch – auf einen Kredit des IWF angewiesen, um die staatlichen Finanzen aufzubessern, aber sie wollen ihn nur dann, wenn die Bedingungen, die die globalen Kreditgeber dafür stellen werden, akzeptabel sind. Die Regierung in Ankara benötigt bis zu 45 Milliarden Dollar (34 Milliarden Euro)[369] – der größte Kredit, den die Türkei bisher in ihrer Geschichte aufnehmen müsste. Die Gespräche wurden zunächst ausgesetzt, nachdem von beiden Seiten scheinbar unlösbare Forderungen gestellt wurden. Der IWF hatte sich gegen die Steuersenkungspläne der türkischen Regierung ausgesprochen, weil diese die öffentlichen Finanzen zu sehr belasten würden. Während des G-20-Gipfels im Oktober 2009 kündigte der Chef der türkischen Zentralbank jedoch plötzlich an, die Türkei werde nun voraussichtlich doch keinen Kredit benötigen. Die Verhandlungen mit dem IWF gehen aber seltsamerweise weiter.[370] Und um die Verwirrung noch größer werden zu lassen, äußerte der türkische Ministerpräsident im Januar 2010, dass die Gespräche mit dem IWF kurz vor einem »erfolgreichen« Abschluss stehen würden.[371]
- *Polen*: Auch unser östlicher Nachbar erhielt einen IWF-Kredit in Höhe von 20,5 Milliarden US-Dollar.[372]
- *Bosnien-Herzegowina*: Der IWF genehmigte einen Kreditrahmen von insgesamt 1,13 Milliarden Euro, 203 Mio. Euro wurden sofort zur Verfügung gestellt.[373]

- *Moldawien*: Der IWF unterstützt Moldawien mit einem Beistands-
kredit von 590 Millionen Dollar, um die wirtschaftliche Stabilisierung nach der Rezession zu fördern. Der Kredit ist auf drei Jahre
angelegt. Die Hälfte des Kreditvolumens soll zur Verringerung des
Haushaltsdefizits verwendet werden, die andere Hälfte ist zur
Stärkung der Zentralbankreserven gedacht.[374]
- *Georgien*: Auch hier vergab der IWF eine Kreditlinie von insgesamt 1,197 Milliarden US-Dollar.[375]
- *Ungarn*: Der IWF stützte das Land bereits im November 2008 mit
einer 15,7-Milliarden-Dollar-Hilfe.[376]
- *Ukraine*: Wie schon erwähnt, erhielt das Land ebenfalls im November 2008 einen Notkredit mit einem Volumen von 16,4 Milli-
arden Dollar.[377]

Das Gesamtvolumen der bereitgestellten IWF-Kreditmittel seit der
Lehman-Pleite im September 2008 beträgt 165 Milliarden Dollar.[378]

4.6.3 INDIZ 2: LÄNDERRISIKEN

Ein weiterer Parameter, der zeigt, wie es mit der Bonität eines Staates
bestellt ist, ist das sogenannte »Länderrisiko«.

Per Definition ist dies ein »Unternehmensrisiko, das sich aus unsicheren politischen, wirtschaftlichen und sozialen Verhältnissen eines
anderen Staates ergibt«[379]. Anders formuliert: Verschiedene Krisen-
situationen können einen Staat dazu zwingen, vereinbarte Zins- und
Tilgungsleistungen[380] ganz oder teilweise ausfallen zu lassen.

Für die Bank für Internationalen Zahlungsausgleich (BIZ) bezieht
sich das Länderrisiko »auf die Möglichkeit, dass souveräne Kreditnehmer eines bestimmten Landes nicht in der Lage oder bereit sind und
dass sonstige Kreditnehmer nicht in der Lage sind, aus anderen Gründen als den üblichen Risiken, die sich im Zusammenhang mit jeder
Kreditgewährung ergeben, ihre Auslandsverpflichtungen zu erfüllen«[381].

Dabei unterscheidet man zwischen politischen und wirtschaftlichen
Risiken:
- *Politische Risiken* ergeben sich aus der innen- und außenpolitischen Situation des betreffenden Landes. Innenpolitische Risiken
resultieren aus ideologischen Auseinandersetzungen der Parteien
des Landes, aus sozialen Spannungen, funktionsuntüchtigen staat-

lichen Verwaltungen und handlungsschwachen Regierungen. Dagegen beruhen außenpolitische Risiken auf der Zugehörigkeit zu politischen Allianzen und/oder auf dem feindseligen/unfriedlichen Verhalten anderer Staaten gegenüber dem betreffenden Land. Für den Investor zeigen sich derartige Risiken politischer Art in Diskriminierungen ausländischen Kapitals (in verschiedenen Abstufungen) und im Extremfall in der Gefahr der Enteignung (mit oder ohne Entschädigung).[382]
– *Wirtschaftliche Risiken* sind vorwiegend makroökonomischer Natur und können nicht losgelöst von politischen Risiken analysiert werden. Insbesondere resultieren sie aus der Struktur der betreffenden Volkswirtschaft und der Art ihrer Einbindung in die internationale Wirtschaft. Sie manifestieren sich in finanzieller Hinsicht vor allem durch Wechselkursrisiken (auch Währungs- oder Valutarisiken) und Transferrisiken, die den internationalen Zahlungs- und Kapitalverkehr behindern oder völlig außer Kraft setzen können. Letzteren wird begegnet durch Devisenbewirtschaftung, Kapitalverkehrskontrollen und im Extremfall durch »Einfrieren« von Konten ausländischer Geschäftspartner.[383]

Aus den Einschätzungen ergibt sich eine »Länderrisikoanalyse«, als eine Bewertung des Risikos einer finanziellen Investition in einen bestimmten Staat. Daraus resultiert dann das »Länder-Rating«, eine Art »Früherkennungssystem«, das Chancen und Risiken in einem bestimmten Auslandsmarkt untersucht, die durch die politische Situation eines Landes und dessen soziales, ökonomisches und rechtliches Umfeld ausgelöst werden. Hinzu kommen vorhersehbare und erwartete Zukunftsentwicklungen. Die Analysen werden von internationalen Kreditinstituten, Exportkreditversicherern und anderen speziellen Organisationen vorgenommen[384], dazu gehören auch die US-Rating-Agenturen *Fitch*, *Moody's* und *Standard & Poor's* (siehe Abschnitt 4.2).
Die Kriterien für eine Länderbewertung sind die Folgenden:

Freiheitsgrad:
– Begrenzungen für Auslandsinvestitionen
– Freiheit der Wirtschaftsordnung
– Zugänglichkeit des inländischen Kapitalmarktes für Ausländer
– Liberalität der Kapitaltransferbestimmungen
– Auflagen für Beteiligungen

– Beschäftigungsangebot für ausländische Arbeitskräfte
– Rechtssicherheit im Land
– Exportmöglichkeiten
– Importpolitik

Grundsätzliche Voraussetzungen:
– Arbeitsklima, sozialer Friede
– Verkehrs- und Kommunikationssystem
– Marken- und Produktschutz
– Bruttosozialprodukt pro Kopf der Bevölkerung
– branchenspezifisches Marktvolumen
– Stabilität des politischen Systems
– Gefahr innerer und äußerer Konflikte
– Verfügbarkeit von Energie
– Umweltschutzbestimmungen
– Staat als Wirtschaftspartner

Volkswirtschaftliche Rahmenbedingungen samt Entwicklungstendenzen:
– Inflation in den vergangenen (zwei) Jahren
– Tendenzen in der Zahlungsbilanz
– internationale Zahlungsfähigkeit
– Wachstum in den vergangenen (fünf) Jahren und Wachstums-prognose
– Belastungen durch Öl- und Energieimporte
– Konvertibilität (= Möglichkeit, jederzeit die inländische Währung gegen eine ausländische Währung zu tauschen oder umgekehrt) der Landeswährung[385]

Aus der Länderrisikoanalyse ergibt sich die »Länderrisikoprämie«. Gemeint ist damit der Zinsaufschlag bei Krediten oder Anleihen, der sich am Markt aufgrund der zusätzlichen landesspezifischen Risiken ergibt. Aus Sicht des Gläubigers handelt es sich also um eine Risikoprämie, deren Höhe sich nach der Stabilität und Bonität des jeweiligen Landes richtet. Diese wird über Ratings ermittelt, die von Rating-Organisationen ermittelt werden.

Vereinfacht gesagt gibt das Länder-Rating, auf dem die Prämie basiert, die Wahrscheinlichkeit an, dass ein Investor einen Verlust erleiden wird, wenn er in einem bestimmten Land investiert. Die Länderrisikoprämie wird in Punkten dargestellt: Jeweils 100 Punkte bedeuten einen Zinsaufschlag von einem Prozent.

178

Beispiel: Länderrisikoprämie

Griechenland hat eine Prämie von 250, was bedeutet: Eine Versicherung über zehn Millionen Euro gegen die Zahlungsunfähigkeit von Griechenland kostet 10 Millionen x 250/10000 = 250000 Euro pro Jahr. Über die zehn Jahre zahlt man dann also etwa 2,5 Millionen Euro an Versicherungsprämie, um im Schadensfall zehn Millionen Euro zu bekommen.

Auf den Seiten 179 bis 181 finden Sie eine Liste von zehnjährigen Credit-Default-Swaps (CDS)-Prämien (Länder, die sich bereits im Zahlungsverzug befinden, sind nicht mehr in der Tabelle enthalten. Für diese kann man keine Kreditversicherung mehr abschließen).[386]

CDS-Prämien

Sind jährliche Versicherungsprämien für die Versicherung gegen das Risiko einer Zahlungsunfähigkeit eines Staates in Basispunkten (Hundertstel eines Prozents).[387]

Ich führe in der Tabelle nicht nur die europäischen Staaten auf, damit sich der Leser einen globalen Überblick verschaffen kann.

Erläuterungen zur Tabelle

Rating: Siehe Abschnitt 4.2 »Die Kreditwürdigkeit eines Staates«

PD: Aus diesen Prämien lässt sich in etwa ableiten, wie hoch die Wahrscheinlichkeit (PD) ist, dass das Land wirklich zahlungsunfähig wird und ein Staatsbankrott eintritt.

I: IWF-Kredit erhalten

K: Korruptionsskandal

U:	Unruhen
R:	Regierung gestürzt
E:	EU-Kredit erhalten
S:	gekürzte Sozialleistungen
L:	geringe Marktliquidität, die eventuell zu falschen oder sprunghaften Ergebnissen führt

Rang (von)	Land	Risikoprämie	PD	Hinweis	Rating
1 (1)	Irak	1625 (0%)	98%	L	
2 (3)	Ukraine	880 (−21%)	86%	I, U	CCC+
3 (4)	Argentinien	868 (−12%)	85%	R	B−
4 (2)	Venezuela	848 (−29%)	84%		BB−
5 (5)	Pakistan	612 (5%)	73%		B−
6 (8)	Lettland	484 (1%)	64%	I, U, R, K, E, S	BB−
7 (6)	Dubai	432 (−25%)	59%		
8 (9)	Island	392 (−3%)	56%	I, U, R	BBB−
9 (7)	El Salvador	314 (−39%)	48%	L	BB
10 (10)	Ägypten	301 (0%)	46%		BB+
11 (12)	Vietnam	276 (−3%)	43%		BB
12 (14)	Libanon	274 (0%)	43%	L	B−
13 (11)	Litauen	273 (−6%)	43%	U, K	BBB
14 (13)	Rumänien	254 (−8%)	41%	U, K, I	BB+
15 (18)	Griechenld.	250 (8%)	40%	U, R	BBB+
16 (16)	Ungarn	241 (3%)	39%	I, U, K, E, S	BBB−
17 (19)	Kroatien	224 (−2%)	37%		BBB
18 (17)	Indonesien	218 (−7%)	36%		BB−
19 (20)	Bulgarien	217 (0%)	36%	U, K	BBB

Rang (von)	Land	Risikoprämie	PD	Hinweis	Rating
20 (15)	Kasachstan	212 (–10%)	35%		BBB–
21 (23)	Philippinen	191 (–3%)	32%		BB–
22 (21)	Türkei	191 (–9%)	32%		BB–
23 (24)	Russland	182 (–7%)	31%	K	BBB
24 (22)	Bahrain	180 (–9%)	31%	A	
25 (25)	Estland	175 (–6%)	30%		A–
26 (26)	Südafrika	157 (–13%)	27%		BBB+
27 (29)	Kolumbien	153 (–9%)	27%		BB+
28 (28)	Irland	151 (–12%)	26%	U	AA
29 (30)	Panama	148 (–5%)	26%		BB+
30 (70)	Costa Rica	144 (0%)	25%		BB
31 (27)	Abu Dhabi	142 (–20%)	25%		AA
32 (32)	Peru	139 (–6%)	25%		BBB–
33 (31)	Brasilien	138 (–8%)	24%		BBB–
34 (–)	Mexiko	134 (–24%			BBB
35 (33)	Israel	129 (–6%)	23%		A
36 (34)	Polen	128 (1%)	23%	E	A-
37 (35)	Marocco	116 (–8%)	21%		BB+
38 (38)	Thailand	110 (–5%)	20%		BBB+
39 (37)	Tunesien	110 (–12%)	20%		BBB
40 (41)	Spanien	109 (5%)	20%		AA+
41 (36)	Katar	108 (–15%)	20%		AΛ-
42 (42)	Italien	103 (–1%)	19%		A+
43 (40)	Malaysia	100 (–10%)	18%		A-
44 (43)	Korea	100 (–4%)	18%		A
45 (44)	Tschechien	94 (–1%)	17%	R	A
46 (47)	Portugal	91 (2%)	17%		A+
47 (39)	Saudi-Arab.	88 (–22%)	16%		AA–

Rang (von)	Land	Risikoprämie	PD	Hinweis	Rating
48 (46)	Großbrit.	87 (–5%)	16%	U	AAA
49 (49)	Österreich	86 (4%)	16%		AAA
50 (50)	Slowakei	84 (4%)	16%		A+
51 (48)	China	81 (–5%)	15%	U	A+
52 (51)	Japan	80 (6%)	15%		AA
53 (45)	Chile	76 (–17%)	14%		A+
54 (52)	Slowenien	75 (–1%)	14%		AA
55 (55)	Schweiz	62 (10%)	12%		AAA
56 (54)	Belgien	58 (–4%)	11%		AA+
57 (53)	Schweden	57 (–6%)	11%		AAA
58 (56)	Neuseeland	53 (2%)	10%		AA+
59 (57)	Hong Kong	50 (1%)	10%		AA+
60 (58)	Australien	45 (4%)	9%		AAA
61 (59)	USA	41 (3%)	8%	U	AAA
62 (62)	Frankreich	37 (6%)	7%	U	AAA
63 (60)	Niederlande	37 (–5%)	7%		AAA
64 (61)	Dänemark	37 (–3%)	7%		AAA
65 (63)	Finnland	33 (–4%)	6%	S	AAA
66 (64)	**Deutschland**	**31 (4%)**	**6%**		**AAA**
67 (65)	Malta	22 (1%)	4%	L	A
68 (75)	Norwegen	21 (–1%)	4%	K	AAA

Quelle: http://verlorenegeneration.de/landerisiken-im-uberblick/[388]

Bewertung: Wir sehen also, dass die Staatsbonität vieler osteuropäischer EU-Länder von den Rating-Agenturen als »weniger hochwertig« (BBB+/BBB) eingestuft wurde, was am Ranking erkennbar ist. Die Wahrscheinlichkeit eines Staatsbankrotts liegt in Lettland bei rund eins zu zwei, in Litauen und Ungarn eins zu 2,5, in Rumänien, Estland und

Bulgarien bei eins zu drei, bei Irland, Polen und Griechenland immerhin noch bei rund eins zu 4,5.

4.6.4 INDIZ 3: LEISTUNGSBILANZEN

Auch die Leistungsbilanz eines Staates ist ein guter Indikator dafür, herauszufinden, welche Volkswirtschaft ökonomisch arbeitet und wie es mit der Bonität eines Landes bestellt ist.

Die Leistungsbilanz ist ein Teil der Zahlungsbilanz eines Landes und umfasst folgende Segmente:
- Handelsbilanz (mit exportierten und importierten Waren)
- Dienstleistungsbilanz (mit Dienstleistungen aus Reiseverkehr, Transport- und Versicherungsleistungen und Kapitalerträgen)
- Übertragungsbilanz (mit geleisteten und empfangenen privaten und öffentlichen Übertragungen/Überweisungen von ausländischen Arbeitnehmern in ihre Heimatländer)
- Beiträge an internationale Organisationen
- Entwicklungshilfe

Der Saldo der Leistungsbilanz stellt also eine wichtige ökonomische Größe zur Bewertung der Leistungsfähigkeit einer Volkswirtschaft dar und ist, vereinfacht ausgedrückt, sozusagen als »Kontostand« eines Landes anzusehen.

Dabei ergeben sich Phasen sowohl von Leistungsüberschüssen als auch von Leistungsdefiziten. Bei einem Leistungsbilanzdefizit erwirtschaftet eine Volkswirtschaft aus dem Verkauf von Gütern nicht mehr ausreichend finanzielle Mittel, um ihren ausländischen Zahlungsverpflichtungen und grenzüberschreitenden Aktivitäten nachzukommen. Diese Lücke muss durch den Zustrom von Kapital geschlossen werden. Überwiegt hingegen der Wert der aktivierenden Zuflüsse, liegt ein Leistungsbilanzüberschuss vor.[389]

Ausgerechnet die CIA (*Central Intelligence Agency*), also der US-Auslandsnachrichtendienst, veröffentlichte in seinem *World Factbook*[390] eine Rangliste der Leistungsbilanzen von insgesamt 190 Staaten. Ich konzentriere mich dabei nachfolgend auf einige ausgewählte Länder.

Rang	Land	Leistungsbilanzsaldo
1	China	$ 426 100 000 000
2	**Deutschland**	**$ 243 600 000 000**
3	Japan	$ 156 600 000 000
4	Saudi-Arabien	$ 132 600 000 000
5	Russland	$ 102 400 000 000
6	Norwegen	$ 88 340 000 000
7	Kuwait	$ 64 780 000 000
8	EU	$ 51 400 000 000
9	Niederlande	$ 41 930 000 000
10	Schweiz	$ 41 210 000 000
11	Schweden	$ 40 320 000 000
24	Österreich	$ 14 270 000 000
30	Dänemark	$ 6 938 000 000
33	Finnland	$ 5 518 000 000
38	Luxemburg	$ 2 979 000 000
103	Malta	$ – 445 000 000
129	Armenien	$ – 1 355 000 000
136	Albanien	$ – 1 906 000 000
140	Estland	$ – 2 192 000 000
147	Georgien	$ – 2 915 000 000
149	Slowenien	$ – 3 323 000 000
156	Zypern	$ – 4 479 000 000
157	Lettland	$ – 4 492 000 000
158	Weißrussland	$ – 5 063 000 000
159	Litauen	$ – 5 629 000 000
162	Kroatien	$ – 6 397 000 000
163	Slowakei	$ – 6 430 000 000
164	Island	$ – 6 606 000 000
165	Tschechien	$ – 6 642 000 000
167	Serbien	$ – 6 889 000 000
170	Bulgarien	$ – 12 650 000 000
171	Ukraine	$ – 12 760 000 000
172	Belgien	$ – 12 880 000 000
173	Ungarn	$ – 12 980 000 000
174	Irland	$ – 13 880 000 000
178	Rumänien	$ – 24 810 000 000

Rang	Land	Leistungsbilanzsaldo
179	Polen	$ - 26 910 000 000
181	Portugal	$ - 29 600 000 000
183	Türkei	$ - 41 690 000 000
185	Großbritannien	$ - 45 680 000 000
186	Griechenland	$ - 51 530 000 000
187	Frankreich	$ - 52 910 000 000
188	Italien	$ - 78 030 000 000
189	Spanien	$ -154 100 000 000
190	USA	$ -706 100 000 000

Bewertung: Unter den ersten zehn der leistungsstärksten Volkswirtschaften sind nur *vier* europäische Länder: Deutschland, Norwegen, Niederlande und die Schweiz. *Alle* osteuropäischen Staaten weisen hingegen Defizite auf und liegen auf den Plätzen ab 130, sogar noch beispielsweise hinter Algerien, Angola, Burma, Laos, Togo oder Syrien. Und genau diese Länder, deren Volkswirtschaften nicht einmal auf dem Niveau eines Entwicklungslandes stagnieren, sind (teilweise) in der EU und müssen von den finanzstarken Staaten, vor allem Deutschland, unterstützt werden. Ich wiederhole es noch einmal: Die EU-Osterweiterung ist ein großer Fehler und wird früher oder später die gesamte Europäische Union ins Unglück stürzen.

Aber zurück zu den Leistungsbilanzen. Große Probleme haben die Volkswirtschaften in Ungarn, Irland, Rumänien, Polen, Portugal, Großbritannien, Frankreich und Griechenland. In diesen Ländern schlummert jedenfalls die latente Gefahr eines Staatsbankrotts. So viele Rettungsfonds und Finanzhilfen kann es gar nicht geben, um alle diese Länder vor dem Schlimmsten zu bewahren. Auch wenn die Konjunktur anziehen sollte, brauchen diese Staaten einige Jahre, wenn nicht sogar einige Jahrzehnte, um sich aus dem Würgegriff ihrer Schulden zu befreien.

Schlusslicht aller 190 Staaten sind jedoch die Vereinigten Staaten von Amerika. Das kommt nicht von ungefähr, dürfte den Leser aber dennoch erschrecken. Wie es dazu kam, dass das einst mächtigste Wirtschaftsland de facto bankrott ist, beschreibe ich in Kapitel 5 »Das Ende der USA«.

4.6.5 Indiz 4: Staatsschuldenquoten

Die Staatsschuldenquote gibt den Schuldenstand eines Staates in Prozent des Bruttoinlandsprodukts (BIP) an. Hier die offiziellen Zahlen des Bundesministeriums der Finanzen (BMF):

Staatsschuldenquoten im Vergleich (in Prozent des BIP)			
Land	2008	2009	2010	2011
Deutschland	65,9	73,1	76,7	79,7
Belgien	89,8	97,2	101,2	104
Griechenland	99,2	112,6	124,9	135,4
Spanien	39,7	54,3	66,3	74
Frankreich	67,4	76,1	82,5	87,6
Irland	44,1	65,8	82,9	96,2
Italien	105,8	114,6	116,7	117,8
Zypern	48,4	53,2	58,6	63,4
Luxemburg	13,5	15	16,4	17,7
Malta	63,8	68,5	70,9	72,5
Niederlande	58,2	59,8	65,6	69,7
Österreich	62,6	69,1	73,9	77
Portugal	66,3	77,4	84,6	91,1
Slowakei	27,7	34,6	39,2	42,7
Slowenien	22,5	35,1	42,8	48,2
Finnland	34,1	41,3	47,4	52,7
Euroraum	69,3	78,2	84	88,2
Bulgarien	14,1	15,1	16,2	15,7
Dänemark	33,5	33,7	35,3	35,2
Estland	4,6	7,4	10,9	13,2
Lettland	19,5	33,2	48,6	60,4
Litauen	15,6	29,9	40,7	49,3
Polen	47,2	51,7	57	61,3

Land	2008	2009	2010	2011
Rumänien	13,6	21,8	27,4	31,3
Schweden	38	42,1	43,6	44,1
Tschechien	30	36,5	40,6	44
Ungarn	72,9	79,1	79,8	79,1
Großbritannien	52	68,6	80,3	88,2
EU	61,5	73	79,3	83,7
Japan	173,1	189,8	197,6	206
USA	70,7	65,2	75,5	87,8

Quellen: Für die Jahre 1980 bis 2000: EU-Kommission, *Europäische Wirtschaft*, Statistischer Anhang, November 2009; für USA und Japan alle Jahre. Für die Jahre ab 2005: EU-Kommission, Herbstprognose, November 2009[391]

Bewertung: Für Deutschland wird von 2008 bis 2011 also eine Schuldenzunahme von knapp 14 Prozent des BIP prognostiziert, in der gesamten EU von 22,2 Prozent und im gesamten Euro-Raum von 18,9 Prozent. Unter den betroffenen Ländern befinden sich einige potenzielle Staatsbankrottkandidaten, die ich noch einmal gesondert aufführen möchte:

Land	Schulden*zunahme* des BIP 2008–2011 in Prozent
Irland	52,1
Lettland	40,9
Großbritannien	36,2
Griechenland	36,2
Spanien	34,3
Litauen	33,7
Portugal	24,8

Wir sehen bei den meisten Ländern einen enormen Anstieg ihrer Verschuldungen. Es ist von den meisten Ländern nicht zu erwarten, dass sie ihre Lasten in den kommenden Jahren abbauen können, im Gegenteil wird die Neuverschuldung noch weiter zunehmen und uns weitere tickende Zeitbomben hinterlassen – und zwar rund um den Globus.

4.6.6 INDIZ 5: ARBEITSLOSENQUOTEN

Auch die Zahl der Arbeitslosen ist ein wichtiges Indiz, um beurteilen zu können, ob eine Volkswirtschaft Probleme hat. Die EU-Kommission prognostizierte im November 2009 folgende Arbeitslosenquoten für die nächsten beiden Jahre:

Land	2000	2010	2011
Belgien	6,9	9,9	10,3
Deutschland	7,5	9,2	9,3
Finnland	8,5	10,2	9,9
Frankreich	9,0	10,2	10,0
Griechenland	11,2	10,2	11,0
Irland	4,3	14,0	13,2
Italien	10,1	8,7	8,7
Luxemburg	2,2	7,3	7,7
Niederlande	2,8	5,4	6,0
Österreich	3,6	6,0	5,7
Portugal	4,0	9,0	8,9
Spanien	11,1	20,0	20,5
Malta	6,7	7,4	7,3
Slowakei	18,8	12,8	12,6
Slowenien	6,7	8,3	8,5
Zypern	4,9	6,6	6,7
Bulgarien	16,4	8,0	7,2

188

Land	2000	2010	2011
Dänemark	4,3	5,8	5,6
Estland	12,8	15,2	14,2
Großbritannien	5,4	8,7	8,0
Lettland	13,7	19,9	18,7
Litauen	16,4	17,6	18,2
Polen	16,1	9,9	10,0
Rumänien	7,3	8,7	8,5
Schweden	5,6	10,2	10,1
Tschechien	8,7	7,9	7,4
Ungarn	6,4	11,3	10,5
EU (27)	8,7	10,3	10,2
Türkei	6,5	13,9	13,5
USA	4,0	10,0	10,2
Japan	4,7	6,4	7,1

Arbeitslose in Prozent der Erwerbspersonen nach internationaler Definition (ILO/EUROSTAT); Quelle: EU-Kommission, EUROSTAT, OECD.

Bewertung: Wir sehen also, dass in (fast) allen der dargestellten Länder die Arbeitslosigkeit steigen wird. Die EU-Kommission prognostiziert für die Mitgliedsstaaten Irland, Spanien, Estland, Lettland und Litauen besonders hohe Arbeitslosenquoten. Vor allem Spanien mit über 20 Prozent wird schwer betroffen sein. Aber auch für die Türkei und die USA sieht es nicht gut aus. Die Arbeitslosenquote wird sich seit dem Jahre 2000 mehr als verdoppeln. Somit kommen neue, hohe Belastungen auf die Länder zu, die sowieso schon große Schulden haben.

Eine hohe Arbeitslosigkeit belastet die Staatshaushalte in dreifacher Hinsicht: weniger Konsum und weniger Produktion, was sinkende Staatseinnahmen und eklatant höhere Sozialausgaben nach sich zieht. Die Schuldenspirale setzt sich unermüdlich fort.

Die fünf »Staatsbankrott-Indizien« IWF-Notfall-Kreditprogramme,

Länderrisiken, Leistungsbilanzen, Staatsschuldenquoten und Arbeitslosenquoten geben uns also Anhaltspunkte dafür, in welchen Ländern
es kurz- bis mittelfristig zum Finanz-Crash kommen könnte.

4.6.7 RANGLISTE VON STAATSBANKROTT-KANDIDATEN

Die Analysten der *Crédit Suisse* veröffentlichten Ende 2009 die Rang-
folge der ersten zwölf Länder, die aufgrund hoher Verschuldung im
Verhältnis zum Bruttosozialprodukt (oder Bruttonationaleinkommen)
am stärksten von einem Staatsbankrott gefährdet sind:

1. Island
2. Bulgarien
3. Litauen
4. Estland
5. Griechenland
6. Spanien
7. Lettland
8. Rumänien
9. Großbritannien
10. USA
11. Irland
12. Ungarn[392]

Interessant dabei ist, dass Großbritannien und die USA in der Liste der
meistgefährdetsten Bankrott-Länder auftauchen. Vor zehn Jahren wäre
so etwas wohl noch undenkbar gewesen.

4.7 Horrorliste: Was Ihnen bei einem Staatsbankrott blühen kann

Ich habe geschildert, welche Maßnahmen die verschiedenen Länder in
der Vergangenheit und Gegenwart ergriffen haben, um einen Staatsbankrott abzuwehren. Ich möchte diese noch einmal zusammenfassen,
um aufzuzeigen, was dem jeweiligen Land bzw. Ihnen blühen kann.
Die nun folgende Aufzählung ist quasi ein »Werkzeugkasten« für
Regierungen und eine Horrorliste für alle Bürger.

4.7.1 Maßnahmen, die Regierungen bisher ergriffen haben, um einen Staatsbankrott zu vermeiden

Die nachfolgenden Maßnahmen wurden von Regierungen in die Tat umgesetzt, wenn es darum ging, einen drohenden Bankrott des Staates abzuwenden:
- Drucken von Geldscheinen nach »Bedarf« mit einem Zinsaufschlag für die Bank. Die Folge: Hyperinflation (Deutschland 1923).
- Schaffung einer eigenen nationalen Währung (Simbabwe 2007 bis 2009).
- Abwertung von Inhaberschecks (Simbabwe 2007 bis 2009).
- Abwertung der nationalen Währungen um bis zu 50 Prozent (Russland 1998, Argentinien 2001, Nordkorea 2009, Venezuela 2010).
- Umwandlung von Staatskrediten in langfristige Anleihen (Russland 1998).
- Einführung von Schulden-Bonds, mit denen staatliche Angestellte und Beamte entlohnt wurden (Argentinien 2001).
- Gesetzliche Einschränkungen von Bargeldabhebungen, um den Umtausch der eigenen Währung in eine andere (z. B. Dollar) zu verhindern (Argentinien 2001).
- Landesweite Schließung von Banken, um Panik-Dollar-Käufe zu unterbinden (Argentinien 2001).
- Umwandlung von Geldkonten in festverzinsliche Sparbücher (Argentinien 2001).
- Umtausch von Dollar-Konten in die nationale Währung (Argentinien 2001).
- Verweigerung des Zugriffs auf Geldkonten (Argentinien 2001).
- Auszahlung von Staatsanleihen und Zinsen über nur noch 50 Prozent ihres Wertes (Argentinien 2001).
- Rückkauf von Staatsanleihen zu einem Wert von nur noch 35 Prozent (Ecuador 2008).
- Höhere Steuern und Sozialabgaben (Island 2008).
- Verminderung von staatlichen Sozialleistungen, Kürzungen beim Elterngeld und bei Renten (Island 2008).
- Erhöhung von Einkommen-, Körperschaft- und Mehrwertsteuer (Ungarn 2008).
- Besteuerung von Familienzuschlägen (Ungarn 2008).
- Einschränkung von Unterstützungen für Mütter (Ungarn 2008).

- Lohnkürzungen im öffentlichen Dienst um 35 Prozent (Lettland 2009).
- Schließung von Schulen und Kliniken (Lettland 2009).
- Kürzung von Renten (Lettland 2009).
- Steuererhöhung auf Benzin (Spanien 2009).
- Rückgängigmachung der Senkung der Einkommensteuer (Spanien 2009).

Folgendes kann Ihnen in einem Staat blühen, der vor dem Bankrott steht:

- Währungsreform.
- Inflation/Deflation.
- Abwertung der Währung um bis zu 50 Prozent (oder mehr); das bedeutet Reallohn- und Kaufkraftverlust.
- Die Sicherheit der angesparten Altersvorsorge ist ungewiss; das gilt ebenso für das Vermögen aus Versicherungs- und Bausparverträgen.
- Kredite an den Staat werden einfach in langfristige Anleihen umgewandelt.
- Staatliche Angestellte werden zur Hälfte nicht mehr mit Geld, sondern mit Schulden-Bonds bezahlt.
- Einschränkung von Bargeldabhebungen.
- Schließung von Banken.
- Eigene Konten werden einfach in festverzinsliche Wertpapiere umgewandelt, auf die man erst Jahre später Zugriff hat.
- Geld in Form einer höherwertigen Fremdwährung wird einfach an die niedrigere Landeswährung »angepasst«.
- Staatsanleihen besitzen nur noch einen Bruchteil ihres Wertes.
- Höhere Steuern.
- Niedrigere Sozialleistungen.
- Lohnkürzungen.
- Rentenkürzungen.
- Schließung von Schulen.

Ein wahres Horrorszenario!

Fakt bleibt: Die Schulden in Billionenhöhe, die die Staaten angehäuft haben, können nur getilgt werden mittels:

- Inflation
- Steuererhöhung

– Währungsreform
– Staatsbankrott

Egal welche dieser Maßnahmen letztendlich auch immer durchgeführt werden, für Sie persönlich bedeutet das stets eine Minderung oder gar einen Verlust Ihres Vermögens.

4.7.2 Gibt es einen Weg aus einem Staatsbankrott?

Ich will allerdings nicht nur die Schreckensszenarien entwerfen, sondern auch einen »kleinen« Hoffnungsschimmer geben: Ein Staatsbankrott muss nicht unbedingt das Ende bedeuten und kann die wirtschaftliche Lage sogar leicht verbessern, so wie in Argentinien geschehen. Eine Abwertung der eigenen Währung kann der Exportwirtschaft beispielsweise Wettbewerbsvorteile verschaffen, wobei die Sparer jedoch herbe Verluste hinnehmen müssen.

Die Regierung könnte zudem Verhandlungen mit ihren Gläubigern aufnehmen und Teilrückzahlungen vereinbaren. Die Zentralbank kann Zinsen senken, damit die Kredite billiger werden, und kauft dem Staat die Anleihen ab, die auf dem Markt nicht zu platzieren sind. Außerdem druckt sie neues Geld, um die Staatskassen wieder zu füllen, was dem Staat die Möglichkeit verschafft, wieder neue Konjunkturprogramme aufzulegen, die den totalen Zusammenbruch der Wirtschaft verhindern – zumindest vorerst.

4.7.3 Wirtschaftsnobelpreisträger Krugman: Die nächsten »Bankrott-Kandidaten«

Paul Krugman, Amerikas linker Vordenker und Träger des Wirtschaftsnobelpreises 2008, malt ein düsteres Bild der Zukunft: Das US-Konjunkturprogramm in Billionenhöhe reiche nicht, bemängelt er, und auch der Plan, dass die US-Regierung an der Wall Street faule Wertpapiere einkaufen will, werde scheitern.

»Woher soll denn der Nachfrageschub kommen, den wir brauchen?«, fragt Krugman. »Exporte werden uns nicht retten, weil die gesamte Welt am Boden liegt. Es sei denn, wir finden einen neuen Planeten, der uns unsere Waren abkauft. Wir haben noch nie einen so rasanten Absturz erlebt, nicht einmal zu Zeiten der Großen Depression.«

Doch stärker als die USA würde Europa von den weltwirtschaftlichen Verwerfungen getroffen, glaubt der Ökonom. Vor allem der Aufstieg des Euros sei um Jahre, wenn nicht Jahrzehnte, zurückgeworfen worden. Krugman erkennt zwar an, dass die Euro-Zone, gemessen an ihrer wirtschaftlichen Leistungskraft, den USA ebenbürtig ist, doch ein großes Manko ist für ihn, dass es trotz Einheitswährung keinen einheitlichen Anleihenmarkt gibt: »Eine Euro-Anleihe ist keine Euro-Anleihe, weil Investoren weit höhere Risikoaufschläge für griechische Staatsanleihen verlangen als für spanische, französische oder deutsche.« Diese »Fragmentierung« bedeute, dass der Euro auf absehbare Zeit auf dem Devisenmarkt nicht zum Dollar aufschließen werde.

Besorgt ist Krugman um den Osten: Weil Investoren den Mut verlieren und ihr Geld abziehen, können Länder ihre festen Wechselkurse nicht verteidigen. Im gleichen Maß, in dem ihre Währung absacke, steige ihre Schuldenlast im Ausland – und schließlich die Gefahr eines Staatsbankrotts. Als nächste »Bankrott-Kandidaten« sieht der Nobelpreisträger Irland und gleich danach Österreich.[393]

5. Das Ende der USA

Die Vereinigten Staaten von Amerika sind nicht irgendwer. Sie waren lange Zeit die größte Wirtschafts- und Militärmacht der Welt und beherbergen mit der Wall Street das Epizentrum der internationalen Finanzmärkte.

Aktien, Wertpapiere und Derivate entscheiden heute über das Wohl der Wirtschaft, der Regierungen und auch der einzelnen Bürger. Die Entwicklungen an den internationalen Finanzmärkten brachten Segen und Fluch, machten Menschen steinreich, aber auch bettelarm.

Das wirft die Frage auf: Wie kann man die Entwicklungen an den Finanzmärkten messen? – Die Antwort lautet: Dafür gibt es verschiedene Indizes. Dies sind Kennzahlen für die Entwicklung von ausgewählten Aktienkursen an Börsen. Sie dokumentieren die Entwicklung auf einem Teilmarkt des weltweiten Finanzgeschehens.

Ausgangspunkt für die Berechnung eines Aktienindex ist eine ganz bestimmte Basisperiode. Die Änderungen der Kennzahl (Punkte) im Zeitablauf spiegeln anschließend die vergangenheitsorientierte Wertentwicklung (Performance) der Aktien wider. Aktienindizes eignen sich als nützliches Stimmungsbarometer für einzelne Volkswirtschaften bzw. bestimmte Wirtschaftsbereiche.

Der wichtigste Index ist der Dow Jones Index (eigentlich Dow Jones Industrial Average, DJIA) an der New Yorker Börse (*New York Stock Exchange*, NYSE). Er ist einer der ältesten noch bestehenden Aktienindizes der USA und setzt sich heute aus 30 der größten US-Unternehmen zusammen.[394]

> Die Wall Street ist das unangefochtene Finanzzentrum der gesamten Welt.

Die tägliche Entwicklung der Kurse an der New Yorker Börse beeinflusst die gesamte globale Finanzarchitektur. Kursausschläge machen sich in Windeseile auf der ganzen Welt bemerkbar. Daher will ich Ihnen zunächst eine historische Übersicht über die Entwicklung des Dow Jones Index, des »Stimmungsbarometers« der US-Wirtschaft, geben.

5.1 Der Dow Jones Index

Der Indexstand des Dow Jones wird ausschließlich anhand der Aktienkurse ermittelt.[395] Die Berechnung erfolgt anhand der Aufsummierung der einzelnen Aktienkurse, der anschließenden Division durch die Anzahl der Aktien im Index und wird während der NYSE-Handelszeit (9.30 bis 16.00 Uhr Ortszeit) jede Sekunde aktualisiert. Die Kennzahlen der Indexeröffnungs- und Schlusswerte werden in »Punkten« dargestellt. Hierdurch ist ein Vergleich verschiedener Zeitperioden möglich.[396]

Wichtige historische Dow-Jones-Kursstände (in Punkten):

26.05.1896	(Eröffnungswert):	40,94
03.09.1929	(Höhepunkt des 20er-Jahre-Booms):	381,17
23.10.1929	(»Schwarzer Freitag«):	305,85
08.07.1932	(Tiefpunkt der Weltwirtschaftskrise):	41,22
11.01.1973	(Höhepunkt des Nachkriegsbooms):	1051,70
06.12.1974	(Tiefpunkt der Ölkrise):	577,60
19.10.1987	(»Schwarzer Montag«):	1738,74
14.01.2000	(Höhepunkt des Internetbooms):	11 722,98
09.10.2002	(Tiefstand der letzten Rezession):	7286,27
09.10.2007	(Bisheriger historischer Höchststand):	14 164,53
09.03.2009	(Tiefstand der aktuellen Finanzkrise):	6547,05[397]

Der Dow Jones gibt uns Auskunft für eine langfristige Betrachtung der Kursentwicklung der beinhalteten Aktien und dient, wie schon beschrieben, als wichtiges Stimmungsbarometer der amerikanischen Wirtschaft.

Doch im Zuge der Weltwirtschaftskrise ist die übermächtig erscheinende Imperialmacht USA gehörig ins Wanken geraten. Die Staatsverschuldung nimmt immer bedrohlichere Ausmaße an, und das Ende des Dollars als globale Leitwährung kündigt sich an. Aber wie konnte es so weit kommen?

Um diese Frage beantworten zu können, ist eine Bestandsaufnahme vonnöten.

5.2 Die hoffnungslose Verschuldung der USA

Die Vereinigten Staaten weisen die höchste Verschuldung ihrer gesamten Staatsgeschichte auf, und die wirtschaftlichen Schwierigkeiten sind so groß wie seit 80 Jahren nicht mehr.

Niemand in Washington weiß zurzeit, wie die Schulden zurückbezahlt werden sollen.

Schon fürchten manche Investoren, der Staat könnte durch eine Inflation die Schulden verringern (siehe unten) oder gar eine Währungsreform durchführen, was einen großen Teil der Gläubiger um ihre Anlagen bringen würde.

Die aktuelle Staatsverschuldung der Vereinigten Staaten beträgt rund 12,5 Billionen Dollar.[398] Nach offiziellen Angaben wächst der riesige Schuldenberg täglich um 1,7 Milliarden Dollar an.[399]

Die US-Regierung plant bis zum Jahre 2020 neue Schulden in Höhe von neun Billionen (9000 Milliarden) Dollar. 50 Prozent davon, also 4,8 Billionen Dollar, werden allein für die Tilgung der Schulden verwendet werden müssen.[400]

Schon drohen Rating-Agenturen, die Bewertung der US-Kreditwürdigkeit zu überprüfen. Eine Herabstufung wäre eine Katastrophe mit fatalen Auswirkungen: Der amerikanische Staat müsste dann höhere Zinsen für seine Anleihen auszahlen, was eine noch drastischere Erhöhung der Schulden bedeuten würde. Einer Studie des *Yale*-Ökonomen Ray Fair zufolge wird der starke Anstieg der Staatsverschuldung die langfristigen Wachstumsperspektiven deutlich beschädigen.[401]

Werfen wir doch einen kurzen Blick auf die Entwicklung des Schuldenstandes der vergangenen Jahre:

Schuldenstand des öffentlichen Haushaltes der USA in Dollar:

2008:	6,0 Billionen
2009:	7,0 Billionen
2010:	9,0 Billionen
2011:	10,0 Billionen
2012:	11,0 Billionen[402]

5.2.1 STAATSSCHULDENQUOTE UND LEISTUNGSBILANZDEFIZIT

Die Staatsschuldenquote gibt den Schuldenstand eines Staates in Prozent des Bruttoinlandsprodukts (BIP) an (siehe Abschnitt 4.6).

Staatsschuldenquote (in Prozent des BIP):

	USA	Deutschland
2008:	70,7	65,9
2009:	65,2	73,1
2010:	75,5	76,7
2011:	87,8	79,7[403]

Bewertung: Die Staatsverschuldung der USA hat bedrohliche Ausmaße angenommen. Aber auch die Bürger und Unternehmen sind höher verschuldet denn je: Die Gesamtverschuldung (Staat, Haushalte, Unternehmen) der Vereinigten Staaten beträgt knapp 50 Billionen Dollar.[404] Im Jahre 2019 werden 700 Milliarden Dollar allein für den Schuldendienst benötigt.[405]

Am 21. Januar 2010 forderte das US-Präsidialamt den Kongress auf, die erst vor rund sechs Wochen zuvor beschlossene Schuldenobergrenze von 12,4 Billionen Dollar um weitere 1,9 Billionen Dollar anzuheben, damit die Kreditwürdigkeit der USA nicht infrage gestellt werde.[406]

Sie sehen also, das Problem Staatsverschuldung USA – wie auch die der anderen Industrieländer – wird uns noch lange in Atem halten. Auch Präsident Barack Obamas Ankündigung, neue Regeln für riskante Bankgeschäfte zu erlassen[407] (sofern diese überhaupt durch den Kongress kommen), wird daran nichts ändern.

Wie in Abschnitt 4.6 bereits dargestellt, gibt es in einer Volkswirtschaft verschiedene Teilbilanzen, wie beispielsweise Warenhandel, Dienstleistungen, Primäreinkommen usw.

Der Leistungsbilanzsaldo ist die Summe der Salden aller Teilbilanzen. Ist dieser größer als null, bezeichnet man dies als »Leistungsbilanzüberschuss«, ist er kleiner null, als »Leistungsbilanzdefizit.« Ein Leistungsbilanzdefizit entsteht dann, wenn ein Land mehr Waren einführt (importiert), als es ausführt (exportiert).

US-Leistungsbilanzdefizite (in Milliarden Dollar):

2000:   −417,7
2002:   −459,1
2004:   −631,1
2006:   −803,5
2007:   −726,6
2008:   −706,1
2009:   −370,0[408]

Bewertung: Die Vereinigten Staaten weisen seit Jahren ein großes Leistungsbilanzdefizit aus. Zwar ist dieses gegenüber 2006 um über die Hälfte zurückgegangen, aber es stellt, zusammen mit dem Haushaltsdefizit[409], dennoch ein großes Problem dar. Ich gehe darauf im Zusammenhang mit der Aufwertung des chinesischen Yuans im weiteren Verlauf des Buches nochmals genauer ein.

5.2.2 US-Bundesstaaten kämpfen ums Überleben

Die Finanzen der US-Regierung versinken allmählich im Chaos. Das gilt auch für die einzelnen Bundesstaaten.

Immer mehr Arbeitslose und drastisch sinkende Steuereinnahmen zwingen zu dramatischen Kürzungen in den öffentlichen Haushalten. Die Auswirkungen der Krise treffen die einzelnen Bundesstaaten mit voller Wucht: »Dieser Abschwung ist stärker als alle bisher da gewesenen und betrifft jeden Bundesstaat«, sagt Brian Sigritz, Berater der *National Association of State Budget Officers*.[410] Den Wohnungsmarkt und die Industrieproduktion hat es viel schlimmer getroffen als in früheren Rezessionen.

> *»Bereits 48 der 50 US-Bundesstaaten haben mit*
> *großen Haushaltsdefiziten zu kämpfen.«*
> *Center on Budget and Policy Priorities*

Allein für das Jahr 2009 haben die Bundesstaaten insgesamt eine Lücke von 121 Milliarden Dollar in ihren Haushalten, Tendenz: steigend.[411] In den nächsten Jahren wird sich das Defizit noch weiter verschlimmern. So stehen heute fast alle Staaten vor der konkreten Gefahr, im nächsten oder übernächsten Jahr zahlungsunfähig zu sein.[412] Ein paar Beispiele:

Kalifornien: Der »Terminator-State« konnte seine Rechnungen im Februar 2009 nicht mehr begleichen. Gouverneur Arnold Schwarzenegger erklärte dann im Juli, dass der Finanznotstand in seinem Bundesstaat ihn dazu zwingen würde, öffentliche Büros für drei Tage im Monat zu schließen, damit die Regierung ihre Bediensteten überhaupt noch bezahlen könne. Zudem sei mit massiven Einschränkungen der Leistungen bei der Polizei, der Feuerwehr, beim Straßenbau und in der staatlichen Fürsorge zu rechnen.

Die tiefen Haushaltslöcher haben den Gouverneur ebenso dazu gezwungen, Sommerschul-Programme zu streichen; Maßnahmen also, die auch Auswirkungen auf die Grund- und Mittelschulen haben.[413]

Ohio: Hier war Gouverneur Ted Strickland daran gehindert worden, den Schuldenberg in »Spielkasino-Manier« noch weiter anzuheben. So musste der Bundesstaat sein Geschäftsjahr mit einem einwöchigen Haushaltsplan eröffnen. Das hatte drastische Folgen für die Armen: Die staatliche Wohlfahrtseinrichtung *Food Pantry Agency*, die Lebensmittel an Bedürftige ausgibt, hatte anstatt 400 000 Dollar pro Woche nur noch 163 000 Dollar zur Verfügung, obwohl die Zahl der Bedürftigen stetig ansteigt. Andere Programme, die mit staatlichem Geld finanziert wurden, konnten aufgrund der Geldknappheit überhaupt nicht mehr fortgesetzt werden.[414]

Florida: Trotz seiner vielen Attraktionen, wie etwa *Disney World* oder *Kennedy Space Center*, kommen immer weniger Touristen. Die Weltwirtschaftskrise zwingt viele Menschen dazu, den Urlaub aufzuschieben oder ganz abzusagen. Und jene, die kommen, geben weniger aus. Das trifft die Einheimischen hart.

Inzwischen ist auch Floridas Immobilienblase mit einem gewaltigen Knall geplatzt. Tausende leere Eigentumswohnungen reihen sich an der Ostküste entlang. Der Mittelpreis einer Immobilie in Fort Myers ist seit dem Jahre 2006 um zwei Drittel gefallen. Die landesweite Arbeitslosenquote hat sich verdreifacht. Unter den Arbeitslosen befinden sich Bauarbeiter, Reiseleiter und Angestellte aus *Disney World*. Viele Unternehmen kämpfen ums nackte Überleben oder sind schon insolvent. Man hatte die Anzeichen einer drohenden Katastrophe nicht rechtzeitig erkannt oder verdrängt, denn Floridas Rezession begann früher als in den anderen US-Bundesstaaten.[415]

Die Lage der US-Bundesstaaten ist alarmierend. So sieht das auch Nouriel Roubini, Professor für Wirtschaftswissenschaften an der *Stern School of Business*: »Die meisten Bundesstaaten und kommunalen Regierungen müssen ihre Ausgaben wegen sinkender Steuereinnahmen stark kürzen, feuern Polizisten, Lehrer und Feuerwehrleute und verringern Sozialleistungen. Viele Bundesstaaten und Kommunen in den ärmeren Regionen des Landes sind vom Bankrott bedroht, wenn die US-Regierung kein massives Rettungspaket schnürt.«[416]

In den meisten Staaten gibt es heftige Debatten darüber, ob man angesichts der katastrophalen Verschuldung die Steuern erhöhen soll, um die riesigen Haushaltslöcher zu schließen. Aber die Amerikaner sind in der Mehrheit dagegen.

Die Bundesregierung in Washington wird deshalb gezwungen sein, immer neue Milliarden in ihre Bundesstaaten zu investieren, um deren finanziellen Kollaps zu vermeiden. Das bedeutet aber auch, dass immer mehr Geld benötigt wird. Die Druckerpresse wird also weiter angekurbelt werden, aber genau das entwertet auch die amerikanischen Staatsanleihen.

ZEITMASCHINE

Peking
Donnerstag, den 19.11.2009

Es ist kalt in der chinesischen Hauptstadt. Feiner Nieselregen tröpfelt gegen die Scheiben des Pekinger Nobelhotels. Barack Hussein Obama ist froh, in seiner angenehm warmen Suite zu sein. Doch schon in wenigen Stunden wird er mit der *Air Force One* den Rückflug in die Vereinigten Staaten antreten.

Obamas Besuch beim chinesischen Staatspräsidenten Hu Jintao war nicht gerade von großem Erfolg gekrönt, und die Zeitungen machen sich bereits daran, seine Strategie zu zerreißen. Er wird es nicht leicht haben, wenn er wieder zu Hause ist, das weiß der amerikanische Präsident. Aber noch schwerer lasten die Auswirkungen der Weltwirtschaftskrise, die sein Land besonders hart getroffen haben, auf seinen Schultern. Das sagt er auch ganz offen, und zwar in einem Interview mit dem Fernsehsender *Fox News*, das er noch vor seinem Abflug in seiner Suite aufzeichnen lässt:

»Wenn wir weiter Schulden anhäufen, dann könnten die Menschen irgendwann das Vertrauen in die amerikanische Wirtschaft verlieren. Und das würde uns in eine zweite Rezession führen.«[417]

Das ist der entscheidende Satz. Er wird in den Vereinigten Staaten noch zu hitzigen Debatten führen. Verschiedene Ökonomen werden sich darüber streiten, ob tatsächlich – wie Obama behauptet – ein direkter Zusammenhang zwischen der öffentlichen Verschuldung und einem möglichen Konjunkturtief besteht.

5.2.3 WARUM ES IN DEN USA (NOCH) KEINE HYPERINFLATION GIBT

Eigentlich besagt die klassische ökonomische Theorie, dass die US-Wirtschaft eine Hyperinflation erleben sollte, weil die amerikanische Notenbank Hunderte Milliarden neue Dollars in das System gepumpt hat. Betrug die Geldmenge im Jahr 2008 noch 928 Milliarden Dollar, sind es heute bereits über zwei Billionen. Das sollte eigentlich eine hohe Inflation herbeiführen (siehe Abschnitt 4.3). Stattdessen aber ist die Kerninflation (die Verbraucherpreise ohne Lebensmittel- und Energiekosten) von 2,5 Prozent im Jahr 2008 auf derzeit 1,5 Prozent zurückgegangen. Weshalb konnte die »Great Depression II« bisher vermieden werden, was ist also geschehen?

Keith Fitz-Gerald, Chief Investment Strategist von *Money Morning*, analysierte die Gründe:

1. Banken horten Bargeld

Es mag unglaublich klingen, aber trotz der vielen Milliarden Steuergelder, durch die Rettungsaktionen finanziert wurden, um das massiv angeschlagene US-Finanzsystem zu konsolidieren, horten die meisten

Banken tatsächlich Bargeld. Anstatt es aber in Form von Krediten an Verbraucher und Unternehmen weiterzugeben, wie es eigentlich gedacht war, verwenden es die Banken als Reserve – und zwar bereits als das 20-Fache des Volumens, das von der *Fed* eigentlich vorgeschrieben ist. Demzufolge ist die Kreditvergabe drastisch zurückgegangen.

2. Die USA exportieren die Inflation nach China
Billige Produkte aus der Volksrepublik China, die mit Dollars bezahlt werden, helfen, die Preise in den USA niedrig halten. Wenn die Preise in China stiegen, hätte dies eine sofortige Verteuerung von Waren, wie etwa Jeans, Tennisschuhe, Spielzeug, medizinische Geräte, Medikamente usw. zur Folge.

3. Die Verbraucher halten sich zurück
Wenn mehr Geld im Umlauf ist, sollte normalerweise die Nachfrage steigen. Da die Banken das Geld aber zurückhalten, sinkt der Konsum. Das Konsumwachstum ging deshalb fast um die Hälfte zurück. Das ist verheerend für die Binnennachfrage, denn die Verbraucherausgaben machen rund 70 Prozent der gesamten US-Wirtschaft aus.[418]

4. Die Wirtschaft stellt keine neuen Arbeitnehmer mehr ein
Menschen werden immer noch in Teil- statt in Vollzeit eingestellt und somit an den Rand gedrängt. Vor der Finanzkrise gab es im Schnitt einen Beschäftigungszuwachs von einem Prozent pro Jahr, jetzt könnte er sogar um 4,2 Prozent sinken. Die Arbeitslosenquote liegt das erste Mal seit 23 Jahren bei über zehn Prozent.[419]

All das hat also dazu beigetragen, die Inflation niedrig zu halten. Jeder dieser vier genannten Faktoren kann sich jedoch jederzeit ändern. Und so stürzen sich die Investoren begierig auf die Version der US-Notenbank, dass alles in Ordnung sei und die Regierung die Inflation im Griff habe. Aber es kann ein böses Erwachen geben.

Die Verantwortlichen in Washington werden nicht müde, das Ende der Rezession zu verkünden. Als »Beweise« für ihre Annahme führen sie die steigenden Gewinne vieler Unternehmen an. Diese rühren aber in Wahrheit oft nicht von einer Umsatzsteigerung her, sondern von einer Kostenreduzierung – und das sind, wie man sich denken kann, zwei völlig verschiedene Dinge!

> »*Das Einzige, was die* Fed *macht, ist, die Verwaltung*
> *und die Daten zu manipulieren.*«[420]
> Keith Fitz-Gerald, Chief Investment Strategist (*Money Morning*)

Ende November 2009 diskutierten die Währungshüter der US-Noten-bank erstmals die Gefahren einer Niedrigzinspolitik. Denn zum ersten Mal seit 1938 liegt die Verzinsung der US-Schatzwechsel bei null, während am Aktienmarkt die Kurse klettern.[421] Laut Protokoll sagten die Sitzungsteilnehmer, dass niedrige Zinsen die Gefahr neuer exzessiver Spekulationen an den Finanzmärkten bergen würden.[422] Und tatsächlich verzeichneten riskante Hochzinsanleihen 2009 einen Rekordertrag von 52 Prozent.[423]

Kurzfristig wird es also zu keiner hohen Inflation kommen, doch auf mittlere oder lange Sicht ist das keineswegs ausgeschlossen. Diese Sorge lässt sich auch am Goldpreis ablesen, der von Rekord zu Rekord eilt.[424]

5.2.4 Werden die USA ihren Schuldenberg mit hoher Inflation abtragen?

Die Verlockung ist wohl für alle Regierungen ziemlich groß, sich ihrer Schuldenberge durch eine hohe Inflation zu entledigen. Doch für die Vereinigten Staaten ist die Versuchung ungleich größer, denn noch nie in der Geschichte hat ein Land so viele neue Schulden in so kurzer Zeit aufgenommen: Seit 2007 sind die US-Verbindlichkeiten um 3,91 Billionen gestiegen – ein Plus von sagenhaften 43 Prozent in nur drei Jahren.[425]

Was ist also verlockender, als die Inflation anzukurbeln? Je höher die Geldentwertung, desto geringer ist die reale Last der Verbindlichkeiten. Die USA würden dann »gutes« Geld mit »schlechtem« Geld zurückzahlen.

In der Wissenschaft herrscht jedoch seit Jahrzehnten ein breiter Konsens darüber, dass Regierungen und Notenbanken eine Inflation keinesfalls als bewusstes Mittel der Politik einsetzen dürfen.[426] Doch wie ich Ihnen im vorhergehenden Kapitel vor Augen geführt habe, hielten sich in der Vergangenheit nicht alle Regierungen an wissenschaftliche Übereinstimmungen, wenn es darum ging, den drohenden Staatsbankrott zu vermeiden.

Die Möglichkeit, dass sich ein Staat seiner Schuldenlast durch eine selbst herbeigeführte Inflation entledigt, stellt durchaus eine realistische Option dar. Dessen ungeachtet wirft man verschiedenen »Crash-Propheten« und »Verschwörungstheoretikern« immer wieder vor, dieses Schreckensszenario zu propagieren, nur um Angst und Panik zu verbreiten.

Die beiden amerikanischen Ökonomieprofessoren Joshua Aizenman und Nancy Marion haben es gewagt, sich wissenschaftlich mit dieser Frage auseinanderzusetzen. In ihrer Studie *Using Inflation to Erode the U. S. Public Debt*[427] stellen sie folgende Thesen auf:

– Die Versuchung, sich durch höhere Inflation von Staatsschulden zu befreien, ist so groß wie selten zuvor in der amerikanischen Wirtschaftsgeschichte.

– Nach dem Zweiten Weltkrieg haben die USA ihren maroden Staatshaushalt schon einmal mit einer höheren Inflation saniert: 1946 summierten sich die Staatsschulden auf 122 Prozent des BIP, dank der Geldentwertung waren sie zehn Jahre später nur noch halb so groß.

– Für die Vereinigten Staaten ist es besonders verlockend, diese Politik der hohen Inflation zu wiederholen, weil sie sich im Ausland immer stärker verschuldet haben.

– Fast 44 Prozent der US-Staatsanleihen sind zwischenzeitlich in ausländischer Hand. Den größten Teil davon halten die Chinesen und Japaner. Einen großen Teil der inflationsbedingten Wertverluste müssten die Amerikaner also nicht selbst tragen und könnten diese auf das Ausland abwälzen.

– Wenn das Wirtschaftswachstum stagniert, kann der Schuldenüberhang über mehrere Jahre lang einen Anstieg der Inflationsrate von rund fünf Prozent hervorrufen. Innerhalb von vier Jahren würde die Defizitquote um 20 Prozent sinken.[428]

>*»Die Idee, die Schulden durch Inflation abzutragen,*
>*ist nicht weit hergeholt.«*[429]
>Aus: *Using Inflation to Erode the U. S. Public Debt*

Die Forscher warnen jedoch: Wenn die Notenbank das Primat der Geldwertstabilität aufgeben würde, bestünde die Gefahr, dass die Inflation vollkommen außer Kontrolle gerät. Ausländische Investoren würden das Vertrauen in die US-Regierung und den Dollar verlieren, und auf den Devisen- und Anleihemärkten könnte das Chaos ausbrechen.[430]

5.3 US-Einlagensicherung vor dem Bankrott

Als wären die Sorgen nicht schon groß genug, drohen auch noch von einer anderen Seite massive Schwierigkeiten: Der *Federal Deposit Insurance Corporation* (FDIC) droht die Zahlungsunfähigkeit.

Die US-Bundesbehörde wurde während der Bankenpanik in der Zeit der Großen Depression eingerichtet, um die Einlagen bei Privatbanken zu garantieren. Sie fungiert als Einlagerungssicherungsfonds, der das Geld der Bankkunden bis zu einer Höhe von 250 000 Dollar für jedes Konto absichert.

Doch die Behörde stand Ende November 2009 selbst am Rande des Bankrotts und bat Großbanken, mit Anleihen in Milliardenhöhe zu helfen. Auch das Finanzministerium gewährte eine Kreditlinie von 100 Milliarden Dollar. Die Gründe für das Dilemma liegen in den Verlusten aus Immobilien- und anderen Darlehen sowie im Zusammenbruch vieler US-Banken.

> *»Die Bankenkrise beginnt also gerade erst, und schon jetzt geht dem FDIC das Geld aus.«*[431]
> F. William Engdahl, Bestsellerautor

Institutional Risk Analysis, ein privates Banking-Analyst-Unternehmen, schätzt, dass Banken gegenwärtig mit Aktiva von insgesamt vier Billionen Dollar insolvent sind oder kurz vor der Insolvenz stehen. Der FDIC selbst prognostiziert bis zum Jahr 2013 noch Kosten von 70 Milliarden Dollar und erwartet noch Hunderte Bankinsolvenzen aufgrund von Zahlungsverzug bei Geschäfts- und Wohnimmobilienkrediten.[432]

Bis Ende 2009 waren insgesamt 140 Institute geschlossen worden, und die Zahl der Insolvenzen geht weiter. Bereits am 8. Januar ist die erste US-Bank im Jahr 2010 pleitegegangen. Es handelte sich dabei um die *Horizon Bank* aus Bellingham im Bundesstaat Washington. Die Kosten der Insolvenz wurden mit 539 Millionen Dollar beziffert.[433] Die FDIC geht davon aus, dass gegenwärtig 552 der rund 8300 von ihr versicherten Institute »Problembanken« sind.[434]

Aber noch etwas lässt in diesem Zusammenhang aufhorchen: Das US-Bankensystem steht im weltweiten Rating auf Platz 109, direkt hinter Tansania![435]

ZEITMASCHINE

Internetmeldung, weltweit,
Dienstag, 24, November 2009, Nachmittag

Auf den ersten Insiderwebsites ist es zu lesen: »Die Einlagen-sicherung der amerikanischen Banken ist bankrott. Laut Bilanz schließt die Institution das dritte Quartal mit einem Minus von 8,2 Milliarden Dollar ab. Natürlich wird nun der Staat für die Bankguthaben geradestehen, heißt es.«[436]

*»That's broke. Bankrupt. Kaput. Gone. Poof. Dead.
Rotting. A corpse.«
(»Das heißt Pleite. Bankrott. Kaputt. Dahin. Puff. Tot.
Verrottet. Eine Leiche.«)*
The Market Ticker *zum US-Einlagensicherungsfonds FDIC*[437]

Doch nicht nur die katastrophale Verschuldung und die dramatische Lage auf dem Bankensektor bereiten den Verantwortlichen in Washington Sorge, sondern auch die immer höhere Arbeitslosigkeit.

5.4 Arbeitslosigkeit – das zentrale Problem

Die Weltwirtschaftskrise wird auch weiterhin zu einem drastischen Anstieg der Arbeitslosigkeit in den USA führen. Darüber sind sich die Wirtschaftsberater von Barack Obama einig.

Die *Süddeutsche Zeitung* meldete, dass seit Beginn der Rezession im

Dezember 2007 in den USA insgesamt sechs Millionen[438] Jobs verloren gingen, eine unvorstellbar hohe Zahl. Die Arbeitslosenquote hat sich in den zurückliegenden zehn Jahren mehr als verdoppelt.

Entwicklung der Arbeitslosenquote:

2000:	4,0%
2002:	5,8%
2004:	5,5%
2006:	4,6%
2007:	4,6%
2008:	5,8%
2009:	10,0%[439]
2010:	10,2%[440]

Laut Desmond Lachman, Resident Fellow am *American Enterprise Institute* in Washington, liegt die *tatsächliche* Arbeitslosenquote aber bei 17,5 Prozent, wenn man die Zeitarbeitnehmer dazurechnet.[441]

Die fünf Staaten mit den höchsten Arbeitslosenquoten:

Michigan:	14,7%
Rhode Island:	12,7%
Kalifornien:	12,3%
Nevada:	12,3%
South Carolina:	12,3%[442]

Die fünf Staaten mit den niedrigsten Arbeitslosenquoten:

North Dakota:	4,1%
Nebraska:	4,5%
South Dakota:	5,0%
Kansas:	6,3%
Utah:	6,3%[443]

Arbeitslosenquoten der beiden wichtigsten Städte in den USA:

New York:	8,6%
Washington:	9,2%[444]

Die Ökonomen David Bell von der *University of Stirling* und David Blanchflower vom *Dartmouth College* wagen in einer Studie[445] die Prognose, dass das Schlimmste noch nicht vorüber ist: »Die Konjunkturerholung ist keinesfalls garantiert; die Folgen für die Beschäftigung sind womöglich schlimmer als gedacht.« Bis es in den Industrieländern wieder so viele Jobs geben werde wie vor Ausbruch der Krise, werde es Jahre dauern.[446]

Die beiden Ökonomen warnen auch davor, dass die Massenarbeitslosigkeit mit zahlreichen individuellen und gesellschaftlichen »Folgeschäden« verbunden sein werde. Im Extremfall könne dies sogar zu »sozialen Unruhen« führen. Zudem steige mit zunehmenden Arbeitslosenquoten auch die Zahl der Verbrechen. Besonders Ausländer, junge Leute und Geringqualifizierte tun sich schwer, eine Stelle zu finden.[447]

Zu den vielfachen Prognosen, die ein Ende der Rezession und eine Erholung am Arbeitsmarkt vorhersagen, schreiben sie: »Die Prognostiker haben die Rezession nicht kommen sehen, und sie sind möglicherweise auch jetzt wieder zu optimistisch. Es gibt immer noch das Risiko eines verlorenen Jahrzehnts, wie es Japan in den 90er-Jahren erlebt hat.«[448]

Die Ökonomen raten von klassischen Arbeitsbeschaffungsmaßnahmen ab, weil diese wenig bis gar keine positiven Wirkungen erzeugen. Vor allem in drei Punkten sehen sie jedoch eine Verbesserung der Situation:

1. Vorübergehende Aufstockung der Bildungsausgaben, damit sich vor allem junge Menschen weiterbilden können, wenn sie keine Stelle finden;
2. Lohnsubventionen für Berufseinsteiger;
3. Die Konjunkturprogramme und die lockere Geldpolitik dürfen keinesfalls zu schnell zurückgefahren werden.[449]

Die Bekämpfung der Arbeitslosigkeit ist das zentrale Problem der Obama-Regierung, denn Menschen, die unzufrieden sind und auf der Straße stehen, sind schwer zu kontrollieren.

Doch schon kündigt sich neues Unheil an.

5.5 Der nächste Finanz-Tsunami braut sich zusammen

Von den Medien weitgehend unbeachtet ist die Lage auf dem Gewerbeimmobilienmarkt in den Vereinigten Staaten in eine gefährliche Phase eingetreten.

Bestsellerautor F. William Engdahl ist der Überzeugung, dass sich in den USA schon ein neuer »Finanz-Tsunami« zusammenbraut, und begründet dies wie folgt:

- Bei Einkaufszentren wird der höchste Leerstand seit dem Jahre 1992 gemeldet.
- Der Büroleerstand beträgt fast 20 Prozent.
- Insider schätzen, dass die Verluste bei gewerblichen Immobilien im Jahre 2010 bei etwa 45 Prozent liegen werden.
- Die fällige Refinanzierung von mehreren hundert Milliarden Dollar an Gewerbeimmobilienkrediten wird erst Ende 2013 ihren Höhepunkt erreichen.
- Daraus folgt: In den nächsten drei Jahren werden sich Bankrotte häufen; die Gewinne der Investoren, unter ihnen auch Großbanken, werden weiter fallen.
- Angesichts der dramatisch steigenden Arbeitslosigkeit und des gesunkenen verfügbaren Einkommens wird ein großer Teil dieser Kredite nicht zurückgezahlt werden können.
- Sinkende Preise bei Gewerbeimmobilien bedeuten auch einbrechende Gewinne für Hedge-Fonds, Banken und Rentenfonds.
- Die Banken, die noch immer unter den hohen Verlusten bei Eigenheimhypotheken leiden, werden nicht in der Lage sein, auch noch die nächste Welle von Verlusten bei gewerblichen Immobilien aufzufangen.
- Es droht die Gefahr, dass Hunderte, wenn nicht gar Tausende mittelgroßer Banken geschlossen werden müssen.
- Nach Angaben der *Federal Reserve* verfügen Banken, denen Verluste bei Gewerbeimmobilien drohen, derzeit über einen Notfonds in Höhe von lediglich 38 US-Cent für jeden Dollar an faulen Krediten.[450]

In diesem Zusammenhang kritisiert Engdahl das Geschäftsgebaren der Geldinstitute: »Die meisten amerikanischen Banken verlängern inzwischen die Darlehen bei Fälligkeit, auch wenn sie heute solche Kredite nicht mehr vergeben würden. In einigen Fällen ist der Wert des Gebäudes bereits unter die Höhe des Darlehens gefallen. Doch die Banken verfahren so, um keine Verluste melden zu müssen – wenn sich die Wirtschaft nicht sehr schnell kräftig erholt, ist das eine sehr kurzsichtige Praxis. Und eine Erholung ist unter den gegebenen Umständen nicht denkbar.«[451]

In den Vereinigten Staaten sind die Darlehen für gewerbliche Immobilien nach den Hypotheken auf Eigenheime die zweitgrößte Kreditart. Der Gesamtumfang der Hypothekenschulden für Gewerbimmobilien liegt bei rund 3,5 Billionen Dollar. Mehr als 50 Prozent davon halten Banken – und zwar kleine bis mittlere Geldinstitute. Bei einem drastischen Einbruch des gewerblichen Immobilienmarktes wären vor allem regionale und kommunale Banken betroffen. Allein im Jahr 2012 müssen fast zwei Billionen Dollar refinanziert werden.[452]

> »Hier tickt eine 2,3 Billionen Dollar schwere Zeitbombe.«[453]
> F. William Engdahl, Bestsellerautor

5.6 Alles ist gut!

»Es ist vorbei!« – »Alles wird gut!«

So oder so ähnlich titeln bereits viele Zeitungen im In- und Ausland und verkünden vollmundig das Ende der Rezession in den Vereinigten Staaten. Aber warum ignorieren sie die katastrophale Lage, in der sich die einst größte Wirtschaftsmacht der Welt befindet? Werden die US-Medien von der Regierung gesteuert?

Fast könnte man es annehmen, denn angesichts der desolaten Lage der USA sollen diese Schlagzeilen wohl nur neues Vertrauen in das angeschlagene Land wecken.

Nouriel Roubini, Professor für Wirtschaftswissenschaften an der *Stern School of Business* und wahrlich nicht als »Crash-Prophet« oder »Verschwörungstheoretiker« bekannt, äußerte sich im deutschen *Handelsblatt* als Gastautor zu den »beschönigten«, offiziellen Marktdaten der Vereinigten Staaten und skizzierte die tatsächliche, erschreckende Lage, in der sich sein Heimatland noch immer befindet. Hier einige Auszüge:

- »Die US-Wirtschaft steht wesentlich schwächer da, als die offiziellen Daten ahnen lassen.«
- »Doch könnten die offiziellen BIP-Messungen das Wachstum der Wirtschaft extrem übertreiben, denn sie lassen die Tatsache außer Acht, dass die Wirtschaftsstimmung in kleinen Firmen katastrophal ist und ihre Produktion immer noch stark sinkt.«
- »Viele der verloren gegangenen Arbeitsplätze – im Bau, im Finanzwesen oder bei ausgelagerten Fertigungs- und Dienstleistungen – fallen für immer weg. Neuere Studien deuten darauf hin, dass ein Viertel der US-Arbeitsplätze im Laufe der Zeit vollständig in andere Länder ausgelagert werden kann.«
- »Die Arbeitslosenquote wird (besonders für ungelernte Arbeiter) wesentlich länger auf hohem Niveau bleiben als in vorherigen Rezessionen.«
- »Etwa ein Drittel der US-Haushalte haben kaum Zugang zu Hypotheken und Kreditkarten. Sie leben von Gehaltsscheck zu Gehaltsscheck, der wegen sinkender Stundenlöhne und Arbeitsstunden oft schrumpft.«
- »Eine Rekordzahl kleiner Unternehmen geht bankrott. Dasselbe gilt für Haushalte, weil Millionen schwächerer und ärmerer Kreditnehmer ihre Hypotheken, Kreditkarten und Verbraucherdarlehen nicht bedienen können.«
- »Da die Aktienkurse steigen, die Immobilienpreise aber weiter fallen, werden die Wohlhabenden reicher, während Mittelschicht und Arme, deren Vermögen hauptsächlich aus einem Eigenheim besteht, ärmer werden.«[454]

Aber nicht nur die Schuldenbekämpfung ist wichtig, es müssen auch Einnahmen her, um den Staat am Laufen zu halten und finanzieren zu können. Neben der Erhebung von Steuern geschieht dies vor allem durch die Ausgabe von Staatsanleihen.

5.7 US-Staatsanleihen: Top oder Flop?

US-Staatsanleihen sind von den Vereinigten Staaten herausgegebene Schuldverschreibungen mit einer Laufzeit zwischen zehn und 30 Jahren. Von Staatsanleihen spricht man, wenn die Emission (Ausgabe) der Kreditaufnahme eines Staates dient. Herausgeber der US-Staatsanleihe ist der Staat selbst, das amerikanische Finanzministerium oder die US-Notenbank *Federal Reserve*. Das Risiko der Anleihe wird durch die Bewertung von Rating-Agenturen ermittelt (siehe Abschnitt 4.2). US-Staatsanleihen werden wie Aktien an der Börse gehandelt und können täglich gekauft und auch verkauft werden. Dem Käufer wird der Anspruch auf Rückzahlung zu einem festen Zinssatz und zu einem bestimmten Zeitpunkt garantiert. Die Vereinigten Staaten sind mit rund 50 Prozent des gesamten Umlaufvolumens an Staatsanleihen der wichtigste Emittent (Herausgeber von Wertpapieren).[455] Die *Fed* hatte 2009 Anleihen im Wert von 1,6 Billionen Dollar aufgekauft.[456]

5.7.1 DIE HAUPTABNEHMER VON US-STAATSANLEIHEN

Die USA gelten bei den internationalen Rating-Agenturen (noch) als ein Staat mit Top-Bonität, d. h. eine Rückzahlung scheint nicht gefährdet. Die Vereinigten Staaten finanzieren sich, wie andere Länder auch, mit der Ausgabe von Staatsanleihen mit einer bestimmten Laufzeit und einer garantierten Verzinsung.

In den vergangenen 30 Jahren investierten ausländische Zentralbanken – wie etwa die von Saudi-Arabien, Japan und China – ihre Handelsüberschüsse in amerikanische Staatsanleihen und Schuldverschreibungen.[457] Die bisherigen Hauptabnehmer dieser Staatspapiere waren:
1. China
2. Japan
3. Großbritannien
4. Ölexportierende Länder
5. Karibische Staaten
6. Brasilien
7. Hongkong
8. Russland
9. Luxemburg
10. Taiwan
11. Schweiz
12. Deutschland[458]

Auch hier gibt es eine bemerkenswerte Entwicklung: Hielten im Jahre 1994 rund 20 Prozent der ausländischen Investoren US-Staatspapiere, sind es heute bereits 45 Prozent.[459] Hillary Clinton, damals noch Senatorin, heute US-Außenministerin, warnte bereits im Februar 2007 vor der Macht der ausländischen Gläubiger: »Sollten Japan und China sich dafür entscheiden, ihre Dollar-Anlagen substanziell zu reduzieren (also ihre US-Staatsanleihen zu verkaufen, Anm. d. Verf.), könnte dies eine Währungskrise zur Folge haben; die USA müssten die Zinsen erhöhen und die Voraussetzungen für eine Rezession schaffen.«[460]

5.7.2 Sind US-Staatsanleihen noch sicher?

Nach allem, was wir bisher gehört haben, stellt sich natürlich die berechtigte Frage: Sind US-Staatsanleihen noch sicher?

Würden Sie das einen Banker oder Politiker fragen, würden diese die Frage sicherlich bejahen, was allerdings nicht auf realen Einschätzungen basiert, sondern es wird so getan, um Vertrauen zu schaffen. In Kapitel 7 werden Sie bei der Reise in unserer Zeitmaschine erleben, dass mangelndes Vertrauen den bisher größten Börsencrash der Geschichte im Jahre 1929 auslöste. An den Finanzmärkten ist deshalb Psychologie gefragt, und darum würden »verantwortungsvolle« Politiker oder Banker niemals öffentlich die Bonität der Vereinigten Staaten infrage stellen.

Doch die Wirklichkeit sieht anders aus, denn die Kreditwürdigkeit der USA scheint bedroht, auch wenn das noch niemand richtig wahrhaben will. Noch vor zwei Jahren hätte man dies wohl als Witz verstanden. Doch urteilen Sie selbst:

– Ben Bernanke, der Chef der amerikanischen Notenbank *Fed*, warf Mitte 2009 weitere 1,2 Billionen Dollar auf den Markt, um die Finanzkrise zu bekämpfen. 375 Milliarden Dollar des Liquiditätspaketes sollten für den Kauf von US-Staatsbonds aufgebracht werden, 825 Milliarden Dollar flossen in Hypothekenpapiere. Da diese riesige Geldsumme aber nicht zur Verfügung stand, wurde sie gedruckt. Einen Gegenwert gab es nicht. Viele Anleger fürchten daher bis heute um die Entwertung ihres Vermögens durch eine drohende Inflation.

– Die Lage war so verzweifelt, dass die US-Notenbank Staatsanleihen kaufen und so selbst die öffentlichen Schulden finanzieren sollte. Im Klartext: Der Staat nahm bei sich selbst Kredit auf.

– Die Bilanzsumme der *Fed* betrug im August 2007 knapp eine Billion Dollar. Durch die Geldmengenerhöhung Mitte 2009 wuchs sie auf das Fünffache, also auf rund fünf Billionen, an. Dadurch wurde die Geldmenge um ganze neun (!) Prozent der gesamten US-Wirtschaftsleistung eines Jahres ausgeweitet, ohne dass ein konkreter Gegenwert besteht. Schon ein Ökonomiestudent lernt im Grundstudium: Wenn mehr Geld in Umlauf gebracht wird, die Zahl der Dienstleistungen und Waren aber gleich bleibt, müssen zwangsläufig die Preise steigen. Allerdings besteht diese Gefahr erst dann, wenn die neue Liquidität über das aus dem Nichts erschaffene Geld den Konsumkreislauf erreicht. Solange die Wirtschaftsaussichten trübe bleiben, ist keine Teuerung zu erwarten. Denn Banken werden sich mit der Kreditvergabe zurückhalten und Verbraucher mehr sparen.

– Geht es jedoch mit der Wirtschaft wieder aufwärts, dann kann die Geldblase Probleme bringen. Die Notenbank sollte dann eigentlich das zu viel geschaffene Geld wieder vom Markt nehmen. Das aber wird nicht so einfach sein, denn dann verlieren auch die von der *Federal Reserve* angekauften Staatsanleihen drastisch an Wert. Und Anleger schichten ihr Geld wieder in Aktien um. Will die Notenbank der Wirtschaft jedoch Liquidität entziehen, dann muss sie die Anleihen verkaufen, wobei aber die Differenz zwischen dem höheren Ankaufs- und dem niedrigeren Verkaufspreis im System bleibt. Die Folge dieser Maßnahme: Inflation.

– Das Haushaltsdefizit der USA ist bereits so hoch wie während des Zweiten Weltkriegs, und schon Ende 2008 haben die Amerikaner etwa 480 Milliarden Dollar mehr ausgegeben als eingenommen. Die gesamten US-Staatseinnahmen werden jetzt schon von den Sozialprogrammen, der Verteidigung, den Gesundheitskosten und den Zinsen aufgefressen. Alles andere muss bereits über Schulden finanziert werden, die neu aufgenommen werden.[461] Hinzu kommen weitere Belastungen der Rezession, steigende Kosten für die Sozialleistungen und die vielen Reformprogramme, die Barack Obama durchsetzen will – und die Staatskasse um ein Vielfaches belasten werden.

– Da es in den USA keine umlagefinanzierte gesetzliche Rentenversicherung gibt, zahlen die meisten US-Bürger in Pensionsfonds ein. Etwa 20 Billionen (!) Dollar müssen an US-Pensionäre ausbezahlt werden.[462] Aber woher nehmen?

– Allein die US-Bundesregierung hat Verbindlichkeiten, die fast 80 Prozent der Wirtschaftsleistung des Landes entsprechen.[463]

– Die US-Regierung hat mittlerweile 14 Billionen Dollar garantiert, zugesagt oder geliehen, um das Finanzsystem zu stabilisieren.
– Die Vermögensverluste der privaten Haushalte betrugen im Jahre 2009 über 13 Billionen Dollar.
– Die Preise 30-jähriger US-Staatsanleihen sind schon um 19 Punkte gefallen.
– Die Preise für Versicherungen gegen das Ausfallrisiko von US-Staatsanleihen sind gegenüber 2007 um das 14-Fache (!) gestiegen.[464]

Der Fachautor Peter Boehringer erläutert die Hintergründe: »Derzeit sind es vor allem die Primary Dealer (Großbanken, die direkt mit der *Fed* handeln), die durch kurzfristige Übernahme der Staatsanleihen auf die eigenen Bücher regelmäßig fatale Flops der Auktionen abwenden. Und es gibt sogar bereits Gerüchte, wonach sich einige westliche Zentralbanken gegenseitig die Staatsanleihen abkaufen, um externes Interesse vorzutäuschen (!).«[465]

Martin Weiss, Autor bei *goldseiten.de*, erklärt zum Verlust des Vertrauens in die USA: »Weil die US-Regierung das Verlustrisiko maroder Finanzdienstleister übernimmt und mehr oder weniger wertlose Anleihen kauft. Weil die Staatsfinanzen eine drastische Verschlechterung erfahren und eine Umkehr immer unwahrscheinlicher wird. Selbst mit den sehr optimistischen Ausnahmen der offiziellen Haushaltsplanung durch das *Congressional Budget Office* ergab sich für 2009 ein US-Haushaltsdefizit von 1,85 Billionen Dollar oder 13,1 Prozent des Bruttoinlandprodukts. Das ist die höchste Verschuldung seit den 1940er-Jahren, als Amerika die Kriegsfinanzierung stemmen musste.«[466]

Das hat dramatische Auswirkungen: Die USA müssen allein Staatsanleihen im Wert von mehr als vier Milliarden Dollar pro Tag verkaufen, damit sie ihre Zahlungsfähigkeit überhaupt erhalten können.[467]

Die Situation der USA stellt sich für mich so dar:
– Der amerikanische Staat bleibt nur noch dank des unbegrenzten Aufkaufs eigener Staatsanleihen durch die eigene Zentralbank (Stützungskäufe) liquide.[468]
– Im Ausland wird so viel wie möglich Geld geliehen.
– Immer neues Geld wird gedruckt.
– Die »wundersame« Geldmengenvermehrung führt mittelfristig zu einer hohen Inflation.
– Das Konjunkturprogramm von 2009 hat wenig gebracht.

- Wertverluste der US-Währung könnten Investoren weltweit dazu zwingen, ihre Dollar-Reserven abzustoßen.
- Je länger die Weltwirtschaftskrise andauert, umso mehr schwindet das Vertrauen in den Dollar.
- Weniger Vertrauen wird die US-Zentralbank zu einer massiven Leitzinserhöhung zwingen, um die Anleihen auch weiterhin rentabel und attraktiv zu halten. Dadurch muss immer mehr Geld für Zinsen aufgebracht werden.
- Die Einlagensicherung in den USA verzeichnet ein Defizit.
- Bankenzusammenbrüche häufen sich.
- Der Dollar steht auf einem 14-Jahres-Tief.
- Die Krise auf dem US-Häusermarkt ist noch lange nicht vorbei: Die US-Regierung sicherte den Immobilienfinanzierern *Fannie Mae* und *Freddie Mac* Ende Dezember 2009 eine uneingeschränkte Verlustübernahme bis 2012 zu und löste damit die bisher zugesagten 400-Milliarden-Dollar-Garantien ab. Die Regierung begründete diese Maßnahmen mit der Notwendigkeit, den Immobilienmarkt zu schützen, das heißt im Klartext: den Immobilienmarkt nicht ein weiteres Mal zusammenbrechen zu lassen. Denn die beiden halbstaatlichen Immobilienfinanzierer *Fannie Mae* und *Freddie Mac* sind von entscheidender Bedeutung und besitzen oder garantieren den größten Teil des US-Hypothekenmarktes.[469]
- Die Zahl der Zwangsvollstreckungen am amerikanischen Häusermarkt war 2009 das zweite Jahr in Folge auf Rekordniveau: Fast vier Millionen Haushalten drohte der Entzug des Wohneigentums.[470]
- Die Maßnahmen der US-Notenbank *Fed* zur Sicherung niedriger Hypothekenzinsen laufen im Frühjahr 2010 aus. Durch die steigende Arbeitslosigkeit können immer mehr Amerikaner ihre Hypothekendarlehen nicht mehr bedienen.[471]
- Die US-Wirtschaft wird von einer Schuldenlast erdrückt.
- Amtlichen Vorhersagen zufolge wird die Zahl der Arbeitsplätze bis Ende 2010 um fünf Prozent sinken.[472]
- Die Zweifel am Status des Dollars als internationale Leitwährung und der US-Staatsanleihen als Währungsreserven werden weiter wachsen.
- Laut einer Budgetprojektion des *Peterson Institute* in Washington wird die Auslandsverschuldung von derzeit 3,5 Billionen bis zum Jahre 2030 auf 50 Billionen Dollar wachsen, wenn keine drastischen Ausgabenkürzungen oder Steuererhöhungen vorgenommen

werden. Allein um ihre ausländischen Schulden bedienen zu können, müssten die USA dann sieben Prozent ihrer jährlichen Wirtschaftsleistung an die Gläubiger weiterreichen. Dann wäre die normale Bevölkerung vom Wachstum der Wirtschaft de facto ausgeschlossen, was soziale Konflikte anheizen würde.[473]

Manche Finanzexperten sind davon überzeugt: Sollte die Billionenblase der US-Staatsanleihen platzen (das bedeutet de facto den Bankrott der USA), würde das ein Erdbeben auf den internationalen Finanzmärkten auslösen, das schlimmer wäre als alles bisher Dagewesene.

»Könnte Amerika pleitegehen?«, fragte demnach auch Robert J. Samuelson, der Wirtschaftskolumnist des Nachrichtenmagazins *Newsweek*, und gab sich gleich selbst die Antwort: Es sei erstmals in der US-Geschichte vorstellbar, dass einer der beiden Grundpfeiler der Finanzpolitik – dass Gläubiger weiter US-Schuldtitel kaufen und die US-Regierung weiter dafür bezahlt – zusammenbreche.[474]

Die Sorge ist nicht unbegründet, denn das Land tänzelt mit schwerer Schlagseite am Rand des Abgrunds.

5.8 China rettet die USA – bis jetzt noch

Mehr denn je brauchen die Vereinigten Staaten das Ausland zur Finanzierung ihrer gigantischen Schulden.

Aber allein Fachleute wissen, dass die USA nur noch existieren, weil die Volksrepublik China einen großen Teil ihrer Währungsreserven in US-Staatsanleihen investiert. Die Chinesen besitzen bereits die größten Dollar-Reserven außerhalb der USA – über zwei Billionen Dollar.[475]

Seit September 2008 ist ausgerechnet China, der ehemalige »Klassenfeind«, der größte ausländische Gläubiger der Vereinigten Staaten, und die chinesische Zentralbank sitzt auf einem riesigen Berg von Währungsreserven, der vor allem aus amerikanischen Staatsanleihen besteht. Auf Platz zwei rangieren die Japaner. Somit finanzieren die Chinesen und Japaner die Haushaltsdefizite der amerikanischen Regierung größtenteils mit.

Das Defizit in der US-Leistungsbilanz resultiert daraus, dass die Amerikaner mehr konsumieren, als sie selbst herstellen. Die USA müssen deshalb den zusätzlichen Bedarf über die Einfuhr decken, seien es nun Spielwaren aus China und Taiwan oder Öl aus Saudi-Arabien und Venezuela; zudem verstärken die Kriege im Irak und in Afghanistan die Verschuldung rasant. Ein Großteil des Kapitals für diese Einkäufe stammt daher von ausländischen Investoren, die das Geld in der Hoffnung auf eine gute Verzinsung an die US-Börse tragen oder in Direktinvestitionen stecken.

Das könnte sich allerdings bald ändern, denn die Staaten brauchen das Geld im Zuge der Wirtschaftskrise nun selbst, d. h. die Käuferschar für US-Staatsanleihen wird kleiner.

Die Chinesen sorgen sich schon einige Zeit um die Werthaltigkeit ihrer Dollar-Anlagen. Denn: Jeden Dollar, den die US-Regierung zusätzlich in ihre Wirtschaft pumpt, entwertet die chinesischen Dollar-Vorräte. Folgerichtig suchen die Chinesen einen Weg, so schnell wie möglich aus dem Dollar zu fliehen und sich von US-Staatsanleihen zu lösen. Weltweit tauschen sie deshalb die Greenbacks gegen Vermögenswerte wie etwa Rohstoffe ein.

Die Waffe im Kampf gegen den Dollar ist Chinas mächtiger Staatsfonds *China Investment Corporation* (CIC), der mit Vermögenswerten von über 300 Milliarden Dollar ausgestattet ist. Davon sind bislang fast 60 Milliarden im Ausland angelegt worden, weitere 110 Milliarden Dollar stehen zur Verfügung.[476]

Die Chinesen beteiligen sich an globalen Rohstoffkonzernen, vor allem in Asien und Afrika. Das hat verschiedene Gründe: Erstens wollen sie sich den Zugang zu wichtigen Grundstoffen sichern, zweitens setzen sie auf steigende Rohstoffpreise in der Zukunft, und drittens wollen sie mit ihrem Rohstoffengagement der drohenden Inflation vorbeugen. Peking pumpt aber auch Milliarden in die Ölbranche und beteiligt sich an Rohstoffkonzernen in Indonesien, Russland, Kanada und Kasachstan.[477]

Die Vereinigten Staaten hängen also auf Gedeih und Verderb »am Tropf« der Chinesen. Sollten sich diese jedoch vollständig von der amerikanischen Währung loslösen, würde dies mit großer Wahrscheinlichkeit das Ende des Dollars bedeuten.

5.9 Das Ende des Dollars ist das Ende der USA

Der US-Dollar war die erfolgreichste Währung der Welt. Zu Spitzenzeiten valutierten über 90 Prozent aller globalen Finanzaktivitäten im »Greenback«.[478]

Die USA stellen (noch) die Leitwährung, in der Millionen von Privatpersonen und viele Staaten ihr Vermögen aufbewahren. Doch die historisch beispiellose Verschuldung droht den Wert des Geldes auszuhöhlen. Aber wenn Amerika ins Schlingern gerät, verliert das Weltfinanzsystem seinen Anker.

Der Wertverlust des Dollars und das Schrumpfen der US-Wirtschaft verändern das globale wirtschaftliche Gewicht der USA. So steigt der Euro-Anteil der Einlagen der Zentralbanken, während zugleich der Anteil an Dollars sinkt.[479] Im Jahre 2009 haben die Zentralbanken der Welt begonnen, ihre Dollar-Käufe einzudämmen. Dieser machte nur noch einen Anteil von 37 Prozent ihrer Währungskäufe aus, während er 63 Prozent ihrer Gesamtreserven repräsentierte; zu Beginn des Jahrzehnts waren das noch knapp 73 Prozent gewesen.[480]

Im Jahre 2002 erhielt man für einen Euro gerade mal 0,89 Dollar, Ende 2009 waren es schon 1,51.[481] Somit beträgt der Wertverlust des Dollars seit Einführung des Euros 59 Prozent[482], und seit 1950 ist die Kaufkraft des Dollars um 89 Prozent zurückgegangen.[483] Gegenüber Gold hat der Dollar mehr als zwei Drittel an Kaufkraft eingebüßt.[484] Das hat verschiedene Ursachen:

– Die Kosten des militärischen Engagements nach den Anschlägen vom 11. September 2001 (knapp 50 Prozent der weltweiten Militärausgaben, 725 Militärstützpunkte)[485] sind exorbitant hoch;
– die festgefahrene Situation im Irak- und Afghanistankrieg;
– der Glaubwürdigkeitsverlust unter Präsident Bush;
– die Besorgnis in Bezug auf die finanziellen Überschüsse Chinas im Handel mit den USA;
– die hohen Kosten für Energie- und Rohstoffe, die die US-Wirtschaft schwächen;
– die Finanzkrise, die ihren Ausgang in der Wall Street nahm und das Misstrauen gegenüber dem Dollar verstärkt hat.[486]

Im Wesentlichen sind es drei Faktoren, weshalb der Dollar seine Dominanz als Leitwährung immer weiter verliert:
1. geführte Kriege
2. Schuldenpolitik
3. Vertrauensverlust

Und das kommt nicht von ungefähr: Die extreme Niedrigzinspolitik der US-Notenbank treibt Investoren, die auf der Suche nach attraktiven

Renditen sind, quasi aus dem Land und macht Spekulanten Platz. Diese nutzen die teilweise enormen Zinsdifferenzen zwischen den USA und Schwellenländern aus und leihen sich Milliarden US-Dollars, die sie in Aktien, Staatsanleihen und Immobilien in Ländern wie Indien, Brasilien, Indonesien und Thailand investieren. Die höheren Zinsen in diesen Staaten machen es deshalb lukrativ, sich in den USA »billiges« Geld zu leihen und in den Hochzinsländern zu investieren.[487]

Das drückt nicht nur den Dollar-Kurs, sondern hat auch noch eine andere verheerende Folge:

Der Dollar hat den japanischen Yen als *Währung der Spekulanten* abgelöst.[488]

Zudem wertet ein niedriger Dollar-Kurs andere Währung auf. So haben acht der zehn wichtigsten asiatischen Währungen im Jahresverlauf 2009 gegenüber dem Dollar an Wert gewonnen, und auch der brasilianische Real ist rund 50 Prozent mehr wert. Aber das hat auch Schattenseiten, denn es verteuert die Exporte dieser Länder.[489]

Wechselkurse

Die Wechselkurse spielen im internationalen Handel eine zentrale Rolle. Sie ermöglichen es, die Preise der Güter und Dienstleistungen aus verschiedenen Ländern zu vergleichen. Der Wechselkurs ist der Preis einer Landeswährung in einer anderen Landeswährung.

China geht diesem Risiko aus dem Weg, indem es die Landeswährung Yuan »künstlich« abwertet. Dazu kauften die Chinesen Unmengen an Dollars auf.[490] Das wiederum kritisieren vor allem die Europäer, deren Importe zu 20 Prozent aus chinesischen Produkten bestehen. Aus ihrer Sicht ist der Yuan um 20 bis 30 Prozent unterbewertet, was die EU-Exporte nach China verteuert, die chinesischen Ausfuhren nach Europa aber verbilligt.[491]

Auf- und Abwertung einer Währung

Eine Währung wird aufgewertet, wenn ihr Preis auf dem Devisenmarkt steigt, und sie wertet ab, wenn ihr Preis auf dem Devisenmarkt sinkt. Als Auf- und Abwertung bezeichnet man wirtschaftspolitisch herbeigeführte Preisänderungen auf dem Devisenmarkt.

Beispiel: Eine Erhöhung der Leitzinsen bewirkt eine erhöhte Nachfrage nach Staatsanleihen des betreffenden Landes. Da die Anleihen in der Währung des Landes bezahlt werden müssen, entsteht gleichzeitig eine erhöhte Nachfrage nach dieser Währung, und es kommt zu einer Aufwertung. Entsprechend wertet die Währung ab, wenn die Leitzinsen fallen.[492]

Die Abwertung einer Währung gegenüber Fremdwährungen führt zu einer Verbilligung der Exporte und einer Verteuerung der Importe des betreffenden Landes. Eine Abwertung der eigenen Währung fördert Inflationstendenzen.

Die Aufwertung einer Währung hingegen verteuert die Exporte und verbilligt die Importe des jeweiligen Landes. Dies kann für das Land, das seine Währung aufwertet, einen Verlust der Wettbewerbsfähigkeit im Exportbereich bedeuten. Eine Aufwertung sorgt dafür, dass mehr Geld für Importe ausgegeben wird, was die Gefahr einer hohen Inflation und Arbeitslosigkeit mindert.[493]

Auch US-Präsident Barack Obama forderte bei seinem Besuch in Peking Mitte November 2009 einen »marktgerechten Wechselkurs« für die chinesische Landeswährung. Die Amerikaner werfen der Volksrepublik schon seit Längerem vor, ihre Handelsüberschüsse mit einem schwachen Yuan zu erwirtschaften, denn ein niedriger Kurs verbilligt Exporte, was dem Reich der Mitte Wettbewerbsvorteile verschafft, den Amerikanern aber ein immer höheres Leistungsbilanzdefizit beschert. Das ist den USA ein Dorn im Auge. Obama konnte sich jedoch gegen den chinesischen Staatspräsidenten Hu Jintao nicht durchsetzen.[494]

Doch eine *massive* Aufwertung des Yuan würde das Preisniveau in den USA weiter nach oben treiben und die Konsumnachfrage weiter schrumpfen lassen. Deshalb müssen die Amerikaner nur an einer moderaten Aufwertung interessiert sein.

Fällt der Wert des Dollars immer weiter, so werden auch die Währungsverluste höher. Nicht nur China, auch andere »Dollar-Reservehalter«, wie etwa die europäisch-asiatischen Zentralbanken, dürften dann nervös werden und sich mit dem Zeichnen weiterer US-Staatsanleihen zurückhalten. So könnten sich Industrieländer mit Leistungsbilanzüberschüssen (wie etwa Deutschland und China) nur noch in eigener Währung verschulden und keine Anleihen in US-Dollar mehr kaufen, frei nach dem Motto: »Die Kapitäne verlassen das sinkende Schiff.«

Auch der Chef der US-Notenbank *Fed*, Ben Bernanke, hat Sorgen. Ende Dezember 2009 sagte der Währungshüter, wenn die USA ihr Haushaltsdefizit nicht unter Kontrolle brächten, sei die Zeit des Greenbacks als Leitwährung bald abgelaufen.[495]

China hat die Gefahr eines sich auflösenden Dollars bereits erkannt und am 8. September 2009 bekannt gegeben, dass es auch an internationale Investoren in Yuan denominierte Staatsanleihen herausgeben wird.[496]

Schon formiert sich auch in anderen G-20-Staaten Widerstand gegen den Dollar als Leitwährung, und einige südamerikanische Länder wollen ihr eigenes Währungsbündnis gründen. Russland hat bereits die Umschichtung eines Teils seiner Währungsreserven hin zum Euro angekündigt. Saudi-Arabien und verschiedene Golfstaaten denken laut darüber nach, ihre Währungen vom Dollar zu entkoppeln und nach dem Vorbild Kuwaits auf einem Korb verschiedener Währungen basieren zu lassen.[497]

Und wenn sich US-Finanzminister Timothy F. Geithner in Peking von Zuhörern nach seiner Versicherung, der Dollar sei »wertstabil«, statt der üblichen Huldigungen laut und schallend auslachen lassen musste[498], ja, dann ist das Ende wahrlich nah.

Der republikanische Senator Ron Paul forderte schon weitreichende Schritte: Er möchte das *Fed*-System des »Fiat Money« abschaffen und zur reinen Golddeckung des Dollars zurückkehren, denn: »Im Laufe ihrer fast 100-jährigen Geschichte hat die *Fed* den Dollar fast komplett zerstört. Seit 1913 hat der Dollar über 95 Prozent seiner Kaufkraft verloren, und das mit Unterstützung und Billigung durch die lockere Geldpolitik der *Federal Reserve*. Wie lange werden wir als Kongress noch tatenlos zusehen, dass hart arbeitenden Amerikanern ihre Ersparnisse durch die Inflation zunichte gemacht werden? Nur schuldenfreudige Politiker und bevorzugte Banken profitieren von der Inflation.«[499]

Das Aus des Dollars wäre auch das Ende der ökonomischen Groß-
macht USA, was die internationale Finanzarchitektur zunächst tief
erschüttern würde. Aber auch machtpolitische Verschiebungen, über
deren Ausmaß ich nicht spekulieren will, wären wohl die Konsequenz
eines solchen Niedergangs. Sicher ist jedoch: Die seit 2008 andauernde
Krise stellt die Vorherrschaft der Vereinigten Staaten von Amerika
infrage.

> *»Hohe Verschuldung und langsames Wachstum bringen Imperien*
> *zu Fall – und die USA könnte als Nächstes dran sein.«*[500]
> Niall Ferguson, Historiker an der *Harvard University*

6. Der Deutschland-Schock

6.1 Droht der deutsche Staatsbankrott?

Diese Frage ist eigentlich blasphemisch und dürfte so nie gestellt werden. Doch in Zeiten der Weltschuldenkrise ist es wohl legitim, es dennoch zu tun, wenn auch (zunächst) nur hypothetisch.

Es gibt viele Anzeichen und Indizien für einen deutschen Staatsbankrott, auf die ich nachfolgend genauer eingehen werde. Entscheiden Sie dann selbst, ob Sie die Wahrscheinlichkeit eines solchen mittel- bis langfristigen Staatsbankrotts in Deutschland für möglich halten oder nicht.

Eines ist nicht wegzudiskutieren: Die Verschuldungssituation in Deutschland ist dramatisch. Dennoch beruhigen Politiker aller Couleur und versuchen, die Situation herunterzuspielen. Löbliche Ausnahmen sind Kanzlerin Angela Merkel, die Ende November 2009 noch warnte, dass die Krise länger dauern und tiefer sein werde als noch vor wenigen Monaten erwartet[501], und Bundesbank-Vorstandsmitglied Hans-Helmut Kotz, der darauf hinwies, dass bereits eine länger währende Stagnationsphase in den wichtigsten Volkswirtschaften ein bedeutsames Risiko für die Finanzstabilität darstellen würde.[502]

> 1 000 000 000 (1 Milliarde) = 1000 Millionen
> 1 000 000 000 000 (1 Billion) = 1000 Milliarden =
> 1 000 000 Millionen

Ich möchte auch zu bedenken geben, dass wir uns gegenwärtig in einer Niedrigzinsphase befinden, was bedeutet: Der deutsche Staat muss verhältnismäßig niedrige Zinsen auf seine Schulden bezahlen. Wenn die Zinsen jedoch steigen – und das werden sie irgendwann –, wird die Refinanzierung noch schwieriger und die Schuldenlast immer größer.[503]

Wie fragil die globalen Finanzmärkte noch sind und wie latent die Gefahr eines Staatsbankrotts nicht nur in den schon in Kapitel 4 beschriebenen Staaten, sondern auch bei uns ist, verdeutlicht ein einfaches Rechenbeispiel:

Die Bilanzsumme der nationalen Banken[504] der USA beläuft sich auf 10,6 Billionen Euro und die von Deutschland auf acht Billionen. Bei einem angenommenen Ausfall in Höhe von nur 15 Prozent der Bank-Bilanzsummen würde sich demnach für die USA ein Abschreibungs-bedarf von 1,6 Billionen und für Deutschland von 1,2 Billionen Euro ergeben. Dies hätte fatale Folgen, wenn die öffentliche Hand die Risiken schuldenwirksam übernähme: Die Staatsverschuldung in den USA würde um 22 Prozent und die von Deutschland sogar um 75 (!) Prozent steigen.[505]

Schulden in dieser astronomischen Höhe wären nicht mehr zu bedienen; die unmittelbare Folge: Zahlungsunfähigkeit, das heißt Staats-bankrott!

Doch zunächst eine Bestandaufnahme.

6.1.1 Bestandsaufnahme 1: Unternehmen – Rekordinsolvenzjahr 2010?

Weltweit versuchen Regierungen, die Krise zu verharmlosen und das Volk mit oft »geschönten« Wirtschaftsdaten zu beruhigen. Doch die Rezession ist viel schlimmer als von vielen erwartet und wird noch mindestens drei bis fünf Jahre andauern.

In Deutschland drohen die meisten Firmenpleiten nach dem Zweiten Weltkrieg. Die renommierte Unternehmensberatung *A. T. Kearney* schreibt in ihrer Studie *Nachhaltige Restrukturierung des Wirtschafts-standorts Deutschland*, dass in den kommenden fünf Jahren jedes zehnte (!) deutsche Unternehmen, also doppelt so viele wie im Jahre 2009, »akut« insolvenzgefährdet ist.

Im Jahre 2010 werden demnach bis zu 45 000 Unternehmen zah-lungsunfähig sein. Im Vergleich: Die meisten Pleiten in der Nachkriegs-zeit mit jeweils rund 39 200 gab es in den Jahren 2003 und 2004.

Weiter heißt es in der Studie: »Die aktuellen Krisenauswirkungen sind zwar wesentlich kurzlebiger als diejenigen der Weltwirtschaftskri-se von 1930, dafür aber sehr viel intensiver. Wir erwarten, dass sich die Anzahl der Insolvenzen deutlich erhöhen wird. Waren in 2009 bereits 5,4 Prozent der Unternehmen insolvenzgefährdet, so wird sich die Quote bis zum Ende der Krise auf 10,3 Prozent erhöhen. Die Kurzar-beit verringert zwar die Zahl der Insolvenzen – trotzdem werden 2010 etwa 38 000 bis 45 000 deutsche Unternehmen zahlungsunfähig sein –, wobei die Bereiche Automobilhandel sowie Transport und Logistik ganz besonders gefährdet sind (…) Mehr als fünf Prozent der Unternehmen sind 2009 trotz Kurzarbeit akut insolvenzgefährdet.«[506]

Ein Grund für diese Entwicklung ist der hohe Exportanteil der heimischen Wirtschaft, dessen weltweiter Umsatzeinbruch vor allem die Exportnation Deutschland trifft. Deshalb ist die Insolvenzgefahr vor allem für produzierende Unternehmen mit hohem Exportanteil besonders hoch.

A. T. *Kearney* geht davon aus, dass im Jahre 2010 branchenübergreifend die Umsätze um zwölf Prozent zurückgehen und die Gewinne sogar um 22 Prozent einbrechen werden.

Darüber hinaus ist zu berücksichtigen, dass die Top-100-Unternehmen für 2009 einen Umsatzrückgang von insgesamt etwa 125 Milliarden Euro und Gewinneinbrüche von etwa 25 bis 30 Milliarden Euro verkraften mussten.[507]

> *»Eine Rückkehr auf das Vorkrisenniveau von 2008 wird in Abhängigkeit von verschiedenen Faktoren erst in drei bis fünf Jahren möglich sein.«*[508]
> Dietrich Neumann, Zentraleuropa-Chef von *A. T. Kearney*

6.1.2 BESTANDSAUFNAHME 2: FINANZSEKTOR – FAULE KREDITE

Obwohl sie wieder kräftig Gewinne machen, haben die deutschen Banken faule Papiere in Milliardenhöhe in ihren Büchern. Daran sind sie selbst schuld, denn es gab und gibt auch hierzulande viel zu viele Fondsmanager, die wirklich große Portfolios unterhalten und nicht die leiseste Ahnung davon haben bzw. hatten, was sie tun. Das Ausmaß ist katastrophal: Wertpapiere, die an privat genutzte Immobilien geknüpft sind, werden gemäß einer Umfrage der Bundesanstalt für Finanzdienstleistungsaufsicht (BaFin) und der Bundesbank mit 101,9 Milliarden Euro beziffert und sind erst zu 28 Prozent abgeschrieben. Die Papiere sind unverkäuflich, weil sie keinen feststellbaren Wert haben. Auch Derivate rund um gewerblich genutzte Immobilien im Wert von 38,8 Milliarden Euro haben die befragten Banken noch bilanziert.[509]

Die Landesbanken kommen ebenfalls nicht gut weg. Ihre Verschuldung, für die die Eigentümer (das heißt die einzelnen Bundesländer) haften, hat ebenfalls dramatische Züge angenommen: Die Landesbanken sollen in ihren Büchern »fragwürdige« Anlagen im Wert von immerhin 355 Milliarden Euro haben. 180 Milliarden Euro davon werden als »toxisch« klassifiziert.[510] Insgesamt sollen Deutschlands Finanzinstitute rund 300 Milliarden davon besitzen.[511]

Aber was heißt »toxisch« in diesem Zusammenhang? Der *Tagesspiegel* befragte dazu Hans-Peter Burghof, Bankwirtschafts-Professor an der Uni Hohenheim:»Das Wort toxisch ist kein Fachbegriff«, sagte er und erläuterte, er würde von »toxischen Papieren« sprechen, wenn sie am Markt nur noch zu 40 bis 50 Prozent ihres ursprünglichen Wertes gehandelt werden. Dann sei das Ausfallrisiko hoch. Burghof weist aber darauf hin, dass auch andere, komplexere Konstrukte toxisch sein können. Dazu gehören stark gehebelte Produkte, etwa Wetten auf die Zinsdifferenz von Staatsanleihen, bei denen mit kleinen Einsätzen an Eigenkapital große Beträge bewegt werden. Solche Produkte seien oft zu komplex konstruiert, um sie einfach aus der Bilanz auszulagern.[512]

> Die Landesbanken haben insgesamt Schulden in Höhe von mehr als 400 Milliarden Euro, für die die Länder haften.

Das kann das eine oder andere Bundesland durchaus in die Pleite führen. Kandidat Nummer eins hierfür ist Schleswig-Holstein. *Der Spiegel* meldete:»Im Norden der Republik wird inzwischen sogar ein Bankrott des armen Agrarstaats nicht mehr ausgeschlossen. Aber auch stärkere Bundesländer könnten in eine bedrohliche Situation kommen, wenn sich die Abwärtsspirale der Landesbanken weiterdreht.«[513]

Es werden immer neue Milliarden in die Geldinstitute gepumpt. Sollten die Länder ihren Verpflichtungen gegenüber ihren Landesbanken nicht mehr nachkommen, ist der Bund in der Pflicht, so steht es jedenfalls in der Verfassung.

Aber auch die Situation für andere deutsche Banken war so katastrophal, dass die deutsche Regierung handeln musste, um den Zusammenbruch des gesamten Bankensystems zu verhindern. Fehlspekulationen mit Hypothekendarlehen verursachten so hohe Verluste, dass wohl einige Finanzinstitute in die Insolvenz getrieben worden wären.

Kein Wunder also, dass die Große Koalition bereits im Oktober 2008 in nur fünf Tagen das Finanzmarktstabilisierungsgesetz (FMStG vom 17. Oktober 2008) durch Bundestag und Bundesrat »peitschte«, das 480 Milliarden Euro Hilfe für angeschlagene deutsche Banken sicherstellte. Kritiker sprechen von einem »Ermächtigungsgesetz«, das unter Umgehung von Haushaltsordnung und Grundgesetz verabschiedet wurde, da sich die Schulden außerhalb des Haushaltsplanes des Bundes bewegen würden.[514]

Der Staat steht nun im Notfall für die Verluste der »Spekulanten-Banker« ein. Aber in Wahrheit haftet nicht der Staat, sondern der Steuerzahler.

6.1.3 Die geheime »BaFin-Liste«

Die Stimmung unter Banken und Bürgern ist noch immer getrübt, tägliche Schreckensmeldungen über neue Verluste und Abschreibungen fördern nicht gerade das Vertrauen.

Und dann war da noch ein weiterer Paukenschlag: Ende April 2009 gelangte eine interne Aufstellung[515] der Finanzaufsicht BaFin ans Licht der Öffentlichkeit. Obwohl dies schon fast ein Jahr her ist, möchte ich dennoch genauer darauf eingehen, weil Sie als Steuerzahler mit den Folgen sicherlich noch Jahrzehnte leben müssen.

Die »BaFin-Liste« ist ein vormals geheimes Papier der deutschen Finanzaufsichtsbehörde. In ihr wird aufgelistet, welche Banken seit 2007 welche Risiken verzeichnen.[516] Die Liste beziffert das Volumen der von der Krise betroffenen Wertpapiere und Kredite auf 816 Milliarden Euro[517], während die von der Bundesregierung veröffentlichte Schätzung die Risiken auf »nur« 300 Milliarden Euro begrenzt.[518] Das ist also eine Differenz von knapp 500 Milliarden (!) Euro – eine halbe Billion Euro.

Natürlich mussten der damalige Finanzminister Peer Steinbrück und Bundesbankpräsident Axel Weber die Bürger beruhigen. Man ließ verlauten, die Liste lasse keine Rückschlüsse auf eventuelle Risiken, Verluste oder gar die Bonität der aufgeführten Kreditinstitute zu.[519] Aber warum schaltete die BaFin dann die Staatsanwaltschaft wegen des Geheimnisverrats ein? Und warum gibt es die Liste dann überhaupt? Wollte Steinbrück den Bürgern nur die halbe Wahrheit sagen oder sie beruhigen, um nicht noch mehr Panik zu schüren?

Die Krise nährt also die Krise: Kreditausfälle und Risiken steigen ebenso wie Abschreibungen und Verluste. Und es wird wohl auf Jahre hinaus Billionendefizite geben.

Gesetzliche Rentenversicherung[520]

Noch gibt es keine unmittelbaren Folgen der Weltschuldenkrise für die gesetzliche Rentenversicherung. Das System selbst wird gegenwärtig nur noch von wenigen Kritikern infrage gestellt, weil es sich in Krisenzeiten wohl »bewährt« habe. Das meinen zumindest die Befürworter und lassen dabei außer Acht, dass der Staat im Jahre 2009 rund 80 Milliarden Euro Steuergelder in die gesetzliche »Zwangs«-Rentenversicherung zuschießen musste. Das ist fast ein Drittel des gesamten Bundeshaushaltes!

Für mich ist dies ein klarer Beweis dafür, dass das Umlageverfahren (aufgrund der Alters- und Bevölkerungsentwicklung) schon jetzt nicht mehr funktioniert und nur noch mittels jährlicher Notzuschüsse aller Steuerzahler künstlich am Leben gehalten wird. Mit steigenden Beiträgen und langfristig sinkenden Renten ist auf jeden Fall zu rechnen.

Meine Prognose: In 20 Jahren wird es nur noch eine »Grundrente« von etwa 500 Euro geben, die jeder erhält, egal wie lange und wie viel er einbezahlt hat.

Folgende Zahlen verdeutlichen, wie »krank« das System der gesetzlichen Rentenversicherung in Wirklichkeit ist:

Anzahl der Rentner:	24,7 Millionen
Anzahl der Beitragszahler:	39,7 Millionen

Jeder Beitragszahler trägt also jetzt schon im Schnitt die Kosten von mehr als einem »halben« Rentner pro Monat.

Gesamtausgaben der Rentenversicherung:	240,1 Milliarden Euro
Davon	
Kosten für Beamte:	104,5 Milliarden Euro
Kosten Pensionäre:	67,5 Milliarden Euro[521]
Tendenz steigend	

230

Im Juni 2009 kam es im Bundestag zu heftigen Diskussionen, weil die Bundesregierung eine »gesetzliche Rentengarantie« für die doch »sichere« gesetzliche Rente festlegen wollte.

ZEITMASCHINE

Deutscher Bundestag, Berlin
Dienstag, 16. Juni 2009
Auszug aus der Parlamentsdebatte zur Rentengarantie

Die Grünen: »Sie rütteln ohne Not an einer tragenden Säule des Rentenversicherungssystems. Sie streuen den Rentnern und Beitragszahlern Sand in die Augen. Es ist unrealistisch, die dadurch entstehenden Finanzierungslücken später wieder nachzuholen. Warum warten wir nicht bis März 2010 ab, bis uns die Zahlen vorliegen? Erst dann kann man seriöse Aussagen über die Folgen der Wirtschaftskrise treffen und entsprechende Planungen angehen.«

Die Linke: »Wir befürworten zwar grundsätzlich eine Rentenschutzklausel, verstehen aber nicht, warum man eine solche Klausel als Ewigkeitsklausel formuliert. Denn letztlich ist es weiterhin ein Grundprinzip, dass die Renten den Löhnen angepasst werden, und wir gehen ja schließlich nicht davon aus, dass die Renten dauernd gekürzt werden. Die Fraktion Die Linke fordert, dass Sie noch einmal grundlegend über die Rentenformel nachzudenken.«

FDP: »Es ist nicht angezeigt, zum jetzigen Zeitpunkt eine solche Rentengarantie abzugeben. Wer zahlt am Ende alles? Der Verdacht liegt nahe, dass zum einen die Rentner selbst diese Garantie bezahlen werden und zum anderen die jungen Beitragszahler. Das Thema Generationengerechtigkeit wird ad acta gelegt.«

CDU/CSU/SPD (damals Große Koalition): »Wir verfolgen eine Politik der ruhigen Hand und geben den Menschen Sicherheit. Die Ewigkeitsklausel ist nicht so gemeint, dass wir das für alle Zeit bestehen lassen müssen.«[522]

Am 19. Juni 2009 beschloss der Bundestag schließlich dann mit den Stimmen von Union und SPD die Rentengarantie. Rentner müssen künftig auch im Falle sinkender Löhne höchstens Nullrunden fürchten. Doch das ist eine Mogelpackung, denn sie müssen diese »Garantie« bei Besserung der Lage durch Nullrunden oder reduzierte Erhöhungen selbst bezahlen; das bekommen sie schon in diesem Jahr zu spüren.[523]

Interessant für den aufmerksamen Leser dürfte sein, dass die damalige Bundesregierung zwar eine »Rentenschutzgarantie« forderte, aber diese »nicht für alle Zeit bestehen lassen« wollte. Ja, was nun?

Bisher wurden folgende Maßnahmen zur gesetzlichen Rente politisch beschlossen:

– Senkung des Rentenniveaus;
– Rente mit 67;
– gekürzte bzw. gestrichene Anrechnung von Ausbildungszeiten;
– gekürzte Beiträge für ALG-II-Bezieher.

Also: Wie »sicher« ist die Rente wirklich?

6.1.5 Exkurs: Renten werden drastisch sinken

Die Wirtschaftskrise könnte die zu erwartende gesetzliche Rente von Millionen Arbeitnehmern drücken. Dies hatte das Mannheimer Forschungsinstitut Ökonomie und Demografischer Wandel (MEA) errechnet. Zugrunde gelegt wurde der Bezieher einer Standardrente (der sogenannte »Eckrentner«). Dieser »Eckrentner« existiert allerdings (fast) nur noch in der Theorie. Für die Berechnung seiner Rente wird nämlich eine fiktive Person herangezogen, die das 65. Lebensjahr vollendet und 45 Jahre lang in die gesetzliche Rentenversicherung eingezahlt hat. Der Verdienst entsprach dabei jeweils dem Durchschnittseinkommen (Bezugsgröße im Jahre 2009: 30 240 Euro pro Jahr). So ist der »Eckrentner« nur ein theoretisches Konstrukt, das immer dann herhalten muss, wenn die Renten »schön«gerechnet werden. Geht man einmal davon aus, dass es immer weniger Menschen geben wird, die 45 Jahre lang in die Rentenversicherung einzahlen und dabei ein Durchschnittseinkommen verdienen, dürften die prognostizierten Rentenabzüge sogar noch dramatisch höher ausfallen.

MEA-Rentenexperte Martin Gasche begründete die Berechnungen seines Instituts folgendermaßen:»Die Arbeitnehmer und Beitragszahler werden wegen der Wirtschaftskrise Lohneinbußen hinnehmen müssen. Langfristig können die Einkommen bis zu acht Prozent niedriger liegen als vor der Krise erwartet.« Da die Rentenentwicklung an die Lohnentwicklung gekoppelt sei, »werden sich auch die Renten entsprechend schlechter entwickeln«.

Nach Berechnungen des Statistischen Bundesamtes waren die Reallöhne aufgrund der Wirtschaftskrise bisher um durchschnittlich 1,2 Prozent niedriger als im Vorjahr, was vor allem auch mit der großen Zahl von Kurzarbeitern zu tun hat. Ein deutlicher Einbruch also.

Dabei hatte die Bundesregierung ja eine »Rentengarantie« verabschiedet, die bei sinkenden Löhnen eine Nullrunde bei der staatlichen Altersversorgung vorsieht, also keine Kürzung. Aber bis jetzt ist noch nicht ganz klar, wie diese jährlichen Aufwendungen in Milliardenhöhe gegenfinanziert werden sollen.

Trotz dieser Garantie könnten die Renten jedoch sinken, so das MEA, denn vor dem Beginn der Krise wurde eine weitaus optimistischere Prognose abgeben. Im Falle von Nullrunden in den nächsten zwei Jahren sinkt die tatsächlich ausgezahlte Rente. Den Berechnungen zufolge könnten bei einem Arbeitnehmer, der 2015 in Rente geht, 92 Euro, im Jahr 2020 110 Euro, im Jahr 2030 147 Euro und im Jahr 2040 sogar 194 Euro pro Monat fehlen. Die Rentner werden also einen permanenten Vermögensverlust erleiden.

Das Bundesarbeitsministerium hatte die MEA-Berechnungen natürlich zurückgewiesen. Vermutlich wollte man die Menschen nicht noch mehr verunsichern.

Zu den MEA-Berechnungen erklärte der Rentenexperte Bert Rürup, es handle sich dabei nicht um tatsächliche Kürzungen, sondern um Abweichungen von der bislang erwarteten Entwicklung. Das ist meiner Meinung nach nur Schönrederei, zumal Rürup in der *Passauer Neuen Presse* klarmachte: Wegen der Folgen der Wirtschaftskrise könne »nicht ausgeschlossen werden, dass der für die Rentenanpassung im nächsten Jahr maßgebliche Durchschnittslohn sinken wird«[524].

Meine Verbesserungsvorschläge:
- Änderung des Umlageverfahrens auf das Kapitaldeckungsverfahren (wie bei der privaten und gesetzlichen Krankenversicherung, die Unterschiede sind dort deutlich erkennbar).
- Aber: Verbot, die Gelder in internationale Fonds und Aktien anzulegen, sondern nur in deutsche Staatsanleihen. Das hat drei Grün-

de: 1) Die Inflation würde ausgeglichen, 2) ein kleiner Kapital-stock gebildet, und 3) das Geld verbliebe beim Staat. Er könnte dann damit arbeiten und die Schulden konsolidieren.
– Rentner sollten unbegrenzt hinzuverdienen dürfen.
– Die Rentenversicherung muss endlich Rücklagen aufbauen und nicht Monat für Monat aus der Hand in den Mund leben und so durch den Steuerzahler notdürftig am Leben erhalten werden.

Pensionen

Deutschland hat rund 1,9 Millionen Beamte und 1,5 Millionen Pensionäre.[525] Diese erhalten ihre Pension in Höhe von bis zu 75 Prozent (im Durchschnitt 69 Prozent) des letzten Dienstgehaltes. Zudem bekommen sie eine Beihilfe, nämlich 70 Prozent Zuschuss zu ihren Krankheitskosten. Pensionen sind überdies nicht mit Sozialabgaben belastet.

Beispiel: Durchschnittliche Beamtenpension

Die Pension eines Studienrates von etwa 2500 Euro monatlich kostet den Staat bei einem 25-jährigen Bezug einen Betrag von 750 000 Euro zuzüglich 150 000 Euro (500 Euro monatlich) Krankenkostenzuschuss, also insgesamt 900 000 Euro.

Sie können sich selbst ausrechnen, welche Milliardenbeträge der Staat künftig ausgeben muss, nur um für die Pensionen seiner Bediensteten aufkommen zu können.

Riester- und Rürup-Sparpläne

Mehr als zwölf Millionen Deutsche haben bereits diese steuerlich geförderten Verträge abgeschlossen.[526] Dennoch lehnt sie die Mehrheit der Bundesbürger ab, was eine Umfrage der Citibank ergab. Mehr als 54 Prozent interessieren sich demnach nicht dafür oder kündig(t)en ihre Verträge.[527]

Riester-Sparpläne gelten (noch) als sicher. Allerdings gerieten auch einige Banken, die Riester-Sparpläne anbieten, in Finanzturbulenzen, etwa die Commerzbank und die Dresdner Bank.[528]

Doch ist eine Riester-Rente unter dem Aspekt der »Altersvorsorge« überhaupt sinnvoll?

6.1.6 EXKURS: RIESTER-(R)ENTE?

Geringverdiener, die nur eine minimale Rente zu erwarten haben, müssen dringend vorsorgen. Aber gerade für diese Gruppe lohnt sich die Riester-Rente, meiner Einschätzung nach, nicht, denn sie wird später angerechnet. Ist die Riester-Rente also eine Riester-»Ente« oder gar staatlich organisierter Betrug an diesen Bürgern?

Die staatliche Propaganda wirkt: Die geförderten Sparpläne versprechen im Alter eine »Zusatzrente«, weil die gesetzliche Rente nicht mehr ausreicht. Banken und Versicherungen buhlen gerade bei den »Geringverdiener-Gruppen« um den Abschluss einer Riester-Rente.

Was viele jedoch nicht wissen: In Deutschland gibt es, nach dem Sozialgesetzbuch (SGB), eine durchschnittliche Altersgrundsicherung von 701 Euro im Monat, auf die (noch) jeder Anspruch hat. Geht jemand in Rente und seine Rente liegt darunter, kann diese – auf Antrag – bis zur Grundsicherung aufgefüllt werden, wenn das eigene Vermögen verbraucht ist.

Wer allerdings einen Riester-Vertrag abgeschlossen hat, dem wird diese mühsam angesparte Zusatzrente angerechnet. So kann es passieren, dass man jahrelang in die Riester-Rente einzahlt und trotzdem nicht mehr als die Grundsicherung bekommt. Das gilt gerade für Geringverdiener, um die ja die Versicherungsbranche so kämpft. Darunter fallen durchschnittliche Einkommen bis 1900 Euro, also auch niedrig bezahle Sozialjobs, Teilzeitkräfte usw. Zudem müssen die Auszahlungen »nachgelagert« versteuert werden, d. h. es erfolgt eine Besteuerung der Riester-Rente in voller Höhe. In früheren Zeiten hätte man wohl »Straßenraub« dazu gesagt, heute ist das schon nahe an einem organisierten Betrug an den Betroffenen.

Wer 1900 Euro brutto verdient, landet trotz 35 Beitragsjahren in der Grundsicherung. Wer nur 1500 Euro verdient, nach 44 Jahren. Und bei 1100 Euro würde dies sogar noch nach 60 Beitragsjahren geschehen.

Beispiel Grundsicherung

Sie erhalten laut Bescheid eine monatliche Rente von 640 Euro. Diese liegt unter der durchschnittlichen Grundsicherung im Alter von 701 Euro. Eigentlich müssen Sie bei diesem niedrigen Betrag vorsorgen. Also sparen Sie jetzt einen Riester-Vertrag pro Monat an, der später als Zusatzrente dienen soll. Aber diese Zusatzeinnahmen werden später auf die Grundsicherung angerechnet (sollten Sie diese beantragen). Je nachdem, wie hoch die monatliche Zusatzrente also ausfällt, hat man nur zum Teil etwas oder gar nichts davon.

6.1.7 Riestern lohnt meist erst ab 90

»Viele Bürger mit Riester-Rente müssten mindestens 90 Jahre alt werden, um wenigstens ihre selbst gezahlten Riester-Beiträge verzinst wieder zurückzuerhalten. Damit lohnt sich der Abschluss einer Riester-Versicherung für zahlreiche Arbeitnehmer nicht«, sagte Professor Klaus Jaeger, Riester-Experte und Professor für Wirtschaftstheorie an der Freien Universität Berlin, in der *Wirtschaftswoche.*[529]

Seinen Berechnungen nach muss ein 30-jähriger Riester-Fondssparer mit einem jährlichen Bruttoeinkommen von 52 500 Euro 92 Jahre alt werden, um seine eigenen Beiträge samt Zinsen als Rente ausgezahlt zu bekommen. Ein 30-Jähriger mit zwei Kindern und einem Bruttojahreseinkommen von 36 000 Euro muss auch noch 88 Jahre alt werden, bis sich die Versicherung lohnt. Allerdings dürfte dies kaum ein Sparer erleben, denn Männer sterben im Durchschnitt mit 78 und Frauen mit 83 Jahren.

Das Ganze provozierte natürlich den Unmut der Versicherungswirtschaft. Man warf Professor Jäger Theorie, falsche Berechnungen und Unkenntnis vor.

»Jedes Tagesgeldkonto (mit Einlagensicherung) ist für den Kunden besser als diese Schrott-Produkte. Und das meine ich ganz ernst – obwohl ich damit als Versicherungsmakler nichts verdiene. Aber Moral ist ja nicht gefragt in dieser Gesellschaft – nur Maximalprofit. Und es gibt auch keine Steuervorteile. Fragen Sie einen (neutralen) Steuerberater. Der Beitrag wird aus dem Nettolohn gezahlt, also aus schon versteuertem Einkommen.

> *Das war Trick 1. Dann wird ein Teil der Förderung der Steueran-*
> *rechnung von 2100 Euro gegengerechnet. Trick 2. Die Besteue-*
> *rung der Rente bei Auszahlung zu 100 Prozent ist Trick 3.«*[530]
> »Ludwig«, Versicherungsmakler
>
> *»Ich bin Versicherungsmakler. Die dargestellte Problematik ist*
> *zwar nicht neu, aber wir sollten uns über jede neutrale Berichter-*
> *stattung über die Wahrheit freuen. Ich werde weiterhin von*
> *Riester-Versicherungen, wie bisher auch, abraten und kann nur*
> *jeden Verbraucher, der so ein Teil hat, raten, den Vermittler, egal*
> *ob Makler, Versicherungsvertreter oder Bankangestellter, für die*
> *bisher erlangten Nachteile in Haftung zu nehmen!«*[531]
> Ronny Ahlsleben, Versicherungsmakler

Die Assekuranz murrte. Aber selbst der Riester-»Erfinder« Walter Riester konstatierte: »Ich habe Probleme damit, dass die Versicherer für die Kunden der Riester-Rente von einer höheren restlichen Lebenserwartung ausgehen als für den Rest der Bevölkerung. Außerdem kommen dann noch Risikoaufschläge drauf. Ich habe meine Zweifel daran, dass das wirklich begründet ist.« Er räumte zudem ein, dass die Riester-Rente erst ab dem Zeitpunkt ein Erfolg wurde, als der Gesetzgeber die Provisionsregelung für die Versicherungsvertreter geändert hatte: »Als 2005 die Steuerprivilegien der Lebensversicherungen halbiert wurden und der Gesetzgeber den Anbietern erlaubt hat, die Abschlusskosten bei der Riester-Rente auf nur noch fünf Jahre zu verteilen, verkaufte sie sich plötzlich wunderbar.«[532]

Meine Verbesserungsvorschläge:
 – Nachgelagerte Besteuerung abschaffen. Dem Staat entgehen dann zwar Einnahmen, aber langfristig kommt dies billiger, als die Menschen später über Hartz IV oder die Alterssicherung zu finanzieren;
 – Anrechnung auf Alterssicherung abschaffen;
 – Bei fondsgebundener Riester-Rente: nur in sichere festverzinsliche Wertpapiere investieren.

Meine Verbesserungsvorschläge greifen natürlich nicht, wenn man von einem Staatsbankrott ausgeht. Wie man sein Vermögen davor schützen, bzw. wie man ein »bankrott«-sicheres Vermögen aufbauen kann, erläutere ich in Kapitel 9.

Betriebsrenten

Viele Arbeitnehmer glauben immer noch, dass wenigstens ihre Betriebsrenten sicher sind. Aber auch das ist (leider) ein Irrtum.

Etwa 17 Millionen Erwerbstätige sparen für eine Betriebsrente, 440 Milliarden Euro haben die Pensionsmanager dafür zurückgelegt. Die Renten sind auf unterschiedliche Arten finanziert und tragen deshalb auch unterschiedliche Risiken. Viele Unternehmen gewähren ihre Betriebsrenten durch Rückstellungen, stehen also mit dem Betriebsvermögen ein. Sollten sie zahlungsunfähig werden, springt der Pensions-Sicherungs-Verein (PSV) ein, der von der deutschen Wirtschaft im Umlageverfahren finanziert wird. Ein anderer Teil von Vorsorge-verträgen für Betriebsrenten ist ähnlich wie die Lebensversicherungen organisiert, trägt also das gleiche Maß an Sicherheit und Risiko.

Aber die Finanzkrise reißt ebenso Löcher in Pensionskassen wie in die anderen Altersvorsorgeinstrumentarien.

Die Rücklagen der Unternehmen für Betriebsrenten sind im Jahre 2009 bereits um 13 Milliarden Euro gesunken, und immer mehr Firmenpleiten sorgen für zusätzliche Belastungen der Pensionskassen. Das entspricht etwa einem Verlust von acht Prozent des Pensionsvermögens.

Bereits im vergangenen Herbst bestanden acht von 150 Pensionskassen den sogenannten Stress-Test der Bundesanstalt für Finanzdienstleistungsaufsicht (BaFin) nicht.

Die bedrohliche Situation bei den Pensionskassen hat zur Folge, dass die Pflichtbeiträge der 73 000 Mitgliedsunternehmen im Pensions-Sicherungs-Verein, der im Insolvenzfall die Pensionsansprüche und die Auszahlung der Betriebsrenten übernimmt, um das »Zehnfache« steigen könnten.[533]

Michael Bröcker schreibt in der *Rheinischen Post*: »Die Unternehmensrücklagen für die Betriebsrenten schrumpfen noch aus einem anderen Grund. Die Firmen haben das zurückgelegte Vermögen teilweise in Aktien angelegt und in der Finanzkrise Verluste erlitten. Laut *Towers Perrin* machten die Pensionskassen der 30 Dax-Firmen im vergangenen Jahr ein Minus von 13 Milliarden Euro. Die Rückstellungen reichen nur noch für 65 Prozent der künftigen Renten. Deutsche Unternehmen sind allerdings anders als US-Betriebe nicht verpflichtet, künftige Ansprüche in voller Höhe zu decken. Da die Renditen der Pensionskassen die künftigen Rentenauszahlungen bestimmen, drohen den Betriebsrentnern in den nächsten Jahren Einbußen.«[534]

Eines steht damit fest: Auch die sogenannte »zweite Säule« der Altersvorsorge ist alles andere als krisenfest.

6.1.8 Bestandsaufnahme 4: Steuern – wie der deutsche Staat uns schröpft

Die Haushaltslage ist derart marode, dass früher oder später die Steuern erhöht werden müssen. Das ist so sicher wie das Amen in der Kirche. Noch hält sich die Bundesregierung aber mit einer diesbezüglichen »Horrorliste« zurück. Man fürchtet offenbar, dass ein allzu frühes »Ausplaudern« die Wahl in Nordrhein-Westfalen gefährden würde.

Aber auch ohne neue oder höhere Steuern ist jetzt schon bei einem durchschnittlich verdienenden Arbeitnehmer fast die Hälfte des Lohnes weg. Diejenigen, die hierzulande Leistung erbringen und anpacken, werden bestraft, indem sie systematisch ausgepresst und zur Kasse gebeten werden. Leistung lohnt sich damit also immer weniger.

Einem Bericht in der *Welt am Sonntag*[535] zufolge hat sich die Steuerbelastung der deutschen Mittelschicht in den zurückliegenden 20 Jahren deutlich erhöht. Das Blatt beruft sich auf eine Studie des Karl-Bräuer-Instituts (KBI) des Bundes der Steuerzahler.

Der Studie zufolge sind diejenigen, die heute zwischen 29 000 und 112 000 Euro verdienen, stark benachteiligt: Ihnen zieht der Staat prozentual mehr ab, als das im Jahr 1990 der Fall gewesen ist. Geringverdiener hingegen, die nur etwa 12 000 Euro versteuern müssen, zahlen heute gut 50 Prozent weniger an Steuern wie noch vor 20 Jahren.

Ein Bruttoeinkommen von über 52 000 Euro pro Jahr gilt derzeit steuerlich als Spitzenverdienst. In Wahrheit gehört diese Einkommensgruppe jedoch zur Mittelschicht, das sagen jedenfalls die Wirtschaftsforschungsinstitute. Sie definieren als zur »Mittelschicht gehörend«

Arbeitnehmer, die zwischen 70 und 150 Prozent des Durchschnittseinkommens von etwa 3000 Euro im Monat verdienen, also zwischen 26 200 und 54 000 Euro pro Jahr.

Noch vor einem Jahrzehnt gehörten rund zwei Drittel der Bevölkerung zur Mittelschicht, wogegen es heute nur noch etwas mehr als die Hälfte ist. Im Klartext: Über fünf Millionen Menschen sind in die sogenannte »armutsgefährdete« Schicht durchgereicht worden, und das, obwohl gerade die Mittelschicht mittlerweile 94 Prozent der gesamten Einkommensteuerlast erwirtschaftet.

Politiker, Soziologen oder Unternehmer sind sich einig: Die Mittelschicht ist die wichtigste Stütze der Wohlstandsgesellschaft. Hier sind die Leistungsträger, die Menschen, die anpacken. Deshalb muss die Mittelschicht als Garant unseres Wohlstandes und auch des Sozialstaates unterstützt werden, aber genau das Gegenteil ist der Fall: Die Lohnerhöhungen gleichen oft nicht einmal mehr die Inflation aus, was zu Reallohnverlusten führt, und mit immer stärkeren Belastungen droht der Staat gerade diese Leistungsträger zu eliminieren. Entgegen allen Bekundungen sind die Lasten für Arbeitende in den vergangenen Jahren exorbitant gestiegen:

- höhere steuerliche Belastung der Einkommen durch die kalte Progression;
- Mehrwertsteuer- und Versicherungssteuererhöhungen;
- Anhebung des Beitrags zur gesetzlichen Krankenversicherung durch den Gesundheitsfonds;
- Abschaffung der Wohnbauförderung;
- Einschränkungen bei der Absetzbarkeit eines Arbeitszimmers;
- Streichung der Abzugsfähigkeit von Steuerberatungskosten usw., usf.

Die Leistungsträger unserer Gesellschaft bluten langsam aus. So zerstört der Staat seinen eigenen Nährboden, indem er immer mehr jene bestraft, die die Steuern erwirtschaften.

Diese systematische Vernichtung der Mittelschicht wird unseren Sozialstaat zerstören, und dann sind vor allem zuerst jene betroffen, die nichts dafür können: die Bedürftigen.

Wie sieht das in anderen Ländern aus?

Nach einer Untersuchung der OECD ist Deutschland weltweit an zweiter Stelle, was das »Schröpfen« seiner Arbeitnehmer anbelangt. Nur in Belgien werden diese noch stärker zur Kasse gebeten. Die Schweiz, Japan und die USA gönnen ihren Berufstätigen rund 25 Prozent weniger Abgaben- und Steuerlast, als das bei den deutschen Kollegen der Fall ist.

Im Einzelnen sieht das so aus (Angabe in Prozent der Arbeitskosten eines alleinstehenden Durchschnittsverdieners ohne Kind; EKS = Einkommensteuer, SA = Sozialabgaben):

Land	EKS	SA	Gesamt
Belgien	21,3	34,0	55,3
Deutschland	**17,5**	**35,0**	**52,5**
Frankreich	10,9	39,2	50,1
Österreich	11,5	36,6	48,1
Schweden	18,2	29,7	47,9
Italien	13,9	31,3	45,2
Niederlande	11,7	32,7	44,4
Dänemark	30,1	11,2	41,3
Spanien	10,8	28,3	39,1
Großbritannien	15,9	18,0	33,9
Schweiz	9,8	20,0	29,8
USA	14,6	14,4	29,0
Japan	6,4	22,4	28,8[536]

Das Schröpfen der Arbeitnehmer, das heißt der Leistungsträger unseres Sozialstaates, wird weitergehen. Dann werden noch mehr Menschen in andere Länder auswandern. Schon jetzt verlassen uns jährlich mehr als 150 000 Menschen – und daran ist nicht nur das schlechte Wetter schuld.

6.1.9 NICHTS IST MEHR SICHER

Die Wirtschaftskrise hat das Volkseinkommen der Deutschen nach einer Studie der Hans-Böckler-Stiftung um bis zu sieben Prozent gegenüber dem Vorjahr schrumpfen lassen.[537] Die deutschen Privathaushalte haben etwa 50 Milliarden Euro Vermögen verloren, schätzt der Ökonom Hans-Werner Sinn.[538] Rein rechnerisch müsste jeder Deutsche ein Dreivierteljahr lang allein für den Fiskus arbeiten, um die Kredite zurückzuzahlen.[539]

Schulden, Lohnverzicht, Einsparungen, Arbeitslosigkeit – das macht wütend. Die Auswirkungen der Weltwirtschaftskrise auf den sozialen Frieden könnten verheerend sein. Nicht umsonst warnte Bundespräsident Horst Köhler in seiner Rede in der Berliner Elisabethkirche schon vor gut einem Jahr davor, dass diese Krise eine »Bewährungsprobe für die Demokratie« sei.[540] Und der Wirtschaftsrat konstatierte ernüchtert, dass die Wirtschaftskrise »unseren gesellschaftlichen Zusammenhalt vor eine Zerreißprobe« stelle.[541] Auch EU-Kommissionspräsident José Manuel Barroso sinnierte angesichts von drohenden 8,5 Millionen mehr Arbeitslosen in der EU: »Auf der Grundlage eines sozialen Zusammenbruchs kann es keine wirtschaftliche Erholung geben.«[542]

Gemäß einer Umfrage des Marktforschungsunternehmens GfK fürchten fast ein Drittel der Deutschen, im Zuge der Wirtschaftskrise den sozialen Status zu verlieren.[543] Denn eine sichere Rente, ein sicherer Arbeitsplatz oder jahrelanges Arbeitslosengeld sind heute keine Selbstverständlichkeit mehr. Wehe, wenn diese Unzufriedenen auf die Barrikaden gehen – wie in England, Frankreich, Island, Griechenland, Irland oder Lettland schon geschehen. In Frankreich und in anderen Ländern hat es inzwischen Übergriffe auf Firmenchefs und »Bankster« gegeben. Aufgebrachte Arbeiter haben Manager als Geiseln genommen.

> »Wenn viele Menschen ihren Abstieg fürchten, kann
> das eine Menge Konflikte schüren.«[544]
> Berthold Vogel, Hamburger Institut für Sozialforschung

Experten schätzen, dass die weltweite Rezession noch mindestens zwei Jahre andauern wird. Millionen Menschen in allen Teilen der Welt werden ihre Arbeit verlieren, und die Gefahr, dass soziale Spannungen und politische Konflikte ausbrechen, wird dramatisch zunehmen.

6.2 Staatsanleihen und Staatsschulden

Täglich hören wir Meldungen über immer höhere Staatsschulden, doch nur wenige wissen, was eigentlich hinter diesem Begriff steckt. Bei wem hat sich der Staat nun verschuldet, und warum profitieren ausgerechnet die Banken von dem Zusammenbruch des Finanzsystems, den sie selbst herbeigeführt haben?

Zunächst einmal verschulden sich Bund und Länder dadurch, dass sie Anleihen verkaufen, die sogenannten Bundes- und Länderanleihen oder Staatsanleihen. Jeder Bürger und jedes Unternehmen im In- und Ausland kann diese Schuldverschreibungen kaufen. Das geht direkt beim Staat oder durch eine dazwischengeschaltete Bank.

Bei der Ausgabe von Staatsanleihen findet ein auktionsähnliches Verfahren statt, bei dem die Bank den Zuschlag erhält, die vom Ausgeber der Anleihe den niedrigsten Zins verlangt. Dabei muss sich die Bank dazu verpflichten, die gesamte Anleihe zu übernehmen. Da die Beträge auch Milliardengrenzen übersteigen können und das Volumen für eine einzelne Bank zu hoch wäre, bilden sich Konsortien, Koalitionen oder Bietergruppen.[545]

Im Jahr 2009 hat die Bundesrepublik Deutschland auf 60 Auktionen Anleihen und kurz laufende Geldmarktpapiere mit einem Rekordvolumen von 329 Milliarden Euro versteigert. Diese wurden von einer Bietergruppe von 28[546] Banken gekauft, die diese dann meist an institutionelle Investoren weiterveräußern. Auf Platz eins der Banken, die die meisten Bundesanleihen im vergangenen Jahr gekauft haben, ist die *Citigroup*, gefolgt von der Deutschen Bank, *Merrill Lynch* und UBS.[547]

Für 2010 sind Emissionen in Höhe von 343 Milliarden Euro plus bis zu 16 Milliarden Euro inflationsindexierte Anleihen geplant.

Deutschland braucht so viel Geld wie noch nie.

Die Bürger oder die Käufer (Gläubiger) leihen dem Staat also Geld und erhalten als Belohnung nach Ende der Laufzeit ihr Geld plus Zinsen zurück. Oder anders ausgedrückt: Derjenige, der eine Anleihe kauft, gibt dem Staat einen »Kredit«.

Staatsanleihen werden demnach ausgegeben, um die Schulden mit »Fremdkapital« zu tilgen. Aber um die Zinslast der auslaufenden Anleihen bewältigen zu können, werden immer wieder neue Anleihen aufgelegt. Es ist dasselbe Muster wie bei einem Schneeballsystem.

Die Entschuldung funktioniert normalerweise so, dass der Staat die Anleihe zurückbezahlt und die Schulden damit tilgt. Das ist in der Theorie so, denn die meisten Staaten tilgen nicht, sondern erneuern ihre Schulden, indem sie jedes Jahr zusätzlich neue »draufpacken«, das heißt neue Anleihen herausgeben. Die Zinslast erhöht sich dann kontinuierlich.

Pro Jahr zahlt Deutschland 43 Milliarden Euro *nur* an Zinsen.

Die Staatsschuld der Bundesrepublik Deutschland betrug im Jahre 1980 noch 117,5 Milliarden Euro und hat sich bis zum Jahre 2009 auf mehr als 1,6 Billionen Euro erhöht. Eine ungeheure Steigerung während nur einer Generation! Dennoch gilt Deutschland bisher als einer der sichersten Schuldner der Welt.

Aber durch die Finanzkrise ist ein Paradoxon aufgetreten: Die Banken, die bisher die deutschen Staatsanleihen übernahmen, erhalten nun selbst staatliche Hilfe aus den durch die Staatsanleihen gewonnenen Mitteln.[548] Sie werden also selbst zu direkten Kapitalempfängern. Darüber hinaus erhalten weltweit ebenfalls die Hauptabnehmer-Banken[549] deutscher Staatsanleihen Hunderte von Milliarden Euro Staatshilfe. Kann das auf Dauer gut gehen?

Der skandalgebeutelte Thilo Sarrazin, der seit Mai 2009 Vorstand der Deutschen Bundesbank ist, hat Bürgern schon vor rund einem Jahr davon abgeraten, Geld langfristig in deutsche Staatsanleihen zu investieren. In der *n-tv*-Fernsehsendung *Agenda 09* sagte Sarrazin, er empfehle seinen Freunden zwar derzeit noch Staatsanleihen, aber nur jene mit einer Laufzeit von unter fünf Jahren. Er begründete seine Aussage mit der ungewissen Zukunft der internationalen Finanzmärkte.[550]

Doch zurück zu den Staatsschulden. Zumindest in Deutschland scheint es ein »Staatsgeheimnis« zu sein, bei wem der Staat eigentlich in der Kreide steht. Das Fernsehmagazin *Plusminus* fragte deshalb bei der Bundesbank nach. Diese verwies nur auf eine Tabelle, die aber nicht konkret aussagte, wer die Anleihen nun tatsächlich hält. *Plusminus*: »Ein letzter Anruf bei den Bundesbankern ergibt: Das sei Geschäftsgeheimnis und dürfe nicht veröffentlicht werden.«[551]

Selbst der Wirtschaftsweise Peter Bofinger kennt keine Namen: »Wir können zwar bei einzelnen Banken sehen, dass sie Wertpapiere halten, auch öffentliche Wertpapiere, aber man kann nicht differenzieren, ob das Anleihen des Bundes sind oder Anleihen bei Frankreich oder Griechenland oder anderen Ländern.«

Aber kann der Staat seine Schulden überhaupt noch jemals tilgen? Peter Bofinger erklärt: »Staaten bauten in der Regel ihren Schuldenstand nicht ab (…), weil sie, wenn die Kredite fällig werden, wieder neue aufnehmen.« Wenn ein Staat also ein gutes Bruttoinlandsprodukt (das die Wirtschaftsleistung einer Volkswirtschaft misst) vorweisen und dieses auch noch steigern kann, dann kann er seinen Verpflichtungen nachkommen und die Gläubiger gehen nicht leer aus.[552]

Aber muss der Staat denn überhaupt Schulden machen? Heiner Flassbeck, Makroökonom bei der UNO in Genf, hat die Antwort: »Solange die Bürger sparen, muss sich auch jemand verschulden.« Das heißt nichts anderes als: Wer mit seinem ersparten Geld Zinsen verdienen will, braucht auf der anderen Seite auch jemanden, der sich für diese Zinsen das Geld leiht. Das kann eine Bank oder ein Unternehmen, aber auch der Staat sein. Und wenn private Investoren sich zurückhalten – so wie gegenwärtig –, dann muss der Staat die Guthaben und das Ersparte der Bürger aufnehmen und es produktiv anlegen – sich also verschulden.[553]

Die Banken profitieren sogar zum Teil von der Krise, die sie selbst verursacht haben: »Die Banken werden … vom Staat – von den Zentralbanken – hoch subventioniert. Sie bekommen liquide Mittel von den Zentralbanken zu niedrigen Zinsen – in Europa zurzeit für ein Prozent –, und damit kaufen sie Staatsanleihen, und mit denen erzielen sie vier Prozent«, sagt Chefvolkswirt Heiner Flassbeck.[554] Ein gutes Geschäft, vom Steuerzahler garantiert.

Die Banker nennen dieses Prinzip in ihrer eigenen Fachsprache »Rekapitalisierung«. Flassbeck kritisiert, dass die Banken mit dem so gewonnenen Geld in die »Kasinos« gehen: »Das ist im Moment das große Problem. Wir haben wieder neue spekulative Blasen an den Aktienmärkten, an den Rohstoffmärkten, an den Währungsmärkten, und das zeigt, dass der Staat in Sachen Regulierung der Finanzmärkte noch nicht weit gekommen ist.«[555]

6.3 Fakten, Fakten, Fakten

Wie könnte man die Lage eines Landes besser beschreiben als mit Fakten, die nicht »frisiert« oder »schöngeredet« sind? Hier nun die ungeschminkte Wahrheit über die tatsächliche Situation der »reichen« Bundesrepublik Deutschland:

6.3.1 STAATSSCHULDEN

Ende 2009 war der Staat mit rund 440 Milliarden Euro bei Kreditinstituten und mit rund 800 Milliarden Euro im Ausland verschuldet. Daneben haben Privatleute, Sozialversicherungen, Bausparkassen und Versicherungen dem Staat Kapital in Höhe von rund 315 Milliarden Euro zur Verfügung gestellt.[556] Der Bund hat gegenwärtig rund 1,65 Billionen (= 1650 Milliarden) Euro Schulden, Tendenz steigend.

Anteil der Schulden:

Bund	62%
Länder	32%
Kommunen und Gemeinden	6%[557]

Die Entwicklung der Staatsverschuldung sieht folgendermaßen aus:

Jahr	Schulden in Mrd. Euro	Steigerung gegenüber der Vordekade
1950	10	
1960	29	(+ 19 Mrd.)
1970	63	(+ 34 Mrd.)
1980	237	(+ 174 Mrd.)
1990	536	(+ 299 Mrd.)
2000	1198	(+ 662 Mrd.)
2005	1448	(+ 250 Mrd.)
2006	1481	(+ 33 Mrd.)
2007	1502	(+ 21 Mrd.)

Jahr	Schulden in Mrd. Euro	Steigerung gegenüber der Vordekade
2008	1515	(+ 13 Mrd.)
2009	1655	(+ 140 Mrd.)[558]

Anhand der Zahlen erkennen wir eine signifikante Steigerung zwischen 1970 und 1980 sowie die Kosten der Deutschen Einheit (1990) und den rasanten Anstieg zwischen 2000 und 2008 wie auch die »Rettungsmaßnahmen« im Jahre 2009. Aber wir können noch etwas anderes feststellen: Noch nie hat es in Deutschland weniger Schulden als im Vorjahr gegeben, sie steigen seit 60 Jahren rasant an. Deshalb kann man auch für die Zukunft davon ausgehen, dass der Schuldenberg, allein durch die Zinsen begründet, stetig wachsen wird.

>*Die Staatsverschuldung droht außer Kontrolle zu geraten, weil die Zinsbelastung für die Schulden der Vergangenheit die heutige Verschuldung in die Höhe treibt. Es müssen nämlich Kredite aufgenommen werden, um Zinsen zu zahlen.*«[559]
> Bund der Steuerzahler

Die Pro-Kopf-Verschuldung der Bundesbürger in Euro:

1950:	190
1960:	520
1970:	1023
1980:	3844
1990:	8480
2000:	14 579
2005:	17 552
2006:	17 975
2007:	18 261
2008:	18 462
2009:	20 168[560]

Im *Argumentationspapier: Bundeshaushalt 2010 und Finanzplan des Bundes 2009 bis 2013* kann man zur riesigen Neuverschuldung Folgendes lesen:

»80 Milliarden Euro mehr neue Schulden als geplant – das ist der Krise geschuldet: Mehr als 40 Milliarden Euro steuerliche Mindereinnahmen, 36 Milliarden Euro mehr für die sozialen Sicherungssysteme und fast drei Milliarden Euro für sonstige konjunkturstützende Maßnahmen. Hinzu kommen in diesem und im nächsten Jahr noch neue Schulden für den Investitions- und Tilgungsfonds in Höhe von 25,2 Milliarden Euro (inkl. Zinsvorsorge 4,8 Milliarden Euro) zur Finanzierung der öffentlichen Investitionen und für gezielte weitere Konjunkturimpulse, mit denen wir gegen die Krise steuern und die Wirtschaft stabilisieren. Und es kommen hinzu die neuen Schulden für den Sonderfonds Finanzmarktstabilisierung, den sogenannten SoFFin, mit dem wir die Banken in Milliardenhöhe stabilisieren. Wie viel Geld wir hier brauchen, wird abhängig sein von der weiteren Entwicklung der Finanzmarkt- und Wirtschaftskrise (…). Brutto müssen wir bereits dieses Jahr – noch ohne SoFFin (…) – rund 300 Milliarden Euro frisches Geld aufnehmen.«[561]

Das Bundesfinanzministerium gelangt zu folgender Schlussfolgerung:

»Daraus ergibt sich die höchste Neuverschuldung in der Geschichte der Bundesrepublik Deutschland – in der schwersten Krise, in der sich unser Land je seit dem Zweiten Weltkrieg befunden hat. Insgesamt erwarten unsere Fachleute, dass bis 2013 152 Milliarden Euro Steuerausfälle auf den Bund zukommen. Das beschränkt unseren Handlungsspielraum und macht es umso wichtiger, dass wir alle Maßnahmen des Bundes in eine mittel- und langfristige Konsolidierungsstrategie einbetten.«[562]

Deutschland versinkt also im Schuldensumpf!

Der Bund der Steuerzahler gibt ein anschauliches Beispiel dafür, ob und wann die Schulden jemals getilgt werden können: »Würden ab sofort keine Schulden mehr aufgenommen und würde die öffentliche Hand gesetzlich verpflichtet, jeden Monat eine Milliarde Euro an Schulden zu tilgen, so würde dieser Prozess rund 138 Jahre lang andauern müssen, um den Schuldenberg vollständig abzutragen.«[563] Wohlgemerkt nur für die Schulden, die bis jetzt aufgelaufen sind!

6.3.2 ZINSAUSGABEN DER ÖFFENTLICHEN HAUSHALTE

Der öffentliche Haushalt ist eine ökonomische Einheit innerhalb einer Wirtschaftsordnung. In der Bundesrepublik Deutschland bilden der Bund, die Länder und die Kommunen die öffentlichen Haushalte. Ihre Hauptaufgabe besteht im Betrieb einer Infrastruktur, die allen Mitgliedern der Gesellschaft als Staatsleistung zur Verfügung steht. Dazu zählt etwa das Bildungswesen, das Rechtswesen, das Sicherheitswesen oder das Gesundheitswesen.[564]

Zins der öffentlichen Haushalte in Millionen Euro:

1960:	848
1970:	3606
1980:	15 040
1990:	33 534
2000:	67 799
2005:	64 173
2006:	64 937
2007:	66 141
2008:	67 882
2009:	71 325[565]

Diese horrenden Zinsausgaben engen den Haushaltsspielraum weiter ein. Inzwischen muss Deutschland jährlich rund 71 Milliarden Euro bezahlen, um seinen Verpflichtungen nachzukommen. Laut Finanzministerium waren dafür allein für das Jahr 2009 14 (!) Prozent des Bundeshaushalts vorgesehen.[566]

> »Alle staatlichen Ebenen haben trotz des anhaltend niedrigen Zinsniveaus im Jahr 2009 rund 70 Milliarden Euro an Zinsen zu zahlen. Die öffentlichen Haushalte sitzen in einer Verschuldungsfalle.«[567]
> Bund der Steuerzahler

Dabei profitiert Deutschland, wie alle anderen hoch verschuldeten Staaten, davon, dass wir uns seit Jahren in einer *Niedrigzinsphase* befinden. Das heißt nichts anderes, als dass unser Staat relativ niedrige Zinsen für seine Schulden bezahlen muss. Sollten diese künftig jedoch um ein oder gar zwei Punkte ansteigen – und das ist abzusehen –, droht ein Desaster.

6.3.3 STAATSSCHULDENQUOTE

Die Staatsschuldenquote gibt, vereinfacht ausgedrückt, den Schuldenstand des Gesamtstaates in Prozent des Bruttoinlandsprodukts (BIP) an und ist ein wichtiger Parameter, um die fiskalische Situation eines Landes einzuschätzen (siehe Abschnitt 4.2).

Ausgewählte Staatsschuldenquoten in der Zeit von 1980 bis 2013:

1980:	30,3 %
2000:	59,7 %
2008:	65,9 %
2009:	73,1 %
2010:	76,7 % (Prognose)
2011:	79,7 % (Prognose)[568]
2012:	82,0 % (Prognose)
2013:	82,5 % (Prognose)[569]

Wir erkennen, dass der Schuldenstand des Gesamtstaates sich seit dem Jahre 1980 *mehr als verdoppelt* hat.

6.3.4 DEFIZITQUOTE

Der Vertrag von Maastricht sieht vor, dass der jährliche Finanzierungsfehlbetrag der öffentlichen Haushalte nicht mehr als drei Prozent des nominalen Bruttoinlandsprodukts (BIP) eines Landes betragen darf. Der Vertrag stellt dabei nicht auf eine einmalige, sondern auf eine dauerhafte und nachhaltige Erfüllung ab. Allerdings lassen die Vertragsbestimmungen einen gewissen Interpretationsspielraum zu.[570]

Defizitquoten 2005 bis 2011 (gesamtstaatliches Defizit in Prozent des Bruttoinlandprodukts, BIP):

2005:	3,3%
2009:	3,4%
2010:	5,0%
2011:	4,6%[571]

Wie ich in Kapitel 4 aufgezeigt habe, kann (fast) kein EU-Mitgliedsstaat die Defizitquote von drei Prozent einhalten. Die Bundesrepublik macht da keine Ausnahme, obwohl ihr Defizit sich im Gegensatz zu anderen Ländern noch in Grenzen hält.

6.3.5 NETTOKREDITAUFNAHME

Damit ist das Aufnehmen neuer Schulden zur Finanzierung von Defiziten des Haushalts gemeint, die meist nur unzureichend mit Steuererhöhungen abgedeckt werden.[572]

Nettokreditaufnahme in Milliarden Euro:

2008:	11,5
2009:	49,1
2010:	86,1[573]

Die Nettokreditaufnahme wird im Jahre 2010 mit 3,5 Prozent des BIP einen neuen Rekord aufstellen und den bisherigen aus dem Jahre 1975 mit 2,8 Prozent überrunden.[574] Allerdings plant die Bundesregierung noch zusätzliche Schulden (siehe unten), sodass sich die gesamte Neuverschuldung auf 100 Mrd. Euro belaufen wird.

6.3.6 BUNDESHAUSHALT 2010–2012

Der Haushaltsplan ist ein Spiegelbild aller finanzwirksamen Politikbereiche des Bundes. Er stellt die Einnahmen dar und legt verbindlich fest, in welchem Umfang die öffentliche Verwaltung über Haushaltsmittel (Ausgaben, Verpflichtungsermächtigungen, Planstellen und Stellen) verfügen darf. Der Bundeshaushalt ist zugleich Grundlage für die parlamentarische Kontrolle und für die Prüfung durch den Bundesrechnungshof.[575]

Der Bund gibt im Jahre 2010 insgesamt 325,4 Mrd. Euro aus, das sind 7,3 Prozent mehr als im Vorjahr. Dem stehen Steuereinnahmen von wohl nur noch 211,9 Mrd. Euro gegenüber. Die Gesamteinnahmen werden auf 239,6 Mrd. Euro beziffert.

Für das Jahr 2010 besteht also ein Finanzierungssaldo von 85,8 Mrd. Euro. Aber das ist nur die halbe Wahrheit, denn hinzu kommen noch die Gelder zur Rettung der Banken und zur Stabilisierung der Wirtschaft, die zusammen ein Volumen von 14,5 Mrd. Euro haben. Demnach steht also eine Neuverschuldung von mehr als 100 Mrd. Euro an – so viel wie noch nie in der Geschichte der Bundesrepublik.[576]

> »Eine Nettokreditaufnahme im dreistelligen
> Milliardenbereich ist eine Bankrotterklärung der
> Haushaltspolitik des Bundes.«[577]
> Bund der Steuerzahler

Das Bundesministerium der Finanzen verteidigt diese Maßnahme: »Die Krise und ihre Folgen bestimmen (…) den Bundeshaushalt 2010. Vor der Krise sah der Finanzplan des Bundes (2008–2012) vor, im Jahre 2010 nur noch sechs Milliarden Euro neue Schulden aufzunehmen. Dass es nun fast 80 Milliarden Euro mehr sind, liegt im Wesentlichen daran, dass die Bundesregierung die sogenannten automatischen Stabilisatoren voll wirken lässt. Das heißt: In konjunkturell schwachen Zeiten entstehen wegen sinkender Steuereinnahmen sowie steigender Ausgaben – zum Beispiel für Sozialversicherung oder Arbeitslosengeld – in den öffentlichen Haushalten erhebliche Finanzierungslücken. In der Krise verzichtet die Bundesregierung bewusst darauf, diese Lücken sofort über Steuererhöhungen oder Ausgabenkürzungen zu schließen, dies wäre Gift für die Konjunktur. Zu einer expansiven Haushalts- und Finanzpolitik gibt es in der gegenwärtigen Situation keine vernünftige Alternative.«[578]

Haushaltsplanung 2010–2012 (in Milliarden Euro)

	2010	2011	2012
Ausgaben	325,4	321,1	318,3
Einnahmen	239,6	249,1	259,3
Finanzierungssaldo	−85,8	−72,0	−59,0
Steuereinnahmen	211,9	221,9	232,4

Planung der Bundeshaushalte 2010–2012, Quelle: Bundesministerium für Finanzen[579]

Die Steuereinnahmen in Deutschland werden nach Schätzungen der OECD von 2008 bis Ende 2010 um 1,5 Prozent des Bruttoinlandsprodukts (BIP) zurückgehen. Das bedeutet Steuermindereinnahmen von 35 Milliarden Euro[580], also einen stärkeren Rückgang, als ihn die Bundesregierung prognostiziert.

Wir erkennen, dass allein für die nächsten drei Jahre mit einem Finanzierungssaldo von über 216 Milliarden Euro gerechnet wird. Wohlgemerkt: Das sind nur Planungen, die finanzpolitische Realität und die Auswirkungen der Weltwirtschaftskrise könnten sie schnell wieder über den Haufen werfen.

6.3.7 Konjunkturprogramme

Um die Folgen der Krise abzumildern und die Wirtschaft wiederzubeleben, brachte der Staat verschiedene Konjunkturprogramme auf den Weg. Die zusätzliche Staatsverschuldung soll durch steigende Steuereinnahmen infolge der Konjunkturankurbelung wieder ausgeglichen werden.

Gegner kritisieren, dass die Auswirkungen der teuren Wachstumsprogramme nichts anderes als »Strohfeuer« auf Kosten der Bürger seien. Der Bund der Steuerzahler weist noch auf eine andere Ungereimtheit hin: »Es ist jedoch ganz und gar nicht im Sinne der Steuerzahler, wenn nun mit den Konjunkturmilliarden auch einzelne Branchen unterstützt und fragwürdige Investitionsprojekte des Staates verwirklicht werden.«[581]

Umfang der Konjunkturprogramme der vergangenen zwei Jahre:

2009:   1,4 % des BIP
2010:   1,9 % des BIP[582]

Der Aufwand der Konjunkturprogramme beträgt 70 bis 80 Milliarden Euro.[583]

6.3.8 STAATSQUOTE

Die Staatsquote zeigt den Anteil der staatlichen Ausgaben an der gesamten volkswirtschaftlichen Leistung. Die Quote besteht in dem Verhältnis von Staatsausgaben zum Bruttoinlandsprodukt (BIP).[584]

Staatsquoten 1980 bis 2010:

1980:   46,9 %
2000:   45,1 %
2008:   43,9 %
2009:   48,2 %
2010:   49,0 % (Prognose)[585]

Eine Quote von 49 Prozent bedeutet also, dass die Hälfte der Wirtschaftsleistung durch die Hände des Staates fließt, z. B. für Personal, Investitionen, Militär, aber auch für Subventionen und Sozialleistungen.[586]

6.3.9 KREDITAUSFÄLLE BEI DER BUNDESBANK

Überschüsse der Bundesbank fließen an den Bund bzw. den Bundeshaushalt.[587] So überwies sie beispielsweise im März 2009 satte 6,3 Milliarden Euro nach Berlin. Doch für 2010 sind die Aussichten trübe.

Nach Einschätzung der Bundesbank wird es dieses Jahr zu erheblichen Wertberichtigungen durch Kreditausfälle kommen; Geld, das der

Staat dringend bräuchte: »Die Bundesbank veranschlagt dieses Volumen aus heutiger Sicht auf 50 bis 75 Milliarden Euro«, sagte Adelheid Sailer-Schuster, Präsidentin der Hauptverwaltung der Bundesbank. Die Ausfälle seien insbesondere aufgrund von Unternehmensinsolvenzen zu erwarten.[588]

6.3.10 ARBEITSLOSENQUOTE

Die Arbeitslosenquote gibt das Verhältnis der Zahl der Arbeitslosen zur Zahl der Erwerbspersonen an. In Deutschland wird als arbeitslos registriert, wer weniger als 15 Stunden in der Woche arbeitet, mehr als 15 Stunden je Woche arbeiten will, dem Arbeitsmarkt zur Verfügung steht und bei der Arbeitsagentur arbeitslos gemeldet ist.[589]

Arbeitslosenquoten 2000 bis 2011:

2000:	7,5 %
2009:	8,1 %
2010:	9,2 % (Prognose)
2011:	9,3 % (Prognose)[590]

Bei diesen offiziellen Zahlen gibt es jedoch Folgendes zu bedenken: Etwa 330 000 Ein-Euro-Jobber werden nicht als Arbeitslose gezählt, ebenso die knapp 50 000 Menschen in Trainingsmaßnahmen, die 237 000 in beruflicher Weiterbildung, die 28 000 kranken Arbeitslosen, die 100 000, die einen Eingliederungs- bzw. Beschäftigungszuschuss erhalten, und die etwa 150 000 Menschen, die mit dem Geld aus der Arbeitslosenversicherung in den Vorruhestand versetzt wurden. Ebenso werden 58 Jahre alte Hartz-IV-Empfänger, die innerhalb von zwölf Monaten keine sozialversicherungspflichtige Beschäftigung angeboten bekommen, nicht als Arbeitslose gezählt. Erwerbslose und die Menschen, die von der Bundesagentur für Arbeit zu privaten Vermittlern geschickt werden, zählen offiziell auch nicht dazu.[591]

So geben die offiziellen, »geschönten« Zahlen etwa eine Million bis 1,5 Millionen Arbeitslose zu wenig an, sodass die tatsächliche Gesamtzahl bei rund fünf Millionen liegen dürfte.

6.3.11 SOZIALE SICHERUNGSSYSTEME

In der Krise stehen natürlich auch die sozialen Sicherungssysteme unter großem Druck, was in naher Zukunft zu einem sehr großen Problem werden wird. Lassen Sie sich dahingehend von den Politikern nichts vormachen.

Rentenversicherung: Die Prognosen für die nächsten Jahre zeigen, dass immer mehr Rentner in die Nähe der Grundsicherung gelangen, auch wenn sie 45 Jahre lang in die gesetzliche Rentenversicherung einbezahlt haben. Sie sind dann de facto ein Sozialfall. Selbst die Anhebung des Renteneintrittsalters auf 67 Jahre ist nichts anderes als eine Rentenkürzung, denn wer früher aufhört zu arbeiten, muss Abzüge von 3,6 Prozent pro Jahr in Kauf nehmen.

Wie schlimm die Lage der gesetzlichen Rentenversicherung in Wirklichkeit ist, enthüllt Ihnen ebenfalls das *Argumentationspapier* des Bundesministeriums der Finanzen: »Mit rund 80,7 Milliarden Euro machen die Leistungen des Bundes an die Rentenversicherung wie bereits in den vergangenen Jahren den größten Ausgabenblock im Bundeshaushalt aus. Mittlerweile liegt sein Anteil an den Bundesausgaben bei rund 24,6 Prozent. 1984 waren es noch rund 13 Prozent. Das heißt: Nominal haben sich die Ausgaben des Bundes für die Rentenversicherung innerhalb eines Vierteljahrhunderts fast verfünffacht, während sich die Ausgaben der Rentenversicherung seither fast verdreifacht haben. Mit anderen Worten trägt der Bundeshaushalt eine immer größere Last.«[592]

Versorgungsempfänger/Pensionen: Knapp 3,8 Millionen Menschen arbeiten direkt beim Bund, bei Ländern und Gemeinden. Mit den mittelbar Beschäftigten sind das insgesamt 4,5 Millionen Menschen. Somit ist fast jeder achte abhängig Erwerbstätige beim Staat beschäftigt.[593]

Die Staatsausgaben für die Zahlungen der Pensionen werden in den kommenden Jahren sprunghaft ansteigen, denn jedes Jahr gehen neue Beamte in den Ruhestand. Im Jahre 2018 wird es dann erstmals mehr Pensionäre als Beamte geben.[594]

Die Bundesregierung rechnet in ihrem Versorgungsbericht damit, dass die Versorgungsausgaben für Beamte und Pensionäre im Jahre 2050 auf über 90 Milliarden Euro ansteigen werden.[595] Das Fatale an dieser Entwicklung: Es sind dafür keinerlei Rückstellungen gebildet worden![596] Dass hier eine weitere Zeitbombe tickt, dürfte auch ohne weitere Erläuterungen klar sein.

Gesetzliche Krankenversicherung (GKV): Die GKV ist seit Jahren ein Sorgenkind. Die Ausgaben steigen kontinuierlich an, die Einnahmen hingegen stagnieren oder gehen zurück. Die vielen »Gesundheitsreformen« haben die Situation nur noch verschlimmert und unübersichtlicher gemacht. Die Zweiklassenmedizin ist fest zementiert.

Einer der großen Unterschiede zwischen der Gesetzlichen Krankenversicherung und der Privaten Krankenversicherung (PKV) besteht für mich darin, dass die GKV ihre Leistungen nach dem Wirtschaftlichkeitsgebot (Sozialgesetzbuch V, § 2, Absatz 1)[597] zur Verfügung stellt, während die PKV die medizinisch besten Leistungen finanziert. Auf der einen Seite ist also das Billigste gerade gut genug, auf der anderen erhält man die neuesten medizinischen Errungenschaften.

Doch trotz der »Billigversion« bekommt die GKV ihre Kosten nicht in den Griff: Zur pauschalen Abgeltung ihrer Aufgaben erhält sie im Jahr 2010 einen Bundeszuschuss in Höhe von insgesamt 11,8 Milliarden Euro. Der ursprünglich vorgesehene Betrag von 5,5 Milliarden ist durch das Konjunkturpaket II um 6,3 Milliarden Euro aufgestockt worden. Der Bundeszuschuss wird in den kommenden Jahren weiter steigen: Im Jahre 2011 um weitere 1,5 Milliarden, und ab 2012 fallen jährlich 14 Milliarden Euro an.[598]

Kosten der Arbeitslosigkeit: Wie ich bereits erläutert habe, wird die Arbeitslosigkeit im Jahr 2010 ansteigen. Das ist die Folge der Weltwirtschaftskrise, die dann erst richtig auf den Arbeitsmarkt durchschlägt.

Um die fatale Kostensituation im Bereich der Arbeitslosigkeit darzustellen, möchte ich aus *KOPP Exklusiv*, Nr. 32/2009, zitieren: »Die Auswirkungen der Wirtschaftskrise erzwingen im Haushalt 2010 und im Finanzplan 2011 bis 2013 insgesamt um 90 Milliarden Euro höhere Ausgaben gegenüber dem vorjährigen Finanzplan. Allein 2010 werden die Ausgaben des Bundes um knapp 30 Milliarden auf über 153 Millarden Euro ansteigen. Circa zehn Milliarden davon entfallen im Jahr 2010 weit überwiegend auf die Grundsicherung für Arbeitssuchende (›Hartz IV‹), insbesondere auf das Arbeitslosengeld II, das den Bund allein über sieben Milliarden Euro mehr kosten wird. Insgesamt sind im Haushalt 2010 für die Grundsicherung für Arbeitssuchende 41,1 Millarden Euro vorgesehen, davon 26,2 Milliarden für das Arbeitslosengeld II. Mit den restlichen 20 Milliarden Euro, also etwa zwei Dritteln des gesamten Anstiegs, unterstützen wir die Bundesagentur für Arbeit (BA) durch ein Darlehen. Im Jahr 2009 reichte die allgemeine Rücklage der BA noch aus, um ihr Defizit zu decken. 2010 aber braucht sie deutlich mehr Geld für Erwerbslose und Kurzarbeiter – und das bei sinkenden Beitragseinnahmen. Wir erwarten, dass die Zahl der Arbeitslosen in 2010 auf 4,6 Millionen ansteigen wird und die Zahl der Erwerbstätigen um 2,5 Prozent sinken wird.«[599]

Finanzminister Wolfgang Schäuble (CDU) deutete noch vor Weihnachten 2009 an, wohin der Weg gehen könnte: zur Anhebung des Arbeitslosenbeitrags von derzeit 2,8 Prozent. Das gab Raum für Spekulationen, denen zufolge der Beitrag sogar bis auf 4,5 Prozent steigen könnte. Doch das Finanzministerium gab sich verschlossen: »Es ist verfrüht, jetzt darüber zu spekulieren, welcher Beitrag nach Bewältigung der Krise angemessen ist.«[600]

Zwei Dinge sind sicher: Erstens, es wird eine Erhöhung geben; zweitens: Diese wird erst nach der Wahl in Nordrhein-Westfalen am 9. Mai 2010 verkündet.

Sozialversicherungssysteme allgemein: Ohne staatliche Hilfe geht schon lange nichts mehr. Der Steuerzahler trägt die Kosten des (überteuerten) Sozialstaates also in dreifacher Hinsicht:

1. Steuern
2. Sozialversicherungsbeiträge
3. geringere Leistungen

Staatliche Zuschüsse an die Sozialversicherungssysteme (in Milliarden Euro):

2008:	99,12
2009:	104,65
2010:	111,17 (Entwurf)
2011:	112,88 (Planung)
2012:	113,86 (Planung)
2013:	115,56 (Planung)[601]

Ab dem Jahr 2010 müssen also knapp 50 (!) Prozent der Gesamteinnahmen des Staates für Zuschüsse an die Sozialsysteme ausgegeben werden.

Alexander Dill hat in seinem Buch *Der große Raubzug*[602] eine interessante Gegenüberstellung veröffentlicht, die ich dem Leser nicht vorenthalten möchte:

Vergleich der Steuern und Sozialabgaben in den vergangenen 30 Jahren:

	1979	2009
Mehrwertsteuer	12%	19%
Sozialabgaben	28%	40%
Rendite Bundesobligationen	7,72%	1,6%
Pflegeversicherung	—	1,95%[603]
Arbeitslosenversicherung	2%	2,8%
Staatsschuld (Bund)	103 Mrd. Euro	1650 Mrd. Euro
Zinsausgaben (Bund)	2,7 Mrd. Euro	42 Mrd. Euro

Allein diese einfache Gegenüberstellung zeigt, wie es mit unserem Staat beschaffen ist: immer höhere Steuern und Sozialabgaben, immer weniger Sozialleistungen, drastische Erhöhung der Staatsschulden und ein ebenso drastischer Anstieg der Zinsen zur Tilgung der Schulden. Und das in nur einer Generation!

Ich möchte noch einen anderen Vergleich heranziehen, um das Dilemma, in dem sich unser Sozialstaat befindet, noch deutlicher aufzuzeigen (Zahlen gerundet):

Einwohner in Deutschland:	80 Millionen
Erwerbstätige:	40 Millionen
Nicht-Erwerbstätige: (darunter:	34,5 Millionen
– Rentner:	25 Millionen
– Arbeitslose/Hartz-IV-Empfänger	8 Millionen[604]
– Pensionäre:	1,5 Millionen)
Beamte (Sie werden auch von Steuergeldern finanziert)	1,9 Millionen

Rund 40 Millionen Erwerbstätige stehen also über 36 Millionen Menschen gegenüber, die vom Staat finanziert werden. Das heißt nichts anderes, als dass bereits jeder, der arbeitet, einen anderen, nicht arbeitenden Menschen mitfinanzieren muss!

Zwar haben die Rentner ein Leben lang in die Rentenkasse einbezahlt, aber dieses Geld ist in dem Monat schon ausgegeben, in dem es einbezahlt wird. Aufgrund des Umlageverfahrens ernähren diejenigen, die jetzt arbeiten, die Rentner von heute. Auch Kinder werden über Kinderfreibeträge, Kindergeld, Kindertagesstätten usw. durch die Gemeinschaft finanziert.

Der Sozialstaat steht vor dem Kollaps, wenn nichts Einschneidendes geschieht.

Die *Wirtschaftswoche* veröffentlichte bereits am 18. Februar 2008 eine Übersicht zur »Entwicklung der Sozialversicherungsbeiträge bis 2050 unter der Annahme steigender Kosten für Gesundheit und Pflege«. Erarbeitet hatte diese der Finanzwissenschaftler Prof. Bernd Raffelhüschen von der Universität Freiburg, der einst auch in die Rürup-Kommission berufen worden war. Dieser Übersicht zufolge werden die Sozialversicherungsbeiträge von derzeit rund 40 Prozent auf etwa 65 Prozent im Jahr 2050 ansteigen, wenn die Regierungen nicht eingreifen.[605]

Sogar ein Laie kann sich vorstellen, dass die Lösung nur darin bestehen kann, drastische Kürzungen bei den Sozialleistungen vorzunehmen oder Steuererhöhungen durchzusetzen – oder beides. Das aber werden sich die Menschen nicht so einfach gefallen lassen. Ich frage Sie also: Welche Regierung wird sich solche radikalen Einschnitte zutrauen? Welche Partei, die wieder gewählt werden will, wird diese unpopulären Maßnahmen ergreifen? – Die Antwort ist einfach: keine!

Hierdurch wird das Problem Jahrzehnt um Jahrzehnt verschleppt, bis es eines Tages zu spät ist. Die Sozialversicherungssysteme laufen derzeit immer weiter aus dem Ruder und werden auch in Zukunft immer höhere Zuschüsse des Staates benötigen. Geld, das er (eigentlich) gar nicht hat.

6.3.12 Letzte Hoffnung: Wirtschaftswachstum

Die gesamte Neuverschuldung ist darauf ausgerichtet, dass es in Deutschland wieder ein Wirtschaftswachstum geben wird. Finanzpolitiker rechnen dabei mit steigenden Einnahmen für den Staat. Aber das ist ein zweischneidiges Schwert. Ökonomen sagten für das Jahr 2009 noch ein Wachstum von 1,4 Prozent voraus. Doch sie irrten sich gewaltig. Nach den Zahlen des Statistischen Bundesamtes, die Mitte Januar 2010 veröffentlicht wurden, schrumpfte das Bruttoinlandsprodukt sogar um fünf Prozent – der tiefste Sturz seit Ende des Zweiten Weltkrieges.[606] Das ist wieder einmal ein Beweis dafür, dass das »Prinzip Hoffnung« in der Politik nichts zu suchen hat.

Durchschnittliches Wirtschaftswachstum:

1960–1970:	4,4%
1970–1980:	2,9%
1980–1991:	2,6%
1991–2001:	1,7%
2002:	0,0%
2003:	0,0%
2004:	1,2%
2005:	1,0%
2006:	3,0%
2007:	2,5%
2008:	0,0%
2009:	−5,0%

(Wirtschaftswachstum in Deutschland: Veränderung des preisbereinigten Bruttoinlandsprodukts. Quelle: Statistisches Bundesamt, in: *Handelsblatt* vom 14. Januar 2010.)

6.3.13 Exkurs: Was uns der Staat zurückgibt

Natürlich soll nicht verschwiegen werden, dass der Staat nicht nur nimmt, sondern auch gibt. Besonders deutlich wird das am »Gesetz zur Beschleunigung des Wirtschaftswachstums«.
Hier die Formen der »Erleichterungen« und die damit verbundenen Kosten im Einzelnen:

- Anhebung von Kindergeld und -freibetrag: 4610 Mio. Euro
- Steuererleichterungen für Unternehmen: 2380 Mio. Euro
- Ermäßigte Mehrwertsteuer für Beherbergungen: 945 Mio. Euro

| – Erbschaftsteuer-Neuregelung: | 420 Mio. Euro |
| – Förderung von Biokraftstoffen: | 127 Mio. Euro[607] |

Der Preis der »Wirtschaftsbeschleunigung« beträgt damit 8,5 Milliarden Euro. Die Mindereinnahmen werden folgendermaßen verteilt:

– Bund:	4,6 Mrd. Euro
– Länder:	2,3 Mrd. Euro
– Gemeinden:	1,6 Mrd. Euro[608]

Wir erkennen an den Zahlen drei Dinge:
1. Nutznießer dieser Vergünstigungen sind in erster Linie Familien und Unternehmen.
2. Verheiratete ohne Kinder und Singles gehen (wie immer) leer aus, obwohl sie bei den Steuern am stärksten zur Kasse gebeten werden und häufig Doppelverdiener sind.
3. Wenn Bund, Länder und Gemeinden sparen müssen, erhält der Bürger für seine Steuern immer weniger Leistungen. Geschlossene Hallenbäder, Kindertagesstätten, marode Schulen und Straßen gibt es bereits in vielen Städten.

Das beliebte Politikerspiel »Linke Tasche, rechte Tasche« geht also fröhlich weiter, und die Menschen haben unter dem Strich (fast) gar nichts von den vermeintlichen Erleichterungen.

6.3.14 SCHULDENBREMSE – WAS IST DAS?

Als »Schuldenbremse« wird in Deutschland ein Gesetz bezeichnet, das am 1. August 2009 in Kraft getreten ist und sogar im Grundgesetz verankert wurde (Art. 109 GG). Diesem zufolge soll die strukturelle, also nicht konjunkturbedingte Nettokreditaufnahme des Bundes maximal 0,35 Prozent des Bruttoinlandsproduktes betragen. Das Gesetz lässt aber Ausnahmen zu: Naturkatastrophen oder schwere Rezessionen.

Die Einhaltung der Vorgabe des ausgeglichenen Haushalts ist für den Bund ab dem Jahre 2016, für die Länder ab 2020 zwingend vorgesehen. Die Schuldenbremse verpflichtet den Bund und die Länder also zu einer stufenweisen Rückführung der Nettokreditaufnahme: Das strukturelle Defizit des Jahres 2010 muss ab dem Jahre 2011 in gleichmäßigen Schritten bis 2016 auf 0,35 Prozent des BIP zurückgeführt

werden. Dazu das Bundesministerium der Finanzen: »Die Einhaltung
der Schuldenregel wird anstrengend sein. Aber sie ist ohne Alternative.
Schon heute geben wir über 40 Mrd. Euro jährlich für Zinszahlungen
aus. Das ist jeder siebte eingenommene Steuer-Euro. Und da ist noch
kein einziger Euro für die Tilgung dabei.«[609]

6.3.15 FAZIT

Die finanzielle Lage unseres Landes ist katastrophal, die Verschuldung
so gigantisch wie noch nie. Nicht einmal mehr positiv denkende Politiker können diese Tatsachen noch schönreden.

Das Bundesministerium der Finanzen kommt zu einer ungewöhnlich objektiven Schlussfolgerung (Hervorhebung durch d. Verf.): »Wir
machen jetzt in der Krise mit mehr Schulden das Richtige. Aber was in
der Krise richtig ist, ist nach der Krise falsch. Nach der Krise müssen
wir die Nettokreditaufnahme wieder herunterfahren, sonst werden die
Spielräume für politische Gestaltung immer geringer, und zwar auf
Jahrzehnte. **Sonst verursachen wir das mit, was wir unbedingt
vermeiden müssen: Inflation, die das Geldvermögen der Menschen
vernichtet.** Beides wollen wir auf jeden Fall verhindern.«[610] Und: »Da
neben dem niedrigen Wachstum jedoch auch mit steigender Arbeitslosigkeit zu rechnen ist und die Produktionskapazitäten der Wirtschaft
wohl weiter unterausgelastet bleiben, **geht die Bundesregierung auch
2010 von einer ernsthaften Störung des gesamtwirtschaftlichen
Gleichgewichts aus.**«[611]

Wie schon angedeutet, ist der Staat aufgrund der desaströsen Verschuldung sehr empfindlich gegenüber Zinsänderungen an den Geld-
und Kreditmärkten. Wenn sich die Zinsen nur um einen Prozentpunkt
erhöhen, steigen die Zinskosten des Bundes um rund 8,8 Milliarden
Euro pro Jahr.[612]

*»Die Schulden von heute sind die Steuern von morgen,
denn die Schulden, die der Staat heute macht, müssen wir
oder uns nachfolgende Generationen später in Form
von Steuern zurückzahlen.«[613]*
Bund der Steuerzahler

6.4 Staatsgarantie auf Ihr Sparbuch –
was nützt sie Ihnen?

Am 5. Oktober 2008, kurz nach dem Ausbruch der Finanzkrise, trat Bundeskanzlerin Angela Merkel vor die Mikrofone der Journalisten und gab eine bis dahin einmalige historische Erklärung ab: »Wir sagen den Sparerinnen und Sparern, dass ihre Einlagen sicher sind. Auch dafür steht die Bundesregierung ein.«[614]

Das, was so scheinbar leicht von den Lippen der Kanzlerin kam, war nichts anderes als eine faktische Staatsgarantie für alle Spareinlagen. Der Hintergrund für diese außergewöhnliche Zusicherung lag auf der Hand: Die Regierung wollte vermeiden, dass die Bankkunden nach der *Hypo-Real-Estate*-Katastrophe ihre Konten plünderten und so ein Bankensterben und damit die Zerstörung unseres Finanzsystems auslösten. Denn die Geldinstitute verfügen nur über Bargeld in Höhe von drei Prozent der Guthaben. Das erklärt, warum die Banker nichts mehr fürchten als einen »Run« der Kunden auf ihre Konten. Wenn jeder sein Geld abheben würde, wären die meisten Banken innerhalb weniger Stunden bankrott. Genau das wollte die Bundeskanzlerin mit ihrer »Garantie« vermeiden.

Genützt hat das Ganze aber nur teilweise, denn bereits einen Tag nach der Ansprache von Angela Merkel sollen bundesweit etwa vier Milliarden Euro Bargeld abgehoben worden sein, so die Fachjournalisten Daniel Haase und Gerd Ewert: »Etwas mehr Angst, und das System wäre kollabiert, denn, was viele nicht wissen: Mehr als 1000 Euro Bargeld pro Kopf gibt das gesamte Bankensystem nicht her.[615] Theoretisch kann die Bundesbank natürlich sofort nachdrucken lassen, praktisch ist dies aber kein Prozess, der in wenigen Sekunden abgewickelt werden könnte. Die Regierung wäre gezwungen, die Banken zumindest vorübergehend zu schließen bzw. die Auszahlung von Bargeld bis auf Weiteres zu rationieren.«[616]

Mit Hunderten von Milliarden steht der Staat allein für die angeschlagenen Banken ein. Aber was ist mit dem kleinen Sparer? Gilt die vollmundige Sparergarantie von Frau Merkel überhaupt?

Als Staatsgarantie (also als juristische Haftung für die Spareinlagen der Bürger) hätte das Versprechen der Kanzlerin und des damaligen Finanzministers Peer Steinbrück (SPD) in ein Gesetz umgearbeitet werden müssen. Das war aber nie der Fall!

Lediglich eine »politische Erklärung« sei das gewesen, ließ man seinerzeit verlauten, denn vor einer tatsächlichen Haftung, die zu Papier gebracht werden sollte, scheuten die Protagonisten zurück. Die *Welt am Sonntag* (WAMS) hatte trotzdem vom Kanzleramt ein klares Bekenntnis zu der damals abgegebenen »Garantie« erwartet und nachgefragt. Die Antwort ist höchst aufschlussreich: »Die Frage stellt sich derzeit nicht, weil es keine Bedrohung für die Spareinlagen mehr gibt.«[617] – Wie bitte? Keine Bedrohung für die Spareinlagen? Wieso brauchen dann die Banken und Landesbanken immer neue Milliarden vom Staat?

Dann folgte ein Eiertanz vom Kanzleramt, die WAMS weiter: »Aus dem Kontext der damaligen Äußerungen werde klar, dass sich die Garantie auf die akute Situation im Herbst 2008 und die damaligen Sorgen vieler Menschen bezogen habe. ›Eine Unendlichkeitsgarantie kann eine solche Erklärung natürlich nicht haben.‹ Ausdrücklich zurückgezogen, das wird betont, sei die Garantie jedoch nicht.«[618]

Ja, was denn nun? Gilt die Sparergarantie jetzt oder nicht? Aus der Stellungnahme des Kanzleramtes heraus dürfte das wohl eher zu einer »Gefühlsfrage« werden. Ich garantiere Ihnen: Im Zweifelsfalle wird sich der Staat auf juristische Positionen zurückziehen und die lauten: Es gibt kein Gesetz, in dem die Staatsgarantie für Spareinlagen verfestigt ist. Die vor einem Jahr so vollmundig abgegebene »Garantie« ist also demnach nichts als ein Versprechen und rechtlich völlig unverbindlich, nur heiße Luft, um das »dumme« Volk zu beruhigen.

Also: Vertrauen Sie entweder den juristisch haltlosen Versprechen der Regierung oder holen Sie Ihr Geld von der Bank, so lange Sie es noch können!

6.5 Was kommt auf Sie zu?

Wenn der Kuchen kleiner wird, aber immer mehr davon essen wollen, muss es zwangsläufig zu Verteilungskämpfen kommen. Dabei ist das größte und aggressivste Raubtier der Staat, der sich ohne Rücksichtnahme auf Kosten der Bürger bereichern wird, bevor es zum Staatsbankrott kommt. Andere Regierungen haben das schon vorgemacht, das habe ich Ihnen hoffentlich recht eindrucksvoll in Abschnitt 4.7 vor Augen geführt.

Die nächsten Jahrzehnte werden weitere große Veränderungen bringen. Die »ruhigen« Zeiten dürften erstmals vorbei sein. Der Wirt-

schaftswissenschaftler Prof. Dr. Bernd-Thomas Ramb geht von folgenden Annahmen aus:
- Die Menschen werden älter.
- Es werden immer weniger Kinder geboren.
- Die Bevölkerung ist rückläufig.
- Die durchschnittliche Bildungsqualität sinkt.
- Die durchschnittliche Arbeitsproduktivität sinkt.
- Das Wirtschaftswachstum stagniert oder sinkt.
- Die Staatseinnahmen stagnieren oder sinken.
- Aufgrund sinkender Einkommen nimmt die Armut zu.
- Die Ansprüche an den Staat steigen (Sozialsysteme).
- Die Haushaltsdefizite nehmen zu.
- Die Finanzierung der Staatsausgaben über Kredite wird fortgesetzt.[619]

Wie ich dargestellt habe, schlingern die öffentlichen Haushalte knapp am Rand des Abgrunds. Mit einem Defizit von 5,8 Prozent des Bruttoinlandsproduktes wird im Jahre 2011 der höchste Stand der deutschen Nachkriegsgeschichte erreicht. Allein damit die Schuldenbremse hält, müsste die Mehrwertsteuer um zehn Prozent erhöht werden![620]

Gibt es dazu eine Alternative? – Ja, beispielsweise ist das Volumen des Verteidigungshaushalts im Jahre 2010 31,1 Milliarden Euro[621] groß, und allein die einjährige Verlängerung des ISAF-Mandates für deutsche Soldaten in Afghanistan kostet den Steuerzahler rund 820 Millionen Euro.[622] Kriegspielen in einem Land, das die westliche Demokratie nicht will, unter dem Vorwand der Terrorbekämpfung ist nicht nur unsinnig, sondern kostet auch ein Vermögen. In Wahrheit sind wir in Afghanistan eine Besatzungsmacht, was uns die Amerikaner eingebrockt haben. Im Verteidigungsetat könnte man also eine Menge einsparen.

Aber es gibt auch noch eine andere Alternative, so das Institut für Weltwirtschaft in Kiel: Ansetzen könne man an den Subventionen. Fast 143 Milliarden Euro jährlich gab die Bundesrepublik zuletzt für Steuererleichterungen und Beihilfen für verschiedene Industriezweige aus. Die meisten dieser Subventionen können allerdings »ökonomisch nicht gerechtfertigt werden«, sondern »führen vielmehr zu einer erhöhten Steuerbelastung und aufgrund ihrer diskriminierenden Wirkung zu Wohlfahrtsverlusten«. Die Experten schätzen das Kürzungspotenzial auf satte 119 Milliarden Euro. Mit dem eingesparten Geld könnte man viel bewegen, etwa den Eingangssteuersatz auf 9,5 Prozent und den Höchstsatz auf 28,5 Prozent senken, ohne zusätzliche Belastung für den Bundeshaushalt.[623]

Aber den Rotstift bei der Wirtschaft anzusetzen, darauf konnten sich alle bisherigen Regierungen nicht so richtig einigen. Denn es gibt noch einen anderen, leichteren Weg: die Erhöhung von Steuern.

Der »Deutsche Michel« wird wie kaum ein anderer Bürger dieses Planeten bereits mit hohen Abgaben und Steuern bestraft, aber richtig aufgemuckt hat er deswegen noch nie. Genau aus diesem Grund halte ich die Option sozialer Einschnitte für wahrscheinlicher, denn es führt kein Weg an einer Entschuldung vorbei. Das bedeutet: radikale Reformen des Sozialstaats und Steuererhöhungen, sonst ist dieses Land schneller bankrott, als wir uns vorstellen können.

Jürgen Wipfler, Steuerberater, vereidigter Buchprüfer und Buchautor, geht sogar davon aus, dass uns ein »sozialer Lastenausgleich« bevorstehen könnte, um den deutschen Staatsbankrott zu vermeiden. Das wäre eine »einmalige Sonderabgabe« auf das gesamte Vermögen der Bürger, also eine Vermögensumschichtung zwischen dem Mittelstand und dem hoch verschuldeten Staat. Jürgen Wipfler beschreibt dieses Szenario so:

»Nicht jeder wird in der Lage sein, plötzlich einen Teil seines Vermögens herzugeben oder zu verkaufen, um die Lastenausgleichsabgabe zu bezahlen (…) So wird der Lastenausgleich beim Geldvermögen in kurzer Zeit erfolgen, beim Sachvermögen dagegen zeitlich gestreckt (…) Zur Sicherung des Anspruchs kann der Staat eine Zwangshypothek auf Ihren Grundbesitz eintragen (…). Rechtsgrundlage wird ein Lastenausgleichsgesetz sein.«[624]

Der Gesellschaftsforscher Meinhard Miegel prophezeit ein noch viel drastischeres Szenario: Er geht davon aus, dass die Jüngeren sich weigern werden, die aufgehäuften Staatsschulden und Rentenansprüche abzuzahlen. Seiner Meinung nach drohen revolutionäre Veränderungen.[625]

6.6 Der Staatsbankrott rückt immer näher

Im Jahre 1950 rangierten die Ausgaben des Bundes für die Schulden noch an elfter Stelle. Heute sind Zinsen und Tilgung der zweitgrößte Etat im Bundeshaushalt.

Wenn der Staat auf der einen Seite Schulden tilgen muss, kann er das Geld auf der anderen Seite nicht mehr für wichtige Investitionen ausgeben, wie etwa für Bildung, Infrastruktur oder zur Sanierung der maroden Sozialkassen. Eine hohe Verschuldung gefährdet das Wachstum in vielerlei Hinsicht:

- Wenn der Staat Geld braucht, erhöht er die Abgaben und Steuern.
- Eine hohe Abgabenlast führt zu einer höheren Belastung der Bürger und Unternehmen.
- Es wird weniger konsumiert.
- Unternehmen halten sich mit der Neueinstellung von Arbeitskräften zurück.
- Unternehmen investieren weniger.
- Die Produktion sinkt.
- Es entsteht kein Wirtschaftswachstum.
- Ohne Wirtschaftswachstum erhält der Staat weniger Steuereinnahmen.

Ein Teufelskreis also.

ZEITMASCHINE

XY-Bank, Stuttgart,
Dienstag, den 7. September 2010, 9.30 Uhr

»Sind Sie Herr Schmidt?«

Der Angesprochene blickt von seiner Zeitung auf. »Ja, der bin ich.«

»Mein Name ist Hase. Bitte entschuldigen Sie, dass Sie kurz warten mussten.«

»Kein Problem«, sagt Herr Schmidt, »ich habe heute sowieso Urlaub.«

»Wenn Sie mir bitte folgen würden?« Herr Hase führt ihn in sein Büro und deutet auf einen bequemen Stuhl. »Bitte nehmen Sie doch Platz.«

»Danke.«

»Was kann ich für Sie tun?«, fragt Herr Hase.

»Nun, ich möchte einen Kredit aufnehmen«, sagt Herr Schmidt ohne Umschweife. »Bei mir ist es gerade ein wenig eng.«

Herr Hase ist nicht überrascht, offensichtlich gehören solche Wünsche zu seinem Tagesgeschäft. Das anschließende Gespräch verläuft sachlich-höflich. Herr Schmidt ist gut vorbereitet. Er hat alle Unterlagen dabei, natürlich auch seine Gehaltszettel.

»Sie verfügen also über ein Netto-Jahreseinkommen von 21 000 Euro. An welche Kreditsumme haben Sie denn gedacht?«

»An 170 000 Euro.«

Herr Hase stockt. »170 000 Euro?«

»Ja.«

»Das wäre das Achtfache Ihres Jahres-Nettoeinkommens.«

»Das ist mir bewusst.«

»Sie verdienen 1750 Euro im Monat.«

»Jawohl.«

»Eine hohe Summe. Haben Sie Sicherheiten?«

»Sicherheiten?«

»Ja.«

»Brauche ich nicht, ich bin doch ein Bürger.«

»Ich verstehe nicht?«

»Ich bin ein Bürger, also bin ich der Staat, das ist doch Sicherheit genug, oder?«

Herr Hase ist perplex.

Ich möchte die drastische Schuldensituation der Bundesrepublik noch einmal kurz zusammenfassen:

- Die öffentliche Hand erwartet für das Jahr 2010 Gesamteinnahmen in Höhe von 211,9 Milliarden Euro. Die Schulden werden auf rund 1700 Milliarden (= 1,7 Billionen) Euro ansteigen. Demnach werden die Gesamtschulden des Staates über das Achtfache der Einnahmen betragen.
- Vorausgesetzt, der Staat verzichtet sofort auf alle Ausgaben, realisiert also eine Tilgungsrate von 100 Prozent, würde er mehr als acht Jahre benötigen, um den entstandenen riesigen Schuldenberg abzutragen.
- Eine realistische Tilgungsrate liegt jedoch nur zwischen 0,5 und einem Prozent, was wiederum bedeutet, der Staat würde bis zu

rund 800 Jahre benötigen, um die schon jetzt bestehenden Schulden abzuzahlen.
- Fazit: **Diese hohen Schulden sind mit *normalen* Mitteln nicht mehr zu tilgen.**

Aufgrund der immer höheren Staatsverschuldung sehe ich folgende Probleme:
- Die Schulden von über 1,6 Billionen Euro sind schon jetzt nicht mehr zurückzahlbar.
- Hauptschwierigkeiten verursachen die Zinsen. Noch sind sie verhältnismäßig niedrig, was aber, wenn sie steigen? Jeder Prozentpunkt belastet den Haushalt um etwa acht Milliarden Euro zusätzlich. So wird die Refinanzierung fälliger Anleihen und Kredite aufgrund steigender Zinsen immer teurer werden.
- Bleibt die Verschuldung hoch, verlangen die Anleger höhere Risikoprämien für Staatspapiere, was den Staatssäckel wiederum zusätzlich belastet.
- In den kommenden Jahren muss die Wirtschaft im Schnitt um 1,5 Prozent wachsen, ansonsten wird die Staatsverschuldung noch dramatischer sein. Das heißt: 1,5 Prozentpunkte Wirtschaftswachstum, nur um keine neuen Schulden aufnehmen zu müssen.
- Die »Vergreisung« Deutschlands reißt ein immer größeres Loch in die Sozialkassen. Experten rechnen für die kommenden Jahre für Renten-, Kranken- und Arbeitslosenversicherung mit einem zusätzlichen Finanzbedarf von 50 bis 60 Milliarden Euro.[626]
- Ein großes Problem werden die zu erwartenden Belastungen durch die Beamtenpensionen, für die es noch gar keine Rückstellungen gibt.[627]
- Deutschland bricht zudem mit dem Euro-Stabilitätspakt. Eine der Regeln besagt: Wer beim Euro mitmachen möchte, muss eine Schuldenquote von höchstens 60 Prozent des BIP vorweisen.[628] Für 2010 werden jedoch schon 76,7 Prozent und für 2011 sogar 79,7 Prozent prognostiziert.[629] Will Deutschland bis 2030 wieder die Kriterien des EU-Stabilitätspaketes erreichen (eine Schuldenquote von 60 Prozent), müsste die Wirtschaft jährlich um 4,2 Prozent wachsen.[630] Diese Annahme ist völlig utopisch, und so wird die Schuldenlast eher steigen als fallen.

Was also kann der Staat objektiv tun?

Es gibt mehrere Möglichkeiten:
- Reduzierung der Leistungsempfänger
- Erhöhung der Beitragssätze
- Verlängerung der Beitragszeit
- Senkungen bei den Sozialleistungen wie ALG II, Kindergeld, Familiengeld usw.
- Erhöhung der Anzahl der Beitragszahler
- Steuererhöhungen (Mehrwertsteuer, Ökosteuer, Unternehmenssteuer, Erbschaftsteuer, Schenkungsteuer usw. usf.)
- Schaffung neuer Steuern
- Zugriff auf private Vermögensbestände
- Verschärfung der Besteuerungsansätze
- Gebührenerhebungen bei bislang kostenlosen Dienstleistungen des Staates
- Gebührenerhöhungen bei bereits kostenpflichtigen Diensten
- Abschaffung des Ehegattensplittings bei der Berechnung der Einkommensteuer
- Verlängerung der Arbeitszeiten im öffentlichen Dienst und bei Beamten
- Aufschieben von Beförderungen bei Beamten
- Weihnachtsgeldkürzungen im öffentlichen Dienst wie auch bei Beamten
- Nullrunden bei Rentnern und bei Entlohnungen im öffentlichen Dienst sowie bei Beamten

Sind die Schulden dennoch nicht in den Griff zu bekommen, gibt es für den Staat nur noch zwei Alternativen:
1. die Enteignung sämtlicher Geldvermögen, also Entschuldung durch Enteignung;
2. Vernichtung aller Staatsschulden durch eine Währungsreform auf Kosten der Vermögen der Bürger.

7. Wann kommt die Währungsreform?

7.1 Vorspiel: die Börsenkatastrophe von 1929

Trotz der gegenwärtigen Weltfinanzkrise hat das »Börsianer-Trauma« immer noch den Namen »1929«. Die Jahreszahl steht bis heute für den finanztechnischen und wirtschaftlichen »Super-GAU« der modernen Weltgeschichte, ausgelöst durch gigantische Kursverluste, gefolgt von einer langen und tiefen Depression. Zwar löste der Crash keine unmittelbare Währungsreform aus, aber er bewirkte eine Rückkehr zum Bargeld. Da die USA daraufhin massiv versuchten, ihr Geld aus allen Ländern abzuziehen, breitete sich die Krise, zusätzlich zur Panik an den internationalen Börsenplätzen, weiter aus.[631]

Der Börsencrash von 1929 bildete somit die Grundlage für weltweite Armut und Massenarbeitslosigkeit, was letztlich die Installation von zwei Diktaturen in Deutschland und der Sowjetunion begünstigte und schließlich in die globale Katastrophe des Zweiten Weltkrieges führte, die den ganzen Erdball nachhaltig veränderte.

Auslöser war die Wall Street in New York, das Zentrum des Kapitalismus. Eigentlich müsste der »Schwarze Freitag« »Schwarzer Donnerstag« heißen, denn die Wall Street verfiel bereits am 24. Oktober 1929 in helle Panik, riss die Börsen in Europa – wegen der Zeitverschiebung – allerdings erst am folgenden Tag in einen verhängnisvollen Abwärtsstrudel.

Stellen Sie sich jetzt vor, Sie säßen wieder in unserer Zeitmaschine und würden in jene turbulenten Tage zurückkreisen:

ZEITMASCHINE

New York Stock Exchange, Wall Street,
Donnerstag, den 24. Oktober 1929, 10.00 Uhr

Der Handelsstart an der Börse wird mit dem Eröffnungsgong eingeläutet. Aber etwas stimmt nicht an diesem Vormittag, das ist

schon wenige Minuten später klar: Einst unerschütterliche Opti-
misten verfallen plötzlich und ohne erkennbaren Grund in Panik.
Sie wollen ihre Aktien so schnell wie möglich loswerden und
stellen ihre Papiere hektisch zum Verkauf. Andere lassen sich
anstecken, machen es nach, und gleich darauf überschwemmt
eine Flut von Verkaufsaufträgen die Börse. Was ist los?

Auch »alte Hasen« sind ratlos: Hat das vielleicht etwas mit
dem Artikel des angesehenen und einflussreichen Chartanalysten
William Peter im *Barron's* zu tun, der erst kürzlich vor dem
äußerst bedenklichen Indexbild gewarnt hat[632], oder mit Roger
Babson, dem Chef des *Babson-Reports*, der bereits vorgestern
empfohlen hat, man solle Aktien verkaufen und dafür Gold erwerben?[633]

Man weiß es nicht, jedenfalls verunsichern die vielen Verkaufsaufträge alle Anleger gleichermaßen. Die Ratlosigkeit wird größer, als dann auch noch die ersten Notverkäufe getätigt werden.
Schon jetzt, wenige Minuten nach Handelsstart, sind die ersten
Investoren pleite, haben alles verloren.

10.30 Uhr

Es werden so viele und so große Pakete abgestoßen, dass die
Daten auf dem Ticker bereits nicht mehr mit denen am Big Board
übereinstimmen. Unter den Marktteilnehmern macht sich langsam Panik breit.

11.00 Uhr

Der Angebotsdruck wächst zu einer Lawine, die Preise und die
Kurse beginnen zu fallen. In den Börsen des ganzen Landes
deutet der Ticker einen fürchterlichen Crash an, und verschiedene
Kursmeldungen zeigen, dass die laufenden Werte schon weit
unter den Notierungen liegen.

Wie ein Lauffeuer überschwemmen verschiedene Gerüchte die
Wall Street und lösen immer größere Unsicherheiten aus. Was ist
los? Wieso gehen die Kurse in Minutenschnelle in den Keller?
Steht ein Crash bevor? – Das Karussell dreht sich weiter, schneller und schneller. Immer mehr Anleger verkaufen. Andere sind
schon gar nicht mehr in der Lage, Nachschusszahlungen zu leis-

ten, und müssen ihre Werte Hals über Kopf abstoßen, damit sie nicht alles verlieren, was sie jemals besessen haben.

11.30 Uhr
Jetzt ist die Panik da!

Mittlerweile hat der Ticker mehr als eine Stunde Verspätung und kommt schon längst nicht mehr hinterher. Die Verkaufsorders, die bei den Maklern eintreffen, liegen deutlich unter den Tickerdaten, was die Panik noch zusätzlich anheizt.

Auf dem Parkett versuchen verzweifelte Händler hektisch, ihre Orders loszuwerden, wenn es sein muss, auch mit Gewalt. Es herrscht ein regelrechter Krieg. Aber das alles nützt nichts, denn die Kurse fallen weiter – und zwar in einem atemberaubenden Tempo. Der Dow Jones Industrial Index ist jetzt von seinem Eröffnungsstand bei 306 Punkten auf 272 Zähler abgestürzt, was einem Minus von rund elf Prozent entspricht. Die Panik wird immer größer.

12.00 Uhr
Die Besuchergalerie wird wegen der Tumulte auf dem Parkett geräumt. Zu diesem Zeitpunkt haben sich schon mehr als elf Milliarden Dollar Börsenwert in Luft aufgelöst. Sie sind verpufft, als hätte es sie nie gegeben, und haben Tausende von Menschen in Armut gestürzt.

12.15 Uhr
Nie zuvor wurden an der Wall Street in nur zwei Stunden so viele Aktien umgesetzt wie an diesem Tag. Die Kurse rauschen weiterhin unaufhaltsam in den Keller und vernichten in nur wenigen Minuten gewaltige Summen an Börsenkapitalisierung und Anlegervermögen. Jetzt haben die entsetzten Händler nur noch ein Motto: »Verkaufen zu jedem Preis, um zu retten, was zu retten ist!«

13.50 Uhr
Die Hochfinanz schaltet sich ein: Einige führende Banker kündigen Stützungskäufe an, und tatsächlich beruhigt sich die Lage ein

wenig, einzelne Werte können sogar einen Teil ihrer früheren Verluste wieder wettmachen.

14.00 Uhr
Aber nur wenige Minuten später ist alles wieder verpufft, denn als immer mehr Verkaufsaufträge aus anderen Teilen des Landes eintreffen, knickt der Markt wieder ein.

15.00 Uhr
Gott sei Dank! Die Schlussglocke zum Handelstag-Ende ertönt, aber der Ticker hinkt mittlerweile knapp zwei Stunden hinter den tatsächlichen Kursen her; so werden die Maklerbüros erst am frühen Abend die tatsächlichen Schlusskurse erhalten.

19.08 Uhr
Erst vier Stunden nach Börsenschluss laufen die Transaktionen über den Ticker, und das ganze Ausmaß der Katastrophe wird zum ersten Mal deutlich: Insgesamt sind 12 894 650 Aktien von 974 Unternehmen verkauft worden. Unzählige Investoren haben alles verloren.

Freitag, der 25. Oktober 1929

Vormittag
Dieser Tag wird in Europa als »Schwarzer Freitag« in die Börsengeschichte eingehen. Auch heute ist die Lage sehr instabil, weil die Investoren immer noch furchtbar verunsichert sind. So sorgen neue Verkaufswellen schon zu Handelsbeginn für massive Kursverluste. Die Katastrophe dehnt sich aus.

Die Depotstände vieler Aktionäre, die ihre Papiere mit Krediten gekauft haben, reichen nicht mehr aus, um diese zu decken. Um ihre Verluste einzudämmen, fordern die alarmierten Banken unverzüglich den Verkauf der Wertpapiere. Aber für manche ist es bereits zu spät, denn die Kurse verlieren schneller an Wert, als man die Papiere veräußern kann, und so müssen sich einige Institute selbst für zahlungsunfähig erklären.

Jetzt sind schon die ersten Banken pleite. Die Investoren sind

geschockt und reagieren in ihrer Logik: Immer größere Aktienpakete werden zum Verkauf gestellt. Das größte umfasst immerhin 22 000 Aktien und gehört der *First National Bank*. Allein
durch diese eine Transaktion sinkt die Börsenkapitalisierung der
Bank um rund zehn Millionen Dollar.

Mittag
Auch heute hinkt der Ticker bereits mittags um mehr als eine
Stunde hinter den tatsächlichen Kursen hinterher. Und genau wie
gestern vergrößert sich dadurch die Unsicherheit der Anleger
umso mehr.

Nachmittag
Die Kursverluste nehmen deutlich zu. Wieder kommt es zu Tu-
multen zwischen wütenden Kleinanlegern. Viele Wohlhabende
werden auf einen Schlag arme Leute. Einige Anleger sind so
verzweifelt, dass sie den Schmuck der eigenen Ehefrau oder ihr
Auto zum Verkauf anbieten.

Die Lage ist so ernst, dass sogar Präsident Hoover die verunsicherte Bevölkerung zu beruhigen versucht: »Die primäre Wirtschaft des Landes, das heißt die Herstellung sowie Verteilung von
Waren, befindet sich in einer gesunden und florierenden Verfassung.«[634] Aber das klingt in den Ohren vieler Anleger wie ein Witz
angesichts der Lage an der New Yorker Börse.

Allein an diesem denkwürdigen Freitag werden rund 12 900 000
Aktien umgesetzt. Wie wird es weitergehen?

Samstag, der 26. Oktober 1929

Am letzten Börsentag der Woche lässt die Panikstimmung am
Markt etwas nach. Dennoch ist das gehandelte Umsatzvolumen
von 2 083 000 Aktien noch deutlich höher als an anderen Tagen.
Der Grund hierfür sind Stützungskäufe, die für eine erneute Verspätung des Tickers sorgen.

Die gute Nachricht in dem Drama: Dank einiger positiver
Unternehmensmeldungen kann das Kursniveau vom Freitag gehalten werden.

276

Insgesamt werden in dieser Woche 37 460 000 Aktien gehandelt, das sind 57 Prozent mehr als in der Vorwoche. Alle beten und hoffen, dass sich die Lage stabilisiert.

Sonntag, der 27. Oktober 1929

Viele Börsen- und Bankangestellte arbeiten auch am Wochenende durch. Manch einer von ihnen kann kein Auge zumachen, zu viel steht auf dem Spiel.

Montag, der 28. Oktober 1929

Vormittag

Eine neue Handelswoche beginnt, aber es gibt keinen Grund zur Freude. Bereits zu Handelsbeginn überflutet eine neuerliche Welle von Verkaufsaufträgen die Börse.

Ein paar Beispiele: Aktien von *Cities Service*, das vor Kurzem noch Anteilsscheine zu 60 Dollar auf den Markt gebracht hat, fallen in kürzester Zeit auf 27,5 Dollar. Einige Bank-Aktien brechen sogar um 200 bis 300 Dollar ein, die der *First National Bank* verliert 500 Dollar an Wert. Aber das sind nur die Vorboten dessen, was heute noch folgen wird.

Die Notierungen am Big Board liegen schon jetzt unter denen des Tickerbandes. Neue Panik macht sich breit. Vor der Börse wartet eine aufgebrachte Menschenmenge auf neue Nachrichten und Erklärungen.

Mittag

Wieder setzen sich führende Banker zusammen, um die Lage zu beraten. Sie versuchen in einer letzten, verzweifelten Aktion, noch einmal mit Stützungskäufen gegenzusteuern. Thomas W. Lamont, Teilhaber von *J. P. Morgan*, lässt die Investoren wissen, dass kein Finanzinstitut in Zahlungsschwierigkeiten steckt.[635] Das ist zwar eine glatte Lüge, aber es soll beruhigen.

Und doch gibt es verhängnisvolle Einzelschicksale. Etwa das von William Boyd. Er hatte sein gesamtes Geld in Zigarren-Aktien investiert und pro Stück 115 Dollar bezahlt. Als der Markt zusammenbricht, sind sie gerade noch zwei Dollar wert, sein gesamtes Vermögen, für das er ein Leben lang gespart hat, ist innerhalb weniger Stunden vernichtet. Boyd ist so verzweifelt, dass er aus dem Fenster seines Wall-Street-Büros springt.

Nachmittag

Die »Rettungsaktion« der Banker hat nicht viel gebracht, denn bis zum Börsenschluss erholt sich der Dow Jones Index gerade einmal um vier Punkte.

An diesem Montag werden zwischen zehn und 14 Milliarden Dollar Börsenkapitalisierung vernichtet, der Dow Jones fällt bis zum Handelsende von knapp 299 auf 260,54 Punkte. Die Woche hat also genauso katastrophal begonnen, wie die Letzte aufgehört hat.

Dienstag, der 29. Oktober 1929

Vormittag

Dieser Tag wird der »verheerendste« in der Geschichte der New Yorker Börse, weil Panikstimmung und Unsicherheit ihren Höhepunkt erreichen.[636] Schon nach 30 Minuten liegt der Aktienumsatz bei 3 259 000. Das gigantische Überangebot an Verkaufsorders erdrückt alles, denn Käufer sind schon lange keine mehr zu finden. Im Tempo von einem Dollar pro zehn Sekunden rasen die Kurse ungebremst in den Keller.

Mittag

Der Aktienumsatz liegt schon bei 8 378 000 Stück. Erst jetzt wollen viele Anleger begreifen, dass die hohen Kurse der vergangenen Monate nur Trugbilder waren, Chimären von Reichtum und Glück, Blasen, die schnell platzen und nichts als Ratlosigkeit, Armut und Verzweiflung zurücklassen.

Nachmittag

Die Banken geraten jetzt auch noch in Panik und fordern ihre Kredite zurück. Daraus folgen wieder viele Zwangsverkäufe, die den Abwärtstrend noch verstärken. Unzählige Verkaufsaufträge aus aller Welt verschärfen die Lage zusätzlich. Es herrscht das blanke Chaos.

Viele Aktien sinken nur deshalb, weil ihre Eigentümer nicht mehr in der Lage sind, sich neues Geld zu leihen und ihre Papiere zu halten. Mit ihnen sterben ganze Unternehmen.

Der Börsenvorstand will retten, was zu retten ist, und beschließt deshalb, die Handelszeit bis 15.00 Uhr zu verlängern. So können möglichst viele Aufträge abgearbeitet werden.

Bis zum Handelsschluss werden 16 389 000 Aktien zum Verkauf angemeldet. Der Times-Industrial-Durchschnitt sinkt um 43 Punkte, was bedeutet, dass sich sämtliche Gewinne der vorausgegangenen zwölf Monate in Luft aufgelöst haben.[637] Die Investment-Trusts trifft es am härtesten, manche verlieren zwei Drittel ihres Wertes, andere können ihre Aktien überhaupt nicht mehr verkaufen.[638] Der Dow Jones schließt bei 230,57 Punkten.

In den darauffolgenden Tagen fallen die Kurse weiter, und der Dow Jones Index verliert über 50 Prozent seines Wertes. Das Volumen der Maklerkredite bricht um über eine Milliarde Dollar ein. Verunsicherte Provinzbanken und verzweifelte Unternehmen ziehen mehr als zwei Milliarden Dollar von der Wall Street ab.[639]

Die *New York Times* berichtet, dass allein die 240 führenden Titel rund 17 Prozent ihrer Marktkapitalisierung verloren haben. Zwischen ein und drei Millionen US-Bürger büßen ihr gesamtes Vermögen ein; verlässliche Zahlen gibt es bis heute nicht.

Dabei sind viele Privatanleger selbst schuld daran, denn häufig haben sie ihre Aktien auf Kredit gekauft, also auf »Pump«. Als die Börse einbricht, reichen die Depotstände nicht mehr aus, um die Kredite zu decken. Die Banken fordern Zwangsverkäufe, um ihre Verluste einzudämmen. Doch bei vielen reicht das nicht, um die Kredite ganz zu tilgen. Zudem sind manche Banken, die Aktienpakete ausgegeben haben, mittlerweile selbst zahlungsunfähig. So bleibt den Anlegern nicht anderes übrig, als ihre gesamten Habseligkeiten zu verkaufen. Das Haus geht meistens an die Bank. Viele wissen nicht mehr, wie es weitergehen soll.

In den ersten Wochen trifft es die Naiven und Unschuldigen, danach die Schlauen und Wohlhabenden. Viele Anleger haben aus

Gier und Hoffnung einen alten Grundsatz missachtet, der da
lautet: »Mache niemals Schulden an der Börse. Man weiß nie,
was über Nacht passiert.« Dafür sind sie jetzt bitter bestraft
worden.

Erst vier Wochen später, Mitte November 1929, beginnen sich die
Märkte wieder ein wenig zu stabilisieren. Doch scheinbar clevere
Investoren, die den zeitweiligen Aufwärtstrend nutzen wollen und
sich mit günstigen Aktien eindecken, begehen einen großen Fehler. Denn auch nach dieser kurzen Atempause geht es weiter
abwärts – mehr als zwei Jahre lang. Und es kommt noch viel
schlimmer.

Die gewaltigen Kursverluste an der Wall Street reißen auch
ausländische Börsen mit. In Europa und anderen Teilen der Welt
herrscht ebenfalls Panik.

US-Präsident Hoover zieht alle Milliardenkredite aus Deutschland ab und verschärft dadurch die Krise in Europa um ein
Vielfaches. Mithilfe der amerikanischen Kredite hatte das nach
dem Ersten Weltkrieg am Boden liegende Deutsche Reich verzweifelt versucht, seine instabile Wirtschaft wieder aufzubauen.
Doch der Rückruf dieser Gelder verursacht einen Zusammenbruch der Industrie. Sechs Millionen Menschen sind arbeitslos,
das entspricht 25 Prozent aller Beschäftigten, eine Verarmung der
Massen und Hungermärsche in Großstädten folgen.[640]

Doch die Weltwirtschaftskrise schlägt auch in den USA zu:
50 Prozent der Industrieproduktion brechen zusammen, die Arbeitslosenquote steigt 1929 auf 26,4 Prozent.[641] Die Krise steht
den verängstigten Menschen wahrlich »ins Gesicht geschrieben«.
Die Farmer im Westen ernten Millionen Tonnen Weizen und
produzieren Millionen Liter Milch, aber es ist keiner da, der diese
Lebensmittel kaufen kann, obwohl die Menschen in den Städten
hungern. Es ist zu teuer, die Produkte abzutransportieren, deshalb
vernichten die Farmer das Getreide und schütten die Milch einfach auf den Feldwegen aus. Da sie jetzt nichts mehr verdienen,
werden auch sie arbeitslos und von ihrem Land vertrieben. Die
Stahlindustrie bricht um ganze zehn Prozent ein, was soziale
Unruhen, Aufruhr, Streiks und Demonstrationen in den Großstäd-

ten auslöst. Jetzt ist die Zeit gekommen, in der sich die Gewerkschaften in den USA etablieren können. Doch der Widerstand ist groß.[642]

Aufgrund des starken Produktionseinbruchs können immer weniger Menschen ihre Kredite zurückzahlen. Deshalb werden viele Banken selbst zahlungsunfähig und müssen schließen. Bis 1933 sind das 4000 von 20 000 Banken, die auf dem Markt agieren.[643]

Die Weltwirtschaftskrise, die den ganzen Globus in ihrem eisernen Griff zerquetscht, verhilft auch jenen falschen Volksführern an die Macht, die später einen furchtbaren Krieg entfesseln werden.

Erst im Sommer 1932, also fast drei Jahre nach dem »Schwarzen Freitag«, erreicht der Dow Jones Index seinen absoluten Tiefstand: Er schließt bei 41 Punkten. 90 Prozent seines Marktvolumens sind vernichtet.[644]

So paradox es klingen mag: Erst der Zweite Weltkrieg brachte den Vereinigten Staaten wieder eine Vollbeschäftigung und führte zu nachfolgenden Wohlstandsgenerationen.[645]

Der Autor Cabell Phillips vergleicht den Börsencrash und dessen Folgen mit dem Ablauf einer »griechischen Tragödie«[646] und deren bitterem Ende.

7.1.1 Erklärungsversuche

Aber was oder wer löste letztlich den größten Börsencrash und die schlimmste Bankenpanik aller Zeiten aus?

Der Ökonom John Kenneth Galbraith analysiert in seinem Buch *Der große Crash 1929* die Ursachen dieses schrecklichen Finanzbebens. Seiner Ansicht nach bestand »wenig Zweifel daran, dass die Wirtschaft vor 1929 fundamental nicht gesund war«[647]. Galbraith kommt zu dem Ergebnis, dass fünf Voraussetzungen den Börsencrash beschleunigten:

1. *Die ungleiche Einkommens- und Vermögensverteilung*: Fünf Prozent aller Haushalte in den USA hielten im Jahre 1929 rund ein Drittel des gesamten Volkseinkommens, was zur Folge hatte, dass

ein immer größerer Teil des Einkommens zu Spekulationen verwendet wurde.

2. *Die schlechte Struktur der US-Kapitalgesellschaften*: In den USA existierten große Holdinggesellschaften und Investment-Trusts, die wiederum in Aktiengesellschaften investierten, die an die Börse gebracht wurden, um weitere Gelder einzusammeln. Das ermöglichte große, häufig unüberschaubare Investmentpyramiden. Allein im Jahre 1928 wurden 265 neue Investment-Trusts[648] gegründet, die rund drei Milliarden Dollar umsetzten. Das entsprach einem Drittel des gesamten Kapitals, das in diesem Jahr neu in Umlauf kam.[649]

3. *Die schlechte Struktur des US-Bankensystems*: Wenn in den 1920er- oder 1930er-Jahren eine Bank zusammenbrach, wurde das Vermögen anderer Banken eingefroren, sozusagen als »Vorwarnung«, damit die Gläubiger ihr Vermögen aus den anderen Banken abziehen konnten. Dies führte häufig zu Kettenreaktionen. So brachen allein bis Juni 1929, also bereits vier Monate vor dem Crash, 364 Banken zusammen.

4. *Die prekäre Situation der US-Außenhandelsbilanz*: Die Statistik wies zu jener Zeit einen Außenhandelsüberschuss auf. Wenn das Ungleichgewicht zu groß wird, führt dies zur Instabilität der Wirtschaft.

5. *Fehlgeleitete Wirtschaftspolitik und falsche wirtschaftspolitische Ratschläge der Ökonomen*: Die Politik, nach 1929 den Haushalt ausgleichen zu wollen, führte zu einer weiteren Verminderung der Nachfrage. Auch die Geldpolitik wurde aus Angst vor einem Wiederaufleben der Inflation nicht gelockert, was die Rezession noch verschlimmerte.[650]

Eine ganz andere Erklärung liefert der Ökonomieprofessor und Wirtschaftsnobelpreisträger Milton Friedman: »Die *Federal Reserve* hat definitiv die Große Depression verursacht, indem sie die zirkulierende Geldmenge von 1929 bis 1933 um ein Drittel verringert hat.«[651]

Ähnlich sieht es auch die Autorin Ellen Brown, die in den USA seit Jahren zu jenen Verfechtern von Geldreformen gehört, die die private *Federal Reserve* abschaffen und statt ihrer eine regierungseigene Bundeszentralbank installieren wollen: »Die *Fed* begann mit dem Verkauf von US-Regierungsanleihen auf dem freien Markt und reduzierte die Geldmenge durch die Verringerung der Reserven, der Rücklagen für Kredite. Außerdem wurde der Leitzins angehoben, sodass die Zinsenraten der Kreditmakler auf 20 Prozent hochschnellten.«[652]

Browns Ansicht nach führte dies zu einer riesigen Kreditklemme, also einem Mangel an verfügbarem Geld: »Da weniger Menschen Aktien kauften, fielen die Kurse, und damit entfiel wiederum der Anreiz für neue Aktienkäufer, die Aktien zu kaufen, die frühere Käufer auf Kredit erworben hatten. Außerdem waren viele Investoren gezwungen, ihre Aktien mit Verlusten zu verkaufen, weil sie ›Nachschussforderungen‹ erhalten hatten. Die Panik setzte ein, als Investoren sich beeilten, ihre Aktien zu jedem Preis zu verkaufen, den sie noch dafür bekommen konnten. Der Aktienmarkt kollabierte über Nacht (…) Es tobte ein grausiger Wirbelsturm an Schulden, der alles mit sich riss und Hunger, Armut und Schulden hinterließ.«[653]

Nachschussforderungen

Forderungen der Makler an Investoren, den Geldbetrag auf ihrem Einschusskonto auf eine bestimmte Höhe anzuheben, nachdem der Wert ihrer Aktien gefallen war.

Aller Wahrscheinlichkeit nach war der Grund für den Börsencrash das Ende einer spekulativen Blase. Aktionäre, die Aktien zu hohen Preisen erworben hatten und davon ausgingen, dass die Preise noch weiter steigen, bekamen Angst und versuchten panisch, ihre Aktien zu verkaufen, was genau das Gegenteil von dem zur Folge hatte, was sie eigentlich anstrebten: Die Kurse fielen noch weiter.[654]

Soweit also verschiedene Erklärungsversuche. Doch die wahren Ursachen für das, was am Donnerstag, den 24. Oktober 1929, in New York vor sich ging, bleibt ein massenpsychologisches Phänomen und ist bis heute umstritten.

7.2 Was ist eine Währungsreform?

Seit den 1920er-Jahren gab es in Deutschland drei Währungsreformen, also im »Durchschnitt« alle 30 Jahre eine. Die Letzte ereignete sich im Jahre 2001 mit der Einführung des Euros.

Blicken wir nun einmal zurück in die Vergangenheit, um für die Zukunft zu lernen.

Eine Währung ist das durch Gesetz erlassene Geld eines bestimmten zeitlich und räumlich begrenzten Gebietes, des Währungsgebietes.[655]

Meistens besteht eine Währungsreform aus einer gesetzlichen Änderung der Währungsverfassung. Diese legt den Umtausch alter Währungseinheiten zu einem staatlich festgelegten Wechselkurs in Einheiten der neuen Währung fest. Der Extremfall einer Währungsreform ist die Einführung der Währung eines anderen Landes (Fremdwährung).[656]

Hauptgründe für Währungsreformen in der Vergangenheit waren:
– Staatsbankrotte
– Hyperinflationen
– Kriege

Währungsreformen haben beinahe immer große Verluste für diejenigen zur Folge, die der »alten« Währung blind vertraut haben. Staaten und ihre Regierungen profitieren von diesem Vertrauen, weil sie sich so auf einfache Weise eines Großteils ihrer Altschulden auf Kosten der Gläubiger und Bürger entledigen können. Da das heutige System nach denselben Prinzip funktioniert wie früher, sollte der wachsame Bürger dem Staat, seinen Organen und seinen Verlautbarungen stets eine gesunde Portion Skepsis entgegenbringen.

7.3 1948: von der Reichsmark zur D-Mark

Am 18. Juni 1948 schafften die alliierten Westmächte mit dem »Gesetz zur Neuordnung des Geldwesens« die Reichsmark ab und führten die Deutsche Mark (DM) ein. Mit der Währungsreform wollten sie den aus der nationalsozialistischen Wirtschaftspolitik und der Kriegsfinanzierung resultierenden Geldüberhang beseitigen und die Grundlage für die Gesundung des Wirtschaftslebens schaffen.[657]

Erleben wir nachfolgend diese denkwürdige Zeit noch einmal »live« mit:

ZEITMASCHINE

Hamburg, Rathaus,
Sonntag, den 20. Juni 1948, 9.15 Uhr

Heute sind alle Deutschen gleich »arm«, aber nur ein paar Stunden lang.

Es regnet in Strömen, aber ungeachtet dessen erlebt man in Westdeutschland die längsten Menschenschlangen, die man je gesehen hat. Manche warten schon seit Samstagabend. Aus dem Radio hat man erfahren, dass heute die »neue« Deutsche Mark ausgegeben werden soll.

Hören wir mal rein, was Jack Bennett, der ranghöchste Finanzberater des US-Generals Lucius D. Clay, des Militärgouverneurs der amerikanischen Besatzungszone, über den Äther verkündet:

»Zunächst einmal das Wichtigste, dass Sie diesen Sonntag 60 Mark alten Geldes für jedes Mitglied Ihrer Familie zur Lebensmittelkartenstelle bringen. Dort erhalten Sie unmittelbar 40 neue deutsche Mark. Weitere 20 werden Sie ungefähr in einem Monat von den gleichen Stellen erhalten. Zwischen Montag und Freitag der kommenden Woche müssen alle weiteren Altgeldbeträge bei den Banken abgeliefert und Bank- und Sparguthaben angemeldet werden. Bevor nicht jeder sein Geld abgegeben oder angemeldet hat, wird niemand erfahren, wie diese Gelder und Guthaben behandelt werden, damit keinerlei unrechtmäßige Manipulationen möglich sind. Die Zeit des wirtschaftlichen Chaos' muss für Deutschland zu Ende sein. Mit der Beseitigung des alten Geldes, das die Wirtschaft vergiftet hat, beginnt Deutschlands wirtschaftliche Gesundung.«[658]

Das klingt zwar hoffnungsvoll, aber viele »kleine« Sparer werden einen Großteil dessen, was sie auf die Seite gelegt haben, verlieren. Ihnen bleibt keine Wahl, denn sie müssen das alte Geld, die Reichsmark aus Hitler-Zeiten, abgeben, ob sie wollen oder nicht.

Ein Hoffnungsschimmer bleibt: Löhne, Gehälter, Mieten, Pensionen, Renten und auch Steuern werden in gleicher Höhe wie bisher ausgezahlt. Wer bisher also 170 Reichsmark verdiente (das entspricht einem Durchschnittsverdienst eines Angestellten), der erhält beim nächsten Zahltag auch wieder die gleiche Summe.

9.23 Uhr

So versammeln sich die Menschen dicht gedrängt und bei heftigen Regenschauern vor den Ausgabestellen wie hier in Hamburg. Lange Schlangen sind zu sehen, bis um die Ecken ziehen sie sich. Die Menschen sind an diesem Sommertag warm angezogen: Trenchcoats und dicke Mäntel, denn es ist kalt und windig. Doch das alles verdirbt die Laune nicht.

Auch in den Ausgabestellen ist es verhältnismäßig ruhig, hier und da mal Getuschel, ein Seufzer oder ein schüchternes Hüsteln, aber ansonsten geht alles ganz gesittet zu: Man gibt das alte Geld einfach ab und erhält die neuen Scheine, die sogleich neugierig beäugt und betatscht werden.

Ein Zeitungsreporter ruft verblüfft aus: »Das sind ja Dollars!« und beschreibt beeindruckt die neuen Banknoten »Made in USA«: »Vielfarbig, bunt und grell leuchten die Scheine auf dem Dunkelgrün des Tisches (...) Ganz amerikanisch auch im flachen Format. Kirschrot vorn und hinten wasserblau oder grün-braun und violett mit vielfach bunt gemusterten Hintergründen. Gott sei Dank mit wenigen Symbolen.«[659]

Nur wenige murren, denn das ganze Ausmaß der Währungsreform ist für den Einzelnen noch nicht absehbar. Die meisten hoffen nach sechs Jahren Krieg, Bombenterror und Hunger auf bessere Zeiten.

Samstag, der 2. Oktober 1948

Die Währungsreform ist ungerecht! Die *Süddeutsche Zeitung* veröffentlicht an diesem Tag einen Leitartikel, in dem zu lesen ist:

»Auch diese (...) Währungsreform ist (...) ohne jede Berücksichtigung der Größenanordnungen der Vermögen und ohne jegliche Rücksichtnahme auf die soziale Lage der Betroffenen erfolgt. Das ohnedies schon so schreiende Unrecht der Währungszusammenführung ist dadurch nochmals vergrößert und erbarmungslos

> vertieft worden. Es wird immer unverständlich bleiben, dass diese Entscheidung gefallen ist – dass kein Unterschied gemacht wurde, ob es sich um einen armen Teufel handelt, der vielleicht noch 100 oder 50 D-Mark auf der Sparkasse hat, oder um einen Reichen, der über solche Beträge mit drei Nullen verfügt (…). Es stimmt eben nicht: ›Ob arm oder reich, jeden trifft es gleich‹ – der ohnehin schon Arme stürzt dabei vollends in den wirtschaftlichen und sozialen Abgrund.«[660]

Die Währungsreform war ein schmerzlicher Einschnitt für viele »kleine« Leute, aber sie war auch Voraussetzung für die soziale Marktwirtschaft und die Gewerbefreiheit, die ein paar Jahre später das Land zu ungeahntem Wohlstand bringen sollten.

In Hinblick auf unsere gegenwärtige Situation lohnt es sich, genauer zu analysieren, wie die Währungsreform von 1948 letztlich durchgeführt wurde:

– Ab dem 21. Juni 1948 wurde die D-Mark allein gültiges Zahlungsmittel.

– Bevölkerung, Wirtschaft und öffentliche Hand erhielten eine Sofortausstattung, jede Person ein »Kopfgeld« in zwei Stufen von 60 D-Mark (zunächst aber nur 40 »neue« deutsche Mark, den Rest später).

– Unternehmen, Personenvereinigungen, Gewerbetreibende und Angehörige freier Berufe erhielten auf Antrag bei ihrer »Abwicklungsbank« einen »Geschäftsbetrag« von 60 D-Mark je Arbeitnehmer als »Vorgriff auf die »späteren Ansprüche aus dem Umtausch von Altgeld«.[661]

– Das Umstellungsverhältnis für alle am 21. Juni 1948 bestehenden Reichsmark-Verbindlichkeiten betrug zehn zu eins. Ausnahmen: Verbindlichkeiten aus Lohn- und Gehaltsforderungen, Mieten, Pachtzinsen, Renten und Pensionen, die nach dem 20. Juni 1948 fällig wurden. Diese wurden im Verhältnis eins zu eins umgestellt.

– Das Geld auf Sparkonten wurde zehn zu eins abgewertet. Als ob das nicht schon schlimm genug wäre, konnte zunächst nur über die Hälfte verfügt werden. Von dem, was abgehoben werden durfte, ging das »Kopfgeld« (60 D-Mark pro Person) ab, die andere Hälfte blieb auf einem Festgeldkonto eingefroren. Das »Vierte

Gesetz zur Neuordnung des Geldwesens« regelte, was mit diesem Geld geschehen sollte: Zunächst wurden 70 Prozent des Geldes auf den Festkonten ersatzlos gestrichen, weitere zehn Prozent mussten langfristig auf einem Anlagekonto eingefroren werden (bis frühestens 1954). Die restlichen 20 Prozent sollten dann freigegeben werden.[662]

Beispielrechnung

100 Reichsmark Altguthaben ergaben zehn D-Mark Neuguthaben. Davon waren fünf D-Mark sofort verfügbar und fünf D-Mark gesperrt. Von den fünf D-Mark, die gesperrt waren, wurden 3,50 gestrichen, eine D-Mark war verfügbar, und 0,50 D-Mark waren weiterhin bis 1954 gesperrt.

– Somit war das Spargeld nicht zehn zu eins abgewertet worden, sondern von 100 Reichsmark blieben nur noch 6,5 übrig.
– Reichsmarkbestände in bar oder Gutschriften verfielen, wenn sie bis zum 26. Juni 1948 nicht bei Banken und anderen autorisierten Institutionen abgeliefert oder angemeldet wurden.[663]
– Bei den Wirtschaftsunternehmen wurde vom Altgeld der zehnfache Geschäftsbetrag abgezogen und die Umstellung danach wie bei den natürlichen Personen vorgenommen.
– Die Prämienreserven der privaten Versicherungen und die Bausparguthaben der Bausparkassen wurden ebenfalls im Verhältnis zehn zu eins umgestellt, die laufenden Beiträge dagegen blieben im Verhältnis eins zu eins.
– Die Reichsmark war für die Bürger also »plötzlich« nichts mehr wert, und auch die Schulden des Reiches erloschen.
– Da diese Währungsreform weitgehend im Geheimen ablief, hatten die Sparer keine Möglichkeit, sich auf den restriktiven Währungsschnitt einzustellen.[664]

Gewinner waren die Besitzer von Sachwerten, denn Betriebe, Häuser, Fahrzeuge und Waren behielten ihren Wert auch in der neuen Währung. Die vielen kleinen Sparer hingegen waren die Verlierer, denn ihre Sparguthaben gingen weitgehend verloren (siehe Umrechnungskurs für Bargeld). Die Besitzer von deutschen Staatsanleihen gingen sogar komplett leer aus.[665]

Der allgemeine Tauschkurs von 100 Reichsmark zu zehn D-Mark galt demnach nur für Schuldforderungen. Bargeldreserven und Bankguthaben hingegen wurden letztendlich im Verhältnis 100 Reichsmark zu 6,50 D-Mark umgetauscht und die öffentlichen Anleihen an Privatpersonen für wertlos erklärt. Preise und Löhne wurden jedoch im Verhältnis eins zu eins umgesetzt.[666]

Übrigens wurden nach der Währungsreform die Menschen noch einmal »bestraft«, denn die Preise für Textilien wie Kleider, Wäsche, Anzüge oder Mäntel, die man für den kommenden harten Winter dringend brauchte, stiegen – im Vergleich zu der Zeit vor der Währungsreform – um 15 bis 20 Prozent.

In vielen Städten Westdeutschlands marschierten deshalb wütende Hausfrauen durch die Straßen und protestierten. Die Lage bis zum »Wirtschaftswunder« in den 1950er-Jahren blieb zudem alles andere als einfach: Zehn Millionen Flüchtlinge und Vertriebene, zwei Millionen Kriegsheimkehrer und vier Millionen Kriegsversehrte, Witwen und Waisen mussten in die »neue« Gesellschaft integriert werden.

Die Währungsreform des Jahres 1948 sollte demnach eine eindringliche Warnung für die Zukunft sein[667] – und doch holte uns 42 Jahre später eine neue Währungsreform ein.

7.4 1990: D-Mark für alle

Unbestritten ist: Die Wiedervereinigung der beiden deutschen Staaten nach 28 Jahren der Trennung ist ein freudiges Ereignis gewesen. Doch es war und ist bis heute mit großen finanziellen Problemen verbunden. Die Wiedervereinigung brachte auch eine Währungsreform mit sich, jedenfalls für einen Teil Deutschlands – den Osten.

Die Zusammenführung eines Volkes mit bis dahin zwei unterschiedlichen Währungen war keine einfache Aufgabe, und wie so oft gab es auch hier Gewinner und Verlierer. Doch beleuchten wir zunächst, wie es eigentlich zur Öffnung der Mauer am 9. November 1989 gekommen ist, und setzen uns dazu wieder in unsere Zeitmaschine, die uns in einem Sekundenbruchteil zu jenem historischen Tag vor rund 20 Jahren zurückbringt:

ZEITMASCHINE

Ostberlin, Pressekonferenzraum der DDR-Volkskammer,
Freitag, 9. November 1989, 18.57 Uhr

Kurz vor dem Ende einer internationalen Pressekonferenz, die
live im DDR-Fernsehen und -Radio übertragen wird, verkündet
Günter Schabowski, Erster Sekretär der Bezirksleitung der SED
von Ostberlin, eine neue Reiseregelung, die von je zwei hohen
Offizieren des Innenministeriums und des Ministeriums für Staatssicherheit formuliert worden ist:

»Privatreisen nach dem Ausland können ohne Vorliegen von
Voraussetzungen beantragt werden. Die Genehmigungen werden
kurzfristig erteilt. Die zuständigen Abteilungen Pass- und Melde-
wesen der Volkspolizeikreisämter in der DDR sind angewiesen,
Visa zur ständigen Ausreise unverzüglich zu erteilen, ohne dass
dafür noch die Voraussetzungen für eine ständige Ausreise vorliegen müssen (…) Ständige Ausreisen können über alle Grenzübergangsstellen der DDR zur BRD beziehungsweise zu West-Berlin
erfolgen.«

Der italienische Journalist Riccardo Ehrman meldet sich zu
Wort, weil ihm der Zeitpunkt, ab dem diese Regelung in Kraft
treten wird, nicht klar ist, und fragt: »Ab wann gilt diese neue
Regelung?«

Schabowski antwortet sichtlich unsicher und stockend: »Das
tritt nach meiner Kenntnis …, ist das sofort, unverzüglich.«[668]

Schabowski irrt sich, denn die Reiseregelung sollte eigentlich
erst am folgenden Tag um vier Uhr früh[669] veröffentlicht werden.
Aber da er dies jetzt bereits live im Fernsehen und Radio verkündet hat, ist es zu spät: Seine Ankündigung führt noch am selben
Abend zur Maueröffnung: Tausende Ostberliner ziehen zu den
Grenzübergangsstellen und verlangen den Durchgang in den Westen, der ihnen nach einigem Hin und Her schließlich auch gewährt
wird.

Ostberlin, Wohnung Brunhilde Heß,
20.25 Uhr

»Ich habe abends vor dem Fernseher gesessen und die Pressekonferenz verfolgt (…) Die Männer aus unserem Ort hatten sich an diesem Abend in der Gastwirtschaft getroffen und wollten zur Demo nach Leinefelde fahren. Mein Mann ist dann noch mal kurz rübergekommen und hat dann gesagt: ›Wir fahren jetzt los. Werner, also unser Nachbar, fährt heute mit dem Auto.‹ Ich habe dann Panik bekommen und gesagt: ›Bleib um Himmels willen zu Hause, es gibt Krieg!‹ Und dann hat er mich so angeguckt und gesagt: ›Warum gibt es denn jetzt Krieg?‹ Und ich habe gesagt, dass das im Fernsehen gesagt wurde: ›Die Grenze ist auf.‹ Und ich konnte mir das nicht anders vorstellen. Das geht so sang- und klanglos vonstatten. Wir haben das aber in dieser Nacht dann trotzdem ein bisschen verschlafen. Vielleicht konnten wir es auch nicht glauben.«[670]

Grenzübergang Bornholmer Straße,
21.30 Uhr

Hunderte von Menschen drängen sich an dem Grenzübergang und fordern die Grenzschützer ungeduldig auf, sofort das Tor zu öffnen. »Schabowski hat das im Fernsehen gesagt«, schreien manche fast verzweifelt. »Schabowski hat es gesagt!«, »Aufmachen!«, schallt es von überall her. »Los, öffnet endlich das Tor!«

Die diensthabenden Offiziere der Passkontrolleinheit (PKE, Staatssicherheit, Hauptabteilung VI) und der Grenztruppen der DDR sind verunsichert. Was sollen sie tun? Schließlich hat der Berliner SED-Bezirkssekretär dies tatsächlich im Radio verkündet, sie haben das selbst ungläubig gehört, aber von ihren Vorgesetzten liegen noch keinerlei Weisungen vor.

Die Tumulte und Rufe der Menschenmenge werden immer lauter und drängender. Der Siedepunkt rückt näher. Schließlich kommen die Offiziere der Aufforderung nach, ohne einen Befehl dafür erhalten zu haben.[671] Damit lösen sie wohl unbewusst eine Kettenreaktion an allen Grenzübergängen in und um Berlin aus.[672]

Jetzt gibt es kein Halten mehr, die ersten Menschen stürmen freudig in den Westen und können es noch gar nicht fassen.

Die vorzeitige Grenzöffnung ist also zwei Missverständnissen zu verdanken: der Aussage Schabowski, der sich im Tag geirrt hat, und den Grenzoffizieren in der Bornholmer Straße, die ohne Befehl den Übergang öffneten.

Brandenburger Tor,
23.59 Uhr

Jetzt wird auch die Mauer rund um das Brandenburger Tor gestürmt. Wildfremde Menschen fallen sich strahlend vor Glück in die Arme und feiern stundenlang.

Die Mauer, der »antifaschistische Schutzwall«, ist nach 28 Jahren gefallen!

Eine besondere Form des Willkommens in der Bundesrepublik war das sogenannte »Begrüßungsgeld« in Höhe von 100 D-Mark für jeden DDR-Bürger.[673]

Kurz nach dem Mauerfall führte die Auszahlung des Geldes zu großen logistischen Problemen, und es kam kurzzeitig zu chaotischen Szenen. An manchen Auszahlungsstellen standen gleichzeitig bis zu 10 000 Bürger der DDR, um ihr Geld abzuholen. Der Verkehr brach total zusammen, und Polizei und Feuerwehr mussten die Lage wieder unter Kontrolle zu bringen. Als dann der Regierende Bürgermeister von Berlin Walter Momper die Auszahlung des Begrüßungsgeldes durch Banken und Sparkassen anordnete, waren die Geschäftsstellen sogar während der Nacht geöffnet.[674]

Der Ansturm in ganz Westdeutschland war so groß, dass die vereinfachte »Berliner« Auszahlungsweise, die sich auf die bloße Vorlage eines Personalausweises oder Passes beschränkte, in den nachfolgenden Tagen auch in der übrigen Bundesrepublik übernommen wurde. Eventuell wiederholte Inanspruchnahmen des Begrüßungsgeldes waren nicht mehr zu kontrollieren. Bis zum 11. November hatten bereits mehr als drei Millionen DDR-Bürger den Westen besucht, bis zum 20. November waren elf Millionen Besucher gekommen.[675]

Am Freitag, den 29. Dezember 1989, wurde die Zahlung des

Begrüßungsgeldes schließlich eingestellt. Die Gesamtsumme seit der Öffnung der Grenzen bezifferte Bundeskanzler Helmut Kohl bei einem Gespräch am 3. Dezember 1989 in Brüssel mit dem amerikanischen Präsidenten George Bush auf 1,8 Milliarden DM.[676] Allerdings scheint diese Zahl viel zu niedrig zu sein, denn Bundesminister Rudolf Seiters benannte die Aufwendungen für das Begrüßungsgeld bei einem Ge-spräch mit dem DDR-Staatsratsvorsitzenden Egon Krenz bereits am 20. November 1989 auf 1,6 Milliarden DM.[677] Da bis zum 29. Dezem-ber 1989 der Besucherstrom der DDR-Bürger nicht nachließ, ist davon auszugehen, dass insgesamt drei bis vier Milliarden D-Mark an Begrü-ßungsgeld ausbezahlt wurden.

Doch das »Geschenk« hatte nicht die politische Wirkung, die sich manche erhofften: Noch im Dezember 1989 gab es in der DDR keine Mehrheit für die Wiedervereinigung. Nur 27 Prozent waren dafür, 89 Prozent indessen forderten Reformen in der DDR.[678] In einer ande-ren Befragung sprachen sich 73 Prozent für eine souveräne DDR aus, und 71 Prozent unterstützten den Sozialismus, jedoch wünschten sich 39 Prozent ein westliches Wirtschaftssystem.[679]

Das war ein fatales Zeichen für Bundeskanzler Helmut Kohl und seine »Wiedervereinigungsträume«. Man musste deshalb unbedingt einen schnellen Stimmungsumschwung bei den DDR-Bürgern herbei-führen. So bot Kohl den Ersatz der Ostmark durch die D-Mark an.[680] Das funktionierte: Bei der Volkskammerwahl am 18. März 1990 erhiel-ten die Parteien, die eine Wiedervereinigung ablehnten, dann auch nur noch weniger als 25 Prozent der Stimmen.[681] Ein halbes Jahr später trat die Währungsunion in Kraft. Doch zuvor gab es vonseiten der Bürger der DDR massive Ängste in Bezug auf den Verlust ihrer Ersparnisse.

ZEITMASCHINE

Staatsgebiet der DDR, November 1989 bis Juli 1990

Die Grenze zur BRD ist offen, und man kann ohne große Proble-me hinüberreisen. Aber die Ostmark soll abgeschafft und durch die D-Mark ersetzt werden. Die Älteren können sich noch gut an die Währungsreform von 1948 erinnern, und wie damals, so verspüren sie auch jetzt wieder Unsicherheit und Ungewissheit vor der drohenden Geldumstellung.

Werde ich alles Ersparte verlieren? Was ist mit meinen Schulden? Was ist mit meiner Haushypothek? Wie viel werde ich verdienen? Soll ich mein Geld noch schnell zu Sachwerten »machen«? Das sind Fragen, die sich viele Menschen in jenen Monaten stellen.

Jeder liest Zeitung oder will sich mittels Radio und Fernsehen darüber informieren, was auf ihn zukommt. Aber es ist nicht einfach, objektive Informationen zu erhalten, weil sich die Berichte häufig widersprechen. Schnell wird klar: Niemand weiß wirklich etwas Genaues, die Medien eingeschlossen. Und so brodelt die Gerüchteküche.

Von der Maueröffnung am 9. November 1989 bis zum März/April 1990 sinkt der Außenwert der DDR-Mark zeitweilig auf ein Vierzehntel der westdeutschen Währung.[682] Panikkäufe von langlebigen Konsumgütern sind die Folge.

Etwa die Hälfte der DDR-Bevölkerung bewahrt Ruhe. Die Ängstlichen aber kaufen, was der Geldbeutel hergibt, denn bei Kursen von eins zu 14 ist die Angst um die eigenen Ersparnisse nachvollziehbar. Sachwerte sind für viele das Richtige, und so stecken manche ihr »Ostgeld« aus purer Angst vor einer Abwertung noch in einen »Trabi«. Preis damals: rund 9000 DDR-Mark. Aber das ist, wie sich bald herausstellen soll, genau das Falsche. Hätten sie ihr Erspartes einfach auf dem Konto gelassen, hätten sie eine schöne Summe neuen Westgeldes dafür bekommen. Andere wiederum lassen sich noch kurz vor der Wende ihr Grundstück abschwatzen und ärgern sich bis heute.

Manche schaffen noch schnell neue Maschinen oder Ersatzteile an, die sie später nicht mehr gebrauchen können. Auch viele Versicherte wissen nicht recht, wie sie sich verhalten sollen. Die einen zahlen noch kräftig ein, weil sie »gehört« haben, Versicherungen würden zu einem günstigeren Kurs umgestellt, andere dagegen kündigen ihre Police.

Gewinner sind die, die 1989 noch »schnell« ein Haus kaufen. Zwar sind sie dann hoch verschuldet, aber der Kredit halbiert sich durch die Währungsunion, während gleichzeitig der Wert des Hauses steigt. Andere fallen über die Kaufläden her, sogar das DDR-Toilettenpapier ist mancherorts ausverkauft. Teilweise wird sogar das Bargeld knapp.

Die Deutsche Bundesbank hatte die Währungsunion bereits im Februar 1990 auf Wunsch des Bundeskanzlers geplant[683] und setzte die Reform dann im Juli um. Das bedeutete: In der (noch) »souveränen« DDR galt jetzt die »West-Mark« für alle.

Die Umstellungskurse am 1. Juli 1990 waren demnach politische und keine ökonomisch-fiskalischen Entscheidungen unter dem Erwartungsdruck der DDR-Bürger[684] und kommender Wahlen.

Auszüge aus dem »Gesetz zur Währungsunion«:
- Mit Wirkung vom 1. Juli 1990 wird die Deutsche Mark als Währung in der Deutschen Demokratischen Republik eingeführt. Die von der Deutschen Bundesbank ausgegebenen, auf Deutsche Mark lautenden Banknoten und die von der Bundesrepublik Deutschland ausgegebenen, auf Deutsche Mark oder Pfennig lautenden Bundesmünzen sind vom 1. Juli 1990 an alleiniges gesetzliches Zahlungsmittel.
- Löhne, Gehälter, Stipendien, Renten, Mieten und Pachten sowie weitere wiederkehrende Zahlungen werden im Verhältnis eins zu eins umgestellt.
- Alle anderen auf Mark der Deutschen Demokratischen Republik lautenden Forderungen und Verbindlichkeiten werden grundsätzlich im Verhältnis zwei zu eins auf Deutsche Mark umgestellt.
- Guthaben bei Geldinstituten von natürlichen Personen mit Wohnsitz in der Deutschen Demokratischen Republik werden auf Antrag bis zu bestimmten Betragsgrenzen im Verhältnis eins zu eins umgestellt, wobei eine Differenzierung nach dem Lebensalter des Berechtigten stattfindet.
- Sonderregelungen gelten für Guthaben von Personen, deren Wohnsitz oder Sitz sich außerhalb der Deutschen Demokratischen Republik befindet.
- Missbräuchen wird entgegengewirkt.[685]

Der Umtauschkurs war gestaffelt. DDR-Bürger ab 60 Jahren durften bis zu 6000, Erwachsene bis zu 4000 und Kinder bis 14 Jahren bis zu 2000 DDR-Mark zum Kurs von eins zu eins umtauschen. Für darüberliegende Sparguthaben galt prinzipiell ein Umstellungskurs von zwei zu eins. Löhne, Gehälter, Stipendien, Renten, Mieten und Pachten sowie weitere wiederkehrende Zahlungen wurden aber ebenfalls zum Kurs von eins zu eins umgestellt.

Somit ergab sich für das private Geldvermögen insgesamt ein Umstellungsverhältnis von 1,7 zu eins. Dies ist, laut den Autoren Uwe Andersen und Woyke Wichard, unter Verteilungsgesichtspunkten und im Vergleich zu 1948 als ausgesprochen günstig für die ostdeutsche Bevölkerung zu bewerten.[686]

Die Währungsunion von 1990 war aber auch der Beginn der staatlichen Vereinigung zwischen BRD und DDR und gehörte mit der Wirtschaftsintegration und politischen Integration zum Motor der Wiedervereinigung, um in einer unsicheren außenpolitischen Konstellation möglichst schnell die Unumkehrbarkeit des innerdeutschen Vereinigungsprozesses zu sichern.[687]

Allerdings hat die Einheitswährung eine massive Staatsverschuldung und eine hohe Arbeitslosigkeit in den neuen Bundesländern hervorgerufen. Die DDR-Wirtschaft kollabierte, weil auch der Außenhandel mit der Sowjetunion wegfiel, da die »harte« D-Mark keinen Handel mehr mit dem schwachen Rubel ermöglichte.[688] Zugleich wurden die DDR-Kaufhallen mit der plötzlichen Öffnung des Marktes mit Waren aus der BRD geradezu »überflutet«, was zulasten der heimischen Produkte ging, die dann keiner mehr kaufen wollte. So fand die ostdeutsche Industrie für ihre Güter keine Abnehmer mehr, ehemalige Kombinate wurden aufgelöst und viele Menschen arbeitslos.

Der Autor Günter Hannich dazu: »Die Zerstörung der Wirtschaft in der ehemaligen DDR belegte deutlich, dass die Einführung einer Hartwährung (D-Mark) in einem Gebiet einer schwachen Wirtschaft zu einem Desaster führt. Es kommt dabei zu einer Kapitalflucht vom Schwachwährungsgebiet (DDR) zur Region mit der starken Währung (BRD). Mit den Folgen haben wir heute noch zu kämpfen: Eine hohe Arbeitslosigkeit durch eine beinahe komplette Deindustrialisierung und eine massive Abwanderung der Bevölkerung in den Westen waren die Folgen. Eine schnell wachsende Staatsverschuldung kam nach dieser Fehlentscheidung ebenfalls noch hinzu (...). Damit werden die neuen

Bundesländer wohl auf absehbare Zeit zum Armenhaus Deutschlands gehören.«[689]

Theo Waigel, als damaliger Finanzminister mitverantwortlich für die Währungsunion, verteidigte diese Schritte vehement:»Technisch gab es dazu überhaupt keine Alternative. Wir hätten ja sonst zehn Jahre lang eine weitere Grenze benötigt. Die Menschen haben die Mauer eingerissen und den Stacheldraht zerschnitten. Wäre die Währungsunion nicht rasch verwirklicht worden, hätten wir eine neue Mauer aus Vorschriften, Zollbeschränkungen, Ausreisebegrenzungen und so weiter errichten müssen. Völlig unmöglich!«[690]

Dennoch gab Waigel Probleme in der Umsetzung zu:»Schwierig erwies es sich, die totale Planwirtschaft mit einem Schlag in eine Marktwirtschaft zu verwandeln. Gewiss, wir haben den Menschen in der damaligen DDR zu viel Bürokratie zugemutet, zu viele Gesetze. Die Lohn- und Gehaltsentwicklung vollzog sich zu schnell. So schnell konnte die Produktivität gar nicht wachsen, wie die Löhne und Gehälter gestiegen sind.«[691]

Wir wollen in unserer Zeitmaschine noch einmal die beiden wichtigen Tage im Oktober 1990 Revue passieren lassen:

ZEITMASCHINE

Bundesweites Fernsehen, Dienstag, 2. Oktober 1990, abends

Ganz Deutschland ist aufgeregt: Morgen wird die offizielle Wiedervereinigung der Deutschen Demokratischen Republik mit der Bundesrepublik Deutschland proklamiert – nach 40 Jahren! Viele können es kaum fassen.

Millionen von Zuschauern sitzen an diesem Oktoberabend vor ihrem Fernseher und lauschen gespannt der Ansprache von Bundeskanzler Dr. Helmut Kohl. Wir hören mal rein:

»Liebe Landsleute!

In wenigen Stunden wird ein Traum Wirklichkeit. Nach über 40 bitteren Jahren der Teilung ist Deutschland, unser Vaterland, wieder vereint. Für mich ist dieser Augenblick einer der glücklichsten in meinem Leben, und aus vielen Briefen und Gesprächen weiß ich, welche große Freude auch die allermeisten von Ihnen empfinden. An einem solchen Tag richten wir unseren Blick nach vorn. Doch bei aller Freude wollen wir zunächst an jene denken, die unter der Teilung Deutschlands besonders zu leiden hatten. Familien wurden grausam auseinandergerissen. In den Haftanstalten waren politische Gefangene eingekerkert. Menschen starben an der Mauer. Das alles gehört glücklicherweise der Vergangenheit an. Es soll sich niemals wiederholen. Deshalb dürfen wir es auch nicht vergessen. Wir schulden die Erinnerung den Opfern. Und wir schulden sie unseren Kindern und Enkeln. Solche Erfahrungen sollen ihnen für immer erspart bleiben (…). Ich bitte alle Deutschen: Erweisen wir uns der gemeinsamen Freiheit würdig. Der 3. Oktober ist ein Tag der Freude, des Dankes und der Hoffnung. Die junge Generation in Deutschland hat jetzt – wie kaum eine andere Generation vor ihr – alle Chancen auf ein ganzes Leben in Frieden und Freiheit.

Wir wissen, dass unsere Freude von vielen Menschen in der Welt geteilt wird. Sie sollen wissen, was uns in diesem Augenblick bewegt: Deutschland ist unser Vaterland, das vereinte Europa unsere Zukunft. Gott segne unser deutsches Vaterland.«[692]

Diese bewegenden Worte treiben Hunderttausenden Tränen in die Augen.

Vor dem Reichstag, Berlin,
Mittwoch, 3. Oktober 1989

Es ist einer jener sonnigen Herbsttage, die die letzte Süße in den Wein geben und den Wäldern noch ein letztes Farbenfest schenken, bevor der Winter in schnellen Schritten naht.

Die Menschen von Ost und West sind auf den Beinen oder vor dem Fernseher oder feiern, denn heute ist es so weit: Die Wiedervereinigung soll offiziell proklamiert werden.

0.00 Uhr

Um Mitternacht wird der Beitritt der DDR zum Geltungsbereich des Grundgesetzes wirksam. Die offizielle Feier mit Feuerwerk findet im Beisein der höchsten Vertreter der Bundesrepublik und der ehemaligen DDR sowie Hunderttausender Menschen vor dem Berliner Reichstag statt. Unter den Klängen der Nationalhymne wird um 0.00 Uhr die Bundesflagge gehisst. Die Bundesrepublik zählt nun insgesamt 78,7 Millionen Einwohner. Das Staatsgebiet hat sich um rund 108 000 auf 357 000 Quadratkilometer vergrößert.

Auch Berlin ist wieder vereint. Das Besatzungsstatut ist erloschen. In beiden Teilen der Stadt besteht nach dem 1. Mantelgesetz vom 25. September 1990 weitgehende Rechtseinheit. Bis zu den Wahlen am 2. Dezember 1990 wird die Stadt von Senat und Magistrat gemeinsam regiert. Bundeskanzler Helmut Kohl richtet zum Tag der Einheit eine Botschaft an alle Regierungen der Welt, mit denen das vereinte Deutschland diplomatische Beziehungen unterhält.[693]

Über eine Million Menschen feiern vor dem Reichstag in Berlin. Überall ist man aus dem Häuschen – endlich, endlich die lang ersehnte Wiedervereinigung von Ost und West. Und viele, aber nicht alle, fügen in Gedanken hinzu: Endlich gibt es (offiziell) keine DDR mehr!

Der Bundespräsidenten Richard von Weizsäcker hält eine Ansprache in der Berliner Philharmonie, in die wir kurz einblenden wollen:

»In der Präambel unserer Verfassung, wie sie nun für alle Deutschen gilt, ist das Entscheidende gesagt, was uns am heutigen Tag bewegt: In freier Selbstbestimmung vollenden wir die Einheit und Freiheit Deutschlands. Wir wollen in einem vereinten Europa dem Frieden der Welt dienen. Für unsere Aufgaben sind wir uns der Verantwortung vor Gott und den Menschen bewusst.

Zum ersten Mal bilden wir Deutschen keinen Streitpunkt auf der europäischen Tagesordnung. Unsere Einheit wurde niemandem aufgezwungen, sondern friedlich vereinbart. Sie ist ein Teil eines gesamteuropäischen geschichtlichen Prozesses, der die Freiheit der Völker und eine neue Friedensordnung unseres Kontinentes zum Ziel hat. Diesem Ziel wollen wir Deutschen dienen. Ihm ist unsere Einheit gewidmet. Wir haben jetzt einen Staat, den wir selbst nicht mehr als provisorisch ansehen und dessen Identität und Integrität von unseren Nachbarn nicht mehr bestritten wird. Am heutigen Tage findet die vereinte deutsche Nation ihren anerkannten Platz in Europa (…). Heute, liebe Landsleute, begründen wir unseren gemeinsamen Staat. Wie gut uns die Einheit menschlich gelingt, das entscheiden kein Vertrag von Regierungen, keine Verfassung und keine Beschlüsse des Gesetzgebers. Das richtet sich nach dem Verhalten eines jeden von uns, nach unserer eigenen Offenheit und Zuwendung untereinander.«[694]

Doch es ist nicht alles Gold, was glänzt. Die DDR hat an diesem Tag aufgehört zu existieren und viele Probleme hinterlassen. So gingen im industriellen Sektor Ostdeutschlands seit 1988 etwa 83 Prozent der Beschäftigungsverhältnisse verloren.[695] Der dauerhafte Zusammenbruch der ostdeutschen Industrie war einer der größten Misserfolge der deutschen Vereinigung.

Nur mühsam und durch gigantische Transferleistungen (z. B. von umgerechnet 96 Milliarden Euro allein im Jahre 1997) kann ein völliges Abrutschen[696] der Bürger in den neuen Bundesländern in die soziale Unterschicht verhindert werden.

Die tatsächlichen Gesamtkosten der deutschen Wiedervereinigung sind schwer zu ermitteln. Es gibt unterschiedliche Quellen und Zahlungswege (Steuereinnahmen, Kapital- und sonstige Besitzerträge des Bundes, Transferleistungen des Länderfinanzausgleiches usw.) und die ökonomischen Auswirkungen für Bund und Länder durch demografisch-wirtschaftliche Entwicklungen, etwa durch die Westmigration nach der Grenzöffnung, machen es unmöglich, einen wirklich seriösen Betrag zu nennen. Nur so viel: Die Transferleistungen aus dem Solidaritätsbeitrag werden mindestens noch bis ins Jahr 2019 bezahlt werden.

Schätzungen zufolge soll die Wiedervereinigung zwischen 250 Milliarden und 1,2 Billionen Euro gekostet haben. Nach Berechnungen des Instituts für Wirtschaftsforschung Halle (IWH) betrugen die Bruttotransfers im Zeitraum von 1991 bis 2003 etwa 1,2 Billionen, die Nettotransfers etwa 900 Milliarden Euro.[697] Verschiedene Studien gehen davon aus, dass die Neuen Bundesländer noch bis zu weiteren 30 Jahren auf finanzielle Hilfe der Altbundesländer angewiesen bleiben werden.[698]

Nur elf Jahre später wurde die nach der Währungsunion zwischen BRD und DDR noch als »bombensicher« angesehene »härtere« D-Mark schließlich eliminiert, und eine dritte Währungsreform innerhalb von 53 Jahren brach über die Menschen und ihren Ersparnisse herein.

7.5 2001: der »Teuro«-Euro

Die Einführung des Euros war eine der kühnsten Maßnahmen, die in jüngerer Zeit von europäischen Staaten im Finanzsektor getroffen wurde.[699] Beinahe »über Nacht« hatten 320 Millionen Menschen in zwölf verschiedenen Ländern das gleiche Geld in ihrem Portemonnaie.

Von Anfang an war den »Konstrukteuren« der Europäischen Union klar, dass in einem globalen Finanzmarkt die zwölf oder 15 verschiedenen Währungen Europas kein Gewicht besitzen würden. Deshalb war die Schaffung eines einheitlichen europäischen Zahlungsmittels unumgänglich und nur eine Frage der Zeit.

> *»Ohne den Euro würde Europa im Moment vermutlich*
> *in seine Bestandteile auseinanderfallen.«*[700]
> Theo Waigel, ehemaliger Finanzminister

In Deutschland war der damalige Bundesfinanzminister Theo Waigel die führende Kraft, die für die Einführung des Euros plädierte, obwohl die Bundesregierung wusste, dass sie die öffentliche Meinung gegen sich hatte.

Doch Waigel verteidigte die Euro-Pläne vehement: »Die europäische Wirtschaftsunion, die Entscheidung für eine gemeinsame Währung war der richtige Schritt, war die Antwort Europas auf die globale Welt. Dieser Schritt war so notwendig wie die Westbindung nach dem Zweiten Weltkrieg, wie der Beitritt zur NATO. Wir hätten, wenn es den Euro nicht schon seit 1998 rechnungsmäßig[701] geben würde, eine Berg- und-Tal-Fahrt, eine Achterbahnfahrt der europäischen Währungen erlebt.«[702] An anderer Stelle sagte er: »Der Euro ist eine absolute Erfolgsgeschichte (…). 70 Prozent der deutschen Exporte gehen in andere EU-Länder. Wie sollte das funktionieren, wenn wir täglich mit neuen Wechselkursen zwischen den europäischen Währungen konfrontiert würden? (…) Der Euro ist die europäische Antwort auf die Globalisierung der Welt und hat uns große Stabilität im Bereich der Währung gebracht. Die Probleme, vor denen die europäischen Länder stehen, gehen nicht auf den Euro zurück, sondern auf ihre eigene Haushalts- und Finanzpolitik und das Unvermögen, die notwendigen strukturellen Veränderungen herbeizuführen.«[703] Das waren klare Worte.

Waigel war es dann auch, der den supranationalen Namen »Euro« für die Einheitswährung bei dem entscheidenden Gipfeltreffen der Finanzminister durchsetzte.[704]

Bereits im Jahre 1995 wurden auf europäischer Ebene die letzten Hindernisse für die Einführung der neuen Währung beseitigt. Auch die Engländer beteiligten sich an den umfangreichen Vorbereitungen, lehnen die gemeinsame Währung aber bis heute ab. Im deutschen Bundestag stimmten über 90 Prozent[705] der Abgeordneten für den Euro. Demgegenüber waren im Herbst des Jahres 2000 ganze 70 Prozent der Bundesbürger gegen die Abschaffung der D-Mark.[706]

Die Bundesregierung hatte gegen das eigene Volk gestimmt und den Euro »zwangseingeführt«.

Sehen wir uns nun den langen Weg zu einer einheitlichen europäischen Währung einmal genauer an.

7.5.1 DIE CHRONIK DES EUROS

Hier die wichtigsten Eckpunkte, die zur Einführung der europäischen Einheitswährung führten:

- *25. März 1957*: Belgien, die Bundesrepublik Deutschland, Frankreich, Italien, Luxemburg und die Niederlande gründen in Rom die Europäische Wirtschaftsgemeinschaft (EWG).
- *Frühjahr 1970*: Die Mitgliedsstaaten der EWG beschließen, innerhalb von zehn Jahren eine Wirtschafts- und Währungsunion (WWU) zu gründen. Der Plan lässt sich jedoch nicht durchsetzen, da die Eigeninteressen der einzelnen Staaten zu groß sind.
- *1. Januar 1973*: Dänemark, Großbritannien und Irland treten der EWG (später: EG) bei.

– *1989*: Die Staats- und Regierungschefs der EG-Staaten beschließen die Einführung einer Wirtschafts- und Währungsunion und die spätere Umbenennung in Europäische Union (EU).

– *19. Juni 1990*: Die Europäische Gemeinschaft beschließt in Schengen, die Grenzkontrollen der Mitgliedsstaaten abzubauen.

– *7. Februar 1992*: Die Mitgliedsstaaten der Europäischen Gemeinschaft unterzeichnen in Maastricht einen Vertrag über die Gründung der Europäischen Union mit dem Ziel einer Wirtschaftsunion und einer gemeinsamen Währung.

– *1. November 1993*: Der Maastricht-Vertrag tritt in Kraft.

– *15. Dezember 1995*: Der Europäische Rat beschließt, die einheitliche Währung Europas ab dem 1. Januar 1999 einzuführen. Sie soll den Namen »Euro« erhalten und ab diesem Zeitpunkt zunächst einmal nur Buchgeld sein, also eine Rechnungseinheit. Als Bargeld soll der Euro später eingeführt werden.

– *Juni 1997*: Der Europäische Rat beschließt den »Pakt für Stabilität und Wachstum«, der einen Rechtsrahmen für die Einführung des Euros enthält und außerdem die Wechselkursmechanismen festlegt.

– *25. Mai 1998*: Das Direktorium der Europäischen Zentralbank wird ernannt.

– *1. Juni 1998*: Das Direktorium der Europäischen Zentralbank nimmt seine Arbeit auf.

– *31. Dezember 1998*: Die Verrechnungswerte des Euros zu den bisherigen nationalen Währungen werden unwiderruflich festgelegt.

– *1. Januar 2002*: In zwölf der 15 EU-Länder kommt der Euro als Bargeld in Umlauf. Dänemark, Großbritannien und Schweden bleiben aber vorerst bei ihren nationalen Währungen.

Den meisten Menschen in Deutschland fiel der Abschied von ihrer geliebten D-Mark sehr schwer, und Berichte in den Medien trugen auch nicht gerade zu einem größeren Vertrauen in die neue einheitliche europäische Währung bei, wie die Reise mit unserer Zeitmaschine zeigt.

ZEITMASCHINE

Bundesweit,
Montag, den 7. Mai 2001

Das Nachrichtenmagazin *Focus* titelt schon Monate im Voraus: »Riesiger Schaden bei Euro-Einführung – Deutsche verlieren 60 Milliarden DM«.

Demnach wird die Einführung des Euros Deutschland nach Berechnungen des ifo-Institutes für Wirtschaftsforschung einen Verlust von knapp 60 Milliarden D-Mark bescheren. Dieser Betrag ergibt sich, so ifo-Präsident Hans-Werner Sinn, aus der Übertragung des Gewinns bei der Bargeldschöpfung von den nationalen Notenbanken auf die Europäische Zentralbank (EZB). Deutschland sei dabei der größte Verlierer der Währungsunion und Frankreich der größte Gewinner.

Der Grund dafür ist, dass die D-Mark, mehr als andere europäischen Währungen, außerhalb der Landesgrenzen verwendet wird. Während Deutschland 39 Prozent zum gesamten Geldschöpfungsvermögen von 688 Milliarden D-Mark beiträgt, erhält es nur 31 Prozent zurück. Dadurch wird Deutschland, der Modellrechnung zufolge, nach dem vorgesehenen Umverteilungsmechanismus 57,4 Milliarden oder 699 D-Mark pro Kopf verlieren. Frankreich trägt dagegen nur zwölf Prozent bei, erhält aber 21 Prozent.

Diese und ähnliche Meldungen schüren die Angst bei den Bürgern vor der kommenden Währungsumstellung. Aber diese ist schon längst nicht mehr aufzuhalten. Begeistert sind nur die Politiker, so wie etwa Helmut Kohl oder Hans Eichel.

Deutscher Bundestag, Berlin,
Dienstag, den 1. Januar 2002

Bundesfinanzminister Hans Eichel fasst die Bedeutung der Einführung des Euros für die Menschen so zusammen: »Das ist ein historischer Tag deswegen, weil sich hier für jedermann zum Anfassen zeigt, was europäische Einigung ist und dass das das große Wohlstands- und Friedensprojekt für das 21. Jahrhundert hier für uns Europäer ist.«[707]

Allensbach, Bodensee,
Januar 2002

Die schönen Worte der Politiker sind für den »kleinen Mann«, der Sorge um sein Erspartes und seine Zukunft hat, nicht nachvollziehbar. Das beweist eine Erhebung des Instituts für Demoskopie Allensbach:

»Egal von welcher Seite man mit demoskopischen Fragen das Thema ›Euro‹ inzwischen beleuchtet, die Bevölkerung antwortet in ihrer Mehrheit nur noch negativ. 60 Prozent der Befragten meinten: ›Das war keine gute Entscheidung.‹«[708]

Besonders misstrauisch ist die ältere Generation, die auf das Rentenalter zusteuert oder es schon erreicht hat. Sie kann sich noch gut an die Währungsreform von 1948 erinnern oder weiß noch von ihren Eltern oder Großeltern, wie es war, als im November 1923 ein Dollar 4,2 Billionen Papiermark kostete. Es geht wieder Angst um, denn die Inflationen fressen die Ersparnisse weg, nicht den Sachbesitz. Es wird Jahre dauern, bis die Menschen allmählich Vertrauen in den Euro gewinnen.

So begeistert der Euro auch von den Politikern gefeiert wurde, das Volk blieb skeptisch, und es sollte, zumindest anfänglich, recht behalten, denn die neue Währung wurde schnell zum »Teuro«. Beim Umrechnen von einem Euro (= 1,95583 D-Mark) entstanden ungerade Zahlen, was viele Unternehmen dazu verleitete, die Preise zu erhöhen. So fühlte sich die Mehrheit der Bürger mit ihrer ablehnenden Meinung zum Euro bestätigt.

Neun Jahre später ist die anfängliche Skepsis weitgehend verflogen. Das europäische Geld ist zu einer der stabilsten Währungen der Welt geworden und gewinnt auch gegenüber dem Dollar immer mehr an Wert. Aber wie lange wird das andauern?

Unstrittig war die Einführung des Euros eines der wichtigsten wirtschaftspolitischen Ereignisse an der Wende zum 21. Jahrhundert.[709] Aber es bleibt ein fahler Nachgeschmack. Manche Kritiker argumentieren, dass mit dem Euro die »wertvolle« D-Mark zur Sanierung »wertloser« europäischer Währungen missbraucht wurde.

Mit dem Verlust der Währungshoheit hört ein Staat auf, ein souveräner Staat zu sein, und begibt sich in die Abhängigkeit einer Währungsunion mit all ihren Vor- und Nachteilen.

Andere Nachteile liegen auf der Hand. Einer davon ist sicherlich die einseitige Lastenverteilung, die ärmere EU-Länder zu »Nettoempfängern« für Ausgleichzahlungen der reicheren macht. Deutschland ist eines der Länder, das am meisten bezahlt. Dabei führt dieses System nur dazu, dass in den reichen Ländern mit weniger Geldkapital mehr erzeugt wird, was eine höhere Verzinsung des eingesetzten Kapitals bedeutet. In den schwächeren Ländern hingegen entstehen durch Kapitalflucht größere Arbeitslosigkeit und Armut. Somit schadet der Euro den wirtschaftlichen starken Ländern, weil diese durch einen ständigen Kapitaltransfer die schwächeren unterstützen müssen, und auch die weniger produktiven Staaten geraten immer mehr in Abhängigkeit.[710]

Ein weiterer Nachteil liegt darin begründet, dass einige neue EU-Beitrittsländer massive Handelsbilanzdefizite aufweisen, die zu einer höheren Auslandsverschuldung führen, was sich zu einer Währungskrise ausweiten kann. Denn anders, als es früher der Fall gewesen ist, können diese Staaten ihre Währungen wegen der Einführung des Euros nun nicht mehr abwerten und haben es dadurch schwerer, sich zu konsolidieren. Hinzu kommt eine so niedrige Wirtschaftsleistung, dass sie gerade einmal einen Bruchteil der produktivsten Mitgliedsstaaten erzielen.

Günter Hannich beschreibt dieses Dilemma in seinem Buch *Staatsbankrott* so: »Mit der Ost-Erweiterung der EU und der geplanten Einführung der Einheitswährung in den neuen Beitrittsländern nimmt die Instabilität des Euros noch einmal drastisch zu. Ich gebe (…) zu bedenken, dass die neuen Beitrittsländer zusammen gerade eine Wirtschaftskraft symbolisieren, die der von Spanien entspricht. Dazu kommt, dass die meisten dieser Länder über enorme Handelsbilanzdefizite verfügen. Dies bedeutet, dass sich in diesen Staaten durch die immer größere Auslandsverschuldung Spannungen aufbauen. Da deren Währung an den Euro gebunden wurde, können flexible Wechselkurse

diese Spannungen nicht mehr ausgleichen. Wird dann der Euro eingeführt, wird es noch schlimmer, da den betroffenen Staaten jede
Handlungsmöglichkeit genommen ist.«[711]

Eine mittel- bis langfristige Auflösung des Euro-Verbundes ist zumindest denkbar, und wie ich in Abschnitt 4.5 belege, ist diese Annahme keinesfalls utopisch.

7.5.2 Die Zukunft der Wirtschafts- und Währungsunion (WWU)

Die Idee zur heutigen Wirtschafts- und Währungsunion entstand bereits im Jahre 1989. Der Plan sah vor, die nationalen Währungen durch
eine Einheitswährung zu ersetzen, die dann von einer Zentralbank im
Auftrag aller EU-Mitglieder verwaltet werden sollte.

Die Professoren Paul R. Krugman (Nobelpreisträger für Wirtschaft
2008) und Maurice Obstfeld schreiben dazu: »Das Experiment der
europäischen Einheitswährung ist der bislang kühnste Versuch, einer
großen und heterogenen Gruppe souveräner Staaten zu den Effizienz-
gewinnen einer gemeinsamen Währung zu verhelfen.«[712]

Fest steht, dass seit der Einführung des Euros keine nationale Geldpolitik mehr möglich ist und dass die Europäische Zentralbank (EZB)
einen für alle am Euro beteiligten Länder einheitlichen Zinssatz festlegt.

Was aber, wenn ein Land in eine Rezession stürzt und das andere
einen Boom erlebt? Das erste Land benötigt niedrigere Zinsen, um die
Ausgaben zu stimulieren und die Produktion zu steigern, während das
zweite Land höhere Zinsen braucht, um eine Überhitzung der Wirtschaft zu verhindern. Weil aber die Zinsen in beiden Ländern gleich
sind, lässt sich dieser Konflikt nicht lösen.[713]

Der WWU hat aber nicht nur aufgrund der Wirtschafts- und Finanzkrise in den kommenden Jahren mit verschiedenen Problemen zu kämpfen. Krugman und Obstfeld nennen Ross und Reiter:

– Europa ist kein optimaler Währungsraum.
– Es wird schwierig sein, ungleiche wirtschaftliche Entwicklungen
  in verschiedenen Euro-Ländern mithilfe geldpolitischer Maßnahmen auszugleichen.
– Die wirtschaftliche Einheit der EU basiert lediglich auf dem zen-
  tralisierten Machtorgan der Europäischen Zentralbank.

– Es besteht die Gefahr, dass die Wähler in ganz Europa die EZB als eine abgehobene und keiner politischen Kontrolle unterworfene Technokratengruppe wahrnehmen, die sich nicht um die Bedürfnisse der Bevölkerung kümmert.
– Das anhaltend hohe Niveau der Arbeitslosigkeit muss bekämpft werden.
– Die EU-Erweiterung um mehrere Länder Osteuropas und des Mittelmeerraums birgt viele weitreichende Herausforderungen für die EU, die zum Teil unverkennbare Folgen für die Wirtschafts- und Währungsunion haben können.
– Je mehr Länder dem Euro-Raum beitreten, desto höher steigt die Wahrscheinlichkeit wirtschaftlicher Schocks.
– Die europäische Einigung gerät in Gefahr, wenn es der WWU nicht gelingt, neben Preisstabilität auch Wohlstand zu schaffen.[714]

Die Aufweichung des EU-Stabilitätspakts (siehe Abschnitt 4.5) und die Aufnahme immer weiterer Länder in den Euro-Verbund ist fatal. Dieser Meinung ist auch Prof. Dr. Bernd-Thomas Ramb: »Die gerade beigetretenen osteuropäischen Staaten drängen vehement auf den Austausch ihrer Währungen in den Euro. Die Schwächung des Stabilitätspakts und die Schuldensünden der alten Euro-Länder fordern nun diese Länder fast dazu auf, ihre bisherigen Stabilitätsbemühungen zu beenden oder zumindest nicht mehr so ernst zu nehmen. Die Aufnahmebedingungen zur Teilnahme an der Euro-Währung werden erleichtert und der Kreis der instabilen Euro-Währungs-Partner dadurch nochmals vergrößert.« Denn, so Prof. Dr. Ramb weiter, »bei einem simultanen Zusammenbruch des Euro gewinnen (…) die Staaten mit der höchsten Verschuldung am meisten«[715].

Mehrere »Pleite«-Länder würden die Zahlungsfähigkeit der Euro-Zone deutlich überfordern. Aber auch ein Austritt der hoch verschuldeten EU-Länder aus der WWU wäre für sie keine Lösung, sondern gliche eher einem Selbstmord: Sie müssten ihre »neue« Währung abwerten, die Schulden hingegen wären aber in Euro beziffert, das dürfte ihren Schuldenberg noch weiter erhöhen. Der einzige Ausweg für sie wäre dann eine Währungsreform.

Für die Wirtschaftswissenschaftler Daniela Schwarzer und Sebastian Dulien hat gerade die »Griechenlandkrise« deutlich gemacht, »wie groß die gegenseitigen Abhängigkeiten in der Euro-Zone sind und wo die Schwächen der Koordinierung liegen«. Gefragt sind daher »echte

Taten, und zwar schnell.«[716] Die Zukunft der Wirtschafts- und Währungsunion hängt davon ab, wie die Verantwortlichen in der EU mit dem politischen, sozialen und fiskalischen Ungleichgewicht in den verschiedenen Mitgliedsländern umgehen.

7.5.3 DER ANFANG VOM ENDE DES EUROS?

Der streitbare Wirtschaftswissenschaftler und Währungsspezialist Prof. Dr. rer. pol. Wilhelm Hankel, den wir in Abschnitt 3.4 dieses Buches bereits kennengelernt haben, gehört zu den Euro-Kritikern der ersten Stunde.[717]

Seiner Ansicht nach belastet die europäische Währung Deutschland einseitig als Wachstumslokomotive und macht es zum Schlusslicht im innereuropäischen Expansionsprozess. Für ihn stellt die D-Mark einen Stabilitätsanker für ganz Europa dar, und mit ihrer Abschaffung verliert Deutschland den Doppelvorteil seiner hohen Sparquote sowie seiner Export- und Leistungsbilanzüberschüsse, der zweithöchsten der Welt.[718]

In der Geld- und Kreditschöpfung erkennt Hankel einen systemimmanenten Fehler der kapitalistischen Finanzwirtschaft, der zu Krisen führen muss. Demnach darf Geld nicht mehr durch Geld erwirtschaftet werden, sondern durch Arbeit, die Schaffung immer neuer Geldprodukte ist »Kreditbetrug«.[719]

Zusammen mit den Professoren Wilhelm Nölling, Joachim Starbatty und Karl Albrecht Schachtschneider reichte Hankel im Jahre 1997 Klage beim Bundesverfassungsgericht gegen den Vertrag zur Einführung des Euros ein, die allerdings nicht erfolgreich war.

Doch zwischenzeitlich macht sich auch bei damaligen Befürwortern des Euros Skepsis breit. Ein Grund dafür: Die hohe Verschuldung mancher EU-Länder gefährdet die Stabilität der Währung.

> »*Der Euro ist eine fragile Konstruktion.*«[720]
> Paul de Grauwe, Ökonom an der Universität Löwen

Jüngstes Beispiel: Griechenland, dessen Bonität bedroht ist (siehe Abschnitt 4.5). Laut EU-Prognose wird das Haushaltsdefizit 2010 auf 12,2 Prozent steigen, für 2011 werden sogar 12,8 Prozent vorhergesagt, und das, obwohl eigentlich nur eine Defizitobergrenze von maximal drei Prozent »erlaubt« ist. Das Vertrauen in den maroden Staat schwindet, und doch rechnen die Griechen als EU-Land damit, nicht von der Gemeinschaft im Stich gelassen zu werden.

Ausgerechnet über die europäische Währung, den Euro, übertragen sich nun die Schwierigkeiten Athens auf die restlichen Staaten der Union.

> Wenn ein EU-Land ein Problem hat, haben alle eins, auch die Sparer, denn ihnen droht bei einem weichen Euro die Entwertung.

Es gibt für das Griechenland-Desaster eigentlich nur zwei Optionen:
1. Die EU lässt Athen in den Staatsbankrott schlittern. Die Folge wäre wohl eine neue Finanzkrise, denn die Investoren würden sofort auch auf die Pleiten Irlands, Spaniens oder Portugals wetten.
2. Die EU hilft den Griechen. Ein fatales Zeichen für andere marode Mitglieder der Währungsunion, denn dann gäbe es keinen Anreiz mehr für fiskalische Disziplin.

Denkbar wäre auch, dass der Euro auf den Kern von starken Wirtschaftsnationen beschränkt wird oder dass marode EU-Mitglieder, wie etwa Griechenland, unter Finanzzwangsverwaltung gestellt werden.

> Seit der Einführung im Jahre 1999 hat der Euro 20 Prozent an Wert verloren. Der Euro ist also nur noch 80 Cent wert.[721]
> Analyse der Allianz

Für Anleger, aber auch für Verbraucher ist diese Entwicklung alarmierend, denn noch nie war die Gefahr so groß, dass der Euro zu einer »Weichwährung« wird. Langfristiges Sparen, etwa über eine Lebensversicherung, Riester-Renten oder langlaufende Staatsanleihen, würde durch einen weichen Euro uninteressant.

Der EU-Stabilitätspakt wurde einst entwickelt, um den Euro »hart« zu machen: Die jährliche Neuverschuldung darf nicht mehr als drei

Prozent der Wirtschaftsleistung betragen. Aber viele Staaten machen so viele Schulden, dass die Stabilität der Währung nicht mehr gewährleistet ist. Denn: Irgendwann können die Zentralbanken die Schuldenlöcher nur noch stopfen, indem sie immer mehr Geld drucken und so eine hohe Inflation schaffen.

Die EU-Verträge sehen zwar keinen finanziellen Beistand vor, wenn ein Mitglied in Schwierigkeiten ist, aber dennoch könnte der Bankrott eines EU-Landes eine verhängnisvolle Kettenreaktion auslösen, die eigentlich niemand will. Daraus ergibt sich eine indirekte Beistandsverpflichtung.

»Es droht ein Ansteckungseffekt«, meint deshalb auch Paul de Grauwe, Ökonom an der katholischen Universität Löwen.[722] Er weiß, wovon er spricht, denn an den Devisenmärkten hatte der Euro in der Woche nach der Bonitätsherabstufung Griechenlands schon spürbar an Wert verloren. Gegenüber dem schon als »tot« bezeichneten Dollar war er innerhalb weniger Tage sogar um 3,5 Prozent gesunken. Grund dafür waren Spekulationen, die europäische Währung könnte unter dem Druck einer Finanzkrise in hoch verschuldeten Ländern wie Griechenland zusammenbrechen.[723]

Hätte man dies vor drei oder vier Jahren geäußert, wäre man sicher für »verrückt« erklärt worden. Doch angesichts dieser Entwicklungen müssen alle Alarmglocken läuten!

»Jetzt rächt sich, dass die Währungsunion falsch konstruiert ist«, sagt auch Steve Barrow von der *Standard Bank*. Dabei hatte der Euro bisher eine unvergleichbare Erfolgsgeschichte verzeichnen können: Das europäische Gemeinschaftsgeld ist inzwischen hinter dem Dollar die zweitwichtigste Reservewährung geworden, und fast 30 Prozent aller Notenbankbestände lauten auf Euro. Gegenüber dem Dollar legte er seit 1999 um ein knappes Drittel zu und konnte sich bisher sogar gegenüber dem Schweizer Franken behaupten. Doch nun ist die Stabilität des Euros ernsthaft gefährdet.

Doch das Szenario eines vollständigen Zusammenbruchs braucht gar nicht einzutreten, auch weniger katastrophal erscheinende Entwicklungen können das Ende einläuten: Wenn beispielsweise nur ein Land aus der Euro-Währungsunion austritt, kann es schnell zum Zerfall des ganzen Systems kommen, weil durch einen Dominoeffekt immer mehr Länder gezwungen sein könnten, den Euro wieder gegen nationale Währungen zu ersetzen. Dies wäre wohl mit hohen Verlusten für den einzelnen Sparer verbunden, weil der Rücktausch ins »alte«

Geld sicherlich Nachteile mit sich bringen wird, das haben Erfahrungen mit zurückliegenden Währungsreformen eindeutig gezeigt.

> *»Die Verschuldungssituation der Währungsunion ist nur so stabil wie ihr schwächstes Glied.«*[724]
> Jörg Krämer, Chefvolkswirt der Commerzbank

Die Gefahr von Währungsreformen ist also nicht von der Hand zu weisen. Wie real das sein kann, zeigt die jüngste Währungsreform, die erst vor ein paar Monaten durchgeführt wurde.

7.6 2009: Währungsreform in Nordkorea

Nordkorea spielt zwar nicht in der europäischen Liga, aber trotzdem ist es interessant, auf diese aktuellste Währungsreform einzugehen, denn die Mechanismen, die dahinterstehen, könnten durchaus auch bei uns ausgelöst werden, sollte es so weit kommen.

Anfang Dezember 2009 begann das kommunistische Nordkorea »völlig überraschend« mit einer Währungsreform. Diese war vorher nicht angekündigt worden, um Geldwäsche auszuschließen. Das sorgte für Unruhe unter den Bürgern des völlig verarmten Landes. Mit der drastischen Maßnahme sollten offiziell die hohe Inflation bekämpft und der Schwarzmarkthandel unterdrückt werden.

Die Regierung wies an, einfach zwei Stellen der Währung »Won« zu streichen, sodass es für 1000 »alte« Won nur noch zehn »neue« Won gab (nach dem amtlichen Wechselkurs entsprach vor der Reform ein Dollar 135 Won). Das alte Geld wurde also im Verhältnis 100 zu eins um- oder ausgetauscht.

Daraufhin wechselten zahlreiche Nordkoreaner in Panik ihre bis dahin versteckten Guthaben auf dem Schwarzmarkt in Fremdwährungen um. Favorisiert wurden dabei Yen und US-Dollar.

Im Vergleich: Vor der Währungsreform kostete ein Kilo Reis auf dem Markt rund 1000 Won, ein Kilo Schweinefleisch bis zu 3500, ein Kilo Äpfel 2000 bis 4000, sechs Eier 1000 Won. Horrende Preise, wenn man bedenkt, dass ein Bewohner Pjöngjangs, abhängig vom ausgeübten Beruf, zwischen 3000 und 5000 Won im Monat verdiente.

Die Geschäfte sowie öffentliche Badehäuser und Restaurants waren nach der Währungsumstellung eine Woche lang geschlossen worden, bis die Regierung in Pjöngjang neue Preise festgesetzt hatte. Der Umtausch von alter in neuer Währung wurde auf 100 000 Won (etwa 50 Euro) pro Person begrenzt, der Rest des Vermögens konnte nur auf der Bank deponiert werden. Dabei ist bis heute unklar, wie viel die Anleger später wieder ausgezahlt bekommen und ob sie erklären müssen, woher das Geld kommt. Das alles sorgte für große Verärgerung bei den Menschen.

Die amtliche chinesische Nachrichtenagentur *Xinhua* zitierte einen Bewohner der nordkoreanischen Stadt Sinuiju: »Ich habe für den Winter zwei Monate wie ein Hund gearbeitet, doch das Geld wurde über Nacht nutzloses Papier.« Andernorts soll es auch wütende Bürger gegeben haben, die das alte Geld verbrannt haben.[725]

Dessen ungeachtet priesen Lautsprecherwagen der Regierung den drastischen Währungsschnitt landesweit als »große sozialistische Reform für Arbeiter und Bauern«[726] an.

Yang Moon Soo, Ökonom von der Universität für Nordkorea-Studien in Seoul, sagte, dass die Währungsreform auch politischen Zwecken diene: Das Regime könne beim Umtausch erkennen, wer Geld versteckt halte. Es werde weniger Bargeld auf den Märkten im Umlauf sein, »und die Bürger werden durch die Regierung stärker kontrolliert«[727]. Die Währungsreform hat fast die gesamten Ersparnisse der Bürger vernichtet.

Nordkorea-Experte Rüdiger Frank von der Universität Wien prophezeite Folgendes: »Die Währungsreform wird sich langfristig als destabilisierend herausstellen, selbst wenn man kurzfristig Unruhen vermeiden kann.«[728]

7.7 2010: Währungsabwertung in Venezuela

Den 9. Januar 2010 werden viele Venezolaner nicht mehr so schnell vergessen: Nach der drastischen Abwertung der Landeswährung Bolivar stürmten sie die Geschäfte, um einem starken Preisanstieg zuvorzukommen, und kauften vor allem Fernseher, Computer und andere Importwaren.

Am Vorabend hatte Venezuelas Präsident Hugo Chavez ein System zweier fester Wechselkurse gegenüber dem Dollar bekannt gegeben, damit verbunden war eine Abwertung des Bolivars in Höhe von 17 bis 50 Prozent.

Bis dahin lag der offizielle Kurs zur US-Währung bei 2,15 Bolivar für einen Dollar. Nach der Abwertung kostete ein Dollar schon 4,6 Bolivar. Nur für einige Importgüter des Grundbedarfs wie Lebensmittel und Medikamente sowie für Industriemaschinen wurde der alte Kurs belassen.

Chavez verteidigte diesen einschneidenden Schritt: Die Abwertung habe das Ziel, die Wirtschaft Venezuelas zu stärken, nicht notwendige Importe zu reduzieren und den Export zu fördern: »Venezolaner werden künftig mehr Produkte konsumieren, die von Venezolanern für Venezolaner hergestellt wurden.«[729]

Doch eine solche drastische Abwertung treibt die Inflation an. Das gab auch Finanzminister Ali Rodríguez zu: »Sicherlich wird die Maßnahme Auswirkungen auf die Preise haben.«[730]

Ein gefährliches Spiel von Chavez, denn schon vor dem Währungseinschnitt lag Venezuela mit einer Geldentwertung von 25 Prozent an der Spitze der Inflationsländer in Lateinamerika. Für 2010 erwartet die Bank HSBC sogar einen Anstieg auf bis zu 34 Prozent.

Aber Chavez verfolgte ein ehrgeiziges Ziel: Er wollte sich mit der Abwertung und dem dualen Wechselkurs mehr Einnahmen aus den Ölexporten verschaffen, die mehr als die Hälfte des Etats finanzieren. Die Einnahmen verdoppelten sich durch die Abwertung.[731] »Doch das wird ihm nicht viel nützen, denn die Bolivars sind bald nichts mehr wert«, setzte Oppositionspolitiker Julio Borges dem entgegen.[732]

Die Venezolaner müssen nun mit drastisch gestiegenen Preisen leben. Zudem reduziert die hohe Inflation ihre Ersparnisse ein zweites Mal.

7.8 Prognose: Wann kommt die nächste Währungsreform in Deutschland?

Wie ich dargelegt habe, sind Währungsreformen in der deutschen Geschichte nicht unbekannt.

Laut dem Wirtschaftswissenschaftler Prof. Dr. Bernd-Thomas Ramb wird der Schuldenstand von etwa 230 Milliarden Euro als kritische Marke verstanden, die eine Währungsreform auslösen kann. Diese ist bereits im Jahre 1995 überschritten worden.[733] Heute sieht es noch sehr viel dramatischer aus. Prof. Ramb resümiert deshalb: »Rein betragsmäßig wären damit die Voraussetzungen für eine neue Währungsreform aus Gründen des Verschuldungsstandes erfüllt.«[734]

Versetzen wir uns einmal in die Lage der Regierung: Die »Notbremse« Währungsreform hat sich in Deutschland schon zweimal »bewährt«, um einen riesigen Schuldenberg einfach loszuwerden, und die Bevölkerung hatte dies ohne Widerstand ertragen.[735] Wieso soll das dann nicht auch noch ein drittes Mal funktionieren?

Prof. Dr. Ramb hat sich mit der Wahrscheinlichkeit einer nächsten Währungsreform in Deutschland befasst und diese aus verschiedenen Parametern wie Bevölkerungsentwicklung, Versorgungslasten, Systemwiderstandskomponente, Schulden usw. errechnet. Er kommt zu folgender Prognose: »Die so errechnete Eintrittswahrscheinlichkeit beginnt im Jahr 2010 mit einem Wert von 25 Prozent. Sie steigt bis 2020 auf 66,5 Prozent und bis 2030 auf knapp 90 Prozent (…) Die größte Steigung zeigt die Eintrittswahrscheinlichkeit zwischen den Jahren 2010 und 2020. In diesem Zeitraum ist mit der größten relativen Wahrscheinlichkeit mit einer Währungsreform zu rechnen.«[736]

7.9 Was Sie von vergangenen Währungsreformen lernen können

Was können Sie also heute von den zurückliegenden Währungsreformen lernen oder vielmehr, wovor sollten Sie sich fürchten?

1. Wir sind der Willkür der Regierung schutzlos ausgeliefert.
2. Reformen können bis kurz vor der Umsetzung geheim gehalten werden aus Angst vor Umtausch in eine Fremdwährung.
3. Das Umstellungsverhältnis zum Bargeld kann bis zehn zu eins betragen.
4. Schulden können hingegen in einem Verhältnis von eins zu eins erhalten bleiben.
5. Sparkonten können zehn zu eins oder mit einer anderen Quote abgewertet werden.
6. Die Verwendung des abgewerteten Geldes auf den Sparkonten kann begrenzt werden, etwa 50 Prozent dürfen beispielsweise gleich abgehoben werden, die anderen werden auf eine bestimmte Zeit »eingefroren«.
7. (Staats-)Anleihen sind nicht mehr viel oder gar nichts mehr wert.

8. Eine Währungsreform geht mit einer mehr oder weniger weitge-
henden Enteignung des Geldvermögens einher.
9. Sachvermögen wird begünstigt.
10. Mit Preissteigerungen ist zu rechnen.
11. Die Höhe des Betrages, der von der alten in die neue Währung
umgetauscht werden soll, kann von der Regierung begrenzt
werden.
12. Der Wert der Lebensversicherungen und Bausparverträge kann
implodieren.
13. Eine Vermögenssonderabgabe, ein »sozialer Lastenausgleich«
auf das gesamte Vermögen, könnte erhoben werden; staatliche
Zwangshypotheken auf der Grundlage eines Lastenausgleichs-
gesetzes könnten folgen (siehe Abschnitt 6.5).

Aus all dem Genannten folgere ich:
a) Eine Währungsreform kann so »plötzlich« kommen, dass man
sich nicht darauf vorbereiten kann.
b) Bargeld oder Sparkonten sind für die Zukunft nicht sicher.
c) Hände weg von Staatsanleihen, denn sie können schnell nichts
mehr wert sein.
d) Sachvermögen und Edelmetalle sind zu bevorzugen.

Die Vergangenheit hat uns also gezeigt, dass sich ein Staat seiner
Schulden immer durch eine Währungsreform entledigte, wenn die
Zahlungsunfähigkeit drohte. Kein Vertreter der Regierung bzw. der
Verantwortlichen nahm dabei je Rücksicht auf den »kleinen Mann«
und seine Ersparnisse. Deshalb würde ich auch nicht von einer »Reform«, sondern von einer »Enteignung« sprechen: Der Staat nimmt
Ihnen das weg, was ihm genau genommen rechtlich nicht zusteht bzw.
was er im Falle eines Falles durch Gesetzesänderungen juristisch zu
bemänteln versucht.

Wie Sie sich auf eine Währungsreform vorbereiten können und
welchen Schutz es vor einer Vermögensentwertung und -enteignung
gibt, beschreibe ich in Kapitel 9.

Die Grundlage für die Zahlungsunfähigkeit eines Landes bildet eine
gigantische Staatsverschuldung – und diese haben wir nicht nur in
Deutschland, sondern in (fast) allen Ländern der Welt vorliegen. Diese
Verschuldung ist so groß, dass sie erst in zwei oder drei Generationen
abgetragen sein würde, sofern ab sofort ein rigoroser Sparkurs zum

Tragen käme. Die Gefahr einer Währungsreform ist also latent vorhanden und kann für Deutschland auf die Jahre 2010 bis 2030 prognostiziert werden.

8. Einblicke und Vorhersagen

Zu Beginn der neuen Dekade ist die ökonomische und finanzpolitische Zukunft der Welt so ungewiss wie selten zuvor. Dessen ungeachtet versuchen Politiker rund um den Globus, ihre Bürger zu beruhigen, verkünden den Aufschwung und erklären das Ende der Rezession. Sie erwecken den Anschein, als hätten sie alles im Griff. Aber die Lage ist viel ernster, als man zuzugeben bereit ist.

In den vergangenen Kapitel habe ich bereits erläutert, was auf die einzelnen Regierungen und auf die Menschen zukommen könnte. Aber schlummern im globalen Finanzsystem noch Gefahren, die wir bis jetzt noch gar nicht erkannt haben?

8.1 Anfang und Ende: die neue US-Immobilienkrise

Es ist verdächtig still geworden um die amerikanischen Hausbesitzer. Doch die Probleme sind keineswegs überwunden, ganz im Gegenteil sogar.

> *»Zwangsvollstreckungen der Banken haben schon heute ein nie da gewesenes Ausmaß erreicht und werden noch weiter zunehmen.«*[737]
> F. William Engdahl, Bestsellerautor

Es droht eine neue Bombe zu platzen, die Bombe der »Neufestsetzung«, so der Autor William Engdahl: »Die hoch angesehene New Yorker Immobilienspezialistin der Deutschen Bank, Karen Weaver, hat kürzlich eine detaillierte Analyse der Zukunftstrends bei amerikanischen Immobilienpleiten, basierend auf den verfügbaren Daten amerikanischer Wohnimmobilien aus den letzten zehn Jahren der Greenspanschen ›Finanzrevolution‹, erstellt. Ihre Folgerungen sind, vorsichtig formuliert, höchst alarmierend. Nach ihrer Erkenntnis ist der Prozess der ›Neufestsetzung‹ (Reset) für die in den vergangenen zehn Jahren gezeichneten amerikanischen Eigenheimhypotheken erst zu einem Drittel abgeschlossen (...). Über diese Dimension der Krise redet derzeit kein Mensch, am wenigsten die Regierung Obama.«[738]

Und die Zeichen für einen neuerlichen Kollaps auf dem US-Immobilienmarkt mehren sich tatsächlich: Immer mehr Kreditnehmer geraten durch unvorhergesehene Ereignisse in Zahlungsverzug, z. B. durch Arbeitslosigkeit, Unterbeschäftigung, Scheidung oder Arbeitsunfähigkeit. Hinzu kommt, dass bei vielen Schuldnern der errechnete Wert ihres Hauses unter den Betrag sinkt, der angesichts der fallenden Immobilienpreise beim Verkauf erzielt werden könnte. Man spricht in diesem Fall von »negativem Eigenkapital« (negative equity). Im Immobilienhändler-Jargon heißt es dann, das Haus ist »unter Wasser«.[739]

Die Gefahr ist groß: Fast 45 Prozent derer, die sich zwischen 2005 und 2007 ein Haus gekauft haben, drohen schon heute in negatives Eigenkapital abzurutschen, bzw. bei ihnen wird die Höhe der Hypothekenschulden bald den Wert des Hauses übersteigen.[740] Die Folge wird sein, dass die Banken mehr Sicherheiten verlangen. Aber woher nehmen? Neue massenhafte Zwangsversteigerungen drohen also. In Chicago und in anderen US-Städten sind jetzt schon ganze Straßenzüge verwaist, weil die Besitzer ihre Häuser nicht mehr bezahlen können.

Karen Weaver von der Deutschen Bank schätzt, dass sich der Anteil der Hypothekenschuldner mit negativem Eigenkapital bis 2011 auf 25 Millionen Haushalte annähernd verdoppeln wird. Und auch nach Angaben der *Credit Suisse* wird der Höhepunkt an »Resets« bei den amerikanischen Hypotheken erst 2011 oder 2012 erreicht, wenn weitere 800 Milliarden Dollar an zusätzlichen Hypothekenschulden nicht mehr bedient werden können, was das Bankensystem und die Hausbesitzer gleichermaßen bedroht.[741]

Doch auch aus dem Bankensektor selbst kommen noch gewaltige Probleme auf Staaten und Regierungen zu.

8.2 Banken: Eine riesige Umschuldungswelle droht

Nach Angaben der Rating-Agentur *Moody's* droht Banken wegen ihrer großen Verbindlichkeiten eine riesige Umschuldungswelle, die alles andere in den Schatten stellen könnte. *Moody's* warnt: Weltweit sind Kreditinstitute so kurzfristig finanziert wie zuletzt vor 30 Jahren, und der Finanzierungsbedarf der Bankenbranche wird in den nächsten Jahren sogar noch drastisch steigen.

Das hat Gründe, denn seit 2004 ist die durchschnittliche Laufzeit neu aufgenommener Bankschulden von 7,2 auf 4,7 Jahre geschrumpft. Das ist der niedrigste Wert, den *Moody's* seit Beginn seiner Datenerhebung im Jahre 1979 je gemessen hat. Durch die kurzfristige Verschuldung wird sich der jetzt schon gigantische Berg fällig werdender Forderungen weiter auftürmen.

Bis zum Jahre 2012 müssen Banken Schulden in Höhe von sieben Billionen Dollar zurückzahlen, bis 2015 sogar 15 Billionen Dollar![742]

Aber wie soll das geschehen? Die Banken müssen den Betrag entweder durch frisches Fremdkapital ersetzen oder ihr Geschäft reduzieren. Egal was sie tun werden, es wird auf jeden Fall schmerzliche Einschnitte geben.

Nicht nur *Moody's* warnt, auch der eher als konservativ geltende Internationale Währungsfonds (IWF) ist tief besorgt über das globale Schuldenprofil der Finanzbranche.

»Banken stehen in den nächsten zwei Jahren einer ›Fälligkeits-Mauer‹ gegenüber, die ein beträchtliches Umschuldungsrisiko darstellt.«[743]
Aus dem Finanzstabilitätsbericht des IWF

Die Alarmglocken müssen also auch hier läuten:
- Banken drohen beim Beginn der Umschuldung deutlich höhere Kosten, weil die Aufsichtsbehörden von ihnen eine längerfristige Verschuldung fordern werden. Langfristige Kredite sind jedoch teurer als kurzfristige Darlehen. Wenn die Leitzinsen der Notenbanken darüber hinaus wieder anziehen, wird die Umschuldung noch teurer. Die Kosten der Banken werden also steigen.
- Für Privat- oder Firmenkunden könnte aber genau das ein Problem werden, denn entweder verteuern sich die Kredite, oder die Vergabe wird noch weiter eingeschränkt. Die Folgen: weniger Innovationen, mehr Firmenpleiten, höhere Arbeitslosigkeit.

Besonders betroffen sind amerikanische und britische Banken. Bei US-Kreditinstituten sank die durchschnittliche Laufzeit von 7,8 auf 3,2 Jahre, bei den britischen von 8,2 auf 4,3 Jahre. Banken in Deutschland, Österreich oder Japan konnten hingegen die Laufzeit ihrer Schulden auf über fünf Jahren halten.

Moody's hat drei Ursachen für diesen gefährlichen Trend analysiert:

1. Viele Banken kamen in der Krise nur an kurzfristige Finanzmittel heran, weil die meisten staatlichen Bürgschaftsprogramme zunächst eine Laufzeit von höchstens drei oder vier Jahren hatten.
2. Die Banken bekamen die Kredite auch von der Europäischen Zentralbank (EZB). Diese verleiht ihre Mittel aber nur für maximal ein Jahr, und auch andere Investoren waren nicht bereit, den Instituten für längere Zeit Geld zu geben.
3. Die Banken hatten sich schon vor der Finanzkrise kurzfristiger verschuldet, als es bis dahin der Fall gewesen war, weil sie darauf vertrauten, dass sie sich wieder leicht refinanzieren können.[744]

Interessanterweise scheinen die »Highlevel-Banker« aus ihren desaströsen Fehlern nichts gelernt zu haben. Im Epizentrum der globalen Finanzwelt, an der Wall Street, experimentieren Finanzexperten à la Doktor Frankenstein schon wieder an neuen »Finanzgeschöpfen«, so als wäre nichts geschehen.

8.3 »Re-Remic«: Das Wall-Street-Ungeheuer kehrt zurück

Toxische Papiere haben die Weltwirtschaftskrise ausgelöst. Nun stellen US-Banken verbriefte Anleihen neu zusammen und verkaufen sie weiter – wieder mit Risiko. Das könnte das Finanzsystem erneut destabilisieren.

Blicken wir zunächst zurück in das Jahr 2007: Die komplexe Verpackung von Krediten in Anleihen und das Platzen der Immobilienblase in den USA lösten die aktuelle Weltwirtschaftskrise aus. Viele Besitzer strukturierter Produkte wussten plötzlich nicht mehr, was diese wert waren. Massive Abschreibungen waren die Folge, und das globale Finanzsystem stand vor dem Zusammenbruch.

Erinnern wir uns nun an das Jahr 2008: Banker versprachen den Politikern kleinlaut, zu einfachen und leichter verständlichen Anleihen zurückzukehren, um einen derartigen Finanzkollaps künftig zu verhindern.

Doch seit Ende 2009 scheint das alles vergessen zu sein: Die US-Finanzbranche verpackt komplizierte Anleihenprodukte neu. Das Zauberwort heißt »Re-Remic«: Toxische Kreditpapiere werden aufgespalten und neu zusammengesetzt. Der größte Teil dieses neuen »Wall-Street-Ungeheuers« besitzt danach ein besseres Bonitäts-Rating als zuvor.

Von den Aufsichtsbehörden weitgehend unkontrolliert wurden so, Schätzungen zufolge, herabgestufte Hypothekenanleihen (RMBS) im Volumen von 30 bis 90 Milliarden US-Dollar neu strukturiert und auf die Menschheit losgelassen. Der Umfang des gesamten Resecuritization-Marktes wird auf etwa 660 Milliarden Dollar geschätzt.[745] Eine genaue Zahl ist nicht zu ermitteln, da der Markt unreguliert ist.

> »Das sind Produkte, die komplexer und noch undurchsichtiger sind als ihre Vorgänger.«[746]
> Dennis Kucinich, Mitglied des Finanzreformausschusses in Washington

»Re-Remic« funktioniert folgendermaßen:
- Eine mit Hypotheken gedeckte Anleihe wird im Rating von »AAA« auf »BB« herabgestuft, weil sich die Qualität der Baufinanzierungen verschlechtert hat.
- Die Bonitätsherabstufung entwertet das Papier auf einen Schlag, und der Besitzer steht vor Abschreibungen. Aus dem bisher »gesunden« Wertpapier ist plötzlich ein »toxisches« geworden. Dabei müsste man es eigentlich belassen, denn Risiko ist Risiko.

Und nun greift das »Wall-Street-Ungeheuer« ein:
- Um die »AAA«-Bonität wenigstens für einen Teil der Anleihe zu erhalten, wird das Papier einfach aufgespalten und wieder zu einem neuen Papier mit zwei separaten Tranchen zusammengebaut.
- Die große »Senior-Tranche« erhält wieder ein »AAA«-Rating, obwohl sich die Qualität der darin enthaltenen Kredite nicht verändert hat.

322

- Die kleinere »Junior-Tranche« bekommt ein schlechteres Rating.
- Das Top-Rating der »Senior-Tranche« wird so gerechtfertigt: Etwaige künftige Wertverluste der unterliegenden Kredite gehen zunächst zulasten der »Junior-Tranche«.
- Die Besitzer der »AAA«-Tranche sind also so lange gegen Verluste geschützt, bis die Ausfälle bei den zugrunde liegenden Krediten die »Junior-Tranche« vollständig aufgezehrt haben.

Doch damit ist das »Kasino-Spiel« noch lange nicht vorbei:
- Der Besitzer der Ursprungsanleihe muss wegen der so umgangenen Herabstufung geringere Abschreibungen vornehmen.
- Häufig verkaufen sie die schlechtere »Junior-Tranche« mit einem Rabatt einfach weiter, was immer noch günstiger ist, als die herabgestufte Ursprungsanleihe komplett wertberichtigen zu müssen.
- Käufer für diese toxischen Tranchen gibt es genug. Vor allem Hedge-Fonds kaufen sie in der Hoffnung auf eine Erholung der Konjunktur auf.

Politiker fürchten, dass diese Kreditkosmetik das Finanzsystem erneut destabilisieren könnte, und der IWF warnte, dass die Re-Remics das Risiko eines Wertverlustes in sich tragen, wenn sich die Konjunktur verschlechtert.[747]

Aber das ist dem »Wall-Street-Ungeheuer« egal. Denn gerade in Zeiten niedriger Zinsen fühlt es sich wohl, weil es sich von der ungebrochenen Gier der Menschen nach hoher Rendite nährt.

8.4 Im Schatten des Ungeheuers

Im Schatten des Ungeheuers treibt die verzweifelte Suche nach Rendite Anleger erneut dazu, hohe Risiken einzugehen. Gewinner sind die Banken. So verwundert es nicht, dass die Wall Street 2009 eines der besten Jahre ihrer Geschichte feierte.

In Zeiten hoher Renditen bevorzugen die Sparer eher konservative Anlagen, während sie bei Niedrigzinsen mehr riskieren. Schon seit längerer Zeit liegen die Leitzinsen weltweit fast bei null. Aber wer will schon sein Geld für 0,5 oder 1,5 Prozent Jahreszins bei einer Inflation von etwa zwei Prozent anlegen? Das wäre aktive Geldvernichtung. Für viele Anleger sind sichere Produkte mit einer derart niedrigen Verzinsung deshalb uninteressant geworden. So investieren sie wieder in alle möglichen Geldanlagen, die schnelle und hohe Rendite versprechen. Sogar der normale Sparer geht Wagnisse ein, die seinem Naturell normalerweise nicht entsprechen.

> Die Gier nach immer höherer Rendite macht vor Alter, Beruf und Portemonnaie nicht halt.

Mit ihrer Politik der niedrigen Zinsen ermutigen die Notenbanken die Anleger dazu, höhere Risiken einzugehen: Schon verzeichnen Geldmarktfonds einen hohen Abgang von Kapital, während manche Aktienfonds wieder einen Aufschwung erfahren – und damit auch die Risiken, die damit verbunden sind.

Gewinner sind (wieder einmal) die Banken: Sie verdienen sich eine goldene Nase an den niedrigen Leitzinsen, während die Sparer und Anleger mit einem Butterbrot abgespeist werden. Die Geldinstitute leihen sich Geld quasi zum Nulltarif und kassieren an den Märkten Milliardengewinne. Aber auch die Regierungen sind an niedrigen Zinsen interessiert, denn so können sie ihre katastrophalen Staatsdefizite günstig finanzieren.

8.5 IWF warnt: Die Krise ist noch nicht vorbei

Entgegen der politischen Schönfärberei warnte der Internationale Währungsfonds (IWF) davor, die ökonomischen Erholungssignale zu überschätzen.

In einem Papier an die G-20-Staaten stellte er fest, dass die Wiederbelebung ungleich ausfällt, nicht selbsttragend ist und vor allem die entwickelten Volkswirtschaften von diesen Instabilitäten betroffen sind. »Die Bedingungen auf den Finanzmärkten haben sich verbessert«, heißt es zwar in diesem Bericht, aber »sie sind noch immer weit von der Normalität entfernt«.[748]

Die Weltwirtschaft wird träge bleiben, so die Analysten des Fonds. Die Hauptaufgabe wird deshalb darin bestehen, den Schwung aus den staatlichen Konjunkturprogrammen zu erhalten.

Als problematisch sieht der IWF das immer noch schwache

Verbrauchervertrauen und das Auslaufen von besonderen Stimulierungsmaßnahmen an. All das zeigt, wie sehr die Nachfrage noch von staatlichen Programmen abhängig ist.

Weitere Schwierigkeiten sind:
- Der private Verbrauch wird durch Kreditinstitute blockiert.
- Die Menschen versuchen, ihr privates Budget in die Balance zu bekommen.
- Steigende Arbeitslosigkeit veranlasst die Bürger zu vorsichtigem Konsum.

Als Lösungen schlug der IWF einen vorsichtigen Ausstieg aus den staatlichen Programmen vor, die Senkung der öffentlichen Verschuldung innerhalb eines definierten Zeitrahmens und eine von der Lage der jeweiligen Volkswirtschaft abhängige Entnahme des Geldes aus dem Wirtschaftskreislauf.

Nicht einig waren sich die Experten über den Nutzen einer Politik niedriger Zinsen. Während die einen den Zinssatz von einem Prozent als »Risiko« einstuften, verteidigten die anderen diese Maßnahme als sinnvoll in »außerordentlichen« Zeiten.[749]

IWF-Chef Dominique Strauss-Kahn erklärte Ende November 2009, dass die »Dunkelziffer« der Verluste, die noch in den Bankbilanzen »versteckt« seien, seinen Schätzungen nach rund 50 Prozent betragen würde. Er kritisierte zudem die hohen volkswirtschaftlichen Kosten der Krise:»Wir werden kein zweites Mal erleben, dass Hunderte Milliarden in den Finanzsektor gepumpt werden.« Die öffentliche Meinung werde das nicht hinnehmen.[750]

8.6 Risikofaktoren, die bleiben

Die schlimmsten Risikofaktoren der Weltschuldenkrise bleiben auch weiterhin bestehen:
- Weltweit beträgt das Volumen der Staatsanleihen 49 500 Milliarden US-Dollar; in nur zwei Jahren ist es um 45 Prozent angestiegen. Experten sind sich deshalb einig: Staatsanleihen sind heute eine Anlageblase, die jederzeit explodieren kann.[751]
- De facto zahlungsunfähige Staaten (wie z. B. die USA oder Großbritannien) können so lange so weitermachen, wie sie Kredite erhalten.

– Bankrotte Unternehmen können mit staatlich sanktionierten Kurzarbeiterprogrammen weiterhin am Markt bestehen, weil die Regierungen die Arbeitslosigkeit niedrig halten wollen.
– Die Bilanzregeln für insolvente Banken werden so geändert, dass sie die Wertberichtigungen ihrer faulen Kredite als Gewinn verbuchen können und dadurch ihr Zusammenbruch verzögert wird.
– Arbeitslosenstatistiken werden geschönt.

> *»Im Jahre 2012 müssen die Deutschen rund die Hälfte ihrer Lohnsteuer für Zinszahlungen an die Banken überweisen.«*[752]
> Aus der Haushaltsprojektion des Bundesfinanzministeriums

Als Folge wird in den westlichen Staaten das Wohlstandsniveau massiv sinken. Mit anderen Worten: Der Sozialstaat ist in Gefahr. Auch die OECD lässt keinen Zweifel daran, dass die westlichen Staaten ihre Finanzen nur dann wieder in den Griff bekommen werden, wenn sie ihre Ausgaben massiv beschneiden.[753] Im Klartext: Einsparungen in Bildung, Gesundheit und Soziales sowie gleichzeitig massive Steuererhöhungen sind unausweichlich.[754]

> *»Die Umschichtung von Schulden von den Banken auf die Staatshaushalte führt nicht zu einer Erholung der Wirtschaft, sondern zu einer Umschichtung von Wohlstand der Bevölkerung zu den Banken. Die ersten Auswirkungen dieser Wohlstandsumverteilung werden jetzt sichtbar. Sie werden sich in den nächsten Jahren dramatisch verschärfen.«*[755]
> www.westgold.de

8.7 Expertenmeinungen

Hochrangige Ökonomen, Historiker, Analysten und Politikwissenschaftler sehen die kommende Dekade sehr kritisch. Natürlich können sie auch nur prognostizieren, aber ihre Vorhersagen und Einblicke könnten Sparer vor großen Vermögensschäden bewahren und Anhaltspunkte für die künftige Geldanlagen liefern. Hier einige Stimmen (Hervorhebungen durch d. Verf.):

– *Joseph Stiglitz, Wirtschaftsnobelpreisträger 2001*: »Es sollten vor allem jene Banken Geld von der Regierung bekommen, die es tatsächlich verleihen. Im Gegenzug müssen diese Institute verstaatlicht werden. Dann kann die Regierung jene Geschäftsfelder schließen, die mit der Kreditvergabe nichts zu tun haben, und in den übrigen festlegen, dass die Banken keine esoterischen Wertpapier-Wetten mehr veranstalten, die sie selber nicht verstehen.«[756]

– *Kenneth Rogoff, Ex-Chefökonom des IWF*: »Der Eifer der Amerikaner nach weiteren globalen Konjunkturprogrammen ist dagegen unnütz und unerfreulich. Sie sind nicht in der Position, jemanden in seiner Makropolitik bevormunden zu können.«[757]

– *Paul de Grauwe, Währungsökonom, Leuven*: »**Langfristig ist die Europäische Währungsunion in Gefahr,** weil der gemeinsamen Geldpolitik keine einheitliche Fiskalpolitik gegenübersteht. Insbesondere die USA werden eine **Inflation** erleben, da sich Washington auf diese Weise seiner Schulden entledigen will.«[758]

– *Barry Eichengreen, Nationalökonom, Berkeley*: »Für den Dollar ist die Frage, ob Washington sein Budgetdefizit in den Griff bekommt oder der Versuchung erliegt, die **Schulden wegzuinflationieren** (…) Es ist wahrscheinlich, dass wir uns auf eine Welt mit mehreren Reservewährungen zubewegen: Kurzfristig wird der Euro, langfristig der Yuan an Bedeutung gewinnen.«[759]

– *Clemens Fuest, Finanzwissenschaftler, Oxford*: »In der neuen Dekade ist eine weitere Verschiebung der Machtpole gen Osten zu erwarten. Das wirtschaftliche Gewicht Chinas und Indiens wird im Vergleich zu Europa und den USA zunehmen (…) **Der Dollar wird** seinen Status als Reservewährung behalten, **seine Dominanz aber langsam verlieren.**«[760]

– *Werner Abelshauser, Wirtschaftshistoriker, Bielefeld*: »Wenn wir Glück haben, bleibt die Inflation im einstelligen Bereich.«[761]

– *Michael Burda Wirtschaftswissenschaftler, Berlin*: »Der **Dollar muss an Wert verlieren** (…). Ich warne seit Jahren davor, dass sich der Euro-Raum am Rande auflösen könnte. Staaten wie Griechenland, Italien und zum Teil Portugal und Spanien müssen lernen, sich das Recht auf Mitgliedschaft ständig neu zu verdienen (…). Die **Wahrscheinlichkeit von Staatsinsolvenzen steigt**, abgesehen von den USA mache ich mir wenig Sorgen.«[762]

– *Ian Bremmer, Gründer der* Eurasia Group, *New York*: »Auch ein schwacher Greenback kann Leitwährung sein, wie die vergangenen 60 Jahre zeigen. Frei nach Churchill lässt sich sagen: Der **Dollar ist eine schlechte Währung**, aber alle anderen sind noch schlechter. **Der Bankrott eines Industriestaats wird wahrscheinlicher.** Inzwischen ist selbst eine Insolvenz Japans nicht mehr ausgeschlossen. **Schwächere europäische Länder könnten ebenfalls auf der Kippe stehen.** Für die Deutschen stellt sich die Frage, wie lange sie für die europäische Idee unsolide haushaltende Nachbarn alimentieren wollen.«[763]

– *Harold James, Wirtschaftshistoriker, Princeton*: »**Staatsbankrotte werden kommen.**«[764]

– *Robert J. Samuelson, Wirtschaftskolummnist des Nachrichtenmagazins* Newsweek: »Könnte **Amerika pleitegehen**? Es ist erstmals in der US-Geschichte vorstellbar, dass einer der beiden Grundpfeiler der Finanzpolitik – dass Gläubiger weiter US-Schuldtitel kaufen und die US-Regierung weiter dafür zahlt – zusammenbricht.«[765]

– *Thomas Mayer, Chefvolkswirt der Deutschen Bank, Frankfurt*: »Griechenland und Dubai waren nur der Weckruf – das System bricht schließlich nie an der dicksten Stelle zuerst (…). **Das Risiko unmittelbarer Zahlungsunfähigkeit** ist allerdings vor allem in Ländern von Bedeutung, die keine Hoheit über die eigene Währung haben – beispielsweise Griechenland oder Irland.«[766]

– *Peter Bofinger, der seit 2004 dem Gremium der »Fünf Wirtschaftsweisen« angehört*: In den USA »sehe ich ein **gewisses inflationäres Risiko**, ein Anstieg auf fünf bis zehn Prozent ist nicht auszuschließen«[767].

– *Michael Diekmann, Vorstandsvorsitzender der Allianz-Versicherung*: »Wir finanzieren gerade die **nächste Finanzblase**. Am Markt ist sehr viel billiges Geld vorhanden, das die Investoren dazu verleitet, hohe Risiken einzugehen.«[768]

– *Jens Franck, leitender Rentenfondsmanager bei Deka Invest*: »Die ausufernde **Staatsverschuldung ist ein kritisches Thema** für die Märkte.«[769]

– *Thorsten Polleit, Honorarprofessor an der* Frankfurt School of Finance & Management: »Die **Inflation wird in den kommenden Jahren steigen**, möglicherweise erheblich, nicht nur im Euro-Raum, sondern weltweit (…). Die Finanzkrise ist Ergebnis des

staatlichen Systems, in dem Geld durch Kredit produziert wird. Im Laufe der Zeit erwachsen daraus enorme Schuldenberge. Zeichnet sich eine Überschuldungssituation ab, kann politisch schnell das Anwerfen der Notenpresse zum **Weginflationieren der Schulden** als das kleinste Übel angesehen werden (…). Irgendwann ist der Punkt erreicht, an dem die Geldproduktion durch Kredit überfordert ist, weil Anleger dem System nicht mehr vertrauen.«[770]
– *Dirk Notheis, Deutschland-Chef von* Morgan Stanley: »Ohne Zweifel besteht die **Gefahr**, dass wir von einer Finanzmarkt- in eine **Staatsblase hineinschlittern.** Viele Staaten sind am Rande dessen, was überhaupt noch leistbar ist (…). Wenn kein Anleger mehr bestimmte Staatsanleihen kauft, haben die betroffenen Länder und am Ende die Weltgemeinschaft ein Problem.«[771]
– *Joachim Fels, Ökonom für die Investmentbank* Morgan Stanley: »**Staatsverschuldung ist das nächste große Thema** an den Märkten. Griechenland war nur ein Vorgeschmack für das, was auf andere Länder zukommen wird (…). Die Finanzmärkte werden 2010 das Thema **Staatsbankrott und damit das Thema Inflation** spielen. Sie haben Angst, dass die Regierungen die **Notenpressen anwerfen, um die Verschuldung zu reduzieren.**«[772]

So weit also die Prognosen einiger Experten. Die »Essenz« daraus beschränkt sich auf wenige, aber fundamentale Punkte:
– Die ausufernden Staatsschulden sind das Thema der nächsten Jahre.
– Die Wahrscheinlichkeit, dass Staaten ihre horrenden Schulden einfach »weginflationieren«, steigt.
– Die Gefahr, dass die Europäische Währungsunion auseinanderfällt, ist gegeben.
– Das Ende des Dollars als Leitwährung wird früher oder später kommen.
– Es wird Staatsbankrotte geben.
– Die nächste Finanzblase wird platzen.

8.8 Ein Muss: Regeln für den Kapitalmarkt

Die Regierungen können sich nicht auf strengere Regeln für die Finanzbranche einigen, und die Notenbanken wissen nicht, wie sie die Geldmenge wieder in den Griff bekommen sollen. Dennoch scheint ein Eingriff in das freie Spiel der (Finanz-)Märkte unabdingbar, ja sogar dringend notwendig. Robert M. Solow, der Wirtschaftsnobelpreisträger von 1987, sieht eine Lösung der Krise nur darin, eine »weltweit einheitliche Finanzpolitik« zu gestalten, »ohne Ausnahme und Trittbrettfahrer«[773].

> »*Verschwende nie eine Krise; sie gibt uns die Gelegenheit, große Dinge zu tun.*«
> Rahm Emanuel, Stabschef von US-Präsident Barack Obama

Es geht vor allem darum, dass die internationale Gemeinschaft bestimmte Eckpunkte aufstellt, die da sind:
- bessere Kontrollen für Hedge-Fonds und Derivate;
- Aufsichtsratsgremien, die sich auch durchsetzen können;
- mehr Sicherheiten gegen Kreditausfälle und Kursschwankungen;
- Sicherstellung des Geldflusses auch in Krisenzeiten;
- unabhängige Rating-Agenturen;
- Der Handel mit sogenannten »Credit-Default-Swaps« (CDS), die als eine Art Versicherungspolice für Kreditrisiken fungieren, sollte verboten werden, denn allzu oft nutzen Investoren sie zur Spekulation;
- Die Mindestkapitalvorschriften für Banken sollten verschärft werden, damit den Kreditinstituten in Krisenzeiten mehr Eigenkapital zur Verfügung steht;
- Den Banken sollte untersagt sein, mit geringen Eigenmitteln horrend große Summen aufzunehmen und diese dann auf riskante Finanzprodukten zu »wetten«;
- Das Umverpacken, Zerlegen und Weiterverkaufen von Immobilienkrediten sollte stärker kontrolliert und darüber hinaus dokumentiert werden.

Ein wirtschaftlicher Aufschwung ist nur dann realistisch, wenn das internationale Währungssystem so reformiert wird, dass Regierungen und Zentralbanken keine Möglichkeit mehr haben, die Geld- und Kreditbasis nach Belieben auszudehnen. Zusätzliche Sicherheit würden folgende Maßnahme versprechen:

– Die Wiederbelebung des Goldstandards. Begründung: Jedes installierte »Fiat-Geldsystem« ist bisher gescheitert – und zwar immer dann, wenn Geld nicht durch einen Rohstoff gedeckt oder gegen ihn tauschbar war und sein Wert durch die Regierungen bestimmt wurde.[774]

– Eine Golddeckung würde wieder dafür sorgen, dass Währungen nicht mehr aufgebläht werden können.

Doch anstatt eine dringend notwendige, international verbindliche Lösung für den Finanzsektor zu finden, zerstreiten sich die Regierungen in kleinlichen Detailfragen.

»Die Politik ist zu einem gewissen Grad auch ratlos.«[775]
Peer Steinbrück, ehemaliger Finanzminister

9. Wie Sie sich vor einer Währungsreform schützen können

»Viele, insbesondere Ältere, werden im Vertrauen auf die eigene Lebenserfahrung (…) die Vermögensverluste durch die Währungsreform mindern können und besser verkraften als der Teil der Bevölkerung, der sich blind den Regierungen anvertraut und den Kopf vor den offensichtlichen Zukunftsgefahren in den Sand steckt.«[776]
Prof. Dr. Bernd-Thomas Ramb

Immer weniger Menschen vertrauen dem Papiergeld und dem maroden Finanzsystem des »Fiat Money«. Das hat triftige und reale Gründe: Die Unruhen in der Weltpolitik verschärfen sich, die Rohstoffknappheit nimmt zu, der Crash an den internationalen Börsen, die Wirtschafts- und Bankenkrise, Rekordneuverschuldungen, Pleiten, Rettungspakete, die inflationäre Geldpolitik der Notenbanken und immer mehr Staaten, die vor dem Bankrott stehen.

In diesem Buch haben wir viel von Staatsbankrotten, Schulden, Länderrisiken und Währungsreformen gehört. Viele anerkannte Experten halten diese Szenarien durchaus für möglich. Wann das eine oder andere eintritt, kann niemand vorhersagen.

Ich bin auch kein Prophet, aber Fakt ist, dass es seit 1948 (innerhalb von nur 60 Jahren) drei Währungsreformen in Deutschland gegeben hat:
- 1948 von der Reichsmark zur D-Mark,
- 1990 (jedenfalls für Ost-Deutschland) von der DDR-Mark zur D-Mark und
- 2001 von der D-Mark zum Euro.

Ich sehe das sehr realistisch: Wenn es den hoch verschuldeten Staaten in der europäischen Wirtschafts- und Währungsunion (WWU) nicht gelingt, ihre Haushalte zu konsolidieren, wird das eine oder andere Land aus dem Verbund ausscheren. Sie werden wieder zu ihrer eigenen Währung zurückkehren, diese dann abwerten und dadurch ihre Schuldenlast verringern.[777]

Was könnte das für Deutschland bedeuten?

Je mehr Länder die WWU verlassen, umso instabiler und »weicher« wird die europäische Währung werden. Deshalb halte ich es für durchaus denkbar, dass auch die Bundesrepublik innerhalb der nächsten zehn bis 20 Jahre den Euro wieder durch die (immer noch »heiß geliebte«) D-Mark ersetzen wird.

Diese Währungsreform wird meiner Ansicht nach kommen, früher oder später.

Doch wie können Sie sich schon jetzt vor den Folgen dieses Währungswechsels schützen? Was können Sie tun, damit Ihr Geldvermögen nicht bis auf einen Bruchteil entwertet wird und Sie de facto vor dem Nichts stehen, obwohl Sie ein Leben lang gespart haben?

Es gibt verschiedene Instrumentarien, die Sie kennen sollten, um einem finanziellen Totalschaden vorzubeugen. Dazu später mehr. Zunächst will ich auf das Thema Nummer eins der Vorsorge gegen Inflation, Währungsreform und Staatsbankrott eingehen, die Edelmetalle.

9.1 Edelmetalle

Seit Jahrtausenden sind Gold und Silber die wertstabilsten Edelmetalle. Sie galten und gelten bis heute als Zahlungs- und Wertaufbewahrungsmittel und genießen hohe Anerkennung. Menschen verschiedenster Kulturen und aller Epochen haben ihnen vertraut. Das ist in Zeiten der Wirtschafts- und Finanzkrise nicht anders und wird sich so schnell auch nicht ändern.

Als die Papierwährungen in der Vergangenheit ihren Wert verloren, blieben Gold und Silber stabil. Gold ist als Zahlungsmittel zudem auf der ganzen Welt anerkannt, was man vom »wertlosen« Papiergeld nicht gerade behaupten kann.

Gott sei Dank gibt es auch keine Notenbanken, die Gold oder Silber einfach so »nachdrucken« können.

9.1.1 GOLD – HINTERGRÜNDE

Auch während der Krisen der Vergangenheit war die Nachfrage nach Gold schon sehr groß. Zwar schwankte der Goldpreis im Laufe der Geschichte ganz erheblich, doch seit mehr als 5000 Jahren wird es weltweit als Zahlungsmittel akzeptiert, eine Tatsache, die in den Köpfen bleibt.

Viele konservative Sparer sehen Gold nicht nur als Wertanlage, sondern auch als eine Art »Versicherung« für die Zeiten nach dem Crash an. Bei den meisten anderen Versicherungen verliert man sein Geld, bei Gold jedoch nicht.

Manche Kritiker und Aktienfreunde sagen: »Gold wirft keine Zinsen ab« und lehnen es deshalb aus Renditegründen ab. Aber dass Gold keine Zinsen abwirft, ist ja gerade das beste Argument für das Edelmetall, denn dann ist es steuerfrei.[778] Und auch im Vergleich zu den Aktien braucht sich Gold (nicht mehr) zu verstecken, jedenfalls, was den Verlauf der zurückliegenden zehn Jahre anbelangt:

Vergleich zwischen Aktien und Gold in den Jahren 2000 und 2009

Gold: +281   DAX: −14%[779]

Laut dem Bundesverband deutscher Banken war Gold im Jahre 2009 die rentabelste Form der Geldanlage. Anleger, die 2009 am ersten Handelstag einstiegen, konnten ihr Vermögen bis Anfang 2010 um mehr als 23 Prozent steigern.[780]

Gold ist nicht nur ein Edelmetall, Gold ist viel mehr: ein letzter »Rettungsanker« im stürmischen Meer der ungezügelten Finanzspekulationen.

Gold (aber auch Silber) ist ein endlicher Rohstoff, den man nicht beliebig vermehren kann. Die Länder, die selbst Gold abbauen, sind deshalb gegenüber den anderen im Vorteil.

Die fünf größten Goldproduzenten der Welt:

1. China	Fördermenge:	292 t
2. USA		235 t
3. Südafrika		233 t
4. Australien		215 t
5. Russland		169 t

Zwölf Länder fördern zwei Drittel des weltweiten Goldaufkommens. Seit dem Jahre 2007 hat China Südafrika als größten Goldproduzenten abgelöst.

Die Reinheitsgrade von Gold werden in Karat angegeben:
- 24 Karat = reines Gold
- 22 Karat = 916,6er-Gold (916,6 Anteile Gold/83,4 Anteile andere Metalle)
- 21 Karat = 900er-Gold (900 Anteile Gold/100 Anteile andere Metalle)
- 18 Karat = 750er-Gold (750 Anteile Gold/250 Anteile andere Metalle)
- 14 Karat = 585er-Gold (585 Anteile Gold/415 Anteile andere Metalle)
- 9 Karat = 375er-Gold (375 Anteile Gold/625 Anteile andere Metalle)
- 8 Karat = 333er-Gold (333 Anteile Gold/667 Anteile andere Metalle)

Gold als Währung

Im Jahre 1717 wurde der Goldpreis zum ersten Mal festgelegt, und zwar von keinem Geringeren als dem berühmten Physiker und Astronomen Isaac Newton, der damals noch als Vorsteher des Münzamtes in Großbritannien fungierte.

1971 avancierte Gold zu einer frei handelbaren Währung, da es nicht mehr an den Dollar gebunden war und die US-amerikanische Regierung den Goldpreis deregulierte (siehe Abschnitt 2.2). Seither wird die Welt einerseits mit »Fiat Money« überschwemmt, während andererseits der Goldpreis trotz zahlreicher Manipulationsversuche ständig zulegt. Im Jahre 1973 lag der Preis einer Feinunze (rund 31,1 Gramm) beispielsweise noch bei rund 80 US-Dollar[781], gegenwärtig hat er ein (Rekord-)Niveau von etwa 1150 US-Dollar erreicht.

Nouriel Roubini, der als Professor an der *Stern School of Business* in New York lehrt, erklärt, warum es gerade gegenwärtig zu einem wahren Goldboom kommt: »Der Goldpreis steigt nur in zwei Situationen steil an: Wenn die Inflation hoch ist und weiter ansteigt, wird Gold zur Absicherung gegen die Inflation genutzt. Wenn das Risiko einer Beinahe-Depression besteht und die Investoren um die Sicherheit ihrer Bankeinlagen bangen, wird Gold zu einem sicheren Hafen.«[782]

Prof. Roubini nennt verschiedene Gründe für diese Entwicklung:
- Monetisierte Haushaltsdefizite steigern die Besorgnis in Hinblick auf eine mittelfristige Inflation.
- Eine massive Liquiditätswelle jagt hinter den Vermögenswerten her, wodurch die Inflation weiter angeheizt werden könnte.
- Dollar-Carry-Trades (Zinsdifferenzgeschäfte am Währungsmarkt) drücken den Dollar in den Keller: je niedriger der Dollar, desto höher der Dollar-Preis für Öl, Energie und andere Rohstoffe – einschließlich Gold.
- Das weltweite Goldangebot ist begrenzt, und die Nachfrage steigt schneller, als sie befriedigt werden kann.
- Investoren nutzen Gold zur Absicherung verbleibender Risiken.[783]

Gold wird nicht nur in Form von Münzen oder Barren für die private Geldanlage genutzt. Das Spektrum der Anwendungen stellt sich wie folgt dar:

1. Schmuck	(51%)	79 000 Tonnen
2. Zentralbanken	(18%)	28 600 Tonnen
3. Privatbesitz	(16%)	25 000 Tonnen
4. Kunst	(12%)	18 000 Tonnen
5. Industrie	(3%)	4658 Tonnen

Die meisten Länder haben Goldreserven in ihren Tresoren. Diese nationalen Goldbestände stehen meistens im Verantwortungsbereich einer Zentralbank oder des Finanzministeriums.

Goldreserven der nationalen Notenbanken in Tonnen:

1. USA	8134
2. Deutschland	3408
3. Italien	2452
4. Frankreich	2445
5. China	1054
6. Schweiz	1040[784]

Als es den Goldstandard (siehe Abschnitt 2.2) noch gab, bestand der Zweck dieser Goldreserven hauptsächlich in der Deckung von Währungen. Heute wird Gold vorwiegend als Reserve für Krisenzeiten aufbewahrt: Durch den Verkauf des begehrten Edelmetalls kann sich ein Staat gegen unerwartete Ereignisse absichern oder einem Staats-bankrott entgegentreten.

Die deutschen Goldreserven lagern jedoch nicht in Deutschland, sondern in Tresoren der *Federal Reserve Bank of New York*, bei der *Bank of England* in London und der *Banque de France* in Paris.[785]

Dieser Umstand führt immer wieder zu den wildesten Spekulationen. Etwa, dass Deutschland nicht frei über das Gold verfügen könne oder die Reserven sich gar nicht mehr in den Tresoren befinden würden. All diese Gerüchte wies die Deutsche Bundesbank zurück. Schon im Jahre 2004 erklärte Hans-Helmut Kotz, Mitglied des Vorstands der Deutschen Bundesbank: »Das Thema Gold ist mythisch überfrachtet. Das begünstigt offenbar das Entstehen gänzlich unplausibler Theorien.«[786]

Die offizielle Version, warum deutsches Gold nicht auf deutschem Boden lagert, lautet wie folgt: In den 1950er- und 1960er-Jahren waren der Bundesbank aufgrund deutscher Exportüberschüsse die Goldreserven von anderen Nationen übertragen worden. Wegen der hohen Transportkosten einerseits und enormen Baukosten neuer Tresore andererseits lehnt(e) es die Bundesbank jedoch bis heute aus »betriebswirtschaftlichen Gründen« ab, die Goldbarren nach Deutschland zu schaffen.[787]

Lässt man alle »Verschwörungstheorien« außer Acht, erscheint es dennoch seltsam, dass ein souveräner Staat seine gesamten Goldreserven in anderen Ländern lagert. Was geschieht mit unserem Gold, wenn diese Staaten eines Tages den Zugriff verweigern?

Goldreserven pro Kopf in Gramm:

1.	Schweiz	135,06
2.	Deutschland	41,57
3.	Italien	41,00
4.	Frankreich	38,80
5.	USA	26,63
6.	Russland	3,50
7.	China	0,45

2009 stockten die Zentralbanken ihre Goldreserven um 429 Tonnen (Wert: 15,5 Milliarden Dollar) zusätzlich auf. Damit halten sie rund 18 Prozent der gesamten Goldbestände.

Experten sind sich einig: Die Käufe spiegeln einen Mangel an Vertrauen in die US-amerikanische Wirtschaft und Zweifel wider, ob der Dollar sich langfristig als Reservewährung halten wird (siehe Abschnitt 5.9).[788]

Gold ist »sicher«

Gold ist inflationssicher, denn im Gegensatz zu Papiergeld können die Notenbanken Gold nicht beliebig vermehren. Goldmünzen und Barrengold werden von den meisten Zentralbanken auf der Welt als Währungsreserve gelagert. Doch die Währungen sind heute nicht mehr – wie in der Vergangenheit – durch Goldreserven gedeckt.

Der »Börsenprophet« Roland Leuschel prognostiziert in einem Interview in der *Welt am Sonntag*:

– »Der Dollar und auch der Euro sind dem Untergang geweiht. Die private und öffentliche Überschuldung wird den Zusammenbruch unseres Währungssystems nach sich ziehen. Dann schlägt die Stunde des Edelmetalls.«

– »Die meisten Währungen, die nicht auf Edelmetall basierten, gingen unter.«

– »In Europa verletzen 20 von 27 Staaten die Maastricht-Kriterien. Wir sollten endlich aufhören zu glauben, dass der Euro eine stabile Währung ist. Anderswo sieht es nicht viel besser aus. Am Ende werden wir nicht umhinkönnen, ein neues Weltwährungssystem auf Goldbasis aufzubauen. Das jetzige Regime ist nicht zu retten.«

– »Im ersten Schritt müsste das Gold wohl auf 3000 bis 5000 Dollar steigen, damit sich eine neue Goldbindung schaffen ließe.«

– »Immer mehr Menschen erkennen, dass der Wert unseres Geldes durch Politik und Notenbanken ausgehöhlt wird.«

– »Ich selber lasse mich für meine Vorträge nur noch in Goldmünzen bezahlen.«[789]

9.1.2 SILBER – HINTERGRÜNDE

Es gibt allerdings ein »Problem« in Bezug auf Gold als Zahlungsmittel: sein hoher Wert. Stellen Sie sich vor, Sie wollen nach dem Zusammenbruch der Papierwährung ein Stück Fleisch beim Metzger kaufen. Sie bezahlen mit einer Goldmünze im Wert von dann vielleicht 1000 Euro. Wie soll der Metzger Ihnen herausgeben? Zwar könnte er Ihnen Fleisch für Monate besorgen, aber bei einer eventuell vorgeschriebenen Rationierung geht das wohl kaum.

Deshalb sollten Sie im Krisenfall eher Silbermünzen (eine Unze) als Zahlungsmittel verwenden. Ich komme weiter unten noch einmal genauer darauf zurück.

Auch Silber, das »Gold des kleinen Mannes«, gilt schon seit Jahrtausenden als Zahlungsmittel. Was viele nicht wissen: Es gibt weltweit weniger Silber- als Goldbestände.

Silber wird zu einem großen Teil industriell »verbraucht«. Die Bestände sind in den letzten Jahren drastisch geschmolzen. Gerhard Spannbauer schreibt in seinem Buch *Finanzcrash*: »Betrachtet man die glaubhaften bekannten Silber-Ressourcen, so sehen wir, dass (…) ca. 270 000 Tonnen entdeckt sind, die man mit der heutigen Technik zu den aktuellen Preisen fördern kann. Pro Jahr werden derzeit ca. 20 000 Tonnen gefördert, wovon die Industrie pro Jahr 13 500 Tonnen verbraucht. Industriell verarbeitet bedeutet, dass das Silber in Lichtschaltern, Computern, Handys, Schaltkreisen etc. unwiderruflich verbraucht wurde. Dazu kommt noch die Nachfrage nach Schmuck und Silber als Geldanlage. Dies zeigt, dass die bekannten Ressourcen in knapp 20 Jahren völlig aufgebraucht sein werden. Aufgrund dieser und der anderen Tatsachen denke ich, dass der Kauf von physischem Silber die beste Altersvorsorge darstellt.«[790]

Sind also Gold und Silber die »Allheilmittel«, die Vorsorge gegen einen Crash und eine Währungsreform? Sicher würden Sie diese Frage mit einem klaren »Ja« beantworten nach all dem, was Sie bisher gehört haben. Keine Sorge, das tun nicht nur Sie, sondern auch viele anerkannte Experten.

Aber VORSICHT – es gibt da ein Problem.

9.1.3 Droht ein Gold- oder Silberverbot?

Regierungen können ein sogenanntes »Goldverbot« verhängen. Dann wird das Edelmetall nicht mehr als Zahlungs- oder Tauschmittel anerkannt. Sogar die Bankschließfächer könnten durchsucht werden, so geschehen in den USA im Jahre 1933.[791] Das ist allgemein bekannt. Was weniger geläufig sein dürfte, ist die Tatsache, dass dieses Verbot auch die Besitzer von Silbervermögen betraf.

Auf der Internetseite *www.goldseiten.de* findet man den Wortlaut des Goldverbot-Erlasses von Franklin D. Roosevelt. Der US-Präsident untersagte im Jahre 1933 seinen Bürgern für fast 40 Jahre den Besitz von Gold und Silber. Das Verbot wurde erst Anfang der 1970er-Jahre, mit der Aufkündigung von Bretton Woods, aufgehoben.

ZEITMASCHINE

Weißes Haus, Washington,
Donnerstag, den 9. März 1933

<u>Durchführungsverordnung des Präsidenten der
Vereinigten Staaten von Amerika</u>
(Hervorhebungen durch d. Verf.).:

»Aufgrund von der mir übertragenen Vollmacht aus Abschnitt 5 (b) des Gesetzes vom 6. Oktober 1917, geändert durch Abschnitt 2 des Gesetzes vom 9. März 1933 (…), in dem der Kongress erklärte, dass ein ernsthafter Notstand existiert, verkünde ich als Präsident, **dass der nationale Notstand noch besteht, existiert und dass das fortgesetzte private Gold- und Silberhorten der Bürger der Vereinigten Staaten eine ernsthafte Bedrohung für den Frieden, die Gerechtigkeit und das Wohlergehen der Vereinigten Staaten darstellt.** Um die Interessen unseres Volkes zu schützen, müssen geeignete Maßnahmen sofort ergriffen werden.

Daher verkünde ich in Ausübung der obengenannten Vollmacht, dass solcher **Gold- und Silberbesitz verboten ist und dass jeder solche Münzen, Anlagemünzen oder anderen Gold- und Silberbesitz innerhalb von 14 Tagen bei amtlichen Beauftragten der Regierung der Vereinigten Staaten gegen Erstattung zum offiziellen Preis in offiziellen Zahlungsmitteln der Regierung abzuliefern hat.**

Alle Tresorfächer in Banken oder Geldinstituten sind versiegelt worden und warten auf bevorstehende gesetzliche Maßnahmen. Mithin ist jeder Verkauf, Ankauf oder die Bewegung von solchem Gold oder Silber innerhalb der Grenzen der Vereinigten Staaten und ihrer Gebiete verboten sowie jedes

Devisengeschäft und jede Bewegung von solchen Metallen über die Grenze.

Der Besitz dieser verbotenen Metalle sowie die Unterhaltung eines Schließfachs für deren Lagerung sind der Regierung durch die Bank- und Versicherungsunterlagen bekannt. **Es wird darauf hingewiesen, dass Ihr Schließfach versiegelt bleiben muss und nur in Anwesenheit eines Vertreters des Finanzamtes geöffnet werden darf.**

Per gesetzlicher Verordnung erlassen an diesem Tage.
(By Executive Order of the President of the United States)

Franklin Roosevelt, 9. März 1933«[792]

Ich rate nicht umsonst zur Vorsicht, denn dieses Szenario kann sich auch bei uns wiederholen. Am Rande des Staatsbankrotts wird jeder Staat kreativ, wenn es darum geht, an das Privatvermögen seiner Bürger zu kommen.

Die beiden Edelmetallexperten Johann Saiger und Frank Winkler sehen das ähnlich, wenn sie wissen lassen:»Bei einer Währungsreform wird man wieder zu einer Art Goldstandard zurückkommen müssen. Breite Bevölkerungskreise werden nach den Erfahrungen mit ›Fiat Money‹ keinesfalls mehr ›ungedeckte Währungen‹ akzeptieren. Für eine durch Gold gedeckte Währung sind jedoch die offiziellen Goldreserven zu gering. Mit der Einbeziehung der privaten Goldbestände wäre dies jedoch sehr viel eher möglich. Damit besteht die Gefahr, dass der Goldbesitz wieder verboten werden könnte und Gold somit ablieferungspflichtig wird.«[793]

Natürlich gibt es auch die Möglichkeit, sein gelbes Edelmetall in »goldfreundlichen« Ländern wie Singapur, Hongkong oder den Vereinigten Arabischen Emiraten zu lagern. Aber die Logistik dürfte im Krisenfall, wenn man das Gold benötigt, alles andere als einfach sein. Zudem muss man seinen Edelmetallvorrat vorher ja auch erst einmal »aus dem Land schaffen«.

Unter diesen Gesichtspunkten ist Silber eine gute Alternative. Ein nochmaliges Silberverbot ist schwer denkbar. Die Begründung hierfür lautet wie folgt:

- Der Markt ist zu klein: Ein Verbot durchzusetzen und zu kontrollieren würde aus staatlicher Sicht vermutlich mehr kosten als einbringen.
- Industrieller Verbrauch: Silber wird in der Industrie vielfach verwendet. Auch ein Teilverbot ist daher unwahrscheinlich, denn warum sollte es die Industrie besitzen dürfen, private Investoren jedoch nicht?
- Die Besteuerung von Silberbarren mit der Umsatzsteuer: Der Staat betrachtet Silber nicht als Edelmetall, sondern als Industrierohstoff wie Kupfer oder Stahl. Dies bestätigt auch die aktuelle Auffassung der BaFin, dass physische Edelmetalle generell nach dem Kreditwesengesetz keine Finanzinstrumente darstellen.[794]

Silber wird von den Notenbanken in Form von kursfähigen Münzen in Umlauf gebracht und soll damit das Vertrauen in die Währung untermauern. Dies ist wohl der Grund, warum Silber nicht ablieferungspflichtig wurde.[795] Silber dürfte unter diesem Aspekt also die »sicherere« Anlage vor Gold sein.

Es mag Sie jetzt zwar überraschen, aber trotz der unschlagbaren Vorteile von Gold und Silber legen bisher nur rund 0,2 Prozent aller Privatanleger, die weltweit Papiergeldvermögen besitzen, in diese Edelmetalle an.[796]

9.1.4 Wie eine Edelmetallanlage aussehen kann

Sie werden sich nun berechtigt fragen, wie eine strukturierte Edelmetallanlage aussehen kann.

Ich bevorzuge zwei Drittel Silber und ein Drittel Gold als Eine-Unze-Münzen. Natürlich kann man diese Einteilung individuell verändern. Zwar wird von »Experten« manchmal auch empfohlen, Gold- und Silberbarren zu kaufen, aber im Krisenfall sind diese – im wahrsten Sinne des Wortes – nur sehr »schwer« zu transportieren und dienen in dieser großen Stückelung eben meist nicht als Zahlungsmittel, weil es schwierig sein dürfte, auf ein Kilogramm Gold oder Silber herauszugeben.[797]

Die Edelmetallexperten Johann Saiger und Frank Winkler empfehlen: »Ein weiterer Grund, Silberinvestments zu bevorzugen, liegt natürlich auch darin, dass der Silberpreis in Inflationsphasen meist deutlich stärker ansteigt als der Goldpreis. Klein gestückelte Silbermünzen als Krisenschutz sind absolut ratsam!«[798]

Allgemein raten Banker heute, etwa zehn Prozent des Vermögens in Edelmetallen anzulegen. Angesichts der sich verschlechternden weltpolitischen Lage erscheint mir das jedoch zu niedrig. Deshalb mein Rat: Schichten Sie *mindestens* zehn, besser 20 bis 50 Prozent um. Kaufen Sie Münzen von einer Unze Gewicht, ansonsten haben Sie einen zu großen Prägeaufschlag. Gängige und weltweit anerkannte Goldmünzen sind:

- Krügerrand (Südafrika)
- Maple Leaf (Kanada)
- Eagle (USA)
- Kookaburra (Australien)
- American Buffalo (USA)

Gängige Silbermünzen sind:
- Wiener Philharmoniker (Österreich)
- Maple Leaf (Kanada)
- American Eagle (USA)

Faustformel: Kaufen Sie pro Woche eine Unze Silber. Der Edelmetallexperte Jürgen Müller empfiehlt, für sich und seine Familie zunächst rund 350 bis 400 Silbermünzen zu erwerben[799], um sich ein kleines Sicherheitspolster zu schaffen. Der Wert einer Münze liegt derzeit bei rund 19 Euro (inklusive sieben Prozent Mehrwertsteuer).

Sie können Ihre Rücklagen dann nach und nach mit den viel teureren Goldmünzen aufstocken.

Eine Anlage in Edelmetallen ist auf jeden Fall empfehlenswert, das hat die Vergangenheit mehrfach gezeigt: Währungen kamen und gingen, Gold und Silber aber blieben.

9.2 Aktien

Sogenannte Value-Aktien werden allgemein als Inflationsschutz empfohlen, weil sie als »Substanzwerte« gelten. Es handelt sich dabei um Aktien von Unternehmen mit relativ geringem Wachstum, dafür aber mit solider Eigenkapitalquote und hohen Cashflow (Bargeld)-Rückflüssen.[800]

Die Fachjournalisten Roland Leuschel und Claus Vogt warnen jedoch: »Leider ist diese vordergründig einleuchtende Sichtweise überaus problematisch. Denn die Finanzmarktgeschichte zeigt ohne Wenn und Aber, dass Aktieninvestments nur einen sehr beschränkten Inflationsschutz bieten.«[801]

Beispiel »Inflationsschutz« von Aktien

Die Entwicklung der Produzentenpreise, der Lebenshaltungskosten, des US-Dollars (der noch goldgedeckt war) und des Aktienindexes während der Hyperinflation im Deutschland des Jahres 1922 zeigt, dass die Aktienkurse damals um 1200 Prozent gestiegen sind. Sie denken wohl, das ist eine gute Sache? – Leider muss ich Sie enttäuschen: Im gleichen Zeitraum stiegen auch die Lebenshaltungskosten, und zwar um 3300 Prozent. Inflationsbereinigt verlor der Aktionär also rund 80 Prozent seines Vermögens.[802]

Demzufolge versprechen Aktien keinen absoluten Schutz in einer Hyperinflation. Vorsicht ist also geboten.

9.3 Wirksamer Schutz vor einer Währungsreform

Nach allem, was ich in den Abschnitten 6.5 und 7.8 erläutert habe, kann die generelle Devise nur lauten: »Raus aus den Geldanlagen und rein in die Sachanlagen.« Dennoch will ich die Nachteile von Sachanlagen in normalen Zeiten nicht verschweigen:
– Renditen sind nicht immer klar ersichtlich.
– Renditen sind nicht garantiert.
– Bei Immobilien kann es zu einem Wertverlust kommen.

Der Wirtschaftswissenschaftler Prof. Dr. Bernd-Thomas Ramb ist jedoch der Ansicht, dass bei einem drohenden Staatsbankrott und einer anschließenden Währungsreform der »bessere Werterhalt« der Sachanlagen gegenüber den Geldanlagen ein unschlagbares Argument ist, und empfiehlt deshalb:

- Immobilien: Eigenheim oder Eigentumswohnung oder Grundstücke;
- Sachwerte: Gold, Silber, Edelmetalle, Schmuck;
- Langlebige Konsumgüter: Dazu gehören etwa Möbel, Waschmaschinen, Autos; sie werden im Falle einer bevorstehenden Währungsreform verstärkt nachgefragt, sodass die Preise entsprechend anziehen;
- Humankapital: persönliche Aus- und Weiterbildung, Erhaltung der Gesundheit.[803]

Und hier noch einige zusätzliche Tipps:
- Halten Sie möglichst keine Staatsanleihen.
- Bauen Sie Verbindlichkeiten ab.
- Investieren Sie in liquide Anlagen, die Sie ohne Verluste und sofort wieder auflösen können.
- Wandeln Sie Tagesgeld oder Festgelder (wenn möglich) in Gold und/oder Silber um.

9.3.1 ACHTUNG! – DARAN MÜSSEN SIE DENKEN

- Erwerben Sie Edelmetalle niemals auf Kredit, denn wenn Sie Bargeld benötigen und deshalb gezwungen sind, eventuell Ihre Gold- oder Silbermünzen wieder zu verkaufen, kann die Differenz zwischen An- und Verkaufspreis teilweise sehr hoch sein (bis zu 25 Prozent).[804]
- Wenn Banken geschlossen werden, kommen Sie nicht mehr an frisches Bargeld oder an Ihr Schließfach. Sie benötigen demzufolge einen privaten sicheren Aufbewahrungsort und einen feuersicheren Tresor.
- Die Höhe der Verbindlichkeiten wird auch nach einer Währungsreform bestehen bleiben, lediglich Ihr Vermögen wird sich verringern. Der Nennwert der Schulden bleibt also gleich, während die Lebenshaltungskosten rasch ansteigen können und so einen immer größeren Teil Ihres verfügbaren Vermögens aufzehren. Für den eigentlichen Schuldendienst bleibt dann immer weniger übrig.[805]
- Immobiliendarlehen: Verträge mit Zinsfestschreibungen und Sondertilgungen sind vorzuziehen.

- Wertverlust: Können viele Menschen ihre Hypotheken nicht mehr bedienen, wird der Wert der einzelnen Immobilie immer weiter fallen. Ein Problem haben Sie dann, wenn die Höhe des Darlehens größer ist als der Wert des Hauses oder der Wohnung. Die Folge: Die Bank kann weitere Sicherheiten von Ihnen verlangen.[806] Aber haben Sie diese auch?
- Vermietete Immobilien: Die Regierung könnte einen Mietpreisstopp verhängen, um die Mieter vor Preistreiberei zu schützen; die Instandhaltungsausgaben könnten jedoch inflationsbedingt dramatisch steigen.
- Vermeiden Sie neue Schulden und reduzieren Sie die alten so schnell wie möglich.

Eine Empfehlung zum Schluss: Verlassen Sie sich nie darauf, was Ihnen die Regierung oder staatliche Institutionen raten oder versprechen. Verlassen Sie sich nur auf sich selbst und Ihren gesunden Menschenverstand.

»Der Staat weiß genau, dass er gerade mit den Gutgläubigen, die ihm bis zum bitteren Ende vertrauen, die größten Enteignungsgeschäfte machen kann.«[807]
Prof. Dr. Bernd-Thomas Ramb

10. Am Ende ist die Gegenwart

Am Ende ist die Gegenwart. Hier und heute – und es sieht so aus, als hätten wir nichts, aber auch rein gar nichts aus der Vergangenheit gelernt: Wieder gibt es zu viele Leute, die zu große Risiken eingehen. Wieder gibt es zu viel billiges Geld. Wieder bilden sich Finanz- und Anlageblasen, die, wenn sie eines Tages platzen, die Weltwirtschaft erneut zum Absturz bringen können. Wieder betrachten sich Banker als Teil einer globalen Risiko-Industrie, obwohl sie gerade erfahren haben, dass sie die Risiken, die sie eingehen, gar nicht tragen können.[808]

Die Weltschuldenkrise ist eine Reifeprüfung für die Politik und testet die Demokratie. Der gigantische Rettungseinsatz vieler Länder hat dazu geführt, dass die riesigen Schulden von den privaten in die öffentlichen Hände übergegangen sind. Dramatische Haushaltsdefizite, niedriges Wirtschaftswachstum und hohe Arbeitslosigkeit sind die Folge. Dazu kommen Altlasten wie die immer höher steigenden Kosten im Gesundheitswesen oder die wachsenden Pensionsverpflichtungen und die Aufwendungen für Rentenzahlungen. Das alles führt zu einer starken Belastung unserer Gesellschaft.

Das *World Economic Forum* (WEF) warnte in seinem Report *Global Risks 2010*: »Finanzwirtschaftliche Krisen und Arbeitslosigkeit, zu geringe Investitionen in Infrastruktur – insbesondere in Energie und Landwirtschaft – und chronische Leiden haben wir als zentrale Bedrohungen für die kommenden Jahre identifiziert.«[809]

> »Der soziale Zusammenhalt einer Gesellschaft ist nicht
> nur Ausfluss menschlicher Solidarität, sondern auch ein
> Gebot ökonomischer Vernunft.«[810]
> Torsten Riecke, *Handelsblatt*-Korrespondent in Zürich

Ungeachtet dieser politischen und sozialen Probleme erholen sich die Spekulanten weit schneller als die Weltwirtschaft. Die Regierungen sind es, die für die Finanzzocker ein neues, noch viel lukrativeres Paradies geschaffen haben: die Übernahme von wertlosen Papieren mit faulen Hypothekenkrediten und Geld zu einem Zinssatz nahe der

Nulllinie. So erklärte Bill Winters, seines Zeichens Chef des Investmentbankings von *JP Morgan Chase*, »für Banken sind es die profitabelsten Zeiten, die es jemals gegeben hat«, und Tim Cronin von der Investmentbank *Jeffries* ergänzte: »Alles liegt zum Abgreifen bereit.« Joe Perella, ehemals Chef der Investmentbank-Abteilung von *Morgan Stanley*, pflichtete bei: »Man muss wirklich kein Genie sein, um sich quasi umsonst Geld vom Staat zu leihen und damit eine Heidenkohle zu verdienen.«[811]

Noch nie war das Schuldenmachen (das heißt: Spekulieren) so billig: Mit billigem Geld der Notenbanken kauft man die weit höher verzinsten Anleihen des Staates.

> *»Die Frage ist nicht, ob die Spekulationsblase platzt, sondern wann.«*[812]
> Kenneth Rogoff, *Harvard*-Ökonom

Der Spiegel schreibt: »Die Spekulanten leben nun mal von billigem Geld wie Graf Dracula von Blut. Nie zuvor in der modernen Wirtschaftsgeschichte hatte die Finanzwirtschaft einen derartig ungehinderten Zugriff auf die Staatsfinanzen (…). Der amerikanische Staat lässt die Banken gewähren – auch weil er froh ist um jedes faule Wertpapier, das nicht er, sondern andere aufkaufen. Jedes neue Geschäft, und sei es noch so makaber, ist der Regierung willkommen. Es hilft ihr, sich wieder aus der Bankenwelt zurückzuziehen. So bilden Staat und Spekulanten derzeit eine Zugewinngemeinschaft.«[813]

Das Investoren-Spekulanten-Geld fließt weiterhin in das globale Finanzsystem. Ungebremst wachsen neue Spekulationsblasen heran, die noch gefährlicher sein können als alle Blasen zuvor.[814]

Ein weiteres Problem sind die horrenden Staatsschulden, die manche Länder schon jetzt an den Rand des Abgrunds treiben. Doch spätestens dann, wenn die langfristigen Zinsen weltweit steigen und sich damit die wahren Kosten der Finanz- und Wirtschaftskrise offenbaren, ist Zahltag.

Deshalb lautet die Frage nicht, ob das System in der Lage ist, sich selbst zu helfen, sondern wie lange es sich noch halten kann und auf wessen Kosten es dies tut.

Dank

Wie immer möchte ich zuerst meiner Frau Marion danken. Dann meinem Verleger Jochen Kopp, meinen Lektoren Dr. Renate Oettinger und Thomas Mehner sowie Anke Brunn für das hervorragende Cover.

Meinem geschätzten Kollegen Udo Ulfkotte danke ich für die Erlaubnis, einen seiner Artikel in meinem Buch abdrucken zu dürfen, Christoph Jan Longen und Martin Fontanari für ihre vielen nützlichen Tipps und Informationen.

Herrn Prof. Dr. rer. pol. Wilhelm Hankel danke ich besonders für die Überlassung und Verwendung seines Eröffnungsvortrages »Spekulationskrisen in Geschichte und Gegenwart« zum Studium generale an der Universität Tübingen und für die Autorisierung seines Interviews.

Nicht zu vergessen Mauricio Vargas, Geschäftsführer der »Aktionsgemeinschaft Soziale Marktwirtschaft e. V.« mit seinen Ratschlägen, Melanie Ringwald für die kritische Durchsicht des Manuskriptes und Carina Sauter für die Erstellung der umfangreichen Bibliografie aus über 800 Quellenangaben.

Mehr zum Autor unter:
http://info.kopp-verlag.de/redakteure/michael-grandt.html

Bibliografie

Aizenman, J./Marion, N.: »Using Inflation to Erode the U.S. Public Debt«, in: *NBER Working Paper Nr. 15 562*, December 2009.

Andersen, U./Wichard, W. (Hrsg.): *Handwörterbuch des politischen Systems der Bundesrepublik Deutschland*, Opladen 2003.

Bahrmann, H./Links, C.: *Chronik der Wende*, Berlin 1999.

Bandulet, B.: *Das geheime Wissen der Goldanleger*, Rottenburg 2007.

Bank für Internationalen Zahlungsausgleich (BIZ): *69. Jahresbericht*, Basel 1999.

Basel Committee on Banking Supervision: *Steuerung des Internationalen Kreditgeschäfts der Banken: Analyse des Länderrisikos sowie Messung und Kontrolle des Länderengagements*, März 1982.

Berhorst, R.: *Inflation 1923. Stunde der Spekulanten*.

Birle, P./Carreras, S. (Hrsg.): *Argentinien nach zehn Jahren Menem*, Frankfurt am Main 2002.

Blanchard, O./Illing, G.: *Makroökonomie*, München 2009.

Blanchard, O./Enrri, D.P.: *Macroeconomía. Prentice Hall Iberia*, Buenos Aires 2002.

Bocker, H.J.: *Unzensiert – Was die Massenmedien Ihnen verschweigen, Jahresrückblick 2009* (DVD Kopp Verlag).

Boehringer, P.: »Die sechs Reiter der wirtschaftlichen Apokalypse«, in: *Das Edelmetall & Rohstoffmagazin 2009/2010*, Neustadt an der Orla 2009.

Bordo, M./Filardo, A.: »Deflation and monetary policy in a historical perspective: remembering the past or being condemned to repeat it?«, in: *Economic Policy*, October 2005.

Brown, E.H.: *Der Dollar-Crash*, Rottenburg 2008.

Broz, J.L.: *The International Origins of the Federal Reserve System*, Cornell University Press 1997.

Burdekin/Siklos (Hrsg): *Deflation – Current and Historical Perspectives*, Cambridge o.J.

Burgenthal/Doehring/Kokott: *Grundzüge des Völkerrechts*, Heidelberg 2000.

Chossudovsky, M.: *Global Brutal*, Frankfurt/M. 2002.

Colm, G./Dodge, M./Goldsmith, W.:»A Plan for the Liquidation of War Finance and the Financial Rehabilitation of Germany«, in: *Zeitschrift für die gesamte Staatswissenschaft*, 111 (1955).

Coogan, G.: *Money Creators*, Bound Money Press, Chicago 1935.

Creutz, H.:»Deflation – ein Gespenst geht um!«, in: *Contraste*, Februar 2003.

Czichon, E./Marohn, H.: *Das Geschenk. Die DDR im Perestroika-Ausverkauf*, Köln 1999.

Deutsch, R.: *Das Silberkomplott*, Rottenburg 2006.

Dill, A.: *Der große Raubzug*, München 2009.

Dohmen, C.: *Let's make Money*, Freiburg 2008.

Dreher, A.: *Die Kreditvergabe von IWF und Weltbank. Ursachen und Wirkungen aus politisch-ökonomischer Sicht*, Berlin 2003.

Dreher, A.:»Verursacht der IWF Moral Hazard? Ein kritischer Literaturüberblick«, in: *Jahrbuch für Wirtschaftswissenschaften*, 54, 2003.

Duncan, R.: *The Dollar Crisis*, Singapore 2003.

Emminger, O.:»Die Entwicklung des Wechselkurses von der ›sakrosankten‹ Parität zum flexiblen Instrument der Währungspolitik«, in: Wissenschaftlicher Beirat des Institutes für bankhistorische Forschung (Hrsg): *Bankhistorisches Archiv*, 1/1986.

Engdahl, F. W.: *Der Untergang des Dollar-Imperiums*, Rottenburg 2009.

Estulin, D.: *Die wahre Geschichte der Bilderberger*, Rottenburg 2007.

European Bank for Reconstruction and Development: *Transition Report*, London 1998.

European Bank for Reconstruction and Development: *Transition Report*, London 1999.

Fiedler, W.:»Der Zeitfaktor im Recht der Staatensukzession«, in: *Staat und Recht. Festschrift für Günther Winkler*, Wien 1997.

Fiedler, W.:»Staatensukzession und Menschenrechte«, in: B. Ziemske u. a. (Hrsg.), *Festschrift für Martin Kriele*, München 1997.

Fleckenstein, W.: *Greenspan's Bubbles: The Age of Ignorance at the Federal Reserve*, Columbus 2008.

Fleckenstein, W./Sheehan, F.: *Greenspans Bubbles: The Age of Recklessness at the Federal Reserve*, New York 2008.

Forbes, B. C.: »Men Who Are Making America«, in: *Leslie's Weekly* vom 19. Oktober 1916.

Freick, S.: *Die Währungsreform 1948 in Westdeutschland*, Schleuditz 2001.

Galbraith, J. K.: *Der große Crash 1929*, München 2009.

Glebe, D.: *Börse verstehen*, Norderstedt 2008.

Golan, M.: *The Secret Conservations of Henry Kissinger: Step-by-step diplomacy in the Middle East*, New York 1976.

Goodhart, C./Hofmann, B.: »Deflation, credit and asset prices«, in: Richard C. K./Götz, R.: »Russische Wirtschaft vor dem Aufschwung?«, Bundesinstitut für ostwissenschaftliche und internationale Studien, *Aktuelle Analysen*, Nr. 24/2000.

Grandt, M.: *Der Crash der Lebensversicherungen*, Rottenburg 2009.

Greenspan, A.: *Mein Leben für die Wirtschaft*, Frankfurt a. M./New York 2007.

Griffin, G. E.: *Die Kreatur von Jekyll Island*, Rottenburg 2006.

Grosser, A.: *Geschichte Deutschlands seit 1945*, München 1981.

Hamer, E.: »Neuordnung des Weltwährungsgefüges«, in: *Das Edelmetall & Rohstoffmagazin 2009/2010*, Neustadt an der Orla 2009.

Hankel, W.: *Die Euro-Illusion und andere volkswirtschaftliche Märchen*, Wien 2007/08.

Hankel, W.: *Die EURO-Lüge*, o. O. 2007/08.

Hankel, W.: »Spekulationskrisen in Geschichte und Gegenwart«, Vortrag zur Studium generale, Veranstaltung der Universität Tübingen, WS 2009/10 am 29. Oktober 2009.

Hannich, G.: *Börsenkrach und Weltwirtschaftskrise*, Rottenburg 2006.

Hannich, G.: *Staatsbankrott*, Rottenburg 2006.

Haase, D./Ewert, G.: »Staatsbankrott & Währungsreform«, in: *Das Edelmetall & Rohstoffmagazin 2009/2010*, Neustadt an der Orla 2009.

Herr, H.: »Die Finanzkrise in Russland im Gefolge der Asienkrise«, in: *Politik und Zeitgeschichte*, Nr. B 37-38/2000.

Hertle, H.-H.: *Chronik des Mauerfalls*, Berlin 2006.

Hertle, H.-H.: *Der Fall der Mauer*, Wiesbaden 1999.

Hishow, O.: »Russland: Wechselkursstabilität am Ende?«, in: Bundesinstitut für ostwissenschaftliche und internationale Studien: *Aktuelle Analysen*, Nr. 22/1998.

Hornberger, S.: *13.8.1961. Der Bau der Berliner Mauer*, Augsburg 2005.

Huppertz, C.: »Korruption in Argentinien«, in: *Schriften zur internationalen Politik*, Band 8, Hamburg 2004.

International Monetary Fund: *Deflation: Determinants, Risks, and Policy Options – Findings of an Independent Task Force*, Washington, D. C., 30. April 2003.

Jost, C.: »Argentinien, Umfang und Ursachen der Staatsverschuldung und Probleme der Umschuldung«, in: *Auslandsinformationen*, Konrad-Adenauer-Stiftung, Sankt Augustin 2003.

Klein, D.: *Die Argentinienkrise*, Wien 2003.

Krämer-Eis, H.: *Evaluierung hoheitlicher Länderrisiken*, Jena 1997.

Kronberger, R.: »Emerging Markets – Der Fall Argentinien«, in: *Aktuelle Unterlagen, Wirtschaft und Gesellschaft*, Arbeitsgemeinschaft für Wirtschaft und Schule, Wien 2002.

Kroos, H. E. (Hrsg): *Documentary History of Currency and Banking in the United States*, Vol. III, New York 1983.

Krugman, P. R./Obstfeld, M.: *Internationale Wirtschaft. Theorie und Politik der Außenwirtschaft*, München 2009.

Lacey, R.: *The Kingdom: Arabia and the House of Sa'Ud*, New York 1981.

Lau, K./Lau, K.: *Einheit in Frieden und Freiheit. Dokumente der Wiedervereinigung Deutschlands*, Braunschweig 1991.

Le Monde diplomatique: *Atlas der Globalisierung*, Berlin 2009.

Leuschel, R./Vogt, C.: *Das Greenspan-Dossier*, München 2004.

Lips, F.: *Die Gold-Verschwörung*, Rottenburg 2003.

Marss, J.: *Heimliche Herrscher*, Rottenburg 2007.

Maute, J.: *Hyperinflation, Currency Board, and Bust: The Case of Argentina*, Hohenheimer Volkswirtschaftliche Schriften, Frankfurt 2006.

Metzger, O.: *Einspruch!*, München 2004.

Meyer, W.: *Währungsreform – Das neue Geld ist da*, Augsburg 2005.

Miegel, M.: *Die deformierte Gesellschaft*, München 2002.

Müller, J.: *Generation Gold*, Rottenburg 2007.

Müller, J.: *Gewinnen mit Gold und Silber*, Rottenburg 2007.

Orlowsky, L.: »The Asian and the Russian Financial Crises: Propagation Effects and Policy Responses in Central Europa's Transition Economies«, *Discussion Papers*, Institut für Wirtschaftsforschung Halle, No. 104/1999.

Owen, R. L.: *The Federal Reserve Act. Century Co.*, New York 1919.

Patman, W.: *A Primer on Money* (Government Printing Office, erstellt für den Unterausschuss Domestic Finance, House of Representatives, Committee on Banking and Currency, Eighty-Eighth Congress, 2nd session 1964).

Peet, R.: *Unholy Trinity. The IMF, World Bank and WTO*, London 2009.

Pfleiderer, O.: »Währungen«, in: *Staatslexikon,* Band 8, Freiburg 1963.

Phillips, C.: *From the Crash to the Blitz 1929–1939*, New York 2000.

Piper, N.: *Die Große Rezession*, München 2009.

Pohlmann, M.: »Die Industriekrise in Ostdeutschland«, in: *Deutschland Archiv*, 38 (3), Bonn 2005.

Priese, J./Rebentrost, F.: *Kommentar zu den Gesetzen zur Neuordnung des Geldwesens*, Iserlohn 1948.

Ramb, B.-T.: *Vor der nächsten Währungs-Reform*, Hamburg o. J.

Rebentrost, F.: *Kommentar zu den Gesetzen zur Neuordnung des Geldwesens unter Berücksichtigung der Durchführungsverordnungen*, Iserlohn 1948.

Retyi v., A.: *Bilderberger*, Rottenburg 2006.

Riedel, T. G.: *Rechtsbeziehungen zwischen dem Internationalen Währungsfonds und der Welthandelsorganisation: die Organisationen und ihre gegenseitigen Rechtsbeziehungen im Bereich des Handels und der Subventionen*, Baden-Baden 2008.

Roberts, A.: *The Most Secret Science*, Colorado 1984.

Saiger, J./Winkler, F.: »Kapitalschutz mit Edelmetallen«, in: *Das Edelmetall & Rohstoffmagazin 2009/2010*, Neustadt an der Orla 2009.

SAPRIN (Hrsg.): *Structural Adjustment. The SAPRI Report*, London/New York 2004.

Schacht, H.: *Die Magie des Geldes. Schwund oder Bestand der Mark*, Berlin 1966

Schäfer-Kunz, J./Vahs, D.: *Einführung in die Betriebswirtschaftslehre*, Schäffer-Poeschel, Stuttgart 2007.

Schroeder, K.: *Der Preis der Einheit. Eine Bilanz*, München/Wien 2000.

Schweickert, R.:»Neue Krise – alte Probleme«, in: *Brennpunkt Latein-amerika*, Institut für Iberoamerika-Kunde, Hamburg 2002.
Securities and Exchange Commission: *Investment Trusts and Invest-ment Companies*, Part I, Washington 1936.
Senf, B.: *Der Nebel um das Geld*, Kiel 2009.
Stiglitz, J.: *Die Schattenseiten der Globalisierung*, München 2004.

Thießen, U.: *Banking Crisis in Transition Countries – Theory and Empirical Evidence: The Case of Russia, DIW Discussion Papers No. 193*, Berlin 2000.
Thießen, U.:»Lehren aus Bankenkrisen. Der Fall Russland«, in: *Ost-europa-Wirtschaft*, 45/2000.

U. S. Department of Commerce: *Historical Statistics of the United States*, Serie D85-8.

Vanderlip, F. A.: *From Farm Boy to Financier*, New York 1935.
Voorhis, J.: *Out Of Debt, Out Of Danger*, Public Action Committee, 1943.
Vostrikov, P.:»Die Finanzmärkte und das Bankensystem Russlands im Jahre 1999«, Bundesinstitut für ostwissenschaftliche und internatio-nale Studien, *Aktuelle Analysen*, Nr. 3, 1999.

Wipfler, J.:»Angriff auf Ihr Geld«, in: *Das Edelmetall & Rohstoff-magazin 2009/2010*, Neustadt an der Orla 2009.
Woodward, B.: *Greenspan – Dirigent der Weltwirtschaft*, Hamburg 2001.

Zarlenga, S.: *Der Mythos vom Geld – die Geschichte und Macht*, Zürich 1999.
Zarlenga, S.:»Germany's 1923 Hyperinflation: A ›Private‹ Affair«, in: *Barnes Review*, Juli/August 1999.
Zentner, C.: *Der Nürnberger Prozess*, München/Zürich 1984.
Zeitschrift für Bankengeschichte, Frankfurt am Main 1986.

Quellen

1 *Handelsblatt* vom 30.12.2009.
2 Ebd.
3 B. C. Forbes: »Men Who Are Making America«, in: *Leslie's Weekly* vom 19.10.1916, S. 423.
4 http://www.federalreserve.gov/.
5 http://info.kopp-verlag.de/news/das-schlimmste-gesetzesverbrechen-aller-zeiten-wie-eine-bankenclique-die-macht-in-den-usa-ue.html; siehe außerdem: G. Griffin: *Die Kreatur von Jekyll Island*, Rottenburg 2006, und auch: E. H. Brown: *Der Dollar-Crash*, Rottenburg 2008.
6 Ebd.
7 Ebd.
8 Ebd.
9 Ebd.
10 Ebd.
11 http://bertjensen.ch/money-makes-the-world-go-round-02/.
12 Frank A. Vanderlip: »From Farm Boy to Financier«, in: *Saturday Evening Post* vom 09.02.1933, S. 25, 70, und als Buch: Frank A. Vanderlip: *From Farm Boy to Financier*, New York 1935, S. 210 ff.
13 http://info.kopp-verlag.de/news/das-schlimmste-gesetzesverbrechen-aller-zeiten-wie-eine-bankenclique-die-macht-in-den-usa-ue.html; siehe außerdem: G. Griffin: *Die Kreatur von Jekyll Island*, Rottenburg 2006, und auch: E. H. Brown: *Der Dollar-Crash*, Rottenburg 2008.
14 Weitere Quellen zu diesem Kapitel: Robert Latham Owen: *The Federal Reserve Act*, Century Co., New York 1919; Jerry Voorhis: *Out Of Debt, Out Of Danger*, Public Action Committee, 1943; Gertrude Coogan: *Money Creators*, Bound Money Press, Chicago 1935; J. Lawrence Broz: *The International Origins of the Federal Reserve System*, Cornell University Press 1997; G. Edward Griffin: *Die Kreatur von Jekyll Island*, Rottenburg 2006; Ellen Hodgson Brown: *Der Dollar-Crash*, Rottenburg 2008; http://www.federalreserve.gov/.
15 http://woerterbuch.babylon.com/Verschw%C3%B6rung.
16 Stephen Zarlenga: *Der Mythos vom Geld – die Geschichte der Macht*, Zürich 1998/1999, S. 388.
17 Herman E. Kroos (Hrsg): *Documentary History of Currency and Banking in the United States*, Vol. III, New York 1983, S. 222 ff.
18 http://www.federalreserve.gov/.
19 FAQ: »Federal Reserve System«, http://www.federalreserve.gov/.
20 http://www.wirtschaftslexikon24.net/d/offenmarktgeschaefte/offenmarktgeschaefte.htm.
21 Ellen Brown: »Der US-›Fed‹ gehört nun die größte Versicherungsgesellschaft der Welt – aber wem gehört die ›Fed‹?«, http://info.kopp-verlag.de/

news/der-us-fed-gehoert-nun-die-groesste-versicherungsgesellschaft-der-welt-aber-wem-gehoert-die.html.

[22] Ebd.

[23] Vgl. Lewis vs. United States, 680 F.2d 1239 (1982).

[24] Wright Patman: *A Primer on Money* (Gouverment Printing Office, erstellt für den Unterausschuss Domnestic Finance, House of Representatives, Committee on Banking and Currency, Eighty-Eighth Congress, 2nd session 1964).

[25] Federal Reserve Bank of New York: *I Bet You Thought*, S. 186, zit. in: E. H. Brown, *Der Dollar-Crash*, S. 46.

[26] Zit. in: Archibald Roberts: *The Most Secret Science*, Colorado 1984, und E. H. Brown, *Der Dollar-Crash*, S. 47.

[27] Interview mit Prof. Dr. Hans J. Bocker in: *Unzensiert – Was die Massenmedien Ihnen verschweigen, Jahresrückblick 2009* (DVD Kopp Verlag).

[28] http://www.federalreserve.gov/.

[29] http://www.federalreserve.gov/oig/.

[30] http://www.heise.de/tp/r4/artikel/30/30329/1.html.

[31] http://www.salon.com/opinion/greenwald/radio/2009/01/26/grayson/.

[32] http://www.heise.de/tp/r4/artikel/30/30329/1.html.

[33] »Alan Greenspan was born on the 6th March 1926 in New York City to Hungarian Jewish parents«, http://www.alangreenspan.org/.

[34] Paul Sperry: »Greenspan – Financial Wizard of Oz« (*WorldnetDaily*, 2001); auch in: E. H. Brown: *Der Dollar-Crash*, Rottenburg 2008, S. 45 f.

[35] Weitere Literatur zu Greenspan u. a.: William Fleckenstein: *Greenspan's Bubbles: The Age of Ignorance at the Federal Reserve*, Columbus 2008; Alan Greenspan: *Mein Leben für die Wirtschaft. Die Autobiographie*, Frankfurt a. M./New York 2007; Roland Leuschel/Claus Vogt: *Das Greenspan-Dossier*, München 2004; Bob Woodward: *Greenspan – Dirigent der Weltwirtschaft*, Europa Verlag, Hamburg 2001.

[36] Drew Zahn: »State considers return to gold, silver dollars«, http://www.wnd.com/?pageId=92000.

[37] Ebd.

[38] Ebd.

[39] Ebd.

[40] *Welt am Sonntag* vom 03.12.2009.

[41] Vgl.: *Washington Post* vom 08.12.2009.

[42] *Welt am Sonntag* vom 03.12.2009.

[43] Zarlenga, S. 473 f.

[44] http://www.bundesfinanzministerium.de/nn_53848/DE/BMF__Startseite/Service/Glossar/B/015__Bretton__Woods.html?__nnn=true?__nnn=true.

[45] Ebd.

[46] Wenn Länder ihre Währungen an einen Goldstandard binden, nehmen die offiziellen internationalen Reserven die Form von Gold an.

[47] Zarlenga, S. 476.

[48] Ebd.

[49] http://www.bundesfinanzministerium.de/nn_53848/DE/BMF__Startseite/Service/Glossar/B/015__Bretton__Woods.html?__nnn=true?__nnn=true.

[50] F. William Engdahl: *Der Untergang des Dollar-Imperiums*, Rottenburg 2009, S. 295.

[51] Paul R. Krugman/Maurice Obstfeld: *Internationale Wirtschaft. Theorie und Politik der Außenwirtschaft*, München 2009, S. 660.

[52] Eike Hamer: »Neuordnung des Weltwährungsgefüges«, in: *Das Edelmetall & Rohstoffmagazin 2009/2010*, Neustadt an der Orla 2009, S. 98.

[53] Krugman/Obstfeld, *Internationale Wirtschaft*, S. 681 ff.

[54] F. W. Engdahl, *Der Untergang des Dollar-Imperiums*, S. 296.

[55] Krugman/Obstfeld, *Internationale Wirtschaft*, S. 681 ff.

[56] Richard Duncan: *The Dollar Crisis*, Singapore 2003, Abb. 1.

[57] F. W. Engdahl, *Der Untergang des Dollar-Imperiums*, S. 297.

[58] F. W. Engdahl: »Einbrechender Dollarkurs – Indische Zentralbank signalisiert steigendes Vertrauen auf Gold«, (http://info.kopp-verlag.de/news/einbrechender-dollarkurs-indische-zentralbank-signalisiert-steigendes-vertrauen-auf-gold.html.

[59] Krugman/Obstfeld, *Internationale Wirtschaft*, 681 ff.

[60] Knut Agathon Wallenberg (1853–1938) war ein schwedischer Bankier und Minister für auswärtige Angelegenheiten sowie Mitglied des *Riksdags* (Reichstags).

[61] Aufschlussreich in diesem Zusammenhang sind folgende Bücher: Andreas von Retyi: *Bilderberger*, Rottenburg 2006; Jim Marss: *Heimliche Herrscher*, Rottenburg 2007; Daniel Estulin: *Die wahre Geschichte der Bilderberger*, Rottenburg 2007.

[62] F. W. Engdahl, *Der Untergang des Dollar-Imperiums*, S. 299 f.

[63] BBC Special Report vom 3. Juni 2004, zit. in: Brown, *Der Dollar-Crash*, S. 164.

[64] Pepe Escobar: »The Masters of the Universe«, in: *Asia Times* vom 22. Mai 2003.

[65] F. W. Engdahl, *Der Untergang des Dollar-Imperiums*, S. 300.

[66] Laceys bahnbrechende Biografie über Queen Elizabeth II. wurde sogar von Ihrer Majestät anerkannt (http://www.robertlacey.com/).

[67] Robert Lacey: *The Kingdom: Arabia and the House of Sa'Ud*, New York 1981, S. 398 f.; eine weitere Quelle stützt diese Einschätzung: Matti Golan: *The Secret Conservations of Henry Kissinger: Step-by-step diplomacy in the Middle East*, New York 1976.

[68] F. W. Engdahl, *Der Untergang des Dollar-Imperiums*, S. 303.

[69] Abgedruckt in: *International Currency Review*, Vol. 20, Nr. 6, January 1991, London, S. 45.

[70] Ebd.

[71] Ann Crittenden: »Managing OPEC's Money«, in: *The New York Times*, 24.06.1979.

[72] F. W. Engdahl, *Der Untergang des Dollar-Imperiums*, S. 304.

[73] Ebd., S. 305.

[74] *Der Spiegel*, 48/2009.

75   *Der Spiegel*, 48/2009.

76   Ebd.

77   Ebd.

78   Ebd.

79   *KOPP Exklusiv*, 38/09.

80   G. E. Griffin: *Die Kreatur von Jekyll Island*, Rottenburg 2006 (das Buch wurde in mehrere Sprachen übersetzt und diente Senator Ron Paul als Grundlage für eines der Kapitel seines Bestsellers *The Revolution: A Manifesto*).

81   Von mir gekürzt; Susanne Hamann: »Best of Griffin: Sieben Dinge, die Sie unbedingt über das US-Finanzsystem und seine globalen Auswirkungen wissen sollten, http://info.kopp-verlag.de/news/best-of-griffin-sieben-dinge-die-sie-unbedingt-ueber-das-us-finanzsystem-und-seine-globalen-aus wir.html).

82   Der Begriff »fiat« ist lateinisch und bedeutet »es werde«, hier ist allerdings nicht Licht, wie es in der Bibel heißt (fiat lux – »es werde Licht«), gemeint, sondern »es werde Geld« (»fiat argentum«).

83   Susanne Hamann: »Best of Griffin: Sieben Dinge, die Sie unbedingt über das US-Finanzsystem und seine globalen Auswirkungen wissen sollten, http://info.kopp-verlag.de/news/best-of-griffin-sieben-dinge-die-sie-unbedingt-ueber-das-us-finanzsystem-und-seine-globalen-auswir.html.

84   http://www.faz.net/s/Rub0E9EEF84AC1E4A389A8DC6C23161FE44/Doc~EA0B14821A73B4DF1939760B62000E1C5~ATpl~Ecommon~Scontent.html.

85   Zit. nach Hamann, »Best of Griffin«.

86   Ebd.

87   Griffin bezeichnet die stetige Inflation aus diesem Grund auch als »versteckte Steuer«.

88   Weitere Quellen zu diesem Unterkapitel: http://www.ftd.de/politik/interna tional/:systemrisiken-fed-darfzerschlagunganordnen/50029361.html; http://www.ibtimes.de/articles/20090727/eliot-spitzer-klagt-die-federal-reserve-blasenwirtschaft-ponzi-scheme.htm; http://www.wiwo.de/politik-weltwirt schaft/die-inflationsgefahr-steigt-402739/; http://de.reuters.com/article/economicsNews/idDEBEE59G02C20091017.

89   Zit. nach Hamann, »Best of Griffin«.

90   Er selbst wird ebenfalls kritisiert, weil er sich auch als »Lebensenergieforscher« und »Bioenergetiker« bezeichnet.

91   Quellen zu diesem Kapitel: Bernd Senf: *Der Nebel um das Geld*, Kiel 2009, S. 86 ff. und Brigitte Hamann: »Besucherrekord auf der Edelmetall- und Rohstoffmesse vom 06. bis 07.11.2009 in München: Gold ist das ultimative Zahlungsmittel«, http://info.kopp-verlag.de/news/besucherrekord-auf-der-edelmetall-und-rohstoffmesse-vom-6-bis-7112009-in-muenchen-gold-ist-das.html); http://mediathek.daserste.de/daserste/servlet/content/3444138?pageId=487872&moduleId=432744&categoryId=&goto=1&show=.

92   Greenspan wird auch »Mr. Bubble« genannt, weil er von Kritikern für die Entstehung der Finanzblasen verantwortlich gemacht wird (William Fleckenstein/Fred Sheehan: *Greenspans Bubbles: The Age of Recklessness at the Federal Reserve*, New York 2008); vgl. auch Abschnitt 2.1.

93 *Der Spiegel*, 20/2009, S. 106.
94 F. William Engdahl:»USA: Immobilienkonkurse – Die nächste Runde hat begonnen«, in: *KOPP Exklusiv*, 22/09, S. 3 f.
95 Alexander Dill: *Der große Raubzug*, München 2009, S. 75.
96 *Der Spiegel*, 5/2009, S. 52.
97 *Der Spiegel*, 17/2009, S. 72.
98 *Welt am Sonntag* vom 29.11.2009.
99 Interview mit freundlicher Genehmigung von Prof. Dr. Hankel.
100 Quelle: *Der große Crash* (ZDF, Ausstrahlung am 10.09.2009).
101 Quelle: Board of Governors of the Federal Resereve System.
102 Quelle:»Thomason Financial Datastream«, in: *Der Spiegel*, 48/2009, S. 78.
103 Quelle: EZB-Statistik, in: *Der Spiegel*, 48/2009, S. 81.
104 *Handelsblatt* vom 08.12.2009.
105 *Der Spiegel*, 48/2009, S. 75.
106 Ebd., S. 80.
107 Quelle: Bloomberg, in: *Handelsblatt* vom 05.11.2009.
108 Quelle:»Thomson Financial Datastream«, in: *Der Spiegel*, 48/2009, S. 75.
109 Quelle:»Thomson Financial Datastream«, in: *Der Spiegel*, 14/2009.
110 *Der Spiegel*, 18/2009, S. 42.
111 Quelle: IWF
112 Quelle: IWF, in: *Der Spiegel*, 14/2009.
113 *Handelsblatt* vom 04.01.2010.
114 Quellen (wenn nicht anders vermerkt): Euler Hermes; FDIC; Challenger, Grey & Christmas; Commerzbank Research; Bloomberg; Generalstaatsanwaltschaft New York City; US-Regierung; *Handelsblatt*.
115 *Handelsblatt* vom 05.11.2009.
116 *Der Spiegel*, 48/2009, S. 78.
117 Ebd., S. 79.
118 Ebd.
119 http://www.forbes.com/lists/.
120 *Handelsblatt* vom 04.01.2010.
121 Quelle: *Handelsblatt* (die Zahlen basieren auf der Summe aus Abschreibungen, Risikovorsorge und Handelsverlusten).
122 Artikel 6 Abs. 3: Richtlinie zur Durchführung und Qualitätssicherung der laufenden Überwachung der Kredit- und Finanzdienstleistungsinstitute durch die Deutsche Bundesbank (AufsichtsRL) vom 28. Februar 2008.
123 Quelle: Bloomberg, Unternehmensangaben, in: *Handelsblatt*, Sonderbeilage »So wird 2010« vom 30.12.2009.
124 Quelle:http://www.unscn.org.
125 Quelle: Fitch Ratings, in: *Welt am Sonntag* vom 10.01.2010.
126 *Handelsblatt* vom 30.12.2009.
127 Centurie VIII, Vers 14; Centurie III, Vers 26 in: Jean-Charles de Fontbrune: *Nostradamus – Historiker und Prophet*, Wien 1991, S. 280 ff.
128 http://www.focus.de/finanzen/news/konjunktur/tid-16144/staatsverschuldung-die-unterschaetzte-gefahr_aid_452723.html.

[129] Mein »Märchen« gründet auf dem hervorragenden Aufsatz »Staatsbankrott« auf: http://www.zeit.de/2009/11/Pleitestaat.

[130] Quellen: Susanne Hamann: »Der große finanzielle Zusammenbruch ist nah – die ›Société Générale‹ warnt«, http://info.kopp-verlag.de/news/der-grosse-finanzielle-zusammenbruch-ist-nah-die-societe-generale-warnt.html; http://www.goldseiten.de/content/diverses/artikel.php?storyid=11822; http://www.telegraph.co.uk/finance/economics/6599281/Societe-Generale-tells-clients-how-to-prepare-for-global-collapse.html; http://diepresse.com/home/wirtsch aft/international/503881/index.do.

[131] Vgl.: John Kenneth Glabraith: *Der große Crash 1929*, München 2009.

[132] http://www.welt.de/politik/article3631440/Linke-ruft-zu-sozialen-Unruhen-in-Deutschland-auf.html.

[133] Vgl.: Michael Grandt: »Wirtschaftskrise: Regierungen haben Angst vor bürgerkriegsähnlichen Zuständen«, http://info.kopp-verlag.de/news/wirtscha ftskrise-regierungen-haben-angst-vor-buergerkriegsaehnlichen-zustaen den.html.

[134] http://www.welt.de/politik/article3631440/Linke-ruft-zu-sozialen-Unruhen-in-Deutschland-auf.html.

[135] Olivier Blanchard/Gerhard Illing: *Makroökonomie*, München 2009, S. 23, 55 ff., 106, S. 778.

[136] Ebd., S. 25 f., 59 f., 71, 680.

[137] Ebd., S. 102 f.

[138] *Memo 08/691*, Brüssel, 12.11.2008, http://europa.eu/rapid/pressReleasesAc tion.do?reference=MEMO/08/691&format=PDF&aged=0&language= DE&guiLanguage=fr.

[139] Unternehmenszahlen 2008, Marktanteile 2007; Quelle: *Der Spiegel,* 19/2009.

[140] Genauer in: Michael Grandt: *Der Crash der Lebensversicherungen*, Rotten burg 2009, S. 93–96.

[141] Aufstellung aus: *Der Spiegel*, 19/2009, S. 65.

[142] Die Renditedifferenz wird als »Credit Spread« bezeichnet und in Basis punkten gemessen.

[143] http://www.ngz-online.de/public/article/wirtschaft/news/764580/Nur-noch-37-Prozent-Defizit.html.

[144] Vgl. dazu auch: Miriam Luckhardt: »Der Staatsbankrott« (http://weltwirtsch aft-welthandel.suite101.de/article.cfm/koennen_staaten_pleite_gehen.

[145] Ebd., S. 716.

[146] http://hw71.wordpress.com/2009/01/30/deutschland-angies-bemerkenswer te-satze-bei-der-privatbank-metzler/.

[147] Frei konvertierbare Devisen (»Hartwährungen«) können ohne Beschränkun gen in andere Währungen umgetauscht werden. Beschränkt konvertierbare Devisen (»Weichwährungen«) unterliegen Umtauschbeschränkungen und können beispielsweise nur von bestimmten Personenkreisen oder für be stimmte Zwecke oder nur in einer bestimmten Menge in andere Währungen umgetauscht werden. Bei einer »inländerkonvertiblen« Währung kann ein Inländer die Inlandswährung im Inland in fremde Währung tauschen, wohin gegen bei einer »ausländerkonvertiblen« Währung ein Ausländer diese im

Inland in fremde Währung tauschen kann. Es gibt aber auch nicht konvertierbare Devisen, die einer Devisenbewirtschaftung unterliegen, was bedeutet, dass der Umtausch in andere Währungen verboten oder nur mit Einzelgenehmigung möglich ist (Devisenzwangsbewirtschaftung).

[148] Vgl.: Burgenthal/Karl Doehring/Juliane Kokott: *Grundzüge des Völkerrechts*, Heidelberg 2000; Wilfried Fiedler:»Der Zeitfaktor im Recht der Staatensukzession«, in: *Staat und Recht. Festschrift für Günther Winkler*, Wien 1997, S. 217–236; Wilfried Fiedler:»Staatensukzession und Menschenrechte«, in: B. Ziemske u. a. (Hrsg.), *Festschrift für Martin Kriele*, München 1997, S. 1371–1391.

[149] Caspar Dohmen: *Let's make Money*, Freiburg 2008, S. 20.

[150] Prof. Dr. Bernd-Thomas Ramb: *Vor der nächsten Währungs-Reform*, Hamburg o. J., S. 59.

[151] *Wirtschaftswoche* vom 11.04.2009, S. 18 (Quelle: Morgan Stanley).

[152] *Spiegel online* vom 06.01.2010, http://www.spiegel.de/wirtschaft/soziales/ 0,1518,670474,00.html.

[153] Ramb, S. 59 f.

[154] Blanchard/Illing, S. 773.

[155] http://www.focus.de/finanzen/news/konjunktur/tid-16144/staatsverschul dung-die-loesung-inflation_aid_452731.html.

[156] Ramb, S. 61.

[157] Ramb, S. 62, 64.

[158] http://www.faz.net/s/Rub050436A85B3A4C64819D7E1B05B60928/Doc~ E85AD97573AE548B28D7E83EF852D560A~ATpl~Ecommon~Scontent.html.

[159] *Handelsblatt* vom 30.12.2009.

[160] Blanchard/Illing, S. 714.

[161] Ebd., S. 715.

[162] Dazu weiterführend: http://www.libertyhaven.com/countriesandregions/ china/hyperinflation.html; http://www.zeit.de/2003/38/Jeffrey_Sachs; http:// 2001662.homepagemodules.de/t475443f11745512_Nicaragua_ Der_Sieg_ der_Sandinisten.html; http://www.bpb.de/publikationen/064919942412203 60370961530614087,1,0,Wirtschaftssystem_und_Wirtschaftspolitik.html; http://www.emkweltmission.de/laender/brasilien/Brasilien_Zeitgesch.html; http://www.kas.de/db_files/dokumente/auslandsinformationen/7_doku ment_dok_pdf_3573_1.pdf; http://www.inwent.org/E+Z/1997-2002/ez602- 9.htm; http://www.clevelandfed.org/Research/com2000/1200.htm; http:// www.bmlv.gv.at/download_archiv/ausle_unterlagen/k_e_landesinfo_ ab2.pdf; http://www.tomchao.com/hb20.html; http://129.194.252.80/catfiles/ 1916.pdf; http://www.bpb.de/publikationen/D0THIA,0,0,Die_Finanzkrise_ in_Russland_im_Gefolge_der_Asienkrise.html; http://www.us-angola.org/ pressreleases/071904.htm; http://www.metro-press.com/angola/get_prog rm.html.

[163] Blanchard/Illing, S. 715.

[164] Ebd., S. 716.

[165] Ebd., S. 725.

[166] Ebd., S. 726.

[167]   Ralf Berhorst: »Inflation 1923. Stunde der Spekulanten«, http://www.geo.de/
        GEO/kultur/geschichte/55249.html?p=1&pageview=&pageview=.
[168]   Zarlenga, S. 455
[169]   Quelle: http://www.wirtschaftslexikon24.net/d/seigniorage/seigniorage.htm.
[170]   Hutchinson, »Is it 1932 – or 1932?«
[171]   Unter der Seigniorage versteht man auch die Einnahmen, die der Zentral-
        bank durch das Monopol der Zentralbankgeldschöpfung entstehen und letzt-
        lich an den Staat abgeführt werden (Quelle: http://www.wirtschaftslexi
        kon24.net/d/seigniorage/seigniorage.htm).
[172]   http://boersenlexikon.faz.net/emission.htm.
[173]   Dr. Horace Greeley Hjalmar Schacht (1877–1970) war Politiker, Bankier,
        von 1923 bis 1930 und von 1933 bis 1939 Reichsbankpräsident sowie von
        1934 bis 1937 auch Reichswirtschaftsminister. Er gehörte zu den 24 im
        Nürnberger Prozess gegen die Hauptkriegsverbrecher vor dem Internationa-
        len Militärgerichtshof angeklagten Führungspersonen des Nationalsozialis-
        mus und wurde am 1. Oktober 1946 in allen Anklagepunkten freigesprochen
        (vgl. dazu: Christian Zentner: *Der Nürnberger Prozess*, München/Zürich
        1984, S. 72 ff.)
[174]   Vgl. dazu: Hjalmar Schacht: *Die Magie des Geldes. Schwund oder Bestand
        der Mark*, Berlin 1966; Stephen Zarlenga: *Der Mythos vom Geld – Die
        Geschichte der Macht*, Zürich, 1999, S. 456 ff.; Stephen Zarlenga: »Ger-
        many's 1923 Hyperinflation: A ›Private‹ Affair«, in: *Barnes Review*, Juli/
        August 1999, sowie Ellen H. Brown: »Brown: Erinnerungen an die Hyper-
        inflation in Weimar-Deutschland: Brauchen wir jetzt wieder Schubkarren?«,
        http://info.kopp-verlag.de/news/erinnerungen-an-die-hyperinflation-in-wei
        mar-deutschland.html.
[175]   Thomas Homes: »IMF Contributes to Zimbabwe's Hyperinflation«, unter:
        www.newzimbabwe.com, 5. März 2006.
[176]   http://www.zimonline.co.za.
[177]   Angaben des Cato Institute.
[178]   http://www.cato.org/zimbabwe; http://www.tagesschau.de/ausland/simbab
        we400.html.
[179]   http://edition.cnn.com/2008/WORLD/africa/11/03/zimbabwe.money/
        index.html.
[180]   http://news.bbc.co.uk/2/hi/africa/7832601.stm.
[181]   http://news.bbc.co.uk/2/hi/africa/7859033.stm.
[182]   http://www.spiegel.de/wirtschaft/0,1518,604974,00.html.
[183]   http://www.spiegel.de/wirtschaft/0,1518,618704,00.html.
[184]   Ellen H. Brown: »Brown: Erinnerungen an die Hyperinflation in Weimar-
        Deutschland: Brauchen wir jetzt wieder Schubkarren?«, http://info.kopp-
        verlag.de/news/erinnerungen-an-die-hyperinflation-in-weimar-deutsch
        land.html).
[185]   Fachliteratur: Michael Bordo/Andrew Filardo: »Deflation and monetary
        policy in a historiscal perspective: remembering the past or being condemned
        to repeat it?«, in: *Economic Policy*, Oktober 2005, S. 799–844; Charles
        Goodhart/Boris Hofmann: »Deflation, credit and asset prices«, in: Richard

C. K. Burdekin/Pierre L. Siklos (Hrsg): *Deflation – Current and Historical Perspectives*, Cambridge o. J.; International Monetary Fund: *Deflation: Determinants, Risks, and Policy Options – Findings of an Independent Task Force*, Washington, D. C., 30. April 2003.

[186] http://wirtschaftslexikon.gabler.de/Definition/deflation.html; Blanchard/ Illing, *Makroökonomie*, S. 695.

[187] Blanchard/Illing, S. 26.

[188] Dirk Glebe: *Börse verstehen*, Norderstedt 2008, S. 75.

[189] Blanchard/Illing, S. 773.

[190] Vgl.: Helmut Creutz: »Deflation – ein Gespenst geht um!«, in: *Contraste*, Februar 2003, http://userpage.fu-berlin.de/~roehrigw/creutz/creutz-defla tion.htm.

[191] Creutz, »Deflation«.

[192] Blanchard/Illing, S. 699, 702.

[193] Creutz, »Deflation«.

[194] Ebd.

[195] Angaben der Datenbank *Ameco* der European Commission – Economic and Financial Affairs.

[196] Creutz, »Deflation«.

[197] *Handelsblatt* vom 30.11.2009.

[198] *Handelsblatt* vom 30.12.2009.

[199] http://www.wirtschaftslexikon24.net/d/liquiditaetsfalle/liquiditaetsfalle.htm.

[200] Blanchard/Illing, S. 688 f., 707.

[201] Vgl.: Dr. rer. pol. Hansjörg Herr: »Die Finanzkrise in Russland im Gefolge der Asienkrise«, in: *Politik und Zeitgeschichte*, Nr. B 37-38/2000, Bundes- zentrale für politische Bildung, http://www.bpb.de/publikationen/D0THIA, 2,0,Die_Finanzkrise_in_Russland_im_Gefolge_der_Asienkrise.html#art2.

[202] Beim Ausbruch der Krise hatten die russischen Banken Fremdwährungs- verbindlichkeiten in Höhe von 183 Milliarden Rubel, während die Fremd- währungsguthaben nur 73,1 Mrd. Rubel betrugen; vgl. Ulrich Thießen: *Banking Crisis in Transition Countries – Theory and Empirical Evidence: The Case of Russia, DIW Discussion Papers*, No. 193, Berlin 2000.

[203] Des thailändischen Bath am 2. Juli 1997.

[204] Bank für Internationalen Zahlungsausgleich (BIZ): *69. Jahresbericht*, Basel 1999, S. 4.

[205] Ognian Hishow: *Russland: Wechselkursstabilität am Ende?*, Bundesinstitut für ostwissenschaftliche und internationale Studien, *Aktuelle Analysen*, Nr. 22/1998.

[206] Herr, »Die Finanzkrise in Russland im Gefolge der Asienkrise«.

[207] Es handelte sich hierbei um einen Zinssatz für kurzfristige Kredite. Auf- grund der hohen Unsicherheiten in Russland spielten langfristige Kredite eine geringe Rolle und machten schon vor dem Ausbruch der Rubelkrise 1998 nur zehn Prozent aller Bankkredite aus. Vgl. Herr, »Die Finanzkrise in Russland im Gefolge der Asienkrise«; Petr Vostrikov: »Die Finanzmärkte und das Bankensystem Russlands im Jahre 1999«, Bundesinstitut für ost- wissenschaftliche und internationale Studien, *Aktuelle Analysen*, Nr. 3, 1999.

[208] 1994 waren das noch zwei Prozent gewesen.

[209] Vgl. European Bank for Reconstruction and Development (EBRD): *Transition Report*, London 1998, S. 14 f.

[210] Herr, »Die Finanzkrise in Russland im Gefolge der Asienkrise«; Lucjan Orlowsky: *The Asian and the Russian Financial Crises: Propagation Effects and Policy Responses in Central Europa's Transition Economies, Discussion Papers*, Institut für Wirtschaftsforschung Halle, No. 104/1999.

[211] Ulrich Thießen, »Lehren aus Bankenkrisen. Der Fall Russland«, in: *Osteuropa-Wirtschaft*, 45/2000, S. 69–83.

[212] Herr, »Die Finanzkrise in Russland im Gefolge der Asienkrise«; European Bank for Reconstruction and Development (EBRD): *Transition Report*, London 1999, S. 252.

[213] Vgl. European Bank for Reconstruction and Development (EBRD): *Transition Report*, London 1999, S. 261.

[214] Als »arm« wurde definiert, wer weniger als 394 Rubel pro Monat zur Verfügung hat. Dies entspricht 60 US-Dollar zum Wechselkurs vor der Krise. Vgl. Herr, »Die Finanzkrise in Russland im Gefolge der Asienkrise«; European Bank for Reconstruction and Development (EBRD): *Transition Report*, London 1999, S. 19.

[215] Vgl. Roland Götz, »Russische Wirtschaft vor dem Aufschwung?«, Bundesinstitut für ostwissenschaftliche und internationale Studien, *Aktuelle Analysen*, Nr. 24/2000.

[216] Herr, »Die Finanzkrise in Russland im Gefolge der Asienkrise«.

[217] *Handelsblatt* vom 30.11.2009.

[218] http://www.berlinonline.de/berliner-zeitung/archiv/.bin/dump.fcgi/2009/1026/wirtschaft/0011/index.html.

[219] Ebd.

[220] *Handelsblatt* vom 29.10.2009.

[221] http://www.berlinonline.de/berliner-zeitung/archiv/.bin/dump.fcgi/2009/1026/wirtschaft/0011/index.html.

[222] Diese Umstände dauerten aber aufgrund der Konjunkturerholungen in den nächsten Jahren nicht lange an.

[223] http://www.berlinonline.de/berliner-zeitung/archiv/.bin/dump.fcgi/2009/1026/wirtschaft/0011/index.html.

[224] Nach dem Konsumentenpreisindex »IPC«.

[225] Aufgrund der besseren Konjunkturlage wurden die von der »Corralón« betroffenen Konten allerdings bereits ab 2003 vorzeitig zurückgezahlt.

[226] http://www.berlinonline.de/berliner-zeitung/archiv/.bin/dump.fcgi/2009/1026/wirtschaft/0011/index.html.

[227] Ebd.

[228] *Handelsblatt* vom 29.10.2009.

[229] Quellen zum gesamten Kapitel: Olivier Blanchard/Daniel Pérez Enrri: *Macroeconomía*, Prentice Hall Iberia, Buenos Aires 2002, S. 479–481 (deutsch: Olivier Blanchard/Gerhard Illing: *Makroökonomie*, München 2009); »Argentina suspends debt payments« (*BBC News* vom 25.12.2001); Erhebungen des Statistikamtes INDEC; http://www.zeit.de/2007/23/G8-Geier

fonds; https://www.cia.gov/library/publications/the-world-factbook/geos/ar.html; http://www.lavoz.com.ar/Nota.asp?nota_id=2888&high=pobreza; http://www.clarin.com/diario/2006/09/16/elpais/p-00601.htm; http://www.in sumisos.com/lecturasinsumisas/perspectiva%20de%20la%20crisis%20eco nomica%20en%20argentina%201997_2002.pdf; http://www.indec.gov.ar; Diana Klein: *Die Argentinienkrise*, Wien 2003; Cornelius Huppertz: »Korruption in Argentinien. Eine netzwerkanalytische Erklärung der Finanzkrise«, in: *Schriften zur internationalen Politik*, Band 8. Hamburg 2004; Christoph Jost: »Argentinien, Umfang und Ursachen der Staatsverschuldung und Probleme der Umschuldung«, in: *Auslandsinformationen*, Konrad-Adenauer-Stiftung, Sankt Augustin 2003; Ralf Kronberger: »Emerging Markets – Der Fall Argentinien«, in: *Aktuelle Unterlagen, Wirtschaft und Gesellschaft*, Arbeitsgemeinschaft für Wirtschaft und Schule, Wien 2002, 39.; Jutta Maute: »Hyperinflation, Currency Board, and Bust: The Case of Argentina«, in: *Hohenheimer Volkswirtschaftliche Schriften*, Frankfurt 2006; Peter Birle/ Sandra Carreras (Hrsg.): *Argentinien nach zehn Jahren Menem. Wandel und Kontinuität*, Frankfurt am Main 2002; Rainer Schweickert: »Neue Krise – alte Probleme«, in: *Brennpunkt Lateinamerika*, Institut für Iberoamerika-Kunde, Hamburg 2002; »A survey of Argentina«, in: *The Economist* vom 15. 06.2004.

[230] http://www.finanznachrichten.de/nachrichten-2008-12/12628857-ecuador-offiziell-mit-teil-seiner-auslandsschulden-in-verzug-016.htm.

[231] Ebd.

[232] http://mobil.boerse-online.de/bo/zinsen/aktuell/:Ecuador-Anleihen:Halsab schneiderei-hat-Erfolg/509901.html?nv=rss.

[233] http://www.finanznachrichten.de/nachrichten-2008-12/12628857-ecuador-offiziell-mit-teil-seiner-auslandsschulden-in-verzug-016.htm.

[234] http://www.welt.de/finanzen/schulden-kinder/article3612007/Wenn-ein-gan zes-Land-pleite-ist.html?query=bankrott%20island.

[235] http://www.tagesschau.de/ausland/island210.html.

[236] http://www.welt.de/finanzen/article4255129/Grossaktionaere-pluenderten-offenbar-Kaupthing-Bank.html.

[237] http://www.welt.de/welt_print/article2550311/Island-ist-bankrott.html.

[238] http://www.wiwo.de/politik-weltwirtschaft/islands-angst-vor-dem-staats bankrott-373666/.

[239] Ebd.

[240] *Handelsblatt* vom 06.01.2010.

[241] http://www.welt.de/wirtschaft/article3345420/Island-verstaatlicht-die-letzte-grosse-Bank.html.

[242] http://www.tagesschau.de/ausland/island210.html.

[243] http://www.sueddeutsche.de/finanzen/350/464944/text/.

[244] *Handelsblatt* vom 15.12.2009.

[245] *Der Spiegel*, 49/2009.

[246] http://www.nzz.ch/nachrichten/wirtschaft/aktuell/dubai_zieht_die_not bremse_1.4064718.html; http://www.nzz.ch/nachrichten/startseite/schwere_ zeiten_in_dubai_1.3967833.html.

247   *Handelsblatt* vom 01.12.2009.

248   Ebd.

249   *Handelsblatt* vom 15.12.2009.

250   *Tagesschau* (ARD), Sendung vom 14.12.2009.

251   Michael Grandt: »Europa-Crash: Erster EU-Mitgliedsstaat stand kurz vor dem Bankrott«, http://info.kopp-verlag.de/news/europa-crash-erster-eu-mitgliedsstaat-stand-kurz-vor-dem-bankrott.html.

252   Ebd.

253   http://hw71.wordpress.com/2009/02/17/ungarn-mit-steuererhohung-und-sozialleistungskurzung-gegen-den-staatsbankrott/.

254   http://www.balaton-zeitung.info/Nachrichten/Experten-Ungarn-am-Rande-des-Staatsbankrotts.

255   Michael Grandt: »Da waren es schon drei: Rumänien ist als nächster EU-Staat bankrott!« (http://info.kopp-verlag.de/news/da-waren-es-schon-drei-rumaenien-ist-als-naechster-eu-staat-bankrott.html.

256   *Handelsblatt* vom 25.11.2009.

257   http://www.thomsonreuters.com/products_services/financial/financial_products/investment_management/research_analysis/datastream.

258   *Handelsblatt* vom 08.12.2009.

259   *Handelsblatt* vom 20.11.2009.

260   *Handelsblatt* vom 22.12.2009.

261   Michael Grandt: »Lettland vor dem Aus«, http://info.kopp-verlag.de/news/lettland-vor-dem-aus.html.

262   *Handelsblatt* vom 20.11.2009.

263   http://de.rian.ru/business/20081106/118153218.html.

264   *Handelsblatt* vom 05.11.2009.

265   http://www.nrcu.gov.ua/index.php?id=475&listid=104355.

266   *Handelsblatt* vom 15.01.2010.

267   *Die Presse* vom 09.11.2009 (http://diepresse.com/home/wirtschaft/eastconomist/520409/index.do?_vl_backlink=/home/wirtschaft/index.do.

268   *The Economist* vom 12.09.2009.

269   *Handelsblatt* vom 10.12.2009.

270   Michael Grandt: »Spanien steht mit dem Rücken an der Wand«, http://info.kopp-verlag.de/news/spanien-steht-mit-dem-ruecken-an-der-wand-nur-drastische-steuererhoehungen-koennen-das-land-noch.html.

271   Gerd Höhler: »Athens unsolide Finanzpolitik gefährdet die Währungsunion«, in: *Handelsblatt* vom 19.11.2009.

272   *Handelsblatt* vom 18.12.2009.

273   *Handelsblatt* vom 09.12.2009, 22.12.2009.

274   *Handelsblatt* vom 10.12.2009.

275   *Handelsblatt* vom 09.12.2009.

276   *Handelsblatt* vom 10.12.2009.

277   Ebd.

278   Ebd.

279   Beide Zitate aus: *Handelsblatt* vom 09.12.2009.

280   http://www.sueddeutsche.de/wirtschaft/556/493898/text/.

281 *Der Spiegel*, 50/2009, S. 85.
282 http://www.sueddeutsche.de/wirtschaft/556/493898/text/.
283 *Der Spiegel*, 50/2009, S. 85.
284 Ebd.
285 Gerd Höhler: »Athens unsolide Finanzpolitik gefährdet die Währungsunion«, in: *Handelsblatt* vom 19.11.2009.
286 *Der Spiegel*, 50/2009, S. 84.
287 *Handelsblatt* vom 15.12.2009.
288 *Handelsblatt* vom 18.12.2009.
289 *Handelsblatt* vom 11.01.2010.
290 *Handelsblatt* vom 04.01.2010.
291 *Handelsblatt* vom 15.12.2009.
292 *Handelsblatt* vom 15.01.2010.
293 *Handelsblatt* vom 15.12.2009.
294 *Handelsblatt* vom 21.01.2010.
295 http://www.zeit.de/2009/10/Irland.
296 *Handelsblatt* vom 02.12.2009.
297 Ebd.
298 Ebd.
299 *Handelsblatt* vom 10.12.2009.
300 *Handelsblatt* vom 08.12.2009.
301 http://www.telegraph.co.uk/finance/newsbysector/banksandfinance/6441259/UK-financial-system-not-able-to-support-recovery.html.
302 Daten: Bloomberg
303 *Handelsblatt* vom 08.12.2009.
304 Quelle: Bank of England, in: *Handelsblatt* vom 15.01.2010.
305 Michael Maisch: »Britische Staatsschulden laufen aus dem Ruder«, in: *Handelsblatt* vom 20.11.2009.
306 *Handelsblatt* vom 08.12.2009.
307 *Handelsblatt* vom 15.12.2009.
308 Michael Grandt: »Steht Großbritannien vor dem Staatsbankrott?«, http://info.kopp-verlag.de/news/steht-grossbritannien-vor-dem-staatsbankrott.html); *SilberBulletin*, Nr. 38/2009, vom 10. Oktober 2009.
309 *Handelsblatt* vom 08.01.2010.
310 http://www.handelsblatt.com/politik/international/osteuropabank-chef-fordert-hilfen-der-ezb;2194681.
311 Ebd.
312 http://www.handelsblatt.com/politik/international/osteuropabank-stemmt-sich-gegen-staatenkrise;2174963.
313 Ebd.
314 Ebd.
315 http://www.handelsblatt.com/politik/international/osteuropabank-chef-fordert-hilfen-der-ezb;2194681.
316 Ebd.
317 *Handelsblatt* vom 14.01.2010.

318 http://www.profil.at/articles/0907/560/233798/droht-republik-oesterreich-bankrott-osteuropa-oesterreich.
319 http://www.mmnews.de/index.php/200902152265/MM-News/Droht-Oster reich-der-Bankrott.html.
320 http://www.telegraph.co.uk/finance/comment/ambroseevans_pritchard/4623525/Failure-to-save-East-Europe-will-lead-to-worldwide-melt down.html.
321 Michael Grandt: »Da waren es schon drei«, http://info.kopp-verlag.de/news/da-waren-es-schon-drei-rumaenien-ist-als-naechster-eu-staat-bankrott.html.
322 Vgl.: Robert von Heusinger: »Müssen wir jetzt Staaten retten?«, in: *Frankfurter Rundschau* vom 24.02.2009.
323 Michael Grandt: »Europa am Abgrund«, http://info.kopp-verlag.de/news/europa-am-abgrund.html.
324 *Handelsblatt* vom 11.01.2010.
325 Ebd.
326 Ebd.
327 http://www.sueddeutsche.de/wirtschaft/556/493898/text/.
328 *Handelsblatt* vom 03.12.2009.
329 http://www.telegraph.co.uk/finance/financetopics/financialcrisis/4590512/European-banks-may-need-16.3-trillion-bail-out-EC-dcoument-warns.html.
330 http://derstandard.at/?url=/?id=1233586975629.
331 http://www.finanznachrichten.de/nachrichten-2009-02/13055958-bankenret tung-eu-staaten-geht-das-geld-aus-009.htm.
332 http://www.handelsblatt.com/archiv/bad-banks-bewaehren-sich-in-schwe ren-zeiten;605696 .
333 http://www.handelsblatt.com/archiv/fuehrungskraefte-erwarten-banken-zusammenbruch;614180.
334 http://info.kopp-verlag.de/news/streng-geheim-faule-wertpapiere-fuer-181-billionen-euro-bei-westlichen-banken.html.
335 http://www.handelsblatt.com/archiv/bad-bank-sorgt-fuer-aufregung;606003.
336 Udo Ulfkotte lehrte von 1999 bis 2007 im Fachbereich Betriebswirtschaft an der Universität Lüneburg.
337 *Der Spiegel*, 41/2009, S. 74.
338 EU-Berechnungen vom Oktober 2009.
339 Prognose.
340 *Handelsblatt* vom 07.01.2010.
341 http://www.ftd.de/politik/europa/:studie-des-iwf-europa-droht-langfristig-schwaches-wachstum/50018552.html.
342 *Handelsblatt* vom 08.12.2009.
343 *Handelsblatt* vom 18.12.2009.
344 Quelle: EZB-Statistik, in: *Der Spiegel*, 48/2009, S. 81.
345 http://www.ftd.de/politik/europa/:studie-des-iwf-europa-droht-langfristig-schwaches-wachstum/50018552.html.
346 Quelle: Eurostat vom 08.01.2010, in: *Handelsblatt* vom 11.01.2010.
347 Quelle: Depository Trust & Clearing Corporation (DTCC).
348 Quelle: International Swaps and Derivatives Association (ISDA).

349 http://www.ftd.de/finanzen/derivate/:hohe-staatsverschuldung-absicherung-gegen-pleiten-europaeischer-laender-boomt/50017267.html.

350 http://www.brainguide.de/cds—credit-default-swaps.

351 www.zeitdiagnose.de.

352 Ebd.

353 Ebd.

354 http://www.faz.net/s/Rub050436A85B3A4C64819D7E1B05B60928/Doc~E85AD97573AE548B28D7E83EF852D560A~ATpl~Ecommon~Scontent.html.

355 Ebd.

356 Homepage: http://www.imf.org/external/index.htm.

357 http://www.imf.org/external/np/sec/memdir/members.htm#g.

358 Quelle: IWF.

359 Eike Hamer:»Neurodnung des Weltwährungsgefüges«, in: *Das Edelmetall & Rohstoffmagazin 2009/2010*, Neustadt an der Orla 2009, S. 99.

360 Blanchard/Illing, S. 37

361 Ebd.

362 Mehr zum Thema IWF z. B. in: Thomas Gerassimos Riedel: *Rechtsbeziehungen zwischen dem Internationalen Währungsfonds und der Welthandels-organisation: die Organisationen und ihre gegenseitigen Rechtsbeziehungen im Bereich des Handels und der Subventionen*, Baden-Baden 2008; Axel Dreher: *Die Kreditvergabe von IWF und Weltbank. Ursachen und Wirkungen aus politisch-ökonomischer Sicht*, Berlin, 2003; Axel Dreher:»Verursacht der IWF Moral Hazard? Ein kritischer Literaturüberblick«, in: *Jahrbuch für Wirtschaftswissenschaften*, 54, 2003, S. 268–287; Richard Peet: *Unholy Trinity. The IMF, World Bank and WTO*, London 2009; Michel Chossudovsky: *Global Brutal. Der entfesselte Welthandel, die Armut, der Krieg*, Frankfurt am Main 2002.

363 Vgl.: *Handelsblatt* vom 26.11.2009.

364 SAPRIN (Hrsg.): *Structural Adjustment. The SAPRI Report*, London/New York, 2004.

365 Vgl.: J. Stiglitz: *Die Schattenseiten der Globalisierung*, München 2004.

366 http://de.rian.ru/business/20090303/120395254.html; http://www.imf.org/external/np/fin/tad/extarr2.aspx?memberKey1=35&date1key=2009-10-31.

367 http://www.spiegel.de/wirtschaft/0,1518,601007,00.html.

368 *Der Spiegel*, 38/2009, S. 120.

369 http://www.handelsblatt.com/politik/konjunktur-nachrichten/tuerkei-iwf-kredit-in-milliardenhoehe-bekommen;2234127.

370 http://www.tuerkei-news.de/10074/keine-kreditvereinbarung-iwf-tuerkei/.

371 *Handelsblatt* vom 06.01.2010.

372 Quelle: Statista 2009 (http://de.statista.com/statistik/studien/q/polen/).

373 http://diepresse.com/home/wirtschaft/eastconomist/494145/index.do?from=suche.extern.google.de.

374 http://www.net-tribune.de/nt/node/12759/news/Moldawien-erhaelt-Bei standskredit-vom-IWF.

375 http://www.imf.org/external/np/fin/tad/extarr2.aspx?memberKey1=335&date1key=2009-10-31.

[376]   *Der Spiegel*, 38/2009, S. 120.

[377]   Ebd.

[378]   Ebd.

[379]   http://de.biz.yahoo.com/boersenlexikon/laenderrisiko.html.

[380]   Das schließt auch die mangelnde Erfüllung von Verpflichtungen aus Wertpapieren aller Art (z. B. Staatsanleihen) oder Derivaten ein.

[381]   Basel Committee on Banking Supervision: *Steuerung des Internationalen Kreditgeschäfts der Banken: Analyse des Länderrisikos sowie Messung und Kontrolle des Länderengagements*, März 1982, S. 1.

[382]   http://de.biz.yahoo.com/boersenlexikon/laenderrisiko.html.

[383]   Ebd.

[384]   Helmut Krämer-Eis: *Evaluierung hoheitlicher Länderrisiken*, Jena 1997, S. 27.

[385]   Vgl. dazu: *Gabler Wirtschaftslexikon*, Wiesbaden 2001, S. 1934.

[386]   http://verlorenegeneration.de/landerisiken-im-uberblick/.

[387]   Ebd.

[388]   Quellen: http://www.thomsonreuters.com/products_services/financial/financial_products/investment_management/research_analysis/datastream und http://verlorenegeneration.de/landerisiken-im-uberblick/).

[389]   http://www.wirtschaftslexikon24.net/d/leistungsbilanz/leistungsbilanz.htm.

[390]   https://www.cia.gov/library/publications/the-world-factbook/rankorder/2187rank.html; die Angaben sind von 2008, Zahlen für 2009 sind noch nicht veröffentlicht, dennoch können wir daraus einiges erkennen. Im Zuge der Weltwirtschaftskrise, deren Auswirkungen erst 2009 richtig zu spüren waren, dürfte die Bilanz aber noch verheerender aussehen. Ich möchte dem Leser die Daten nicht vorenthalten, da sie, wie schon erläutert, wichtige ökonomische Größen zur Bewertung einer Volkswirtschaft darstellen.

[391]   http://www.bundesfinanzministerium.de/nn_88474/DE/BMF__Startseite/Aktuelles/Monatsbericht__des__BMF/2009/11/statistiken-und-dokumentationen/01-finanzwirtschaftliche-entwicklung/tabellen/Tabelle__S15.html.

[392]   Quelle: Crédit Suisse, 03/2009.

[393]   Für alle Aussagen Krugmans: http://www.sueddeutsche.de/finanzen/350/464944/text/.

[394]   http://www.djindexes.com/.

[395]   Um Erträge aus Bezugsrechten und Sonderzahlungen bereinigt.

[396]   http://www.djindexes.com/mdsidx/html/avgMethod.html.

[397]   Nikolaus Piper. *Die Große Rezession*, München 2009, S. 129.

[398]   http://zfacts.com/p/461.html.

[399]   http://www.silberknappheit.de/schulden/staat.php.

[400]   Vgl. CNN vom 10.12.2009.

[401]   Titel der Studie *Possible Macroeconomic Consequences of Large Future Federal Government Deficits*, vgl.: *Handelsblatt* vom 07.12.2009.

[402]   Quelle:»Langfristige Haushaltsplanung« (Congressional Budget Office), in: *Handelsblatt* vom 20.11.2009.

[403]   http://www.bundesfinanzministerium.de/nn_88474/DE/BMF__Startseite/Aktuelles/Monatsbericht__des__BMF/2009/11/statistiken-und-dokumentationen/01-finanzwirtschaftliche-entwicklung/tabellen/Tabelle__S15.html.

404 Le Monde diplomatique: *Atlas der Globalisierung*, Berlin 2009, S. 63.

405 *Der Spiegel*, 51/2009, S. 95.

406 *Handelsblatt* vom 22.01.2010.

407 Ebd.

408 *Handelsblatt* vom 26.11.2009.

409 In der Wirtschaftssprache »Doppeldefizit«.

410 Quelle: Center on Budget and Policy Priorities.

411 Ebd.

412 http://www.cbpp.org/cms/index.cfm?fa=view&id=711.

413 http://info.kopp-verlag.de/news/wann-sind-die-usa-bankrott-bereits-42-bundesstaaten-haben-haushaltsdefizite.html.

414 Ebd.

415 http://info.kopp-verlag.de/news/aus-der-traum-florida-in-schwerem-krisen sturm.html.

416 Nouriel Roubini: »Ente statt Phönix – oder die Geschichte zweier Welten«, in: *Handelsblatt* vom 23.11.2009.

417 *Handelsblatt* vom 20.11.2009.

418 Angaben des US Department of Commerce.

419 http://www.moneymorning.com/2009/11/04/u.s.-hyperinflation/.

420 Ebd.

421 *Handelsblatt* vom 24.11.2009.

422 *Handelsblatt* vom 25.11.2009.

423 Quelle: Merrill Lynch & Co. (*Handelsblatt* vom 24.11.2009).

424 *Handelsblatt* vom 19.11.2009.

425 *Handelsblatt* vom 14.12.2009.

426 *Handelsblatt* vom 14.12.2009.

427 Joshua Aizenman/Nancy Marion: »Using Inflation to Erode the U.S. Public Debt«, in: *NBER Working Paper Nr. 15562* (Dezember 2009), http://www.vo xeu.org/index.php?q=node/4413.

428 Ebd.

429 Ebd.

430 Ebd.

431 F. William Engdahl: »US-Einlagensicherung am Rande des Bankrotts«, http://info.kopp-verlag.de/news/us-einlagensicherung-am-rande-des-bankrotts.html.

432 Ebd.

433 http://www.randzone-online.de/?p=5002.

434 *Handelsblatt* vom 07.12.2009.

435 Interview mit Prof. Dr. Hans J. Bocker, in: *Das Edelmetall & Rohstoff-magazin 2009/2010*, Neustadt an der Orla 2009, S. 124.

436 Niki Vogt: »US-Einlagensicherung bankrott«, http://info.kopp-verlag.de/news/us-amerikanische-einlagensicherung-bankrott.html.

437 http://market-ticker.denninger.net/archives/1660-The-FDIC-Is-Broke.html.

438 http://www.sueddeutsche.de/wirtschaft/612/471155/text/.

439 ftp://ftp.bls.gov/pub/special.requests/lf/aat1.txt.

440 Arbeitslose in Prozent der Erwerbspersonen nach internationaler Definition (ILO/EUROSTAT); Quelle: EU-Kommission, EUROSTAT, OECD.

441 *Handelsblatt* vom 14.01.2010.

442 http://www.bls.gov/web/laumstrk.htm.

443 Ebd.

444 Ebd.

445 David Bell/David Blanchflower: *What Should be Done About Rising Unemployment in the OECD?, IZA Discussion Paper No. 4455* (2009), vgl.: *Handelsblatt* vom 09.11.2009.

446 Ebd.

447 Ebd.

448 Ebd.

449 Ebd.

450 F. William Engdahl: »Der nächste Finanz-Tsunami braut sich zusammen«, http://info.kopp-verlag.de/news/der-naechste-finanz-tsunami-braut-sich-zusammen.html.

451 Ebd.

452 Ebd.

453 Ebd.

454 Nouriel Roubini: »Ente statt Phönix – oder die Geschichte zweier Welten«, in: *Handelsblatt* vom 23.11.2009.

455 http://www.finanzen.net/zinsen/30j-US-Staatsanleihen.

456 *Handelsblatt* vom 04.01.2010.

457 F. William Engdahl: »Diese globale Krise hat erst begonnen«, http://info.kopp-verlag.de/news/diese-globale-krise-hat-erst-begonnen.html.

458 http://www.treas.gov/tic/mfh.txt.

459 Le Monde diplomatique, *Atlas der Globalisierung*, S. 63, 105.

460 Piper, S. 223.

461 *Der Spiegel*, 5/2009, S. 53.

462 Alexander Dill: *Der große Raubzug*, München 2009, S. 87.

463 *Welt am Sonntag* vom 10.01.2010.

464 Martin Weiss: »Die nächste Phase der Schuldenkrise: Das Staatsanleihen-Fiasko«, http://www.goldseiten.de/content/diverses/artikel.php?storyid=10500 vom 09.05.2009.

465 Peter Boehringer: »Die sechs Reiter der wirtschaftlichen Apokalypse«, in: *Das Edelmetall & Rohstoffmagazin 2009/2010*, Neustadt an der Orta 2009, S. 164.

466 Martin Weiss: »Die nächste Phase der Schuldenkrise: Das Staatsanleihen-Fiasko«, http://www.goldseiten.de/content/diverses/artikel.php?storyid=10500) vom 09.05.2009, S. 1 f.

467 Boehringer, S. 165.

468 Ebd., S. 81.

469 *Handelsblatt* vom 04.01.2010.

470 Quelle: Realty Trac; *Handelsblatt* vom 11.12.2009.

471 *Handelsblatt* vom 04.01.2010.

472 ShadowStats.com; *Agora Financial*, 11/2009.

[473] *Der Spiegel*, 48/2009, S. 80.

[474] Ebd.

[475] *Wirtschaftswoche*, 18/2009, S. 108,

[476] *Handelsblatt* vom 29.10.2009.

[477] Ebd.

[478] Eike Hamer:»Neuordnung des Weltwährungsgefüges«, in: *Das Edelmetall & Rohstoffmagazin 2009/2010*, Neustadt an der Orla 2009, S. 98.

[479] Le Monde diplomatique: *Atlas der Globalisierung*, Berlin 2009, S. 65.

[480] Quelle: Bloomberg; *Welt am Sonntag* vom 10.01.2010.

[481] *Der Spiegel*, 50/2009, S. 87.

[482] Quelle: Thomson Financial Datastream.

[483] http://mwhodges.home.att.net/inflation.htm.

[484] Die übliche Betrachtungsweise besteht darin, dass man den Goldpreis (je Feinunze, entspricht abgerundet 31,1 Gramm) in Dollar misst. An dieser Stelle wurde von dem Zeitpunkt ausgegangen, als Dollar und Euro pari waren (Ende 2002 beim damaligen Preis von zirka 350 Dollar je Feinunze Gold); Quelle: http://www.wiwo.de/finanzen/dollar-schwindsucht-einmal-anders-413753/2/.

[485] Le Monde diplomatique, *Atlas der Globalisierung*, S. 13.

[486] Ebd., S. 64 f.

[487] *Handelsblatt* vom 25.11.2009.

[488] Ebd.

[489] Ebd.

[490] *Handelsblatt* vom 18.11.2009.

[491] *Handelsblatt* vom 30.11.2009.

[492] Otmar Emminger:»Die Entwicklung des Wechselkurses von der ›sakrosankten‹ Parität zum flexiblen Instrument der Währungspolitik«, in: Wissenschaftlicher Beirat des Institutes für bankhistorische Forschung (Hrsg): *Bankhistorisches Archiv 1/1986, Zeitschrift für Bankengeschichte*, Frankfurt/M. 1986.

[493] Paul R. Krugman/Maurice Obstfeld: *Internationale Wirtschaft. Theorie und Politik der Außenwirtschaft*, München 2009, S. 425, 453 f., 855 ff.

[494] *Handelsblatt* vom 18.11.2009.

[495] *Handelsblatt* vom 29.12.2009.

[496] Peter Boehringer: *Die sechs Reiter der wirtschaftlichen Apokalypse*, S. 167.

[497] Le Monde diplomatique, *Atlas der Globalisierung*, S. 65.

[498] Interview mit Prof. Dr. Hans J. Bocker in: *Das Edelmetall & Rohstoffmagazin 2009/2010*, Neustadt an der Orla 2009, S. 124.

[499] Drew Zahn:»State considers return to gold, silver dollars«, http://www.wnd.com/?pageId=92000.

[500] *Der Spiegel*, 51/2009, S. 95.

[501] *Handelsblatt* vom 25.11.2009.

[502] *Handelsblatt* vom 26.11.2009.

[503] *Frontal* (ZDF), Sendung vom 25.08.2009.

[504] Ohne ausländische Banken.

[505] *Der Spiegel*, 5/2009, S. 51.

506   *Der Spiegel*, 5/2009, S. 51.

507   Ebd.

508   Ebd.

509   Ebd.

510   »Eine Holding für die Landesbanken«, in: *Der Spiegel*, 18/2009, S. 19.

511   *Der Spiegel*, 17/2009, S. 72.

512   *Der Tagesspiegel* vom 25.01.2009, http://www.tagesspiegel.de/wirtschaft/ Finanzkrise;art271,2714622.

513   Zit. nach: »Gefährlicher Einsatz«, in: *Der Spiegel*, 10/2009, S. 75.

514   Alexander Dill: *Der große Raubzug*, München 2009, S. 9 ff.

515   Die BaFin lässt per Staatsanwaltschaft klären, wie das Papier an die Öffentlichkeit gelangt ist, da der Verdacht auf Verstoß gegen die gesetzliche Verschwiegenheitspflicht bestehen würde.

516   Pikanterweise listete Wikipedia (http://wikipedia.org/wiki/BaFin-Liste) neun der Banken und ihre Milliardenrisiken auf. Der Artikel wurde jedoch am 04.05.2009 aus mir nicht bekannten Gründen gelöscht, er liegt mir allerdings als Ausdruck vor.

517   *Welt am Sonntag* vom 26.04.2009.

518   http://kurse.focus.de/news/BMF-BaFin-Liste-sagt-nichts-zu_id_news_103 990848.html?ID_.

519   *Welt am Sonntag* vom 26.04.2009.

520   Über die Sicherheit von Rentenfonds, Lebensversicherungen, Versorgungswerken und Betriebsrenten ausführlich in meinem Buch *Der Crash der Lebensversicherungen*, Rottenburg 2009.

521   Dill, S. 205.

522   Deutscher Bundestag, PuK 2 – Parlamentskorrespondenz: hib-Meldung 185/2009, Datum: 17.06.2009 (http://www.bundestag.de/aktuell/hib/2009/ 2009_185/01.html.

523   http://www.wiwo.de/politik/bundestag-beschliesst-rentenschutzklausel-400700/.

524   Quellen für diesen Abschnitt: http://altersvorsorge-rente.t-online.de/renten schock-bis-zu-acht-prozent-weniger-wegen-finanzkrise/id_20229700/index; http://altersvorsorge-rente.t-online.de/rente-rentenversicherung-koennte-deutlich-teurer-werden/id_20238524/index.

525   Zahlen des Statistischen Bundesamtes, Versorgungsempfänger des öffentlichen Dienstes 2008; neuere Zahlen liegen noch nocht vor.

526   Inklusive »Wohn-Riester«.

527   http://www.focus.de/finanzen/altersvorsorge/vorsorge-viele-lehnen-riester-rente-ab_aid_409052.html.

528   Sehr detailliert beschreibt dies Alexander Dill in: *Der große Raubzug*, München 2009, S. 68 f.

529   http://www.wiwo.de/finanzen/riester-rente-lohnt-sich-meist-erst-ab-90-403989/.

530   Ebd.

531   Ebd.

532   Ebd.

533 *KOPP Exklusiv*, 40/09.

534 http://www.rp-online.de/wirtschaft/news/unternehmen/Finanzkrise-reisst-Loecher-in-Pensionskassen_aid_719048.html.

535 *Welt am Sonntag* vom 05.04.2009.

536 Zahlen der OECD (http://info.kopp-verlag.de/news/wie-der-deutsche-staat-uns-schroepft.html).

537 Welt am Sonntag vom 04.12.2009.

538 *Der Spiegel*, 20/2009, S. 101.

539 *Welt am Sonntag* vom 10.01.2010.

540 Zit. nach:»Gipfel am Abgrund«, in: *Der Spiegel*, 5/2009, S. 51.

541 Zit. nach:»Lob der Gier«, in: *Der Spiegel*, 20/2009.

542 Christoph Hasselbach:»Wie reagieren Europas Gewerkschaften auf die Krise?«, http://www.dw-world.de vom 14.05.2009.

543 *Welt am Sonntag* vom 10.05.2009, S. 40.

544 Ileana Grabitz:»Die Angst vor dem sozialen Abstieg«, in: *Welt am Sonntag* vom 10.05.2009, S. 40.

545 Dill, S. 93.

546 2010 sind es 33 Bieter.

547 *Handelsblatt* vom 15.12.2009.

548 Dill, S. 94.

549 Aus den USA, Großbritannien, Frankreich, Niederlande, Schweden und Schweiz; in Deutschland fungieren die Deutsche Bank, Commerzbank, Dresdner Bank und Postbank als »Strukturvertrieb« für deutsche Staatsanleihen (vgl.: Dill, S. 96 und 216).

550 *KOPP Exklusiv*, 18/09, S. 8; *n-tv*-Sendung vom 20. April 2009.

551 *Plusminus* (ARD), Ausstrahlung am 01.12.2009.

552 Ebd.

553 Ebd.

554 Ebd.

555 Ebd.

556 http://www.steuerzahler.de/Verschuldung/7688c8973i1p477/index.html.

557 http://www.steuerzahler.de/Verschuldung/1233b477/index.html.

558 Quellen: Bund der Steuerzahler sowie Statistisches Bundesamt.

559 http://www.steuerzahler.de/Verschuldung/7688c8973i1p477/index.html.

560 Ebd.

561 http://docs.google.com/viewer?a=v&q=cache:xtzknuzIWeYJ:www.bundes finanzministerium.de/nn_4314/DE/Wirtschaft__und__Verwaltung/Finanz_ _und__Wirtschaftspolitik/Bundeshaushalt/240609__Argumentationspapier, templateId%3Draw,property%3D publicationFile.pdf+nettokreditaufnahme+ 2010&hl=de&gl=de&pid=bl&srcid=ADGEEShCuSe3SNyqBN5eb7wv 5bwgZUkV00hYWYPVxZZPsWfHth44bzelqK8efKUVc_OfBwhW9tt RMivFlRueq1eiISLfAPwD_-6Y6FjGPFtnjjOozBe0BFUv9N90mNFqxEH-DT42c-S3&sig=AHIEtbSsiiL3mX2zbWn6MJF-wk_MLXIjWQ.

562 Ebd.

563 http://www.steuerzahler.de/Verschuldung/1233b477/index.html.

376

564 Jan Schäfer-Kunz, Dietmar Vahs: *Einführung in die Betriebswirtschaftslehre*, Schäffer-Poeschel, Stuttgart 2007, S. 5.

565 Quellen: Bund der Steuerzahler sowie Statistisches Bundesamt.

566 http://themen.boerse.de/Staatsverschuldung/index.php?thema=zinsausgaben.

567 http://www.steuerzahler.de/Verschuldung/7688c8973i1p477/index.html.

568 http://www.bundesfinanzministerium.de/nn_88474/DE/BMF__Startseite/
Aktuelles/Monatsbericht__des__BMF/2009/11/statistiken-und-dokumenta
tionen/01-finanzwirtschaftliche-entwicklung/tabellen/Tabelle__S15.html.

569 Hierbei handelt es sich um Prognosen des Instituts für Wirtschaftsforschung
(IWH), vgl.: *Handelsblatt* vom 22.12.2009.

570 http://www.wirtschaftslexikon24.net/d/defizitquote/defizitquote.htm.

571 Quelle: »EU-Prognose Oktober 2009«; *Der Spiegel*, 51/2009, S. 31.

572 http://kreditlexikon.creditolo.de/Nettokreditaufnahme.html.

573 *Der Spiegel*, 47/2009, S. 23.

574 Ebd.

575 http://www.bundesfinanzministerium.de/bundeshaushalt2009/html/
index.html.

576 http://www.spiegcl.de/wirtschaft/soziales/0,1518,667243,00.html.

577 http://www.steuerzahler.de/100-Milliarden-Euro-neue-Bundesschulden-
nicht-hinnehmbar/20353c23764i1p83/index.html.

578 http://www.bundesfinanzministerium.de/nn_54/DE/Wirtschaft__und__Ver
waltung/Finanz__und__Wirtschaftspolitik/Bundeshaushalt/091216__HH
2010.html?__nnn=true.

579 http://bundesfinanzministerium.de/nn_88474/DE/BMF_Startseite/Aktuelles/
Monatsberichte sowie geändert für 2010: http://www.bundesfinanzministe
rium.de/nn_54/DE/Wirtschaft__und__Verwaltung/Finanz__und__Wirtschafts
politik/Bundeshaushalt/091216__HH2010.html?__nnn=true.

580 Schätzung OECD, http://www.focus.de/finanzen/news/konjunktur/tid-16144/
staatsverschuldung-die-unterschaetzte-gefahr_aid_452723.html.

581 http://www.steuerzahler.de/Finanzkrise-2009/1873b716/index.html.

582 Schätzung OECD, http://www.focus.de/finanzen/news/konjunktur/tid-16144/
staatsverschuldung-die-unterschaetzte-gefahr_aid_452723.html.

583 Schätzungen des IWF, http://www.focus.de/finanzen/news/konjunktur/tid-
16144/staatsverschuldung-die-unterschaetzte-gefahr_aid_452723.html.

584 http://www.bundesfinanzministerium.de/nn_4316/DE/BMF__Startseite/Ser
vice/Glossar/S/007__Staatsquote.html.

585 http://www.bundesfinanzministerium.de/nn_88474/DE/BMF__Startseite/
Aktuelles/Monatsbericht__des__BMF/2009/11/statistiken-und-dokumen
tationen/01-finanzwirtschaftliche-entwicklung/tabellen/Tabelle__S15.html.

586 http://www.bundesfinanzministerium.de/nn_4316/DE/BMF__Startseite/Ser
vice/Glossar/S/007__Staatsquote.html.

587 Vgl.§ 27 Nr. 2 BBankG.

588 *Handelsblatt* vom 05.01.2010.

589 http://www.insm-lexikon.de/arbeitslosenquote.html.

590 Arbeitslose in Prozent der Erwerbspersonen nach internationaler Definition
(ILO/EUROSTAT); Quelle: EU-Kommission, EUROSTAT, OECD.

591 »Gefälschte Statistik – Tatsächlich jetzt fünf Millionen Arbeitslose«, in: *KOPP Exklusiv*, 32/2009, S. 2 f.; als Quelle hier angegeben: Institut für sozial-ökologische Wirtschaftsforschung (isw).

592 http://www.bundesfinanzministerium.de/nn_88474/DE/BMF__Startseite/ Aktuelles/Monatsbericht__des__BMF/2009/11/statistiken-und-dokumen tationen/01-finanzwirtschaftliche-entwicklung/tabellen/Tabelle.

593 http://www.steuerzahler.de/Verschuldung/7688c8973i1p477/index.html.

594 Dill, S. 202.

595 http://www.steuerzahler.de/Verschuldung/7688c8973i1p477/index.html.

596 Dill, S. 202.

597 http://www.sozialgesetzbuch.de/gesetze/05/index.php?norm_ID=0500200.

598 »Gefälschte Statistik – Tatsächlich jetzt fünf Millionen Arbeitslose«, in: *KOPP Exklusiv*, 32/2009, S. 2 f.; als Quelle hier angegeben: Institut für sozial-ökologische Wirtschaftsforschung (isw).

599 Ebd.

600 *Handelsblatt* vom 23.12.2009.

601 http://www.bundesfinanzministerium.de/nn_88474/DE/BMF__Startseite/ Aktuelles/Monatsbericht__des__BMF/2009/11/statistiken-und-dokumen tationen/01-finanzwirtschaftliche-entwicklung/tabellen/Tabelle.

602 Dill, S. 100.

603 Kinderlose ab dem 23. Lebensjahr: 2,2 Prozent.

604 Nach dem Arbeitsmarktbericht von November 2009 erhalten 1 100 412 Menschen Arbeitslosengeld, 4 891 872 ALG II und 1 824 812 Sozialgeld, also insgesamt 7 817 096 Menschen nehmen staatliche Unterstützung in Anspruch (http://www.pub.arbeitsagentur.de/hst/services/statistik/000000/html/ start/monat/aktuell.pdf).

605 »Schwere Last«, in: *Wirtschaftswoche* vom 18.02.2008, S. 45.

606 Statistisches Bundesamt, in: *Handelsblatt* vom 14.01.2010.

607 *Der Spiegel*, 51/2009.

608 Ebd.

609 http://docs.google.com/viewer?a=v&q=cache:xtzknuzIWeYJ:www.bundes finanzministerium.de/nn_4314/DE/Wirtschaft__und__Verwaltung/Finanz__ und__Wirtschaftspolitik/Bundeshaushalt/240609__Argumentationspapier, templateId%3Draw,property%3DpublicationFile.pdf+nettokreditaufnahme+ 2010&hl=de&gl=de&pid=bl&srcid=ADGEEShCuSe3SNyqBN5eb7wv5 bwgZUkV00hYWYPVxZZPsWfHth44bzelqK8efKUVc_OfBwhW9ttRMiv FlRueq1eiISLfAPwD_-6Y6FjGPFtnjjOozBe0BFUv9N90mNFqxEH-DT 42c-S3&sig=AHIEtbSsiiL3mX2zbWn6MJF-wk_MLXIjWQ.

610 Ebd.

611 http://www.bundesfinanzministerium.de/nn_54/DE/Wirtschaft__und__ Ver waltung/Finanz__und__Wirtschaftspolitik/Bundeshaushalt/091216__HH20 10.html?__nnn=true.

612 http://www.steuerzahler.de/Verschuldung/7688c8973i1p477/index.html.

613 Ebd.

614 *Welt am Sonntag* vom 11.10.2009.

615   Quelle: Bundesbank.

616   Daniel Haase/Gerd Ewert: »Staatsbankrott & Währungsreform«, in: *Das Edelmetall & Rohstoffmagazin 2009/2010*, Neustadt an der Orla, 2009, S. 92.

617   *Welt am Sonntag* vom 11.10.2009.

618   Ebd.

619   Ramb, S. 46 f.

620   *Handelsblatt* vom 17.12.2009.

621   http://www.bundesfinanzministerium.de/nn_53848/sid_9B4F9507C24A1A
DE91D8605C02D903C3/DE/BMF__Startseite/Aktuelles/Monatsbericht__
des__BMF/2008/07/080715agmb014,property=publicationFile.pdf.

622   http://www.spiegel.de/politik/deutschland/0,1518,665066,00.html.

623   http://www.focus.de/finanzen/news/konjunktur/tid-16144/staatsverschul
dung-die-unterschaetzte-gefahr_aid_452723.html.

624   Jürgen Wipfler: »Angriff auf Ihr Geld«, in: *Das Edelmetall & Rohstoffmagazin 2009/2010*, Neustadt an der Orla, 2009, S. 118.

625   Meinhard Miegel: *Die deformierte Gesellschaft*, München 2002.

626   http://www.focus.de/finanzen/news/konjunktur/tid-16144/staatsverschul
dung-die-unterschaetzte-gefahr_aid_452723.html.

627   Ronald Gläser: »Koalitionsverhandlungen: Staatsbankrott rückt näher«,
http://ef-magazin.de/2009/10/22/1588-koalitionsverhandlungen-staatsbank
rott-rueckt-naeher.

628   http://www.focus.de/finanzen/news/konjunktur/tid-16144/staatsverschul
dung-die-unterschaetzte-gefahr_aid_452723.html.

629   http://www.bundesfinanzministerium.de/nn_88474/DE/BMF__Startseite/
Aktuelles/Monatsbericht__des__BMF/2009/11/statistiken-und-dokumenta
tionen/01-finanzwirtschaftliche-entwicklung/tabellen/Tabelle__S15.html.

630   Das errechneten die Volkwirte der Unicredit (http://www.focus.de/finanzen/
news/konjunktur/tid-16144/staatsverschuldung-die-unterschaetzte-gefahr_
aid_452723.html).

631   Günter Hannich: *Börsenkrach und Weltwirtschaftskrise*, Rottenburg 2006,
S. 164, und ders.: *Staatsbankrott*, Rottenburg 2006, S. 60 f.

632   http://boerse.ard.de/specials/boersencrash/idx_cr.jsp?key=dokument_
68890&a=26.

633   John Kenneth Galbraith: *Der große Crash 1929*, München 2009, S. 135.

634   http://boerse.ard.de/specials/boersencrash/idx_cr.jsp?key=dokument_
68890&a=26.

635   Ebd.

636   Galbraith, S. 150.

637   Ebd., S. 151.

638   Ebd.

639   Ebd., S. 153.

640   Vgl.: *1929*. Frz. Dokumentation 2009, gesendet auf ARTE am 28.10.2009.

641   U. S. Department of Commerce: *Historical Statistics of the United States*,
Serie D85-8.

642   Ebd.

643   Olivier Blanchard/Gerhard Illing: *Makroökonomie*, München 2009, S. 694.

644 http://www.manager-magazin.de/geld/artikel/0,2828,324425-4,00.html.

645 *1929*, ARTE.

646 Cabell Phillips: *From the Crash to the Blitz 1929–1939*, New York 2000, S. 17.

647 Galbraith, S. 12 f.

648 Mit einem Gesamtvermögen von etwa acht Milliarden Dollar, vgl. Galbraith, S. 86.

649 *Investment Trusts and Investment Companies*, Part I, Report of the Securities and Exchange Commission, Washington 1936, S. 36.

650 Galbraith, S. 13 ff.

651 Zit. nach: Ellen H. Brown: *Der Dollar-Crash*, Rottenburg 2008, S. 182.

652 E. H. Brown, *Der Dollar-Crash*, S. 179; sowie: G. Edward Griffin: *Die Kreatur von Jekyll Island*, Rottenburg 2006, S. 560.

653 E. H. Brown, *Der Dollar-Crash*, S. 179.

654 Blanchard/Illing, S. 692.

655 O. Pfleiderer: »Währungen«, in: *Staatlexikon*, Band 8, Freiburg 1963, Spalte 406/407.

656 Ebd.

657 *Der Große Ploetz*, 32. Auflage, Freiburg i. Br. 2001, S. 1403.

658 Zit. nach: Werner Meyer: *Währungsreform – Das neue Geld ist da*, Augsburg 2005, S. 9.

659 Zit. nach Meyer, S. 15.

660 Zit. nach Meyer, S. 12.

661 J. Priese und F. Rebentrost: *Kommentar zu den Gesetzen zur Neuordnung des Geldwesens*, Iserlohn 1948, S. 68.

662 Meyer, S. 12, sowie http://www.verfassungen.de/de/de45-49/bizone-waehrungsgesetz48.htm.

663 WiGBl 1948, Beilage Nr. 5, http://www.verfassungen.de/de/de45-49/bizone-waehrungsgesetz48.htm.

664 Hannich, *Staatsbankrott*, S. 75.

665 Prof. Dr. Bernd-Thomas Ramb: *Vor der nächsten Währungs-»Reform«*, Hamburg o. J., S. 73.

666 Alfred Grosser: *Geschichte Deutschlands seit 1945. Eine Bilanz*, München 1981, S. 100 f.

667 Ergänzende Literatur: G. Colm/M. Dodge/W. Goldsmith: »A Plan for the Liquidation of War Finance and the Financial Rehabilitation of Germany«, in: *Zeitschrift für die gesamte Staatswissenschaft*, 111 (1955), S. 204–243; Siegfried Freick: *Die Währungsreform 1948 in Westdeutschland. Weichenstellung für ein halbes Jahrhundert*, Schkeuditz 2001; J. Priese und F. Rebentrost: *Kommentar zu den Gesetzen zur Neuordnung des Geldwesens unter Berücksichtigung der Durchführungsverordnungen*, Iserlohn 1948.

668 Hans-Hermann Hertle: *Chronik des Mauerfalls*, Berlin 2006, S. 145.

669 Ebd., S. 13.

670 Susanne Hornberger: *13.8.1961. Der Bau der Berliner Mauer*, Augsburg 2005, S. 92.

671 Ebd., S. 91.

672 http://www.chronik-der-wende.de/tvchronik_jsp/key=tvc9.11.1989.html.

673 Es wurde bereits im Jahre 1959 in Höhe von 15 Mark eingeführt und 1987 auf 100 Mark aufgestockt.

674 Hans-Herrman Hertle: *Der Fall der Mauer*, Wiesbaden 1999, S. 291.

675 Hertle, S. 291; dagegen zählt Klaus Schroeder in *Der Preis der Einheit. Eine Bilanz*, München/Wien 2000, S. 111, »nur« acht Millionen.

676 Bundesinnenministerium, *Dokumente zur Deutschlandpolitik*, Deutsche Einheit, Dokument Nr. 109, Gespräch zwischen dem Bundeskanzler mit Präsident Bush in Laeken bei Brüssel am 3. Dezember 1989, S. 601–602.

677 Bundesinnenministerium, *Dokumente zur Deutschlandpolitik*, Deutsche Einheit, S. 59.

678 Eberhard Czichon/Heinz Marohn: *Das Geschenk. Die DDR im Perestroika-Ausverkauf*, Köln 1999, S. 302.

679 Durchgeführt am 17.12.1989, vgl.: Hannes Bahrmann/Christoph Links: *Chronik der Wende*, Berlin 1999, S. 136.

680 Grosser, S. 183 f.

681 Schroeder, S. 118.

682 Mario Steinebach: »Wie DDR-Bürger den Wechsel zur DM erlebten«, http://idw-online.de/pages/de/news1793.

683 Die Währungs-, Wirtschafts- und Sozialunion zwischen der Bundesrepublik Deutschland und der DDR trat am 1. Juli 1990 aufgrund eines Staatsvertrages in Kraft, der am 18. Mai 1990 von den Finanzministern Theodor Waigel und Walter Romberg unterzeichnet wurde. Der komplette Vertragstext ist auf folgendem Link nachzulesen: http://www.hdg.de/lemo/html/dokumente/ DieDeutscheEinheit_vertragWaehrungsWirtschaftsSozialunion/index.html.

684 http://www1.bpb.de/wissen/0766722367572171506207678316 8456,2,0, W%E4hrungW%E4hrungsreformen.html#art2.

685 Zit. nach Meyer, S. 87.

686 Uwe Andersen/Woyke Wichard (Hrsg.): *Handwörterbuch des politischen Systems der Bundesrepublik Deutschland*, Opladen 2003, http://www1.bpb. de/wissen/0766722367572171506207678316 8456,2,0,W%E4hrungW%E 4hrungsreformen.html#art2.

687 Ebd.

688 Hannich, *Staatsbankrott*, S. 28.

689 Ebd., S. 106 ff.

690 Zit. nach Meyer, S. 86.

691 Ebd.

692 Bulletin des Presse- und Informationsamtes der Bundesregierung vom 05.10.1990; Karin Lau/Karlheinz Lau: *Einheit in Frieden und Freiheit. Dokumente der Wiedervereinigung Deutschlands*, Braunschweig 1991.

693 http://www.chronik-der-mauer.de/index.php/de/Chronical/Detail/month/Ok tober/year/1990.

694 Bulletin des Presse- und Informationsamtes der Bundesregierung vom 05.10.1990; Karin Lau/Karlheinz Lau: *Einheit in Frieden und Freiheit. Dokumente der Wiedervereinigung Deutschlands*, Braunschweig 1991.

[695] Markus Pohlmann: »Die Industriekrise in Ostdeutschland. Zur Rolle ökonomischer Eliten und ihrer Unternehmenspolitiken«, in: *Deutschland Archiv*, 38 (3), Bonn 2005, S. 417.

[696] Hannich, *Staatsbankrott*, 105 ff.

[697] 250 Milliarden: Aussage des ehemaligen für den Aufbau Ost zuständigen Bundesministers Manfred Stolpe; die Zahl 1,2 Billionen stammt vom Zeithistoriker Klaus Schroeder in Anlehnung an die Berechnung des IWH (http://www.faz.net/s/RubFC06D389EE76479E9E76425072B196C3/Doc~E0C8A912F55FE4EE2973F82E8CCCD33E8~ATpl~Ecommon~Scontent.html).

[698] Vgl.: *Die Welt* vom 31. März 2000.

[699] Vgl. dazu Hannich, *Staatsbankrott*, S. 113.

[700] Zit. nach Meyer, S. 92 f.

[701] Im Vertrag war bis dahin der Name »Ecu« verwendet worden, die Abkürzung für »European Currency Unit« (Europäische Währungseinheit), was bis dato eine Rechnungsgrundlage darstellte, um die einzelnen europäischen Währungen einstufen zu können.

[702] Meyer, S. 89.

[703] Zit. nach Meyer, S. 92 f.

[704] Zum ersten Mal sprach Waigel vom »Euro« bei einer Sitzung der europäischen Finanzminister im September 1995 in Valencia.

[705] Hannich, *Börsenkrach und Weltwirtschaftskrise*, S. 99.

[706] Hannich, *Staatsbankrott*, S. 111.

[707] http://www.dw-world.de/dw/article/0,,3991018,00.html.

[708] Zit. nach Meyer, S. 92.

[709] Blanchard/Illing, S. 40.

[710] Hannich schildert dieses Szenario ausführlich in *Börsenkrach und Weltwirtschaftskrise*, S. 101.

[711] Hannich, *Staatsbankrott*, S. 113.

[712] Paul R. Krugman/Maurice Obstfeld: *Internationale Wirtschaft. Theorie und Politik der Außenwirtschaft*, 8. Auflage, München 2009, S. 764.

[713] Blanchard/Illing, S. 40.

[714] Ebd., S. 765 f.

[715] Prof. Dr. Bernd-Thomas Ramb: *Vor der nächsten Währung-Reform*, Hamburg o. J., S. 27, 68.

[716] *Handelsblatt* vom. 15.12.2009.

[717] Hankel hat selbst jedoch auch Kritiker, die ihm vorwerfen, für die *Junge Freiheit* zu schreiben und auf »suspekten« Internetseiten aufzutreten.

[718] Vgl.: Wilhelm Hankel: *Die Euro-Illusion und andere volkswirtschaftliche Märchen*, Wien 2007/08; ders.: *Die EURO-Lüge*, o. O. 2007/08 (u. a.).

[719] http://www.fr-online.de/in_und_ausland/wirtschaft/aktuell/1618999_Als-Geldfortschritt-getarnter-Kreditbetrug.html.

[720] *Welt am Sonntag* vom 13.12.2009.

[721] http://wirtschaft.t-online.de/kaufkraft-euro-nur-noch-80-cent-wert/id_21394704/index.

[722] *Welt am Sonntag* vom 13.12.2009.

723   *Handelsblatt* vom 18.12.2009.
724   *Welt am Sonntag* vom 13.12.2009.
725   *Der Spiegel*, 51/2009, S. 110.
726   Ebd.
727   Quellen für das ganze Kapitel: *Handelsblatt* vom 02.12.2009; http://waeh rungen.onvista.de/news.html?ID_NEWS=127457933; http://www.spiegel. de/wirtschaft/0,1518,665158,00.html#ref=rss.
728   *Der Spiegel*, 51/2009, S. 110.
729   Zit. in: *Handelsblatt* vom 11.01.2010.
730   Ebd.
731   Ebd.
732   *Handelsblatt* vom 20.01.2010.
733   Ramb, S. 20.
734   Ebd., S. 21.
735   Ebd., S. 66.
736   Ebd., S. 70 f.
737   F. W. Engdahl: »Die Immobilienkrise in den USA liegt erst zu einem Drittel hinter uns«, http://info.kopp-verlag.de/news/immobilienkrise-in-den-usa-liegt-erst-zu-einem-drittel-hinter-uns.html.
738   Ebd.
739   Ebd.
740   http://www.zillow.com.
741   F. W. Engdahl, »Die Immobilienkrise in den USA liegt erst zu einem Drittel hinter uns«.
742   *KOPP Exklusiv*, 48/09.
743   Ebd.
744   Yasmin Osman: »Banken droht riesige Umschuldungswelle«, in: *Handels-blatt* vom 10.11.2009.
745   *Der Spiegel*, 48/2009, S. 78.
746   Ebd.
747   Quelle für das Kapitel, wenn nicht anders angegeben: *Handelsblatt* vom 3.11.2009.
748   *Handelsblatt* vom 09.11.2009.
749   Ebd.
750   *Handelsblatt* vom 26.11.2009.
751   Quellen: *DailyMarkets* vom 24.11.2009; *Telegraph* vom 30.11.2009; *Forbes* vom 24.11.2009.
752   Zit. in: *Der Spiegel*, 48/2009, S. 80.
753   *Financial Times* vom 22.09.2009.
754   Vgl.: FMI, 03.11.2009.
755   http://www.westgold.de/html/dailyreport3.php.
756   *Der Spiegel*, 14/2009, S. 54.
757   Ebd., S. 56.
758   *Welt am Sonntag* vom 10.01.2010.
759   Ebd.
760   Ebd.

761 *Welt am Sonntag* vom 10.01.2010.

762 Ebd.

763 Ebd.

764 Ebd.

765 *Der Spiegel*, 48/2009, S. 80.

766 *Handelsblatt* vom 11.01.2010.

767 Interview in: *Der Spiegel*, 23/2009, S. 68 ff.

768 *Handelsblatt* vom 21.12.2009.

769 *Handelsblatt* vom 12.01.2010.

770 Interview in: *Der Spiegel*, 23/2009, S. 68 ff.

771 *Handelsblatt* vom 12.01.2010.

772 *Handelsblatt* vom 05.01.2010.

773 *Der Spiegel*, 14/2009, S. 48.

774 Vgl.: http://info.kopp-verlag.de/news/2010-eroeffnet-das-institut-fuer-gold-als-waehrungsstandard-in-wien.html.

775 Zit. nach:»Lob der Gier«, in: *Der Spiegel*, 20/2009, S. 102.

776 Ramb, S. 80.

777 Wie das vor sich geht, habe ich in den Kapiteln 4 und 5 erläutert.

778 Interview mit dem Wirtschaftswissenschaftler Prof. Dr. Hans J. Bocker in: *Unzensiert – Was die Massenmedien Ihnen verschweigen!* (Kopp-DVD, Rottenburg 2009).

779 *ntv-Börse* vom 29.12.2009.

780 Quelle: Bundesverband deutscher Banken, in: *Handelsblatt* vom 15.01.2010.

781 London Fixing p. m., vgl.: http://www.goldseiten.de/content/kurse/edelmetal le_gold.php.

782 Nouriel Roubini:»Ängste und viel Liquidität treiben den Goldpreis an«, in: *Handelsblatt* vom 21.12.2009.

783 Ebd.

784 Quelle: World Gold Council, in: *Handelsblatt* vom 17.12.2009.

785 http://www.manager-magazin.de/geld/artikel/0,2828,306483,00.html.

786 Ebd.

787 Ebd.

788 *Handelsblatt* vom 17.12.2009.

789 »Wie gefährlich ist Gold?«, in: *Welt am Sonntag* vom 08.11.2009.

790 Gerhard Spannbauer: *Finanzcrash*, Rottenburg 2009, S. 114.

791 Daniel Haase/Gerd Ewert:»Staatsbankrott & Währungsreform«, in: *Das Edelmetall & Rohstoffmagazin 2009/2010*, Neustadt an der Orla 2009, S. 92.

792 http://www.goldseiten.de/content/kolumnen/artikel.php?storyid=4128; der komplette Wortlaut ist abgedruckt in: Gerhard Spannbauer: *Finanzcrash*, Rottenburg 2009, S. 288 ff.; dem ersten Entwurf vom 9. März 1933 folgte eine geänderte und letztendlich bindende Version, die am 5. April 1933 erlassen wurde.

793 Johann Saiger/Frank Winkler:»Kapitalschutz mit Edelmetallen«, in: *Das Edelmetall & Rohstoffmagazin 2009/2010*, Neustadt an der Orla 2009, S. 15.

794 http://www.goldsilber.org/lagerkonzept.html.

[795] Saiger/Winkler, S. 16.

[796] Vgl. Spannbauer, S. 103.

[797] Empfehlenswerte Bücher zu dieser Thematik: Reinhard Deutsch: *Das Silber-komplott*; Jürgen Müller: *Generation Gold*; Jürgen Müller: *Gewinnen mit Gold und Silber*; Bruno Bandulet: *Das geheime Wissen der Goldanleger*; Ferdinand Lips: *Die Gold-Verschwörung* (alle Rottenburg, Kopp Verlag).

[798] Saiger/Winkler, S. 16.

[799] Jürgen Müller. *Gewinnen mit Gold und Silber*, Rottenburg 2007, S. 183.

[800] http://www.boerse-online.de/wissen/lexikon/boersenlexikon/index.html? action=descript&buchstabe=V&begriff=Value-Aktien.

[801] Roland Leuschel/Claus Vogt: *Die Inflationsfalle*, Weinheim 2009, S. 202.

[802] Ebd.

[803] Ramb, S. 76.

[804] Ebd.

[805] Spannbauer, S. 97.

[806] Ebd. S. 99 ff.

[807] Prof. Dr. Bernd-Thomas Ramb: *Vor der nächsten Währungsreform*, Hamburg o. J., S. 79.

[808] *Der Spiegel*, 48/2009, S. 74.

[809] Zit. in: *Handelsblatt* vom 15.01.2010.

[810] *Handelsblatt* vom 15.01.2010.

[811] *Der Spiegel*, 48/2009, S. 76.

[812] Zit. in: *Der Spiegel*, 48/2009, S. 75.

[813] *Der Spiegel*, 48/2009, S. 76, 79.

[814] *Der Spiegel*, 48/2009, S. 77.